发展与共享

FAZHAN YU GONGXIANG

郑造桓 主编

ZHEJIANG UNIVERSITY PRESS
浙江大学出版社

发展·共享

——在"十二五"社会保障与社会发展论坛上的欢迎词

浙江大学党委书记 张　曦

（2010 年 9 月 28 日）

尊敬的陈加元副省长,各位专家:

下午好!

今天我们在这里举行"十二五"社会保障与社会发展论坛,我代表浙江大学对前来参加会议的陈省长以及各位代表表示热烈的欢迎! 对会议的顺利举行表示热烈的祝贺!

社会保障关系国计民生,关系人民群众能否真正的共享改革发展的成果。当前正值经济社会深刻转型的历史时期,建立健全与此相适应的社会保障体系,是实现经济社会协调发展,构建社会主义和谐社会的迫切需要。"十二五"期间,我省将逐步进入中等发达国家的水平,如何在继续保持快速增长的基础上,实现共享发展的要求,是政府面临的重大问题,也是理论工作者需要研究的重大课题。在这样的背景下召开这次研讨会,具有非常重要的现实意义和理论价值。

长期以来,浙江大学坚持立足于浙江创业创新的丰沃土壤,主动对接国际学术前沿和国家的、区域的重大战略需求。特别是近年来,在省委、省政府的直接关心和支持下,学校相继成立社会保障研究中心、公共政策研究院、金融研究院等跨学科的研究平台,建设一批高水平研究团队,直接服务于政府的宏观决策,相关政策建议也得到了中央以及省部领导的肯定。学校高度重视社会保障学科的建设,我们整合经济学、管理学、法学、政治学、社会学、人口学、医学、地球科学,以及保险与精算、保健与康复、规划与设计等学科的研究力量,紧密结合我国特别是浙江省经济社会发展和社会保障制度改革的实际,开展社会保障理论与现实问题的研究,在社会保险、社会救助、社会福利等领域取得了一系列重要的研究成果,并在社会保障制度与政策设计、社会保险精算与基金风险评估,以及老年保障、就业保障、残疾人保障和社会保障立法等方面形成鲜明的特色,为社会保障理论的丰富发展,为浙江社会保障制度改革和建设作出了一定的贡献。

最近举行的全国教育工作会议和颁布的教育事业发展规划纲要,为高等教育振兴进一步指明了方向,我们浙江大学将进一步加强决策服务研究力量。要以这次论坛为契机,更加重视社会保障和社会政策学科建设,致力于培养高质量的人才,产出高水平的科研成果,为国家,尤其是为浙江省社会保障和社会事业的持续健康发展贡献力量。我们将一如既往地重视浙江省社会保障发展研究中心的工作,支持他们进一步创新工作机制,产出更多优质的研究成果,全心全意地为省委、省政府及有关部门提供决策服务,为各类企事业单位、慈善组织、商业保险、互助合作保险等民间机构提供咨询服务。

最后,我谨代表浙江大学向长期以来关心学校建设与发展的陈省长以及有关部门和专家学者表示衷心的感谢!

预祝研讨会取得圆满成功!

谢谢大家!

为人人享有社会保障而努力

——在浙江省社会保障与社会发展"十二五"规划论坛上的讲话

浙江省副省长　陈加元

（2010 年 9 月 28 日）

10 多年来，浙江省社会保障发展研究中心紧紧依托浙江大学，紧紧围绕省委、省政府中心工作，积极组织专家学者就我省社会保障领域的重大问题开展研究和论证，工作很主动，也很有成效，不少研究成果被省委、省政府采用，成为决策的重要依据，为浙江经济社会发展尤其是社会保障的可持续发展作出了积极的贡献。在这里，我首先代表省政府，对浙江大学、对社会保障发展研究中心和各位专家学者表示衷心的感谢！

今天，省社会保障发展研究中心又在这里举办"发展·共享——'十二五'社会保障与社会发展论坛"。在即将进入"十二五"的关键时刻，举办这样一次论坛，意义十分重大。这次研讨的重点是社会保障，但同时拓展到整个社会发展。这是当前社会各界关注的热点问题，也是"十二五"我们国家和我们省要重点突破的领域。研讨会的主题是"发展·共享"。这又是当前最受关注的两个关键词。发展是我们党执政兴国的第一要务，是科学发展观的第一要义；共享是发展的目的，是以人为本的体现，是科学发展观的本质要求。把"发展·共享"作为这次研讨会的主题词，很好地把握了社会保障乃至整个社会发展的本质，体现了胡锦涛总书记最近在第五届亚太经合组织人力资源开发部长级会议上提出的"实现包容性增长"的要求。

社会保障是这次研讨会的重点，也是我 2003 年到省政府工作后分管的一项重点工作。因为 25 日才得知你们要召开研讨会，准备也不充分，所以今天主要向各位介绍一些情况，谈一些自己的体会。从四个方面来谈：一是前些年我省社会保障工作的基本情况；二是当前和今后一个时期社会保障工作面临的形势；三是对"十二五"社会保障工作的一些初步考虑；四是提出一些问题，请各位专家学者帮助省政府深入研究。

一、我省社会保障工作的基本情况

社会保障是民生之本、小康之基,维系民生,关乎全局。改革开放以来,在历届省委、省政府的高度重视下,我省社会保障事业发展很快,不少工作还走在了全国前列。特别是党的十六大以后,我省于 2003 年在全国率先提出加快构建社会就业、社会保险、社会救助"三位一体"的大社保体系,后来又把社会福利、社会慈善纳入其中,扩展为"五位一体"。这些年来,全省上下围绕构建"五位一体"的大社保体系,始终不懈地探索实践,取得了明显的阶段性成效。可以说,制度框架基本建立,政策体系日趋完善,覆盖面持续扩大,保障水平稳步提高,在政策上、制度上已经构建起惠及全省城乡居民的体系体制。这些年的工作和成效主要体现在以下五个方面:

一是就业局势长期保持稳定。这些年,我省一直面临转轨就业、城镇新增劳动力就业和农村劳动力转移就业"三碰头"的就业局面,2008 年下半年以来又受到国际金融危机的严重冲击,压力更大。劳动者实现就业是最大的保障。我们始终坚持把就业再就业摆在民生工作的首位,抓政策扶持,抓技能培训,抓就业服务,并且在全国率先推进了城乡统筹就业。这些年,我省不仅消化了每年转移出来的 40 多万农村富余劳动力,而且城镇登记失业率实现持续下降,去年末控制在了 3.26%。

二是社会保险制度建设取得重大突破。这些年,我们始终坚持把社会保险作为社会保障制度建设的核心,在全国率先实行社会保险费由地税机关代征并积极推进"五费合征";率先构建"3+1"的基本医疗保障制度;率先全面实施城乡居民社会养老保险;加快推进工伤保险全覆盖。现在可以说,作为社会保险两大基石的基本养老和基本医疗保险在我省已经实现制度全覆盖。截至去年底,全省企业职工基本养老保险、城镇职工基本医疗保险、失业保险、工伤保险、生育保险参保人数分别达到 1432 万、1174 万、785 万、1331 万和 751 万,各项保险的待遇水平均位居全国前列。去年,国务院作出实施新农保的重大决策,我省在中央决策的基础上,一方面将此拓展为城乡居民社会养老保险,另一方面一步到位在全省全面实施,同时对部分群体参保出台相关叠加政策。城乡居民社会养老保险于今年全面实施后,到 8 月底,参保人数已达 999 万,其中 567 万人领取了基础养老金。这项社会保险政策深得民心,城乡广大老年人拍手称快,衷心感谢党和政府。

三是社会救助制度日益完善。社会救助是社会保障的底线,是维护贫困人群有尊严生活的基本制度安排,因此也是一个社会公平正义的底线。2003 年,省政府在全国率先提出构建覆盖城乡的新型社会救助体系,这一社会救助体系以最低生活保障为基础,以各类专项救助为支撑,以社会慈善和社会帮扶为补充。这样一个制度和政策体系安排,体现了底线公平,体现了城乡统筹、惠及全民的要求,体现了国家和社会共同负责的精神。到去年底,全省有低保对象近 70 万,最低生活保障平均保障标准城镇达 339.74 元/月·人、农村达 216.3 元/月·人,并实现动态管理下的“应保尽保、应补尽补、应退尽退”。农村五保和城镇“三无”老人集中供养率分别达 95.5% 和99.1%。被征地农民基本生活保障在全国率先启动,已有 380 多万人纳入保障范围。教育、医疗、住房、法律援助等专项救助全面推进。医疗救助已累计救助 122.3 万人次,地方筹资标准去年达到人均 8.5 元。住房救助,在城市,到去年底已累计解决近 30 万户中低收入家庭的居住问题,提前一年实现“两个基本”的目标(基本实现低保标准两倍以下城市住房困难家庭廉租住房“应保尽保”、基本满足家庭人均收入在当地城镇居民人均可支配收入 60% 以下城市住房困难家庭购租经济适用住房需要);在农村,通过危旧房改造等方式,已累计救助农村住房困难家庭 6.6 万户,今年救助范围扩大到低保标准 1.5 倍的家庭,全年可救助农村住房困难家庭 4 万户。去年,省委、省政府又作出加快农村住房改造建设的重大决策,当年已实施农村住房改造建设 31.8 万户,今年将再实施 30 多万户,这将进一步改善广大农村居民包括住房困难家庭的居住条件。

四是社会福利事业稳步发展。2006 年,我省在全国率先制定实施了福利事业发展“十一五”规划,以养老、助残、救孤为重点,加快构建新型社会福利体系。养老方面,初步建立了以居家养老为基础、社区养老为依托、机构养老为补充的养老服务体系。到去年底,全省已建有市县养老服务指导中心 32 个、乡镇养老服务中心 308 个、城市社区居家养老服务站 510 个、农村星光老年之家 7500 个;全省 1600 多家养老机构,拥有床位约 17 万张,每百名老人拥有床位数已超过 2.2 张。助残方面,省委、省政府这些年出台了一系列重大政策举措,实施了“残疾人共享小康工程”,加快推进残疾人的基本生活保障、基本康复治疗和基本日常照料,为此本届省政府省财政将投入资金近 7 亿元;广泛开展了“扶残助残爱心城市”创建活动,动员全社会关心支持残疾人事业发展;今年又开展了五项扶残助残专项行动。到去年底,全省共有 10 万名残疾人纳入基本生活保障范围,全额享受基本生活保障金,7.1 万名残疾人享受了康复服务,2.6 万名残疾人享受了托(安)养服务,残疾人就业安置率和托(安)养率分别达到 81.2% 和 46%。明年,第八届全国残疾人运动会将在我省举办,以此为契机,我省将进一步推进残疾人事业全面、协调、加快发展。救孤方面,目前全省已建有儿童福利机构 66 所,儿童福利用房总面积达 13.9 万平方米,床位达 3500 多张。孤残儿童已基本纳入社会救助保障范围,享受生活、医疗、康复、教育等方面的救助和保障。当然,中国特色的社会福利体系如何定位,其内涵、外延,制度、政策安排,都还有一系列的问题值得探讨。

五是社会慈善事业加快发展。到去年底,全省已累计接受慈善募捐款 91 亿元,2003 以来共筹集福利彩票公益金 65 亿元,均居全国前列。目前,全省已有慈善超市 346 家,覆盖人口 1700 多万,累计接收捐款 3440 余万元,捐赠物资价值达 900 余万元,受益群众近 220 万人。当然,这方面的潜力巨大,还远远没有完全释放出来。

二、我省社会保障工作面临的形势

未来一个时期特别是"十二五"时期我省经济社会发展的主线,大家的看法基本是一致的,那就是在科学发展观指引下加快实现转型发展。相对于以往任何时期的转型,这一轮转型更加全面,包括经济转型、社会转型和政府转型;也更加深刻,涉及很多深层次问题,因此转型的难度也是前所未有的。能否顺利实现这三大转型,对浙江未来的发展至关重要。转成了,浙江就能顺利度过发展的瓶颈期、矛盾的多发期,实现"漂亮转身"。转不成,不仅会耽误一时,而且可能会误及长远。

顺利实现这三大转型,我觉得,补上社会发展这一"短板"至关重要。温家宝总理在中央举办的加快转变经济发展方式省部级领导干部专题研讨班上的讲话,着重讲社会发展和民生改善,是有其深意的。社会发展滞后的情况不扭转,不但社会转型本身有问题,而且经济转型也无法顺利实现,政府转型就更无从谈起了。作为社会发展的重要内容,社会保障工作在促进转型中需要担当重任,自身就面临着一个加快发展、转型发展、持续发展的问题。解决这些问题,前提就是对我省今后一个时期的社会发展趋势要有一个清醒的认识和判断,在此基础上作出科学的制度和政策安排。这方面,我觉得,"十二五"时期,至少以下四个方面的结构性变化趋势值得我们好好分析和把握:

（一）从消费需求结构看，人民群众对公共产品和服务的需求将快速扩张和提升

当前，我省正处在生存型向发展型转变的阶段，由此带来消费需求的两大趋势：一是从关注私人消费品需求向更加注重公众产品和服务需求转变；二是从关注物的增长向更加注重人的全面发展转变。这两大趋势一方面推动了公共产品和服务需求的快速扩张，另一方面又使这种需求不断优化升级。适应这两大趋势，社会保障作为政府向人民群众提供的重点公共产品和服务，必然需要不断增加供给、提高质量；需要在保障底线公平、促进适度普惠的同时，满足人民群众多样化、个性化的公共服务需求。这实际上是未来社会保障工作面临的一个总要求。

（二）从人口结构看，社会保障将面临持续加大的压力

今年全国上下将进行新一轮的人口普查，将进一步为此提供决策依据。从我们的判断来看：一是劳动力供给总量很大。据预测，"十二五"期间，全省每年城镇新增劳动力供给将达到 120 万左右，而按照 GDP 平均年增速 8% 测算，"十二五"时期年均新增劳动力需求仅为 80 万，缺口高达 40 万，由于供求缺口较大，不同群体极易产生就业"挤压"现象。二是人口素质有较快提高，但劳动力素质总体仍无法适应经济转型升级的需要。"就业难"和"招工难"并存的结构性矛盾将进一步显现，资本和技术对劳动力特别是低素质劳动力的"挤出"效应会进一步凸显。三是人口老龄化加速发展。我省是全国最早进入老龄化社会的省份之一，上世纪 80 年代中期就已经进入老龄化社会。近些年来，老年人口和高龄人口均以 4.5% 左右的速度递增。去年底，全省 60 岁以上户籍老年人口已占全省总人口的 16.2%，而其中 80 岁及以上高龄老人又占到老年人口总数的 15.2%。据预测，"十二五"期间，我省人口老龄化将持续加速，2015 年全省 60 岁以上常住人口比重将达 20% 以上，并且高龄、空巢、独居、失能老人会日益增多。这些都将对我省的养老保险、医疗保险和养老服务等工作带来巨大的挑战。

（三）从城乡和区域的空间结构看，实现统筹和均衡发展的任务十分艰巨

一方面，城乡二元结构仍然突出。这种二元结构在历史上曾发挥过积极作用，但随着经济社会的发展，也日益暴露出弊端。当前，经济社会发展中的很多矛盾和问题，其根源很大程度上在于城乡二元结构。产生的很多

不平等和不公正,也以城乡差距最为明显。我省高度重视统筹城乡发展,城乡关系已经进入总体基本协调的发展阶段,城乡居民的收入比大体为1∶2.45,低于全国1∶3以上的平均值,但城乡分割在很多方面都还存在,某些方面表现得还很明显。破解城乡二元结构,依然任重而道远。另一方面,区域差距仍然很大。虽然各地总体发展水平在不断提高,"十一五"以来区域差距也未明显拉大,但区域之间各方面的绝对差距仍相当大。去年,各市之间,人均GDP最高与最低之比达3.5∶1,城镇居民人均可支配收入最高与最低之比达1.4∶1,农村居民人均纯收入最高与最低之比达2.2∶1,民生综合指数最高和最低相差12.5个百分点。城乡和区域结构不合理,实质是资源和机会配置不合理、不均等。随着统筹城乡发展、统筹区域发展力度的加大,社会保障政策也必然要按照基本公共服务均等化的理念和要求作出相应的调整和安排。

(四)从收入分配结构来看,加大调节力度、促进社会公平的任务也十分艰巨

收入分配结构是一个社会公平程度的重要表征,分配公平是社会公平体系的重要一环。从我省来看,政府收入、企业收入增速多年来快于居民收入,三者在国民收入中的份额差距不断拉大;劳动报酬在初次分配中的比重较低,"十一五"前四年虽总体保持在40%左右,但比2000年下降了近10个百分点;行业之间、不同群体之间的收入差距过大(去年,我省行业平均工资最高与最低之比达4.4∶1;城镇最高收入户平均可支配收入是最低收入户平均可支配收入的8.2倍;20%最高收入农村家庭的人均纯收入是20%最低收入农村家庭人均纯收入的7.2倍。如考虑隐性的福利因素,差距就更大了)。目前,收入分配不合理、收入差距过大的问题已经成为全社会关注的热点,迫切需要政府在做大"蛋糕"的同时,致力于切好"蛋糕",促进形成合理的收入分配结构。在这当中,就业和社会保障各项工作既要承担做大"蛋糕"的责任,更需要在切好"蛋糕"中发挥积极作用。

三、"十二五"时期我省社会保障工作的初步考虑

"十二五"时期,总体上将以基本公共服务均等化为导向,以实现"全民社保"为目标,继续加快推进大社保体系建设。按照这一目标导向,我们将坚持广覆盖、保基本、多层次、可持续的方针,进一步健全完善包括社会就

业、社会保险、社会救助、社会福利、社会慈善、社会帮扶等在内的各项社会保障制度，不断扩大社会保障覆盖面，稳步提高社会保障水平，努力实现社会保障从制度全覆盖向人群全覆盖转变，从以城市为重点向城乡统筹转变，从补救型向适度普惠型转变，从保障生存型向促进发展型转变，从适应跟进型向法制化、规范化、常态化转变，率先建立与我省经济社会发展水平相适应、覆盖城乡、人人享有的全民社会保障体系。

社会就业，重点是要做好统筹的文章。一是统筹政府促进就业、市场调节就业、劳动者自主择业，进一步形成三方合力；二是统筹城乡就业，促进城乡就业在制度、政策、服务各个层面加快实现一体化；三是统筹不同群体就业，以高校毕业生、农民工、就业困难人员为重点，带动整个就业工作；四是统筹就业和创业，更好地发挥创业带动就业的作用；五是统筹扩大就业容量和提高就业质量，努力增强就业人员自身的就业能力和自我发展能力，促进充分就业、体面就业。

社会保险，重点是要扩面、提标、整合。扩面就是要继续扩大各项社会保险的覆盖面，推动社会保险从制度全覆盖向企业全覆盖、人群全覆盖迈进。提标就是要建立与经济发展水平和各方面承受能力相衔接的社会保险待遇正常调整机制，不断提高社会保险待遇水平，以增强社会保险功能。整合就是要加强各项社会保险制度和政策的衔接，努力消除社会保险制度碎片化现象。

社会救助，重点是推进法制化、长效化。要加快建立城乡低收入家庭的规范化认定机制，进一步强化最低生活保障的底线公平，强化专项救助的及时性和有效性，及时将各项行之有效的政策上升为政府规章或地方性法规。

社会福利，重点是推进社会化、普惠化。在充分发挥政府主导作用的同时，积极引导鼓励社会力量参与发展社会福利事业。逐步将社会福利的工作对象扩大到全体老年人、残疾人和孤残儿童，特别是随着人口老龄化高峰的到来，要大力发展老年服务业，大力推进居家养老服务体系建设。

社会慈善，重点是推进大众化、生活化。在中国，社会慈善事业实际上还刚刚开始起步，无论是社会观念的转变提升，还是制度、政策的安排，都还有许多工作要做。最近，这方面的报道和议论很多，关注的视角主要集中在国内外富人对待慈善事业的态度上。我看了以后，感触很深，国外很多富人确实已经把慈善作为一种生活方式、一种价值追求、一种自觉行为。反观国内，这方面还任重道远。下一步，我们要积极借鉴国际经验，采取更加积极有效的政策措施，在全社会大力培育慈善文化，引导每个单位、每个家庭、每个公民都积极参与慈善、奉献爱心,为促进社会公平构建有效的"第三次分配"方式。

四、值得进一步深入研究的若干重点问题

党和政府决策的民主化、科学化,一个很重要的方面,就是要充分听取专家学者的意见。最近,省委、省政府及各有关方面都在紧锣密鼓地开展"十二五"规划编制工作。在这个时候,充分听取专家学者们的意见,集中大家的智慧,把情况掌握得更全面,把问题研究得更透,把思路理得更清,把制度政策安排得更科学、更合理,显得十分重要。借这个机会,我提出一些问题,希望各位专家学者帮助我们献计献策。

(一)如何优先开发、统筹开发人力资源

实际上,这也是政府机构改革中将原人事系统和劳动保障系统加以整合的一个重要原因和目的。人力资源是可持续开发的资源,人力资源优势是我们国家最需培育、最具潜力、最可依靠的优势。如何以机构改革、职能整合为契机,创新人力资源制度,加大人力资源开发投入,加快建立政府、社会、用人单位、个人共同投资人力资源开发的机制,积极调整优化人力资源专业结构、层级结构、分布结构,加快形成人力资源优先发展的战略布局,不仅需要人力资源社会保障部门的实践探索,也需要学术界的理论支持。

(二)如何建立完善政府失业调控体系

政府失业调控体系包括健全劳动力调查统计制度和就业、失业登记统计制度,健全就业和失业评估制度,健全失业预警制度等。特别是失业率统计问题,社会上一直有比较大的争议,现在实行的城镇登记失业率统计确实问题比较大,很难反映全社会真实的失业状况,但怎么改革,还需要深入研究。

(三)如何加强社会保障制度整合

当前,社会保障体系比较繁杂,制度和政策存在碎片化问题。这不但导致了资源的浪费,而且还因为制度之间的"打架"、"扯皮",产生了一批"夹心层",造成了一大堆遗留问题,影响了可持续发展。未来大社保体系建设的一个方向就是要加强对社会保障制度的整合,提高社会保障的系统化、均衡

化水平。如"3＋1"的基本医疗保障模式,有的地方已经在进行整合。但大规模的推进,还有待进一步研究谋划。

(四)如何加快实现社会保险人员全覆盖

当前,我省基本养老保险和基本医疗保险已经实现制度全覆盖。下一步的重点是向人员全覆盖推进。但这个过程涉及经济社会发展水平、各方面承受能力、户籍制度、就业制度等诸多因素,怎么把握平衡,破解障碍,需要有一个系统的谋划。

(五)如何统筹平衡持续优化社保资金

长期来看,社保资金的压力会越来越大,怎么样采取有力措施,优化社保资金筹资结构,怎么样在法律法规允许的范围内,促进社保资金保值增值等问题,很值得研究。

(六)如何加快养老服务社会化

加快推进养老服务社会化是应对人口老龄化的重要举措。这方面,我省各地进行了一些探索,积累了一定的经验。"十二五"期间,这方面的步子需要进一步加快。采取什么样的措施特别是出台什么样的扶持政策,引导社会力量、社会资金参与养老服务,需要深入研究。

(七)如何逐步将外来就业人员纳入社会保障范围

外来就业人员参与当地的经济社会建设,理应共享发展成果,这也是实现包容性增长的内在要求。当前,我们的保障特别是社会救助和社会福利主要还是以户籍为依据,下一步如何逐步降低户籍关联度,把外来就业人员逐步纳进来,值得研究。人口问题永远是社会保障体系建设首先要研究的问题,在整个经济社会转型期,城乡之间、区域之间的人口流动、人口变迁都会比较大,应对这种剧烈变化,社会保障制度建设如何应对,希望有兴趣的专家学者能够做一些系统性的研究。

(八)如何推进慈善事业规范持续法治化

我国慈善事业发展到今天,十分紧迫地需要进一步理顺一系列体制性、机制性问题,在制度上、政策上作出进一步安排。法治是确保慈善事业持续健康发展的最根本保障。在国家层面尚未出台相关法律法规的情况下,可以考虑我们省里先行一步开展立法。这方面,在省有关部门积极努力的同时,也希望专家学者们加强研究,为我们出谋献策。

(九)如何构建发展和谐劳动关系

实现国家的长治久安,社会的和谐稳定,关键是基层基础要扎实。这方面,加强城乡社区建设、发展和谐劳动关系同等重要。发展和谐劳动关系也是一个大课题,这些年我们省里做了大量的工作,取得了较大的成效,也得到了中央领导的充分肯定。胡锦涛总书记就义乌社会化维权,温家宝总理就温岭工资集体协商,习近平副主席就传化集团工会建设、发展和谐劳动关系,王兆国副委员长就杭州职工维权帮扶中心、宁波劳动纠纷调处、台州社会主义劳动竞赛等工作先后作出重要批示。这方面工作任重道远,希望专家学者们就此进行深入系统的研究,提出建设性的意见和建议。

以上所说,纯属个人意见,供大家研究参考。

科学发展　共享成果
量力尽力、协调持续谱写"十二五"新篇章[*]

（代前言）

郑造桓

（2010 年 9 月 28 日）

　　由浙江大学社会科学研究院和浙江省社会保障发展研究中心共同主办的这次论坛就要结束了,会议安排让我作一个总结。

　　本次会议有三个特点:一是关键时刻,主题鲜明。陈加元副省长对这次论坛和主题给予了充分肯定。目前正处在两个五年规划的节点上,在"十二五"规划即将形成、将要收官的时刻召开的,意义十分重大;"发展·共享"选题准确,突出体现了党执政兴国的第一要义,科学发展的第一要务,体现了以人为本的科学发展观的本质要求。

　　二是会议得到相关领导和学者专家的高度重视。浙江大学罗卫东副校长主持会议;浙江大学党委张曦书记致辞;省政府陈加元副省长作了主题报告;省委、省政府"十二五"规划两个牵头部门:省委政研室陈一新主任和省发改委分管领导金兴盛副主任亲临会议指导,省人力资源社会保障厅、民政厅、卫生厅、计生委、老龄委、省劳动科学研究院,浙江大学的领导、专家、学者和在杭高校、研究机构的同仁出席会议,就会议主题展开深入探讨,有些观点、意见和建议,很有价值,可供决策参考。

　　三是陈副省长的主题报告,高屋建瓴,全面深刻,总结过去、指导当前、谋划未来,精辟地提出九个重大问题,针对性、指导性、前瞻性很强;张曦书记的讲话热情洋溢,高度重视、全力支持学者专家积极参与政府和部门"十二五"规划的研究和制定,充分表达了欢迎、感谢和对我们的鼓励鞭策;罗卫东副校长分管人文社科,兼任浙大社会科学研究院院长,在简明精练的主持

---

　　* 本文系浙江省社会保障发展研究中心郑造桓主任在"发展·共享"——"十二五"社会保障与社会发展论坛闭幕式上的总结讲话速记稿,会后作了修改补充。

词中,情真意浓地充分表达出对我们的要求和期盼。要我们像重视吕祖善省长曾提出的十二个问题那样,高度重视陈省长提出社会保障社会发展的九大问题,作为研究重点,研究方向,逐项进行深入研究,形成高水平、有质量的研究成果。

综合大家的发言,我想提出四点意见,供各位在参与制定修改"十二五"规划时参考。

第一是量力,要量力而行,实事求是。作规划办事情,千万不要忘记我们的国情。我们是有着13亿人口的发展中国家,仍然处于社会主义的初级阶段。我国仍将长期处于人民日益增长的物质文化需要与落后的社会生产之间的矛盾,社会主要矛盾没有变,这就是非常客观的现实。西方一些别有用心的人,妖魔化中国,拼命宣扬中国威胁论。其实,我们人均GDP还不到日本的1/10,在世界上,我们仍排在100位以外。千万不要以为我们是世界最大的贸易国家、世界三大经济体之一,就过高地估计我们自己。冷静分析,我们的经济实力、军事实力、科学研究和核心技术都缺乏优势,必须要树立强烈的忧患意识,增强紧迫感,切实把发展作为第一要务。不把经济、教育、科技搞上去,不把四个现代化搞上去,总是受制于人,也没有发展社会保障和社会发展的坚实基础。我们要头脑非常清醒,不要把指标、标准定位过高,一定要量力而行,从中国、浙江的实际出发。

第二是尽力,要尽力而为,尽职尽责。如果轻轻松松,不思进取,就搞不出科学的、发展的规划。应该突出以民为本,关注民生,牢牢把握浙江省提前全面实现小康的重大机遇期,经过努力拼搏,达到一个新高度、新水平,充分体现浙江特点中国特色。

经过新中国成立60多年,改革开放30多年的建设发展,我们确实取得了翻天覆地的变化:浙江经济发展比较快,总体水平比较高,全省人均GDP跨过6000美元这个坎;省委、省政府高度关注民生,加大投入力度,鲜明地提出"创业富民、创新强省"的发展战略;浙江的民营经济、块状经济、区域经济有先发优势、民间资本比较充裕,具有发展公益事业、社会保障事业的经济条件;各相关部门解放思想,改革创新,取得了很多经验和成绩等。要在现有起点和基础上,做到尽职尽责,积极努力,在"十二五"期间着力改善民生,加强社会建设,力促分配制度改革,通过提高人民群众的收入水平、消费水平的方式,走出一条外向出口与增强内需市场活力相结合的发展道路。经济建设与社会保障、社会建设是相辅相成的。构建一个文明的社会、协调的社会、妥善处理新时期人民内部矛盾的和谐社会,有利于经济建设,有利于推动各项事业的科学发展,可以调动一切积极因素,形成强大的精神力量和物质力量。

第三是协调,统筹各方,形成合力。我们的政府跟企业一样,是有限政府,难以承担无限责任。学校也应该是有限的学校,也不能承担无限责任。我们的政府是强势政府,承担了大量的不可负担的责任,人们习惯于有事情找政府。按照国家的发展规划,政策设计安排,政府是主导,政府承担了重大责任,但难以承担和包办无限责任。我们要逐步建立和完善党委统一领导,政府主导负责,社会协同共管,群众积极参与的社会管理体制。

党的十七大报告中提出,以改善民生为重点,加快建立覆盖城乡居民的社会保障体系,使全体人民学有所教、劳有所得、病有所医、老有所养、住有所居,推进公共服务均等化。慈善事业和商业保险业,是发展社会保障事业的有效补充。我想特别强调,在逐步发育完备的市场经济中,随着人们思想觉悟不断提高,风险意识不断增强,人民群众生活水平逐步改善,在社会制度政策安排引导下,慈善事业和商业保险业也应该大力发展。全社会都要大力倡导,通过发展慈善事业和商业保险业的方式,互助互济,取之于民,用之于民。应对自然灾害和突发性事件,人民群众中蕴藏着极大的力量和作用,可以大有作为。

作为政府,除了做好覆盖城乡的五大保险,完善社会保障制度以外,还应重点抓好三项大事:一是重大灾害、重大突发性事件的防范和抢险救灾、灾后救助和恢复;二是千方百计照顾好城乡孤、老、残、幼,生活困难的群体,切实保障弱势群体的基本生活,共享改革发展成果;三是高度重视农村劳动力向城镇转移过程中的新市民(农民工)的就业、待遇、住房和子女读书等问题。对于广大有劳动能力、固定收入的群体和广大企业、事业单位,要调动他们的积极性,依靠人民、发动人民,引导人民群众和企事业单位、社会团体,增强自我保障意识和风险意识,未雨绸缪,积极参与公益慈善事业,参与商业保险,集资于民,用之于民,造福于民。要善于通过政策制度安排和激励机制,鼓励和支持慈善事业、商业保险业的发展,发展社会自助自救事业,提高社会自助自救能力。同时,也要高度重视采取切实有力措施,加强监控与管理工作。

近些年来,随着气候变化,太阳风暴活跃,自然灾害异常严重,地震、火山暴发、海啸、地质灾害、森林大火等等,搞得世界很不安宁。但是,比自然灾害更为严重的是人为灾害,即由美国雷曼兄弟开始的美国次贷危机导致美国和全世界卷入金融风暴和经济危机,给世界人民带来沉重灾难。美联储多次大量注入美元，导致货币贬值，通胀输出，使社保基金严重缩水，最终受害的是美国和世界各国人民群众。

对于自然灾害，建议"十二五"期间，要特别重视在城乡人民群众、企事业等单位宣传风险意识，增强防灾减灾意识，花大力气把慈善事业、商业保险业发展起来，有关部门和理论工作者要高度重视加强减灾防灾研究。对于自然灾害的破坏力不能低估。一次大的灾害少则损失几百万、几千万元，重大灾害损失几十亿，死伤几万人。唐山、邢台、汶川等大地震令人痛心，永世不忘。对于广大人民群众抗灾救灾的热情和力量，不能低估。每次重大灾害就是无声的命令，人民群众的爱国热情、民族精神，展示了中华民族的希望。

我们搞慈善事业虽有一定基础，但还需进一步引导、宣传。美国大企业、大老板多，以比尔·盖茨、巴菲特等为代表的40多位企业家裸捐、半捐，取之于民、回报社会。美国很多大学经费来源的相当部分是企业和校友捐助款。我国有些企业家已经这样做了，但是为数不多。中国有个根深蒂固的传统，一是养儿防老；二是积蓄养老。这说明我们需要加强精神文明建设，树立法制观念和社会责任意识，通过建立社会保障体系、志愿者服务体系、遗产税法、个人收入所得税法等，用法律、制度建设支撑社会保障、社会建设事业的发展。

社会保障和社会建设的发展，需要与加快工业化、现代化建设相适应，每个国家都必然经过农村人口向城市转移过程。我国要借鉴国外经验和教训，切不可过多发展大城市、超大城市和世界级城市，而应该大力推进城乡一体化，发展中小城市、中心镇，搞城市群，发展区域经济和经济圈，避免农村人口过多过快地向大城市集聚。上海世博会的主题选得很好：城市，让生活更美好。展示了现代城市的发展方向和前景，对于引领城市的未来具有重要意义。我国有广阔的农村，有广大的农村人口，我们还应该说第二句：城乡一体化、新农村建设，让生活更美好。这样更符合我国实际。在每个经济区、城市群、经济圈的外围，建设若干个现代化的中小城市、中心镇和新农村。城市辐射农村，农村为城市服务，优势互补、互利互惠，相得益彰。在很多城市周围，农民办起了大片农家乐，供市民休闲，提供蔬菜、水果、农副产品等。这方面，我国的长三角、珠三角、环渤海经济区等积累了很好的经验。城乡一体化是中国特色，不要盲目向大城市集中，否则现代城市病的弊端在人口众多的中国会更严重。协调就是发挥各个方面的作用和力量，通过制度和政策的调整，使初次分配更公平，用税收杠杆调整收入分配差距过大，统筹积累与消费、城乡、贫富、先开发与欠开发地区的关系,政府主导,各方配合支持。"十二五"期间在全面协调科学发展上要有新作为,开创新局面。

第四是持续,科学发展,持续发展。我们考虑问题一定要可持续,不能搞了一段时间,热闹一阵子就走不下去了。因此,建立和完善覆盖城乡的社会保障体系,基本原则应该是保基本、广覆盖、多样化、可持续,是一个渐进的逐步提高和发展的过程。对持续公平要很好地研究。比如教育,一讲公平,有的地方就把稀缺的优质教育资源都"削峰填谷"了,让大家都"机会均等"。教育公平就是让大家有平等的受教育的机会。在发达国家,特别是美国,有各类学校包括社区学校,谁想读书都可以到相应学校去读。但是哈佛、耶鲁、麻省理工、斯坦福等一批高水平研究型大学,一直是旗帜鲜明地坚持精英教育,培育精英人才,始终坚持优中择优原则,在收费标准上,也优质优价,美国没人去说不公平!普及九年义务教育和高等教育大众化,举世瞩目,对提高民族素质、培养合格人才,具有重要意义。现在优质教育资源不是太多了,而是太少了,不是太优了,而是优得还不够。办好一大批具有高水平的国际知名的优质教育资源,这是国际综合竞争力的一项重要体现,是不以人们主观意志为转移的世界发展大趋势。对于这一点,我们必须头脑非常清醒。

现在看看我们的医院,浙一、浙二比超市、电影院、娱乐场所还热闹。一位医生,一天要处理几十位病人。为什么会造成这样无奈的情况,刚才陈老师讲,有些配配药、打打针的,在社区医院完全可以解决的,都到那儿去了。对公平怎么理解,如果政策导向出了偏差,就会造成相应的后果。其实马克思早在《哥达纲领批判》中就精辟地分析了,按劳取酬,看似公平,实际上也不那么公平。因为人的先天因素本来就不一样,有的身强力壮,有的就很瘦弱,怎么能绝对公平呢!

恕我直言,可持续的最大问题和难点在我国仍然是人口问题。前不久,纪念中共中央给全国共产党员一封公开信发表30周年,让我们重新回顾了30年前公开信中的内容,讲得非常符合中国实际。但是新中国成立初期,我们没有接受经济学、人口学家马寅初先生人口理论指导,在此后的30年中,人口净增长4.3亿多人;1980年中央公开信发布,才开始实行计划生育,人口增长才开始得到控制,逐步向低生育、低增长转变。如果新中国成立初期,而不是30年后才抓这个问题,那是最佳时机,那时候提人口均衡发展正当时;今年11月1日的人口普查,在人口已经近14亿时,基数太大了,相当于美国人口的6倍、欧洲的近3倍、日本的10多倍。据有关学者专家预测,我国人口增长的峰值还要持续 20 年,到 2030 年以后才开始缓慢下降。可见我们坚持科学发展、持续发展的难度有多大。

人口老龄化是人类社会文明进步的标志。随着经济、教育、医学科技的进步,人口的生命预期在延长。解放前,我国兵荒马乱,缺医少药,人口寿命很短;现在超过 70 多岁,这是发展的必然趋势。发达国家特别是美国、欧洲、日本等国家,他们没搞计划生育,老龄化问题却非常突出。有学者研究提出,随着医学和生命科学的发展,人的预期寿命可能会逐步达到 120 岁左右。可见老龄问题不是中国特有的,而是世界面临的问题,应该积极采取有效应对举措。我们不能设想,在一个有限的均衡的生态环境中,唯有人口无限地爆炸式增长。这是最大的生态不平衡。中国人口基数很大,稍有疏忽就会迅速反弹。有效地解决人口问题,一方面要有计划地控制人口过快增长,更要高度重视发展农村经济、教育和文化事业,提高农村人口素质。实践证明,越是贫困落后地区、越是流动性的群体,人口增长越快越失控。因此,"十二五"期间,控制人口增长仍是艰巨任务。

当前中国正在迅速步入老龄化社会。应对老龄社会的办法不是单纯的增加生育,养儿防老。今天的儿女越多,明天的老人越多;老龄化越突出,越多生儿女,势必加速恶性循环。真正解决老龄化问题,主要靠发展完善的社会保险、社会保障和社会公益事业,使家庭养老与社会保障相结合,逐步做到老有所养,老有所乐,老有所医,老有所安。人们会担忧,人口老龄化了,劳动力减少了怎么办?中国人力资源状况白皮书公布,2008 年底,我国人才资源为 1.14 亿;在 2009 年,我国 13 亿 3774 万总人口中,有劳动力资源 10 亿 6969 万人(不含港、澳、台),比 2000 年增加劳力 11267 万人。这说明,劳动力不是在减少,而是在增长。如果劳动力真的在减少,这也正是我国从劳动密集型向自动化、现代化、信息化发展方式转变的重大机遇。

随着金融危机、物价上涨、职工失业问题突出,在很多国家,如英国、德国、西班牙、日本、俄罗斯等国,保障性养老金大量亏空,已经成为非常棘手的问题。有鉴于此,我国是养老保障的大国,我国的养老保险金目前有 7000 多亿元人民币,存银行和投资国债的收益率都很低。如果通胀率超过了 3% 或继续上升,社保基金就会大量缩水,将面临贬值风险。社保基金怎样运作,怎样保值增值,需要稳妥的办法和法律保障,这是应该研究的重大的普遍性问题。

"十二五"期间,群众最关心、最希望的是政府着力办好三件事:一是采取有效措施,严格控制物价、控制通胀;二是大力解决人民群众就业和住房问题,多造经济实用房、廉租房等安居工程,解决居住难问题;三是要严厉打击腐败,搞腐败不得人心,是国家、政府和人民的最大隐忧。反腐败是长期任务,但"十二五"期间要坚决遏制,治腐败顽疾,应该用重典。一方面要科学发展,一方面要"化疗"、"放疗",有效控制这个祸国殃民的毒瘤滋长蔓延。

当前,最紧迫的任务是,希望各位专家学者会同相关部门集中精力、精心研究,抓紧把"十二五"规划研制好,修改好,对国家负责,对各级政府负责,向人民群众交出一份满意的答卷,充分发挥规划的指导性、实效性、方向性、前瞻性的作用。让人民群众通过"十二五"规划看到愿景,增强信心,充满希望。

目　录

医疗保险

社会服务

劳动关系

人力资源

人均 6000 美元以上阶段浙江经济社会发展若干重大战略问题研究

□ 姚先国[*]

摘　要：本文依循"人均 GDP10000 美元—发达经济体—现代化"为研究路径，从分析浙江人均 GDP10000 美元的时间及挑战入手，论述了转换三大增长动力结构，消解三大结构性偏差是其成为发达经济的前提，继而分析指出要率先实现现代化，浙江应协调发展，处理好社会性基础设施建设等三大问题。并在国际经验与教训的基础上，对跨越发展之坎的体制根源作了深入剖析，认为浙江顺利实现人均 GDP10000 美元，成为发达经济体的关键是建立一个支撑经济持续成长的制度环境，并提出了深化改革，完善市场体系，促进转型升级和调整利益结构的政策建议。

关键词：经济转型；发达经济体；现代化；制度性基础设施建设；好的市场经济

导　言

改革开放以来，浙江充分利用先发优势，实现了经济的持续快速发展，社会全面进步，人均 GDP 不断迈上新的台阶，1996 年达到 1149 美元，提前完成邓小平同志提出的"本世纪末人均 GDP 达到 1000 美元的目标"。2008 年冲破 6000 美元，达到 6078 美元，基本实现了全面建设小康社会的战略目标。

根据世界银行 2008 年的分类，人均 GDP 在 3856 美元到 11905 美元之间的国家为中等偏上收入国家。人均 GDP 达到 10000 美元左右便进入发达经济体，而人均 GDP5000～7500 美元则是一个国家或地区从不发达经济

---

* 姚先国：浙江大学公共管理学院院长、教授、博导。

转向发达经济的重要准备阶段。按《中国现代化报告》衡量标准,发达国家属于第二次现代化完成阶段,而浙江已基本完成第一次现代化,正向第二次现代化迈进。源于美国的金融危机打击了全球发达经济体,凸现了中国经济发展的抗压性和内生性,有可能加速中国的崛起。浙江应抓住机遇,充分利用先发优势,在第二次现代化进程中继续保持率先地位。据此判断,人均GDP超过6000美元,标志着浙江已站在向发达经济体冲刺的起跑线上,意味着经济社会发展的重大转折。

人均GDP10000美元—发达经济体—现代化,是三个既有联系又有区别的概念。浙江省进入人均GDP6000美元以上的发展阶段,所追求的目标不能仅仅着眼于人均GDP的增长,而必须定位于率先实现地区现代化,成为名副其实的发达地区。

但是,浙江与全国一样,发展模式具有"低价工业化增长机制"的特征。深化改革,率先转型,是浙江进入新阶段发展的不二选择。今后一段时期,保证经济持续增长,优化经济结构,转换增长动力,迈向发达经济,率先实现现代化,使浙江成为创新的源泉、创业的福地。这是下一阶段浙江经济、体制和社会"三位一体"的建设目标。

三位一体的任务如何解决?"十二五"如何迈出新的步伐,走上新的道路?认真思考发展任务,把握阶段特征,确定正确的发展方向与重点,认清大势,理清思路,驾驭大局,对浙江经济社会的全面进步,无疑极为重要。

一、经济增长:跨越10000美元大关

(一)10000美元是进入发达经济体的门槛

经济合作和发展组织(OECD)被公认为发达国家俱乐部,其加入的标准之一就是人均GDP10000美元以上。截至2008年底,全球有65个国家和地区成为高收入国家和地区,其中30个OECD国家中有27个为高收入国家(墨西哥、土耳其、波兰为中上收入国家),其余35个国家和地区除石油输出国,新加坡和我国香港、澳门地区之外,均为人口极少的微型国家和地区,能称之为发达经济体的国家和地区仅有30个左右。

(二)中国各省市达到高收入水平的发展差异

新中国成立以来,我们为建设富强、民主、文明、和谐的社会主义现代化

强国而不懈努力。然而,由于没有经验可循,社会发展屡屡遭受挫折。直到
1978 年,我国实行改革开放。解放生产力,发展生产力,发展经济,提高人民
生活水平,力图探索出一条适合中国国情的社会主义建设新道路。实践表
明,建立社会主义市场经济体制符合我国发展经济的体制要求。改革开放
之初,中国人均 GDP 仅为 381 元,以当时人民币对美元汇率 1.72∶1 计算,
人均 GDP 为 222 美元;经过 30 年的经济高速增长之后,到 2008 年,我国人
均 GDP 为 22698 元,以当前人民币对美元汇率 6.95∶1 计算,人均 GDP 为
3268 美元,成为中等偏下收入国家。按此发展速度,我国将在 2023 年左右
达到高收入国家水平,实现历史性飞跃。

　　在“让一部分人、一部分地区先富起来”的非均衡发展思想指导下,各级
地方政府积极推动本地区的发展。在“改革共识”、“增长共识”的指引下,我
国各地区开始了激烈的竞争,在整个国民经济得到发展的同时,各省份人均
GDP 均有较大增长。由于起点不同,增长速度各异,造成了地区人均生产总
值的巨大差异,若以 11906 美元为标准,各地区按过去 30 年平均速度增长,
进入高收入经济体行列的时间可相差几十年(见表 1)。上海 2010 年即可达
到,北京、天津需要 3～5 年,浙江、广东、山东、江苏、福建可望 10 年内实现,
其他省份则需要 10～30 年不等。

表 1　各地区人均 GDP 跨入高收入经济体所需时间

地　区	人均 GDP 1978 年		人均 GDP 2008 年		增长率	时间
	人民币	美元	人民币	美元	30 年平均增长率(%)	达到人均 GDP 11906 美元需要时间(年)
上海市	2485	1145	73124	10529	6.84	1.9
北京市	1257	797	63029	9075	8.45	3.3
天津市	1133	659	55473	7987	8.67	4.8
浙江省	331	192	42214	6078	12.21	5.8
广东省	370	215	37589	5412	11.35	7.3
山东省	316	184	33083	4760	11.46	8.4
福建省	273	159	30123	4337	11.65	9.2
江苏省	430	250	39622	5701	10.32	9.3
内蒙古	317	184	32214	4635	10.51	11.7

续 表

地 区	人均 GDP 1978 年		人均 GDP 2008 年		增长率	时间
	人民币	美元	人民币	美元	30 年平均增长率（%）	达到人均 GDP 11906 美元需要时间（年）
吉林省	381	222	23514	3386	9.51	13.8
河南省	232	135	15593	2243	10.66	14.2
全国	381	222	22698	3268	9.39	14.4
新疆	313	182	19893	2864	9.62	15.5
湖北省	239	139	19860	2857	9.40	15.9
辽宁省	690	395	31259	4498	7.68	16.0
重庆市	269	156	18025	2595	9.82	16.3
湖南省	286	166	17521	2523	9.49	17.1
黑龙江省	564	328	21727	3128	7.81	17.8
广西	225	131	14966	2153	9.78	18.3
四川省	261	152	15378	2213	9.35	18.8
安徽省	244	142	14485	2084	9.37	19.4
山西省	365	212	20398	2935	8.45	19.7
江西省	276	160	14781	2128	9.00	20.0
陕西省	291	169	18246	2625	8.74	20.8
海南省	510	269*	17175	2471	8.17	22.3
西藏	375	218	13861	1996	7.66	24.2
宁夏	370	215	17892	2574	7.54	25.2
云南省	226	131	12587	1811	8.47	25.5
青海省	428	249	17389	2502	7.21	25.6
甘肃省	348	202	12110	1742	6.80	32.0

注：以目前世界银行人均 11906 美元为高收入国家标准计算；海南省 1978 年无数据，采用 1982 年数据。

数据来源：历年《中国统计年鉴》。

(三)浙江达到高收入水平的不同测算

浙江作为中国省市中人均 GDP 增速最快的省份,改革开放以来,经济快速发展,人民生活水平迅速提高。以目前世界银行所定高收入国家标准,按过去 30 年浙江年均增速 12.21％的增长速度测算,浙江进入高收入社会需 5.8 年;按最近 5 年 15.62％的平均速度测算,需 4.6 年;按 2008 年金融危机发生后约 8％的实际增长率测算,需 8.7 年。浙江经济增速虽然有所放缓,但仍将保持一定的增长速度,人均 GDP 在预期时间内突破 10000 美元完全是有可能的。可见,浙江在今后 10 年之内,能否妥善处理改革发展中面临的新情况、新问题,将决定浙江能否保持合理的增长速度,能否成功率先进入高收入经济地区。

(四)浙江经济保持持续稳定发展的挑战

根据发达国家经验,人均 GDP 超过 6000 美元时,伴随着居民收入的提高和产业分工的深化,经济结构已经完成从轻工业到重工业的转变,并开始转向服务业。现实情况是,浙江经济的重点还滞留在劳动密集型为主的轻工业,并且明显表现出增长乏力。自 2004 年 6 月开始,浙江工业增速持续 55 个月下滑。2001 年至 2008 年,浙江经济增速从全国第 6 位跌落到第 22 位。浙江经济持续深度回落,在国内经济竞争中呈现明显颓势。

浙江当前的经济困局说明:一是粗放式增长的道路已基本走到尽头。"粗放生产、廉价竞争和非均衡发展"模式在过去无疑是一种正确的选择。但在现今多重约束条件下,粗放生产和低价竞争之路已难以为继。二是其他兄弟省市通过模仿和创新追赶,进一步缩小了与浙江的差距。从市场化评价结果看,2007 年与 2000 年相比,浙江市场化指数从高于全国平均数的 55.2％,下降到 38.4％,下降了 16.8 个百分点,区域改革差距正日益缩小。而在粗放型增长方面,浙江和全国一样,只不过浙江迄今发展得比较快,矛盾也暴露得比较早和比较突出。三是国际金融危机带来的冲击。全球金融危机表明,浙江省原先靠资源、靠劳力、靠出口的竞争优势已然不再,经济发展第一阶段——依靠物质要素投入、物质资本驱动的阶段行将结束,必须通过发展模式的根本转变,带动产业结构转型升级和浙江经济第二阶段的发展。

(五)浙江经济保持持续稳定发展的着力点

浙江能否突破发展瓶颈,保持经济高速增长？能否实现集约经营、高效增长,持续提高经济效益与经济竞争力,保持经济发展的旺盛活力? 这些问题是浙江经济在新的发展阶段的主要议题。突破资源约束、需求约束和体制约束,是应对危机、保持平稳增长的重点。

1. 资源约束

——土地资源:浙江省土地资源紧张,耕地仅占总量的 18.23%。土地利用结构不合理,第一产业与第二、三产业对土地资源的争夺异常激烈,人地矛盾尖锐。2005 年到 2008 年间,浙江省农用地面积减少 39921 公顷,其中耕地减少 26803 公顷,建设用地增加 104816 公顷,未利用地减少 68495 公顷。土地利用方式依然较为粗放,具有较高土地利用集约度的行业企业数只占 35.56%,而中低等土地利用集约度的企业数占到了 64.44%。

——水资源:2008 年浙江省水资源总量 863.99 亿立方米,比多年平均数(965.55 亿立方米)缩减 10.54%,人均水资源也从 2006 年的 2175 立方米降低到 2008 年的 1687 立方米。按照人均水资源量少于 1700 立方米为用水紧张国家的国际标准,意味着当前浙江省已经步入用水紧张时期,而到 2015 年情况将更加严重。

——大气环境:近几年来,废气的排放总量不断增加,增长率绝对值近 3 年持续在 10 个百分点之上,2007 年浙江省废气排放总量为 8532 亿标立方米,较 2006 年增加 18.81%。在空气质量方面,2008 年浙江省的城市空气综合污染指数为 1.71,同比 2007 年的 1.81 下降 0.1 个点,情况不容乐观。

——能源消耗:2007 年浙江省的 GDP 能耗为 0.89 吨标准煤/万元,虽低于全国平均水平(1.60 吨标准煤/万元)44.07%,但与英国(7.25 美元/公斤标准石油)、德国(6.17 美元/公斤标准石油)、日本(6.44 美元/公斤标准石油)等国比较仍有较大差距。

——人力资源:企业家才能是优势(到 2008 年,浙江省企业家中拥有本科学历的占 30.67%,硕士及以上学历的占 1.26%),但创新型、技能型人才不足(浙江省技能型人才总量只有全国的 2.06%)。

2. 需求约束

相比资源约束,需求约束才是长期性、根本性约束。因为我们的目标是建设社会主义市场经济,既然是市场经济就必然是需求导向、需求约束。这并不是说市场经济条件下不存在供给问题,也不是说市场经济国家就不存在资源稀缺问题,而是因为市场经济有一种自我均衡机制,能够解决供求平衡和资源配置问题。在现阶段,资源短缺只是现象,不是本质[①]。本质是改革未到位,市场的资源配置机制不完善。

生产与消费有效衔接和良性循环,是经济平稳发展的根本条件,也是市场均衡的基础。而"投资、消费、出口"三驾马车拉动的经济增长模式在我国发展严重失衡。实践表明,能否实现生产、分配、交换、消费的合理关系,决定着经济增长的效益和质量。浙江经济自改革开放以来的高速增长,从性质上看属于出口导向型和投资推动型,消费对经济增长的拉动作用有限。

——对出口的依存度高,内需不足。2002—2007 年,浙江出口对经济增长的贡献率提高了近 10 个百分点,而消费占 GDP 的比重由 2002 年的 51%下降到 2007 年的 46%。2008 年浙江最终消费支出占 GDP 的比重为34.63%,最终消费对经济增长的贡献率为 41.26%[②]。

表 2 浙江经济增长的结构变化

年份	按支出法计算的浙江省生产总值增长率	贡献率(%)[a]				占 GDP 比重(%)[b]			
		居民消费	政府消费	固定资本形成总额	货物和服务净出口	居民消费	政府消费	固定资本形成总额	货物和服务净出口
2002	16	25	12.8	51.7	6.8	36	15	40	6
2003	21	27	9.3	61.4	−0.7	34	13	46	4
2004	20	29	10.8	48.7	4.6	34	13	48	4
2005	15	44	12.0	42.9	21.6	35	12	47	5
2006	17	35	10.7	41.7	19.5	35	12	45	6
2007	19	26	12.0	40.9	16.2	34	12	44	9

注:a)居民消费贡献率=[(当年居民消费−上年居民消费)/上年支出法国内生产总值]/当年支出法国内生产总值增长率,其他贡献率计算方法类似;b)居民消费比重=当年居民消费/当年支出法国内生产总值,其他分项比重计算方法类似。

数据来源:《浙江省统计年鉴 2009》。

——投资比例大,消费比例下降,贡献率递减。2000—2006 年浙江最终消费率和居民消费率一路下滑,分别从 2000 年的 0.513 和 0.38 下降到2006 年的 0.472 和 0.35,低于全国水平,其他沿海省市亦如是(见图 1、

---

① 胡培兆:《有效供给论》,经济科学出版社 2004 年版,第 48 页;胡培兆:《论有效供给论》,《经济学家》1999 年第 3 期,第 4—10 页。

② 数据根据《2008 年浙江省国民经济和社会发展统计公报》计算得出。

图 2)。这充分说明我国经济较为发达的地区并非是消费需求旺盛的地区，相反是消费需求相对低迷的地区。

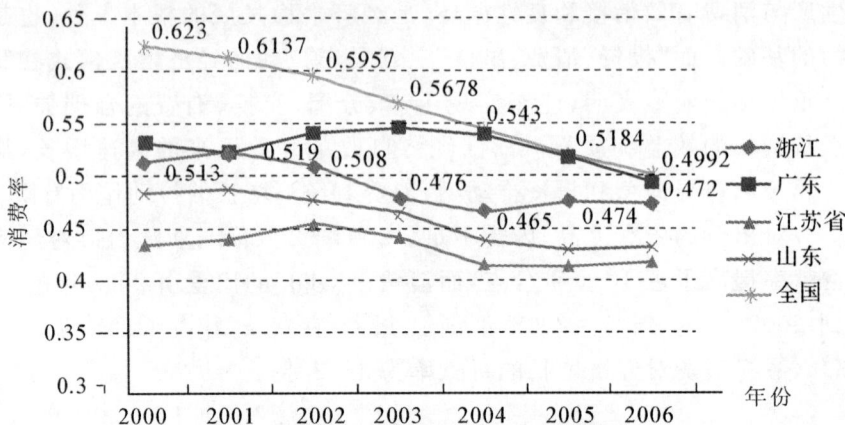

图 1　全国、部分省份最终消费率比较
资料来源：根据全国和各省统计年鉴整理。

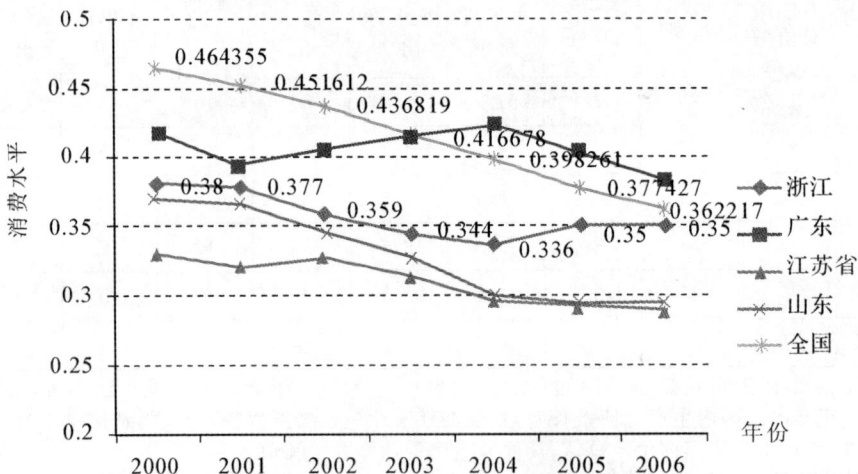

图 2　全国、部分省份居民消费率比较
资料来源：根据全国和各省统计年鉴整理。

2008 年国际金融危机对浙江的冲击再次表明，经济发展需要"三驾马车"共同发力。扩大内需，受惠于民，是更为根本的要求。

3. 体制约束

浙江经济发展除了面临资源约束和需求约束，还有体制约束。在我国独特的计划向市场、封闭向开放、农业国向工业国三重转型背景下,诸多体制的错位严重影响着人们的经济生活。经济的发展需要制度的保障。资源约束、需求约束是"硬件",而体制约束很大程度上是"软件"。

我国面临的体制约束重点表现在三个方面:市场秩序紊乱、法治不足、政府管理落后。以公平竞争为核心的市场秩序还远远没有建立,经济活动人格化现象显著,严重制约着市场半径的扩大,阻碍了经济的进一步发展;法治的不足导致了人们经济行为的短期化、投机化;而政府管理的落后导致了"错位"、"越位"、"缺位"等问题的出现,管理理念有待提高,管理方式有待改进,管理效果有待加强。因此,若要真正成为成熟的市场经济国家,除了培育完善有形的市场经济要素之外,更重要的是无形制度的塑造。这种约束不是一日之功,但需从今努力。

要打破以上约束,必须转换浙江经济增长动力结构,从三个方面着手,即:从投资驱动转向消费驱动;从物质资本转向人力资本;从低价竞争转向差异竞争。

二、结构优化:迈向发达经济

(一)发达经济意味着什么

我国是发展中大国,具有发展中经济的典型特征。发展中经济与发达经济之间有许多显著差别,但发展中经济最典型、最重要的共同特征是刘易斯概括的二元结构。先进的工业与落后的农业并存,繁荣的城市与凋敝的农村并存,这是广大发展中国家的共同现象。在经济二元结构的基础上,社会、文化等多方面也都呈现二元结构。

人均 GDP 达到 10000 美元是迈入发达经济的门槛,但这并非成为发达国家或发达经济体的唯一标准。一些石油输出国凭借资源优势,也可有很高的人均 GDP 水平,阿曼、阿联酋、利比亚、沙特阿拉伯等国家甚至比某些发达国家的收入水平还高。阿联酋曾雄踞各国之首,成为人均 GDP 最高的国家,但是,没有人认为它们是发达经济体,也没有人将其列入发达国家行列。

发达与否不仅是量的概念,还是质的概念;不取决于单一的指标,而取决于整个系统的演进和提升。"发达"意味着整个社会分工协作体系的深化与完善,意味着市场体系的拓展、经济主体可行能力的提升,意味着经济、社会、科技、文化、政治、伦理道德的全面进步。以 OECD 为代表的国家集团之所以被称为发达经济体,不仅在于其人均收入水平高,更在于这些国家市场经济发育成熟,社会发展机制优越,资源配置方式完善,产业结构协调,积累消费比例合理,城乡经济一体化,社会系统运行良好。

(二)浙江迈向发达经济的改革新空间

浙江处于人均 GDP 加快突破 10000 美元的发展新阶段,处于向发达经济迈进的崭新阶段,处于全面提升工业化、信息化、城市化、市场化、国际化的关键时期,面临全面建设小康社会、加快转型升级的重要时刻。虽然世界经济逐步走出金融危机的影响,浙江经济也加快复苏,但受长期累积的结构性、素质性矛盾影响,经济增长速度可能会有所放缓,转型升级、优化结构的紧迫性尤为突出。

(三)浙江迈向发达经济的改革新挑战

浙江在人均 6000 美元以上发展阶段将遭遇诸多矛盾和困难,面临新的挑战,在率先发展中将始终具有不确定性。现行发展方式累积而成的障碍因素,尤其是与现代经济相排斥的结构性偏差,严重制约着浙江下一步的发展。

1. 产业结构偏差

支撑浙江经济增长的一些要素和资源结构已经发生了重大变化,包括土地、能源、环境等的要素资源已经成为制约经济持续高速增长的主要因素,产业结构亟待转型(见表3)。浙江产业结构偏差突出表现在产值结构与就业结构的偏离。

表 3 浙江省产业产值结构和产业就业结构

年份	三次产业的产值结构(%)			三次产业的就业结构(%)		
	第一产业	第二产业	第三产业	第一产业	第二产业	第三产业
1978	38.1	43.3	18.7	73.6	17.1	9.3
1980	35.9	46.7	17.4	69.8	20.1	10.2
1985	28.9	46.3	24.8	54.9	31.7	13.4
1990	24.9	45.1	30.0	53.2	29.8	17.0
1995	15.5	52.1	32.4	44.0	33.7	22.3
2000	10.3	53.3	36.4	35.6	35.5	29.0

续　表

年份	三次产业的产值结构（%）			三次产业的就业结构（%）		
	第一产业	第二产业	第三产业	第一产业	第二产业	第三产业
2001	9.6	51.8	38.6	33.4	36.1	30.5
2002	8.6	51.1	40.3	31.0	37.4	31.6
2003	7.4	52.5	40.1	28.3	41.2	30.5
2004	7.0	53.6	39.4	26.1	43.6	30.3
2005	6.6	53.4	40.0	24.5	45.1	30.4
2006	5.9	54.0	40.1	22.6	45.8	31.6

资料来源：根据浙江省统计年鉴整理。

如表 4 所示：从 1978 年到 2008 年，总偏离度已从 71.2 下降为 28.2，但仍处高位。第一产业的相对劳动生产率越来越低，尽管第一产业的就业比重持续下降，但仍存在进一步转移的可能性。我省工业具有鲜明的劳动密集型特色，高度工业化主要是通过对农村劳动力资源的再配置来实现的。第二产业的就业吸纳能力基本已达到饱和，今后需要优化第三产业内部的行业结构，为不同层次的劳动者提供更多的就业岗位。

表 4　浙江省就业结构与产业结构偏离情况

年份	结构偏离度绝对值				比较劳动生产率			结构对比系数		
	一产	二产	三产	绝对值	一产	二产	三产	二产/一产	三产/一产	农业/非农
2000	24.58	−17.25	−7.33	49.16	0.31	1.49	1.25	4.81	4.03	0.23
2001	23.54	−15.60	−7.94	47.08	0.30	1.43	1.26	4.77	4.20	0.22
2002	22.07	−13.66	−8.41	44.14	0.29	1.36	1.27	4.69	4.38	0.22
2003	20.6	−11.40	−9.20	41.2	0.27	1.28	1.30	4.74	4.81	0.21
2004	18.86	−10.19	−8.67	37.72	0.28	1.23	1.29	4.39	4.61	0.22
2005	17.9	−8.3	−9.6	35.8	0.27	1.18	1.31	4.40	4.85	0.22
2006	16.7	−8.2	−8.5	33.5	0.26	1.18	1.27	4.52	4.88	0.21
2007	14.8	−7.2	−7.6	29.5	0.26	1.15	1.23	4.37	4.73	0.22
2008	14.1	−6.3	−7.8	28.2	0.27	1.13	1.24	4.27	4.59	0.22

注：结构偏离度绝对值的计算公式为：$P = \sum L - C$。其中 L 为某产业从业人员所占比重，C 为某产业增加值所占比重。结构对比系数指各产业比较劳动生产率之比。

资料来源：根据《浙江统计年鉴(2009)》第 18 页和 47 页相关数据计算。

2. 工业化与城市化偏差

浙江第二产业比重自 20 世纪 90 年代以来就高达 50% 以上,非农就业人口目前已近 80%,但从表 5 可以发现,按城乡户籍划分的非农业人口仅占 28.3%(2006 年),从 1978 年到 2006 年仅提高了 17%,且明显低于全国平均的 32.5%。

浙江在经济快速发展的进程中,工业产值比重片面上升,相对工业化进程而言,服务业发展滞后,影响了非农产业就业的增长。这些偏差导致工业化进程不能有效地带动就业结构和消费结构的转变,从而影响城市化进程。

表 5 浙江省城乡人口结构变化及与全国的比较 单位:%

| 年份 | 按行政区划分 | | | | 按城乡户籍分 | |
| | 全国 | | 浙江省 | | 浙江省 | |
	城镇人口	乡村人口	城镇人口	乡村人口	非农业人口	农业人口
1978	17.9	82.1	14.5	85.5	11.4	88.6
1990	26.4	73.6	31.2	68.8	16.5	83.5
1995	29.0	71.0	32.6	67.4	18.4	81.6
2000	36.2	63.8	48.7	53.3	22.1	77.9
2002	39.1	60.9	51.9	48.1	24.2	75.8
2003	40.5	59.5	53.0	47.0	25.4	74.6
2004	41.8	58.2	54.0	46.0	26.7	73.3
2005	43.0	57.0	56.0	44.0	27.5	72.5
2006	43.9	56.1	56.5	43.5	28.3	71.7

资料来源:根据《中国统计年鉴》各年版,《浙江统计年鉴》各年版计算、整理。

3. 城乡结构偏差

随着城市化加速,城市建设越来越漂亮,而乡村面貌改变滞后。且城乡收入差距仍在扩大,城市化进程没有缓解二元结构,反而使之强化了,实际上离现代化目标越来越远。城乡结构偏差主要表现在城乡人均收入差异(见表 6)、城乡基本公共服务水平差异和城乡居民权利差异。

城乡之间、区域之间和产业之间的改革不协调,影响城乡区域的统筹发展和产业结构整体提升。城乡结构发展偏差的背后,不仅有产业结构发展不均、工业化与城市化发展不均的原因,也有我国体制设计的原因,比如财税体制、投资体制、城乡政治影响能力等方面。

表 6　城乡人均收入差异比较

	城镇居民家庭人均可支配收入			农村居民家庭人均纯收入			城镇居民可支配收入比农村人均纯收入	
	全国增长率	浙江增长率	浙江/全国	全国增长率	浙江增长率	浙江/全国	全国	浙江
2000	7.30%	10.10%	1.48	1.90%	7.80%	1.89	2.79	2.18
2001	9.20%	12.80%	1.53	5.00%	7.70%	1.94	2.9	2.28
2002	12.30%	12.00%	1.52	4.60%	7.80%	2	3.11	2.37
2003	10.00%	12.50%	1.56	5.90%	9.90%	2.07	3.23	2.43
2004	11.20%	10.40%	1.54	12.00%	12.20%	2.08	3.21	2.39
2005	11.40%	12.00%	1.55	10.80%	9.30%	2.05	3.22	2.45
2006	12.10%	12.10%	1.55	10.20%	10.10%	2.04	3.28	2.49
2007	17.20%	12.60%	1.49	15.40%	12.70%	2	3.33	2.49

　　资料来源:根据《中国统计年鉴 2007》《浙江统计年鉴 2007》《新中国五十五年统计资料汇编:1949—2004》《2007 浙江国民经济和社会发展统计公报》《2007 年中国国民经济和社会发展统计公报》有关数据整理。

　　上述问题如果不在下一轮发展中消解,浙江即便到了人均 GDP10000 美元以上,仍然属于"高收入的发展中经济",仍然称不上真正的发达地区。要成为发达经济,必须在发展中优化结构,率先矫正结构偏差。

三、协调发展:率先实现现代化

　　在人均 GDP 达到 6000 美元以后,我们一方面要继续发展经济,优化结构,提升发展质量,提高人均 GDP,尽快进入发达体行列。另一方面,我们还必须"补课",把以往忽视或重视不够的问题逐步解决,转变理念,创造条件,促进整个社会的协调发展,实现全面现代化。

　　实际上,现代化不只是一种我们努力的目标和方向,其本身更具有丰富的内涵和标准。《中国现代化报告》将其分为第一次现代化(经典现代化)和第二次现代化。其中,第一次现代化的主要动力是资本、技术、民主等因素,第二次现代化的动力则是知识创新、制度创新和人力资本等要素。从进程看,现代化意味着从传统社会向现代社会、传统经济向现代经济、传统政治向现代政治、传统文明向现代文明转变的历史过程及其变化。从本质上说,现代化就是经济与社会协调发展，人与自然和谐相处，构建和谐社会。

按《中国现代化报告》标准衡量，2006年中国内地地区处于第二次现代化水平和发展阶段[①]。中国内地有6个地区第二次现代化指数达到或超过世界平均水平。根据第二次现代化水平分组，2006年，北京和上海第二次现代化指数的数值已经达到发达国家组的水平，天津、浙江、辽宁和江苏已经达到或超过世界平均水平（中等发达水平下限），广东等22个地区达到初等发达水平，云南、贵州和西藏仍然为欠发达地区。

表7 2006—2007年中国34个地区现代化的阶段和不平衡性

第二次现代化的发展阶段				过渡期
			成熟期	
		发展期	香港、澳门	
	起步期	北京、台湾		
第一次现代化的发展阶段	过渡期	上海、天津		
	成熟期	浙江、广东、山西、江苏、辽宁、福建、山东		
	发展期	湖北、河北、吉林、黑龙江、江西、海南、重庆、陕西、青海、宁夏、内蒙古、安徽、河南、湖南、四川、甘肃、新疆、广西、贵州、云南、西藏		
	起步期	无		
传统农业社会		无		

资料来源：《中国现代化报告2009》。

浙江省2006年第一次现代化的实现程度已达94%，即将完成第一次现代化。中科院发布的2009年《中国现代化报告》研究表明，北京已处于第二次现代化的起步期，上海、天津也位于向第二次现代化迈进的过渡期，浙江仍列于第一次现代化的成熟期，落后于上述城市，存在显著差距。

从理论上分析，国家现代化应与地区现代化同步。但国家内部具有差异性，地区现代化存在不平衡性，因而某些地区率先实现现代化成为可能。浙江应抓住机遇，着重处理以下几个问题。

（一）社会性基础设施建设

以往，我们提到"基础设施"往往就是公路、铁路、机场、通讯、水电煤气等公共设施，实际上还应该包括教育、科技、医疗卫生、体育、文化等社会事

---

① 中国现代化战略研究课题组、中国科学院中国现代化研究中心：《中国现代化报告2009》，北京大学出版社，第301—303页。

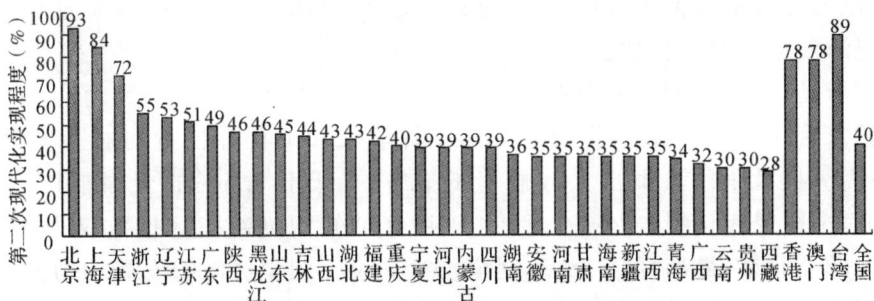

图 3　2006 年中国地区第二次现代化水平

资料来源:《中国现代化报告 2009》。

业,前者为"经济性基础设施",后者即为"社会性基础设施"。

　　长期以来,由于我们对基础设施理解偏颇,基础设施投资仅限于"铁公基"之类的经济性基础设施,社会性基础设施投资严重不足。而社会性基础设施与人力资本积累、创新、服务业发展密切相关,不仅直接关系到民生改善,而且是实现现代化的必由之路。进一步加强社会性基础设施建设,提高社会性基础设施建设的投资比重尤其必要,是浙江率先实现转型的重要保障。但是,在人力资本投资方面,政府早已提出的教育投资占 GDP 4% 的目标迄今未能实现。卫生保健投资更为欠缺。对于普通劳动者而言,由于收入低下,教育、卫生投资能力不足,则可能形成贫困的代际传承和恶性循环。

　　客观地讲,近年来社会性基础设施投资比重偏低的情况有所好转,出现了不少积极的动向,但形势依然不容乐观。浙江应充分抓住政府财力丰厚的有利时机,继续加大科教文卫领域的投资,加强社会保障的改革和发展,扩大社会保障的覆盖面,提高保障水平,切实满足人民群众对教育、卫生的迫切需要,构筑起社会和谐的防护带和安全网。

(二)发展战略转变:创新驱动、和谐发展

　　在科技教育极为落后、人力资本十分匮乏的背景下,粗放式发展战略成为必然选择,并取得了举世公认的成就,尽显了党和政府的驾驭能力和人民的生存智慧,本身无可厚非。但是这种发展模式也使得许多深层次矛盾未能真正解决,给未来的发展留下许多隐患,不少矛盾日趋尖锐,有可能造成恶性循环。特别是在浙江进入人均 GDP 6000 美元的发展阶段,矛盾日益凸现,粗放发展战略成了制约我们持续快速发展的障碍。为此,转变发展战

略,以人力资本为推动,以创新为基础,成为必然的战略选择,只有这样才能实现浙江第二次现代化。

但是,从科技创新能力看,2006 年全省万人专业技术人员数、企业 R&D 科学家和工程师人数占全社会 R&D 科学家和工程师比重均居全国第 11 位;高级技术职称人员占人才总量的 3.9%,低于 5.6%的全国平均水平。根据《中国现代化报告 2009》,2006 年浙江的知识创新指标指数仅为 45.6,大大低于北京(最高)的 118.8,列全国第 5 位。知识经济的发展动力是以科技创新为核心的知识创新,创新能力不足已经成为制约浙江经济发展的最重要瓶颈。因此,必须以创新能力建设为核心,建设新型创新平台,提供有利于各类人才创新的环境,通过外部政策驱动和内部利益驱动,不断提高人才创新能力,产生更为丰富的创新成果,从而实现以物质投入带动的生产向以创新带动的生产转变。

(三)绿色产业与循环经济:可持续发展

"三高一低"粗放型的增长,在带来经济繁荣的同时,也导致资源的过度耗费和环境污染。浙江省目前土地资源、水资源等非常紧张,今后将更加严重。GDP 能耗虽低于全国平均水平,但与发达国家,如英国、德国、日本等国相比仍有较大差距。近几年来,废气的排放总量不断增加,城市空气综合污染指数不容乐观。与此同时,伴随粗放型经济模式的发展,国内资源不足必然要从国外进口,导致对国外资源需求剧增,并引起很多摩擦。由此,突破资源约束,高效利用和循环利用资源,走减量化、再使用、再循环之路,发展低消耗、低排放、高效率的循环经济,大力发展绿色产业,是浙江今后发展的一个重要方向。

从世界范围来看,温室气体效应日渐明显,全球变暖,气候问题成为一个共同关注的话题,而且是一些国家批评指责中国的一个"把柄"。遭受指责固然不好,但反过来思考,我国确实有诸多不足,存在各种问题。我们不能"讳疾忌医",而要抓住金融危机造成的转型契机,深刻反思发展中人与自然的关系,调整发展战略和发展模式。从历史进程看,人与自然的关系正处在一个关键性的转折点,在中国几千年的文明史中,人与自然的矛盾从未像今天这样严重。浙江作为中国发展较快的省份之一,具有发达国家工业化阶段的特征和问题。但同时也要看到,作为先发地区,也有率先转型的必要和可能,浙江要大力倡导绿色经济,积极发展低碳经济、循环经济,建设"两型"社会,实现可持续发展。

四、走出陷阱：建设成熟的社会主义市场经济

（一）何谓"发展之坎"

国际经验表明，一个国家和地区人均 GDP 达到 5000 美元之后，发展将面临很大变数，经济可能继续稳定上升，也可能徘徊不前。我们把一个国家从中等偏上收入国家跨入到发达国家的这一阶段称为"发展之坎"，即在这一阶段，该国经济发展既可能持续发展，成功迈入发达社会，成为成熟、稳定的现代化社会；也可能陷入停滞不前，社会矛盾突出，经济增长乏力，国家陷于动荡（如图 4 所示）。

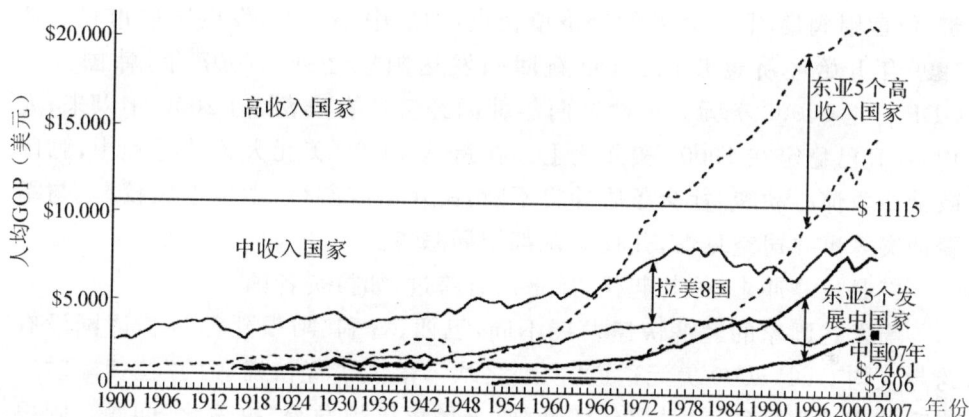

图 4　中等收入陷阱的发展模式

资料来源：中国经济增长与宏观稳定课题组：《中国可持续增长的机制：证据、理论和政策》，《经济研究》2008 年第 10 期，第 15 页。

（二）跨越发展之坎：国际经验与教训

从全球角度观察，一国能否成功走出发展的陷阱，决定于这个国家能否建立一个发达、成熟、稳定的经济社会体制，而能否建立一个发达、成熟、稳定的经济社会体制又是能否进入发达社会的重要前提，二者相互影响。当一国顺利渡过这一阶段时，将跨入高收入水平国家之列。

从国际经验看，各国从 5000 美元到 10000 美元的跨越有三种情况：

一是平稳、顺利渡过，如欧美日。

当今世界中，美国、日本、英国、法国等发达国家属于成功跨越"发展之

坎"的国家,这些国家在 20 世纪 70 年代相继开始从人均 5000 美元向 10000 美元跨越。美国人均 GDP 从 5000 到 10000 美元用了 8 年。日本、法国、德国等国家均用 5~6 年跨越这一阶段,欧美日等国成为全球首批进入 10000 美元的高收入国家。

二是在矛盾冲突中跨过,如韩国。

二战之后,在军政府的领导下,韩国实现了"汉江奇迹",从落后国家一跃成为高收入国家。1988 年人均 GDP 达到 3000 美元,3 年后人均 GDP 达到 5000 美元,到 1995 年,实现人均 GDP10000 美元的跨越。然而,韩国这种政商勾结的市场经济发展模式出现了类似拉美的问题。在 1997 年的金融危机中,韩国经济遭受严重挫折,20 多家财阀集团倒闭大半,GDP 萎缩 6.7%。随后,韩国政府开始大刀阔斧的改革,隔断政府与企业界的传统纽带,解散财阀集团,寻找新的经济增长点,发展中小企业,发展国内市场。从 1999 年开始经济逐步回升,重新回归发达国家之列。2007 年,韩国人均 GDP 将近 20000 美元。虽然近两年韩国经济还在震荡,但 2000 年以来,人均 GDP 已稳定在 10000 美元之上。在跨越 10000 美元大关的过程中,韩国政治斗争惊心动魄,社会矛盾冲突不断,民众示威游行,学生占领校园、与军警冲突等事件司空见惯,几任总统都结局悲惨。

三是反复冲击,挣扎起伏,还是没有跨过,如拉美各国。

与发达国家的经济快速发展不同,巴西、智利、阿根廷等拉美诸国没有跨越人均 GDP 5000 美元这道"发展之坎",落入了经济滞胀的"拉美陷阱",出现贫富差距悬殊、对外资依赖性强、金融危机频发等"拉美化"问题。阿根廷 1992 年人均 GDP 跃过 5000 美元,1994 年上升到 7000 美元,但 2005 年又回落到 4470 美元,2006 年还只有 5150 美元;巴西 1997 年人均 GDP 为 4760 美元,2006 年降到 4730 美元。同时,这些国家金融危机频发。巴西 1999 年金融危机时国内外负债分别达到 2980 亿美元和 2280 亿美元,其预算赤字占到国内生产总值的 7.2%;社会治安恶化,整个国家发展陷入停滞,社会矛盾冲突严重,无法进入发达国家之列。

各国经验表明,从 5000 美元到 10000 美元,有些国家所需时间甚短,基本数年时间即可实现,而这短短数年也是这个国家发展的重大战略机遇期,是该国完成现代化进程、实现法治、走向富强的重要阶段。有些则起伏跌宕,充满曲折,甚至停滞徘徊。能否顺利跨越,走向发达国家,与执政者的发展理念和战略选择息息相关,更与各国的历史文化背景和制度演化路径紧密相连。个中机理与规律,尚需深入探讨。

（三）跨越发展之坎的体制根源

一个有效的组织是经济成长的关键，一个可持续的体制是经济稳定的保障，而体制的不同也决定着一国的发展路径、发展前景。概括而言，上述三种跨越方式分别对应三种经济体制，一是自由资本主义体制模式（盎格鲁－撒克逊模式）；二是东亚模式（政府强权保护下的市场经济）；三是拉美模式（带有殖民地背景的畸形市场经济体制）。

1. 盎格鲁－撒克逊模式：英、美等国

盎格鲁－撒克逊模式以早期美国资本主义市场经济体制为典型代表。此后 200 多年来，经历了不断的调整和改善，仍结合了其自由市场经济模式的基本特征。人们通常将之概括为"私有制＋民主政体＋新伦理道德"的市场经济体制。核心内容在于信奉尽量少的政府干预，鼓励自由竞争，推动贸易自由化和资本流动的便利化。尤其 20 世纪 80 年代以来，美国各任政府放松电信业管制，引入竞争，引发了有益的改革和创新。事实上，没有管制的放松，就没有互联网的产生，以及信息经济所带来的飞速发展。

2. 东亚模式：新加坡、韩国

与盎格鲁－萨克逊模式不同，东亚模式的特点是"混合＋专制政体＋儒家学说"，东亚模式曾构成对自由资本主义模式的挑战，其快速的经济发展也让世人着迷。该模式比较重视市场的作用，同时又以政府力量主导市场的培育和发展。东亚各国的发展成功离不开正确的发展战略，实践表明，出口导向型发展战略是东亚模式成功的正确选择。东亚各国积极参与国际分工，通过产品出口，引入国际直接投资，以及产业内、产品内分工的兴起，使得东亚各国有能力根据其竞争优势参与国际分工。国际分工的深化带来更小的贸易替代效应和更大的贸易学习效应，促进各国经济的快速增长。

3. 拉美模式：巴西、智利、阿根廷

拉美模式可概括为"混合经济＋政府干预＋殖民主义"，主张实行高关税对国内市场进行保护，强调政府的经济干预功能，市场必须很大程度依赖于政府，最后形成了一种"政府无序干预，市场运转失灵"的混乱局面。20 世纪 80 年代，拉美开始推行"进口替代工业化"，通过私有化和贸易自由来刺激经济。此后进行结构性改革，扩大市场调节作用，加快对外开放步伐，强调让私人部门占主导地位，政府丧失了宏观调控能力，无法进行资源再分配，导致贫富差距拉大，社会矛盾激化，城乡发展失衡，社会治安恶化，教育发展滞后。

(四)"中等收入陷阱"的谜底何在?

拉美各国以及东南亚部分国家发展失误的历史经验表明,落后国家能否成功发展,最终都可以落实到如何处理政府与市场的关系,如何培育和发展市场经济的基本要素。

以史为鉴,一国能否走出"中等收入陷阱",能否迈过"发展之坎",最为关键之处在于该国市场经济的微观基础是否扎实,而制度性基础设施建设是根本。良好的制度性基础设施建设来自于政府的合理行为,取决于政府对市场经济的认识程度。

理论和实践证明市场经济是配置资源、发展经济、提高经济效率最佳的体制。好的市场经济应该尊重公民的自由选择,提倡平等竞争,保护产权,强调法治,概言之,即人权+产权+法治=好的市场经济。拉美各国失败的一个很重要的原因,就在于"权贵资本主义"的出现,政商勾结,腐败盛行,毁坏了市场经济得以正常运行的基础。

浙江若要顺利实现人均 GDP10000 美元,成为发达经济体,其关键在于建立一个支撑经济持续成长的制度环境。建立和完善社会主义市场经济体制是我国经济体制改革的目标。必须坚持"自由"、"竞争"、"法治"的价值取向,并以此形成制度安排与政策导向,即建立能够充分发挥民众创新意识、保护民众财产权利、鼓励竞争、法治为上的社会主义市场经济体制,将社会主义制度与一个解放生产力发展生产力的经济体制相结合。

浙江的经济转型离不开政府与市场关系的不断调整。过去,改革相对成功的一个重要因素是政府将自身定位为市场增进型政府,即政府的经济定位、政府的经济职能在于促进市场机制的发展,而非阻碍市场机制、扭曲市场机制。政府应该是扶持之手,而非掠夺之手。今后,在政府主导型经济改革的过程中,政府应该在培育市场经济体制的不同阶段,发挥自身独特的作用,特别是在改革开放的新阶段,政府转型具有双重任务,既要实行政府自身管理行为与运行机制的转型,又要通过政府转型主导和推动经济转型、社会转型。政府行为既要与法治政府的目标定位相符,更要与社会主义市场经济的内在要求相符。

五、跨越"发展之坎"的战略举措

浙江现已进入人均 GDP 6000 美元后的发展阶段,也正处于被其他国家或地区实践证明的"中等收入陷阱"阶段,如果措施得当、执行有力,我们将顺利跨越"发展之坎",大踏步地加入经济发达体行列,率先实现现代化。

从目前情况看,历经多年发展和积淀,浙江以民营经济为主导,推动市场经济体制和政府管理体制改革,形成了较为完善的运行机制——"浙江模式"——为世人广为关注。同时,浙江的经济、社会发展走在全国前列,具有雄厚的经济基础,使今后发展有了坚实的物质条件和改革成本。这都有利于透彻分析、化解各种矛盾,促进更快发展,率先实现转型,率先走上高效发展之路、和谐发展之路、可持续发展之路,在全国起到示范作用。这将是浙江新的优势,也将是浙江对全国新的贡献。

当然,随着发展,浙江面临的问题也逐渐显露出来,成为 6000 美元后阶段的"瓶颈"。从制约今后发展的关键环节看,主要包括:粗放增长能量已施放殆尽,难以为继;产业结构有锁定之虑,调整困难、优化不易;某些传统制度未"时移世易,变法宜矣",路径依赖严重;伴随经济发展意识的增强,各地都在拼经济,其他地区迅速发展崛起,浙江的既有优势面临挑战。

因此,我们要认真总结过去,直面挑战,化解深层次矛盾,抓住改革深化的关键环节,确立转型的整体思路和基本框架,抓准切入点和突破口,力争顺利跨越"发展之坎"。为此,需着重探索以下主要问题。

(一)深化经济改革,建设成熟、完善的市场经济

浙江今后能否持续发展,继续保持领先地位,经济体制改革是重要一环。基于公平竞争、自由竞争的市场体制要求,要进一步放开市场、培育市场,更要规范市场,确立市场经济新秩序。要加强市场监管,保护市场交易安全,打破行政垄断,遏制权钱交易、商业贿赂、商业欺诈,倡导诚信行为和社会责任等。

改革重点包括三个方面:一是深化要素市场化配置改革。完善要素定价制度改革。二是进一步激发微观主体活力。完善民营经济市场公平准入机制,打破"玻璃门",优化民营经济发展环境。三是推进有利于自主创新的体制改革。以企业为主体、市场为导向,加强创新平台和创新载体建设;健全自主创新政策体系和激励机制。四是建立促进产业升级的体制机制。创新服务业集聚发展机制;完善优势支柱产业扶持、传统产业改造提升、高新技术产业培育引导等政策,建立块状经济向现代产业集群转变的有效机制;创新现代农业机制,着力培育现代农业经营主体。

(二)促进城乡要素对流,构建一体化市场体系

推动城乡一体化,统筹城乡发展,改变城乡发展规划割裂的格局。结合乡村整治、城市化、城乡一体化,鼓励农村劳动力转移到城镇,鼓励城镇的资本、技术、企业下乡,形成双向流动、要素互补、共同发展的局面。这是构建一体化与一元化经济体系的前提和重要内容。

当前,从分割到统一,着重要解决城乡要素市场一体化问题,逐步破除市场分割的现实,着力点有三个方面:一是破除所有制的分割,真正打破国有垄断的局面。二是清除经济资源在城乡间的对流与均衡配置的障碍。三是发展成熟的劳动力、土地、金融等市场,逐步破除严重的体制性分割,特别要理清和破除城乡分割与要素市场分割纠结在一起的局面。

改革重点包括三个方面:一是建立城乡要素自由流动机制。稳步扩大居住证制度改革试点,积极探索户籍制度改革,着力消除农村居民向城市流动的体制障碍。二是优化城乡生产力布局。健全城乡一体的规划体系,以规划为引导,强化中心城市和城市群对新农村建设的带动作用,优化城乡布局。三是优化城乡公共服务配置。探索城乡一体的基础设施建设管理体制,建立健全基础设施和社会事业建设重点向农村倾斜的投资建设机制。

(三)政府职能转变:引领转型方向,创造新的制度环境

政府是最主要的制度供给者,也是经济社会发展的主要参与者。在率先转型中,各级政府一直发挥着重要作用,在各项事业中具有不可替代的地位,基本能够适应过去经济发展的需要。

但随着经济体制改革的深入和市场体制的建立,政府职能的"错位"、"缺位"、"越位"等现象也在某些地方存在,不能很好地适应新阶段新形势下的发展需要。为此,要从政府间关系调整、党政机构内部关系调整、政府与社会关系调整三方面入手,深化行政管理体制改革,切实转变各级政府的发展理念。按照以人为本的科学发展观要求,改进政府绩效考核方式,建立以改善民生、公共服务、市场监督为核心内容的新型考核体系。尤其要强调"富民"、"为民"的优先地位,使各级政府真正认识到,改善民生、让人民群众合理分享发展的成果,是政府的责任,而非施舍。改善民生既是增强制度凝聚力、提升党和政府威信、保证国家长治久安的根本措施,又是国民经济良性循环、又好又快发展的必要条件。要让各级政府摆脱速度攀比、以 GDP

论英雄的思维惯性和行为特征,体现"责任政府"、"服务型政府"的根本要求。

改革重点包括两个方面:一是积极创新行政管理方式。深化行政审批制度改革,加快行政执法体制改革,完善科学民主的行政决策机制。二是加快理顺政府职能。探索建立职能有机统一、权责一致的大部门体制,健全行政监督、部门协调和内部运作机制。

(四)深化分工:促进产业转型与升级

在粗放战略的指导下,产业的发展往往追求"大而全",横向兼业多,纵向分工少,致使产业层次低、附加值低、趋同程度高、离散度大。为此,要整合产业发展,逐步从离散到集聚,从低价竞争战略转向高技术、高附加值、高盈利能力的竞争战略。在发展中,着力点在于从粗放经营转为集约经营;从"三高一低"即"高投入、高消耗、高污染、低效益"的增长方式转为"三高两低"即"高技术、高效率、高效益、低消耗、低污染"的增长方式;从"二三一"产业结构转为"三二一"产业结构,大力发展现代服务业、高新技术产业、高效农业;从投资驱动、出口驱动的增长转为消费驱动、创新驱动的增长,实现产业结构的转型升级,不断降低增长代价,提高增长质量。

从全省的角度来看,还需要对全省产业竞争力作进一步的梳理,进行全面系统的分析,定位于全球竞争力的提升。在此基础上分类指导,因势利导,制定相应政策措施予以引导和调节,使大企业做强,中小企业做专、做精、做大。对创业既要鼓励,也要引导,着重支持在高新技术、现代服务业领域里的创业活动,鼓励专业分工,拉长产业链条,带动相关产业全面发展。

改革重点包括三个方面:一是推进研究与开发部门的发展,实现自主创新,加快制造业发展。二是加快产业融合,"跳出工业抓工业",大力推进第二、三产业的协同发展。重点推动流通产业,尤其是原材料供应服务业的发展,在建设节约型社会的背景下,大力发展循环经济。三是加快空间结构调整,促进新型城市化和现代化。顺应区域经济一体化的趋势,加快深化分工和产业集聚协调发展。

(五)高端要素集聚:形成新的活力与动力

人才是重要的高端要素,是经济发展和社会进步的"第一资源"。浙江经济过去的成就靠的是人力资源的结构性优势,今后要形成新的更强的经济活力,同样要继续做人的文章,形成浙江人力资源的综合性优势,使未来的经济增长成为人力资本驱动、创新推动的新增长模式,形成浙江发展的新型动力结构和活力源泉。

目前人才市场过剩,特别是全球金融危机爆发以来,这是实施人力资源强省战略的最佳时期。我省应抓住机遇,采取得力措施,加快人才集聚战略的制定与实施。今后,要以人才集聚为核心实施高端要素集聚战略,以产业升级带动劳动力结构和人口结构优化。从而,内生出对高素质劳动者的大量需求,进一步带动产业发展,促进专业化分工深化,最终自动化解民工荒与大学生就业难并存的两难局面,使浙江经济发展从"草根企业家+廉价劳动力"转为"现代企业家+优质大学生"。

改革重点包括五个方面:一是使产业集群成为人才集聚的平台。把块状经济建设成分工深化、协作体系完整、良性互动、共同发展的产业集群,提升产业竞争力,同时带动现代服务业特别是生产性服务业的发展。二是以实施海外人才引进计划为抓手,大力引进高端人才和领军人才,优化浙江人才结构。尤其加强高新技术、专业人才队伍和国际化人才队伍的建设,提升科技创新和现代化经营管理能力。三是以培养创新型企业家、第二代民营企业家、科技型企业家为重点,加强企业家队伍建设,强化浙江的企业家人力资本优势。四是以《劳动合同法》实施为动力,强化劳动力成本约束,形成转型升级的倒逼机制。以高于劳动力市场平均水平的工资待遇吸引高素质劳动者,以高劳动生产率抵消劳动力成本上升的不利影响,降低相对劳动成本,形成新的企业竞争力。通过职业结构调整,优化浙江劳动力结构,自然化解外来农民工本地化的不利影响。五是以构建城乡一体化的劳动力市场为目标,改革劳动力双轨价格体系,完善人力资本定价机制,消除户籍、性别、身份等各种形式的劳动力市场歧视,破除不利于人才施展的各种体制性障碍,使浙江成为中国最有吸引力的人才高地。

(六)调整利益结构:利益下移,成果共享

改革以来,我们强调了效率优先,经济高速发展,却对社会公平等有所疏忽,或者说重视不够,各种利益分配严重失衡。同时,随着物质文明的提升与公民意识的增强,人们对社会正义、公平的诉求日益提高。据中国社会科学院发布的报告,现在的利益诉求不仅仅包括直接利益诉求,还有很大一部分是非利益相关者的利益诉求,这是对长期积累下来的问题的间接反映。加之,信息化加速,为各种利益诉求的表达提供了新的途径。目前权钱交易、官商勾结、分配不公、腐败升级等现象引起群众强烈不满,仇官、仇富情绪严重,与和谐社会的建设很不协调,处理不当会激化矛盾,引起更加严重的后果。当前,我们已步入了"改革攻坚期"、"发展关键期"和"矛盾凸显期"的"三期"时代。

只有利益和谐,才会有和谐社会;只有调整利益格局,实现利益下移,让普通居民和工薪阶层收入份额增加,才能有效化解深层次社会矛盾,同时增强消费能力,缓解生产与消费的失衡。

为此,要从国民收入初次分配、再分配、经济资源(财产)分配三方面入手,全面调整利益关系。调整的目标是从失衡到和谐。调整的重点是政府与企业、国家与居民、城市与农村、资本与劳动、高收入群体与低收入群体、国有部门与民营部门的利益关系。在利益调节方面,尤其要注意标本兼治、统筹兼顾。把收入分配调整与扩大消费、转换经济增长动力结构结合起来,把利益调整与维护党政威信、促进社会稳定结合起来,在转型升级中确保低收入群体收入逆势增长,普通劳动者工资增长同步于甚至高于经济增长,以提升底层群众对改革开放与国家发展的信任度和支持度。

改革重点包括五个方面:一是加强民主法制建设。进一步扩大人民民主,积极探索和创新基层民主有效实现形式。二是建立健全公共财政体制。优化财政支出结构,完善财政转移支付制度,转移支付着力向农村、欠发达地区、低收入人群倾斜。三是以实施人才集聚战略为契机,调整收入分配关系,优化国民收入分配格局。浙江应响亮地提出"让工薪阶层富起来"的口号,大大提高劳动力价格,提高劳动者报酬和居民收入在国民收入中的比重,缩小不同收入群体之间的差距,提高居民的消费能力,使经济发展的动力由投资驱动转为消费拉动为主。四是健全覆盖全民社会保障制度。提高生活保障,消解医疗卫生、教育等方面的严重不公平现象,让农民、农民工分享改革成果,提高劳动就业的机会成本。在再分配领域,保证社会公正、稳定和安全。五是创新社会管理制度。建立与社会转型相适应的社区管理和公共服务体系。健全社会矛盾纠纷调处、化解机制,完善突发公共事件应急管理机制。

通过上述举措,努力实现两大战略目标:一是活力上升,利益下移,增强浙江内生发展的动力机制与社会基础;二是集聚发展、集约经营,提高浙江经济的竞争力,建立新的比较优势。

浙江省"十二五"社会保障改革与建设若干思考[*]

□ 何文炯^{**}

摘　要：本文在简要回顾浙江省社会保障制度改革与建设主要成就之后，着重分析了当前浙江省社会保障领域需要重点解决的三个重要问题，进而提出了浙江省"十二五"时期社会保障制度改革与建设的重点以及相关的政策措施。

关键词：浙江省 十二五；社会保障

在研究制定"十二五"规划之际，笔者在各地进行了调查研究，分析了人民群众对于社会保障新的需求，从全国的形势和浙江的实际出发，思考了"十二五"时期浙江省社会保障制度改革与建设的若干问题。

一、浙江省社会保障改革建设主要成就

改革开放以来，尤其是进入新世纪以来，根据中央的精神，浙江省积极主动地探索适合本省省情的社会保障发展之路，在社会保障领域进行了一系列改革，陆续颁布和实施了一系列新的制度与政策，一个与浙江经济社会发展水平相适应的新型社会保障体系框架已经基本形成，并朝着覆盖城乡、惠及全民的方向稳步发展。

社会保障体系建设方面，浙江省率先建立城乡一体化的最低生活保障制度，率先出台土地被征用人员社会保障政策，率先实施新型农村合作医疗制度，率先实施城镇居民社会医疗保险制度，率先实施城乡一体化的居民社会养老保险制度。浙江省的社会保障体系在全国具有鲜明的特色。

社会保障管理与服务方面，率先实施社会保险"五费合征"，率先实施农

---

* 这是作者在"发展·共享——'十二五'社会保障与社会发展研讨会"上的发言要点。

** 何文炯：浙江大学公共管理学院教授。

村"五保"和城镇"三无"人员的集中供养,率先建立重点优抚对象生活保障制度和优抚事业费自然增长机制,率先实施分层分类救助制度,在灾害预防和救助、居家养老服务和助残服务等方面的工作为全国提供了经验。

二、"十二五"期间需要重点解决的问题

虽然,浙江省社会保障制度改革与建设已经取得了巨大成就,并且我们的工作一直走在全国前列,但是仍然存在一些问题,尤其是随着经济的发展变化和社会的加速转型,"十二五"期间社会保障领域将产生新的需求,有许多新的问题需要解决。

(一)如何进一步增强社会保障的公平性

目前困扰我们的一个重大问题是收入分配,这既是一个社会问题,又是一个政治问题,也是一个经济问题。在收入分配领域,从国际上的情况看,一般是一次分配讲效率,二次分配讲公平,通过二次分配调节收入差距。现在我们的情况是,一次分配有问题,二次分配也有问题。我们的一次分配把收入差距拉得过大,而二次分配调节收入差距的力度不够,有的再分配政策甚至是在扩大收入差距。这就值得我们反思。

社会保障属于收入再分配范畴,应当以缩小收入差距为目标,但现行制度并没有完全做到这一点。现行社会保障体系中的部分项目对不同社会群体在制度安排上有较大的差别,一部分社会成员享有比较完备的社会保障,而另一部分社会成员只能享受少量社会保障项目,或者其保障待遇存在较大的差别。这种差别主要表现在城乡之间、机关事业单位与企业和其他劳动者之间。例如,养老保障方面,企业退休职工养老金不足公务员退休工资的五分之三,而老年农民的基础养老金不足企业退休职工基础养老金的十二分之一;医疗保障方面,农民合作医疗筹资水平不足职工基本医疗保险筹资水平的十三分之一。与此同时,在应当参保的人群中,还有相当数量的劳动者尤其是私营企业职工和农民工尚未进入社会保险体系,他们还缺乏应有的保障。

部分人群、部分项目的社会保障缺失和社会保障待遇在群体间的巨大差距,造成了新的分配不公,影响着社会稳定、社会和谐,影响着人力资源的合理配置,影响着老百姓的消费能力和消费信心,影响着经济发展。因此,增强社会保障制度的公平性,发挥社会保障在缩小收入差距方面的作用,是"十二五"时期的一个重要课题。

(二)如何进一步增强社会保障的科学性

这些年来,社会保障日益受到重视,政府出台了不少制度和政策,政府对于社会保障领域的投入也大大增加。现在摆在我们面前的一个重要问题是,如何把好事情办得更好? 如何把有限的资源为老百姓提供更好的社会保障服务?

现在,我们的社会保险制度基本上是按照人群设置的,不同类型的人参加不同的制度,享受不同的待遇,甚至由不同的部门负责管理。例如社会养老保险有四个制度,社会医疗保险有三个制度。加上社会保险统筹层次较低,产生了许多矛盾。这虽然有其历史原因,但是,这样的制度安排,客观上造成了社会保障待遇的差异以及由此引起的不公平,造成了地区之间、制度之间的矛盾冲突,导致了行政成本的提高和社会资源的浪费。

在社会救助和社会福利领域,由于缺乏比较科学的评估方法,"应保尽保"、"应退尽退"难以真正做到。例如,家庭收入如何准确核定? 什么样的人可以免费进入政府举办的养老服务机构? 什么样的人可以得到相应的公共养老服务或政府补助? 据调查,浙江省养老机构大约有30%的空置率,有些养老机构门庭若市,有些养老机构门可罗雀,说明机构养老资源配置不合理。又如,政府多部门提供职业培训,钱花了不少,但实际效果并不理想。再如,最低生活保障标准、最低工资标准和最低养老金三者是什么关系? 这三者能不能直接挂钩? 无论从理论上分析,还是从这几年的实践看,这种挂钩是不合理的。

(三)如何进一步增强社会保障的可持续性

社会保障制度是一种长期性的制度安排,而且具有刚性的特点,也就是说,社会保障待遇只能上、不能下。因此,社会保障制度必须是可持续性的。我们党和政府做好事、为民办实事,要不断地做下去,不能半途而废,否则前功尽弃。所以,我们不能唱高调,不能把群众的胃口吊得太高。当然,从总体上看,我们现在的社会保障水平是不高的,是需要加强的,但是在制度设计和政策制定的过程中,应该注意到其可持续性。事实上,我们现在部分项目、部分人群的待遇已经过高了。这里,我们需要特别注意一个问题:我们应当对未来负责!

这个问题最突出的是社会保险基金风险。尽管这几年我们的社会保险基金结余状况良好,那主要是因为最近几年城市化过程中大量农民工进入

二、三产业,使得参保人群年龄结构改善。通俗地说,就是缴费人数相对增加,享受人数相对减少。但从长远看,随着人口老龄化的加剧,社会保险参保人群年龄结构老化,社会保险基金支付的压力就会增加。但是,我们对此准备不足。尤其是现行制度下,筹资渠道狭窄,缴费基数不实,待遇调整机制失效,历史债务还没有妥善处理,社会保险基金保值增值困难,利差损严重。这些问题如不及时有效处理,必将导致社会保险制度不可持续健康运行。

三、浙江省"十二五"社会保障制度改革与建设的重点

根据前面的讨论,"十二五"期间浙江省社会保障制度改革与建设的主要目标是,进一步增强社会保障制度的公平性、科学性和可持续性,进一步提高社会保障制度运行的绩效。具体地说,有以下三点:一是社会保障要从制度全覆盖走向人员全覆盖;二是要控制和缩小社会保障待遇的群体差别;三是优化制度,改进管理,为长期持续健康运行打好基础。据此,"城镇扩面、农村提标、制度整合"应当是浙江省"十二五"期间社会保障制度改革与建设的主题。

(一)进一步完善社会保障体系

要针对"十一五"期间未能解决的问题和"十二五"期间出现的新需求,进一步完善社会保障体系。这里的关键是要坚持公平性原则,以缩小群体间基本保障待遇差距、提高制度运行绩效为目标,建立健全多层次社会保障体系。一是加快机关事业单位社会养老保障制度改革。要朝着社会养老保障制度全社会统一的方向,改革机关事业单位退休保障制度,改造职工基本养老保险制度,实现全体工薪劳动者社会养老保险制度的统一,再创造条件逐步实现全体国民基本养老保险制度的统一。二是加快社会保障制度整合。要从有利于劳动力自由流动、社会保险关系顺利接转和劳动力市场一体化的要求出发,着力解决社会保险关系跨地区转移和社会保险同类制度衔接问题,提高制度运行的绩效。例如,农村合作医疗和城镇居民医疗保险是性质完全相同的社会医疗保险制度,由于分属不同的部门经办管理,制度之间缺乏衔接与协调,出现两个参保群体间待遇攀比、重复参保等现象,造成财政重复补助、重复建设和社会资源浪费。因此,要积极推进城乡居民社会医疗保障制度的整合,提高其筹资水平和保障待遇水平,并创造条件逐步

与职工基本医疗保险制度并轨,朝着全民健保制度的方向努力。三是积极探索农民意外伤害保障机制。农民也是劳动者,也有职业伤害风险,但是一直没有职业风险保障制度,应该积极探索。建议由政府直接经办,或者通过政策性保险,采用政府补贴、支持并委托商业保险公司经办的方法来进行。四是积极探索城乡居民(农民、非正规就业者和城镇居民)生育保障机制。现行生育保险制度只有少数人享受,农村居民长期以来都没有生育保障,城镇非正规就业人群也没有生育保障,因此,要进一步扩大覆盖面,积极探索,扩展到城乡全体社会成员。五是加快养老服务体系建设。要大力发展农村社区居家养老服务,全面提升社区居家养老服务,优化机构养老资源配置,发展民办养老机构。六是发展补充性保障。根据风险管理理论,最佳的风险处理方案通常是多种风险处理措施的组合。因此,需要建立多层次社会保障体系。要制定政策,大力发展慈善事业,鼓励发展职业年金、补充医疗保险、商业保险和互助合作型保险。

(二)进一步优化社会保障制度

要顺应城市化、人口老龄化、劳动力市场一体化和就业形式多样化的趋势,优化社会保障制度,增强开放性、包容性和科学性,降低基金风险,提高实际覆盖率,实现可持续发展。一是要根据劳动者基本风险的保障需求和政府职责合理确定社会保险各个项目的保障待遇水平,建立有效的约束机制,控制社会保险待遇的非理性增长。二是完善社会保险筹资机制,加大财政投入,做实缴费基数,规范缴费行为,降低综合费率,建立资金储备,改善筹资结构。三是要对社会保险历史债务进行估算、分析,并作出妥善的处理。四是拓宽社会保险筹资渠道,提高社会保险基金保值增值的水平。五是建立健全社会保险精算制度,使社会保险基金管理建基于科学的理论与方法。六是改进最低生活保障家庭收入调查制度,建立老年人、残疾人享受社会福利的评估标准。七是逐步降低社会救助和社会福利制度的户籍关联度,建议根据当事人在本居住地居住时间的长短来分类确定其享受社会救助和社会福利的权利,而不是现在用是否拥有户籍来简单分类。要逐渐把城镇基本公共服务提供给那些已经进入城市,并以城市为主要收入来源和生活地的农村户籍人员。

(三)进一步改进社会保障管理服务

社会保障事业的持续健康发展,既要有良好的体系设计和科学的制度安排,又要有高效的管理和优质的服务。因此,一是要科学、规范设置社会保障经办机构,整合社会保障服务资源。二是要加强社会保障管理服务队伍建设,提高社会保障经办服务人员道德素养和业务素质,重点是政策制定、业务经办、监督管理、基层服务等环节的队伍建设,发展社会工作和志愿者队伍。三是要提升社会保障管理、经办的信息化程度,建立社会保障对象信息库,实现社会保障一卡通。

此外,要进一步优化社会保障制度运行的社会环境。建议适度调整人口生育政策,试行弹性退休制,加快医疗卫生体制和药品流通体制改革,加强社会诚信体系建设。

全民社保:筑起民生"安全网"

——2000—2010 年浙江社会保障政策评估及思考

□ 陈诗达　孙胜梅*

摘　要:本文就新世纪10年浙江的社会保障政策进行了系统评估,认为10年来,浙江社会保障制度建设成就巨大,覆盖城乡居民的社会保障体系率先建立,覆盖范围不断扩大,保障水平稳步提高;社会保障管理服务水平明显改善,社会保障法制化建设取得新进展;政府社会保障财政投入不断增加,调经济、促和谐、保民生的功能不断增强。与此同时,也存在着一些矛盾和问题,主要表现为制度人群覆盖面窄,城乡和群体间待遇差距较大,部分社会保险基金结余较多,功能没有得到充分发挥等。针对这些问题,文章提出了六个方面的政策建议:以基本养老和医疗保险为重点,力求从制度全覆盖实现人群全覆盖;加快机关事业单位养老保险制度改善,缩小群体间待遇差距;妥善解决历史遗留问题,促进制度可持续发展;正确处理基金结余与风险防范的关系,充分发挥保障功能;加快社会保障作息化建设,提高管理服务水平;积极推进社会保障法制化建设,增强其法制性和权威性。

关键词:社会保障;政策;评估

　　社会保障是指国家通过立法,对国民收入进行再分配,为社会成员的生、老、病、死、伤、残、失业等风险提供基本经济保障。作为现代社会的一项最基本、最重要的经济社会制度,社会保障是政府公共服务的重要内容,不仅直接关系到经济发展、社会公平与进步,而且关系到广大人民群众的切身利益,是人民群众最关心、最直接、最现实的利益问题。新世纪以来,浙江作为沿海经济发达省份,不仅经济发展走在全国前面,而且非常重视贯彻落实科学发展观、构建和谐社会为目标的各项制度建设,特别是在构筑以社会就

*　陈诗达:浙江省劳动和社会保障科学研究院院长,研究员;孙胜梅:浙江省劳动和社会保障科学研究院助理研究员。

业、社会保险、社会救助相互衔接、相互促进的大社保体系上做了大量卓有成效的工作,取得了良好的社会成效,多项社会保障改革和制度建设都走在了全国前列。特别是 2008 年国际金融危机爆发以来,浙江更是将完善社会保障制度作为保增长、促转型的重要出发点和落脚点,加大政府公共财政对社会保障的投入力度,并根据社会保障发展的实际状况,适时出台了一系列有针对性的应对措施,如临时性减免和下调企业社会保险费、出台城乡居民社会养老保险制度等,为改善城乡居民的民生状况,促进经济企稳回升以及社会的和谐与稳定等都起到了非常重要的作用。截至 2010 年 5 月底,浙江城镇职工基本养老保险、基本医疗保险、失业保险、工伤保险和生育保险的参保人数分别为 1501 万、1243 万、805 万、1363 万和 784 万,分别比 2000 年增加了 167%、445%、107%、543%和 292%[①]。

一、新世纪以来浙江社会保障事业取得的成就及政策评估

新世纪的 10 年,是浙江社会保障得到快速发展的 10 年,也是浙江社会保障事业取得巨大成就的 10 年。10 年来,浙江在构建覆盖城乡居民的社会保障制度建设、完善社会保障管理和服务、扩大社会保障覆盖面、提高社会保障水平等各个方面都取得了长足的进步。社会保障调经济、促稳定以及保民生的功能日益得到显现。

(一)覆盖城乡居民的社会保障体系率先建立,越来越多的人得到社会保障的庇护

为了加快构建覆盖城乡居民的社会保障体系,实现人人享有基本生活保障的目标,进入新世纪以来,浙江一方面继续推进和完善以城镇职工基本养老保险、医疗保险、失业保险、工伤保险和生育保险为主要内容的城镇社会保险体系建设,扩大制度覆盖面。另一方面,根据统筹城乡发展的基本思路,在全国率先建立了城乡一体化的最低生活保障制度和被征地农民基本生活保障制度,并适时建立了新型农村合作医疗制度、城镇居民医疗保险制度以及城乡居民社会养老保险制度,社会保障制度开始覆盖全民。

---

① 数据来源:浙江省人力资源和社会保障厅。

1. 制定出台了"双低"养老保险政策,有效扩大了养老保险制度的覆盖面

民营经济是浙江经济发展的特色和亮点,也是吸收就业的主渠道,为了将广大在非公企业的从业人员纳入养老保险的覆盖范围,2001 年浙江下发了《关于印发职工基本养老保险低门槛准入,低标准享受实施办法的通知》(浙劳社老〔2001〕229 号),允许一部分用人单位及其职工按照"低标准准入、低标准享受"的办法参加养老保险。"双低"政策的出台不仅有效扩大了社会养老保险的覆盖面,降低了制度内赡养系数,而且大大改善了养老保险基金的支付情况,为浙江养老保险制度的进一步改革和完善提供了宝贵的呼吸时间和空间。

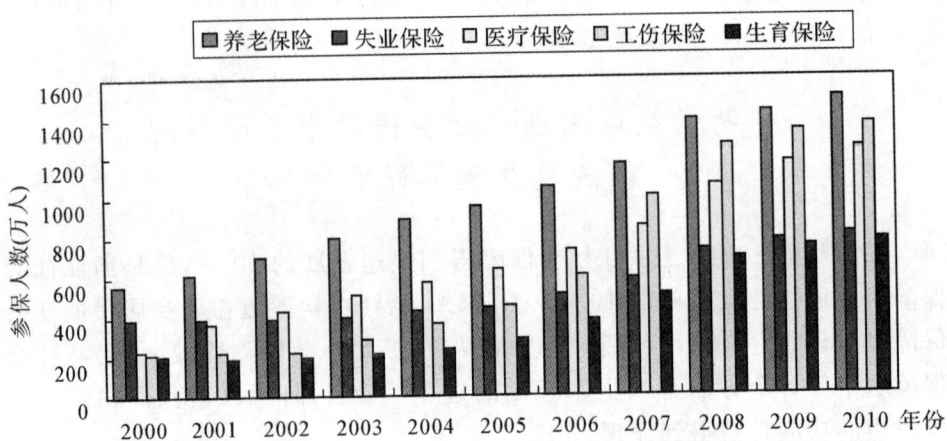

图 1　2000—2010 年全省五大社会保险的参保情况

2. 建立了城乡一体化的最低生活保障制度,为城乡困难群体筑起了一道安全网

浙江是全国第一个建立城乡一体化最低生活保障制度的省份,2001 年,为了规范这项制度的发展,浙江又以省政府的名义颁布了《浙江省最低生活保障办法》。省政府的立法保障加上各级政府的高度重视,使浙江最低生活保障制度建立以来,取得了良好的社会成效,较好地保障了城乡贫困群体的基本生活,减少和降低了社会贫困的发生。据统计,全省享受最低生活保障人数从 2000 年的 21.79 万人增加到 2008 年的 69.36 万人,共发放资金 42.81 亿元,基本实现对城乡贫困人口的应保尽保(见表 1)。

表1 2000—2008年浙江城乡最低生活保障情况

	2000年	2001年	2002年	2003年	2004年	2005年	2006年	2007年	2008年
最低生活保障人数(万人)	21.79	26.93	40.61	55.24	62.80	61.50	62.90	65.16	69.36
城镇	2.13	3.35	5.63	8.07	8.85	8.90	8.93	9.02	9.28
农村	19.66	23.58	34.99	47.17	53.96	52.60	53.97	56.14	60.80
保障资金总额(亿元)	1.14	1.46	1.77	3.24	4.69	5.62	6.52	7.69	10.68
城镇	0.21	0.45	0.62	1.08	1.35	1.61	1.60	1.97	2.73
农村	0.93	1.01	1.16	2.16	3.34	4.01	4.92	5.72	7.95

资料来源:浙江统计年鉴。

3. 建立了被征地农民基本生活保障制度,长远解决了被征地农民的基本生活保障问题

2003年8月,针对被征地农民社会保障问题的日益突出,浙江下发了《关于加快建立被征地农民社会保障制度的通知》(浙政发〔2003〕26号),开始率先在全国建立被征地农民基本生活保障制度。同年,省劳动和社会保障厅、省国土资源厅等五部门联合下发了《关于建立被征地农民基本生活保障制度的指导意见》(浙劳社农〔2003〕79号),对被征地农民基本生活保障制度的保障对象、保障重点、筹资模式、待遇享受等提出了明确的意见。被征地农民基本生活保障制度的建立不仅长远解决了被征地农民的基本生活保障问题,而且有效减少和化解了征地矛盾,促进了城市化进程的发展。截至2010年5月底,全省共有399.26万被征地农民纳入保障范围,基本实现了即征即保。

4. 建立了新型农村合作医疗和城镇居民医疗保险制度,实现了基本医疗保险的制度全覆盖

针对农村居民和城镇非从业人员医疗保障制度的空白,浙江又分别于2003年和2006年下发了《关于建立新型农村合作医疗制度的实施意见(试行)》和《关于推进城镇居民医疗保障制度建设试点工作的意见》(浙政发〔2006〕45号),开始探索建立新型农村合作医疗保险制度和城镇居民医疗保险制度,这两项制度的建立标志着浙江医疗保障制度开始覆盖全民,迈进了全民医保的新时代。截至2009年底,浙江新型农村合作医疗保险的参保人数为3035万,参合率为92%,人均筹资水平为179元。城镇居民医疗保险

的参保人数 488 万,全省 60 万在校大学生也纳入了城镇居民医疗保险的覆盖范围①。

5. 全面推进工伤保险制度,有效保障了广大劳动者的职业健康和生命安全

随着工业化进程的快速推进,各类工伤事故和职业病开始频发和高发,影响了广大职工,尤其是农民工群体的职业健康和生命安全。面对这种状况,2006 年浙江以省政府的名义下发了《关于全面推进工伤保险的通知》(浙政发〔2006〕44 号),要求各地加大对高风险行业和农民工较多的企业进行工伤保险的扩面力度,允许他们可优先办理工伤保险,并明确提出通过三年的努力,使全省工伤保险参保人数达到 1200 万,基本实现全覆盖。省委、省政府的高度重视,使浙江工伤保险事业得到了快速发展,参保人数从 2006 年的 505 万人快速增加到 2008 年的 1262 万人,两年内翻了一番,成为全国第二个工伤保险参保人数突破千万的省市,广大职工的职业健康和安全得到了更有效的保障。

6. 建立了城乡居民社会养老保险制度,实现了基本养老保险制度的全覆盖

为了加快建立覆盖城乡居民的社会保障体系,实现人人享有基本生活保障的目标,2009 年浙江又下发了《浙江省人民政府关于建立城乡居民社会养老保险制度的实施意见》(浙政发〔2009〕62 号),率先在全国建立起覆盖农村居民和城镇无保障居民的养老保险制度。与国家新农保制度相比,浙江城乡居民社会养老保险制度有着鲜明的浙江特色和制度创新:一是保障对象覆盖城乡;二是制度实施同步推进;三是制度设计更加科学;四是制度衔接渠道通畅。城乡居民社会养老保险制度的建立不仅一步实现了对浙江农村居民和城镇无保障居民养老保险制度的全覆盖,而且有力地促进了城乡社会保障的协调和统筹发展以及公共服务均等化。作为一项集社会保险和社会福利双重特征的养老保障制度,这项制度自建立以来,受到了城乡居民的热烈欢迎和响应,截至 2010 年 5 月,全省城乡居民社会养老保险的参保人数为 661 万人,其中农村 565 万人;565 万名符合待遇享受条件的城乡居民领到了基础养老金,制度实施情况良好,已取得阶段性成效②。

---

① 数据来源:2009 浙江统计公报。
② 数据来源:浙江省人力资源和社会保障厅。

(二)社会保障管理服务水平明显改善,极大地方便了企业和老百姓

在不断健全社会保障制度的同时,浙江在完善社会保障管理服务方面也做了大量文章。

1. 实行社会保险"五费合征",社会保险费征缴效率得到有效提高

从 2004 年起,浙江开始试行社会保险"五费合征",并由地税部门进行统一征收。在试点改革的基础上,2006 年,省政府办公厅下发了《关于推进社会保险费五费合征工作的意见》(浙政办发〔2006〕111 号),要求各地按照先易后难、因地制宜的原则,分步推进"五费合征",争取用二年的时间在全省全面实行参保登记、征收机构、征缴基数、征缴流程和数据信息统一的社会保险费征缴新模式,做到企业依法申报缴纳、地税机构依法征收、社会部门依法登记审核、监管部门依法监督,基本实现社会保险费征缴的制度化、法制化和规范化。社会保险的"五费合征",不仅理顺了社会保险征收的管理体制,增加了社会保险基金的收入,而且有力地促进了各项社会保险项目的协调发展。截至 2008 年,全省五大社会保险基金的滚存结余分别为:养老保险 829.26 亿元、医疗保险 261.18 亿元、失业保险 101.57 亿元、工伤保险 23.28 亿元、生育保险 9.88 亿元[①]。

2. 积极加强社会保障基层服务平台建设,社会保障管理服务水平得到不断完善

基层社会保障服务平台是完善社会保障服务体系的重要载体,多年来,浙江按照劳动保障部提出的机构、人员、经费、场地、制度和工作六到位要求以及浙委〔2002〕19 号文件精神,积极加强基层劳动保障机构建设。到 2009 年底,全省共建立基层劳动保障平台 8824 个,其中街道 390 个、乡镇 1052 个、社区 2766 个、村 4616 个,分别占街道总数的 99%、乡镇总数的 86%、社区总数的 90%、行政村总数的 15%。同时形成了一支 1 万多人的工作人员队伍。全省街道(乡镇)、社区(村)基层平台现有工作人员 15141 人,其中专职工作人员 7105 人,基本实现了政策宣传下基层、监控管理在基层、公共服务到基层的目标,为基层就业工作的深入开展奠定了坚实的基础[②]。

---

① 数据来源:浙江省劳动和社会保障年鉴。

② 资料来源:《浙江全力推进农村基层平台建设和充分就业社区(村)工作》,浙江省人力资源和社会保障网,2010 年 6 月 25 日。http://www.zjhrss.gov.cn/art/2010/6/25/art_122_16801.html

（三）城乡居民的社会保障水平稳步提高，较好地分享到了社会经济发展成果

为了让城乡居民共享经济发展成果，浙江在不断扩大社会保障覆盖面的同时，还根据社会经济的发展，适时调整和提高了城乡居民的社会保障待遇和水平。

1. 建立了养老金的正常调整机制，养老金水平逐年提高

从 2000 年以来，浙江已经多次调整企业退休人员基本养老金待遇，全省企业退休人员的平均养老金水平从 2000 年的 600 元/月提高到 2010 年的 1595 元/月[①]，年均增加 100 元，养老金水平位居全国各省区第一。同时，为了减少退休人员养老金待遇的差距，待遇调整充分体现了向退休早、待遇偏低等人员的适度倾斜。

2. 建立了低保标准动态调整和分档补助机制

2005 年 12 月，省政府下发《关于进一步完善新型社会救助体系的通知》（浙政发〔2005〕65 号），建立低保标准动态调整机制和分档补助机制：城镇居民最低生活保障标准一般按当地最低工资标准的 40% 确定，农村居民最低生活保障标准原则上按城镇居民最低生活保障标准的 60% 确定。按低保家庭人均收入低于当地低保标准之间的差额分档发放保障金，按差额分档发放的保障金一般不少于月人均 30 元，农村五保对象和城镇"三无"对象以及生活不能自理的重度残疾救助对象，按保障标准全额享受保障金。到 2008 年底，全省城镇低保平均标准为 301.34 元/月人、补差为 202.12 元/月人，分别比 2000 年增长了 151% 和 86%；农村低保平均标准为 189.7 元/月人、补差为 112.3 元/月人，分别比 2000 年增长了 164% 和 233%[②]。

3. 城乡居民的医疗保障水平稳步提高，看病贵和看病难问题得到一定程度的缓解

全省城镇职工医疗保险、城镇居民医疗保险以及新型农村合作医疗保险的最高支付限额分别从此前当地职工平均工资、居民平均可支配收入和农民人均纯收入的 4 倍提高到了 6 倍，一定程度上缓解了城乡居民看病贵、看病难问题。

---

① 数据来源：浙江省人力资源和社会保障厅。
② 数据来源：浙江省民政厅低保处。

(四)政府社会保障财政投入不断增加,调经济、促和谐、保民生的功能不断增强

作为公共服务的重要内容,政府财政是社会保障资金的重要渠道和来源。近 10 年来,浙江在经济获得快速发展的同时,也非常重视以社会保障为主要内容的各项民生事业,积极推进经济和社会的协调发展,并把它作为贯彻落实科学发展观、实现以人为本理念的重要抓手,加大政府财政对社会保障的投入力度。据统计,浙江政府财政用于社会保障的支出从 2003 年的 139.06 亿元提高到 2008 年的 366.67 亿元,占财政总支出的比重从 2003 年的 15.51% 提高到 2008 年的 16.60%。从人均社会保障财政支出来看,已从 2003 年的 305 元/人增加到 2008 年的 782 元/人,增长了 1.56 倍(见表2)。2009 年浙江财政增量的 72.80% 用于民生支出。社会保障调经济、促和谐、保民生的功能在不断增强。

表 2 近年来浙江财政用于社会保障的支出情况

年份	财政总支出(亿元)	财政用于社会保障的支出(亿元)	社会保障支出占财政总支出的比重%	人均社会保障财政支出(元)
2003	896.77	139.06	15.51	305
2004	1062.94	168.87	15.89	369
2005	1265.53	200.61	15.85	436
2006	1471.86	244.38	16.60	528
2007	1806.79	300.55	16.63	645
2008	2208.57	366.67	16.60	782

资料来源:省财政厅社保处。

(五)制度创新抓重点,确保可持续发展

为了应对国际金融危机的影响,确保社会保障制度的可持续发展,浙江积极进行了社会保障制度创新。

1. 适当下调养老保险费缴费比例,减轻企业缴费负担

2008 年,针对各地普遍存在的名义社会保险缴费比例虚高、缴费基数不实,企业负担不均衡等问题,浙江下发了《关于调整用人单位基本养老保险费缴费比例有关工作的通知》(浙政发〔2008〕70 号),决定从 2008 年起,逐步下调养老保险缴费比例,将全省用人单位基本养老保险费缴费比例统一到

12%～16%,同时,积极推进"双低"养老保险办法与统一制度的并轨。目前,浙江大部分地区的养老保险缴费费率基本降到了14%左右。

2. 临时性下浮社会保险费率,帮助企业尽快走出国际金融危机

2008年,面对突如其来的国际金融危机,为了帮助企业尽快走出危机,浙江一方面积极倡导企业不减员、不减薪,另一方面及时出台了《关于临时性下浮企业社会保险费缴纳比例的通知》(浙劳社老〔2008〕125号),在确保企业退休人员养老金按时足额拨付及职工社保待遇不受影响的前提下,2008年、2009年、2010年连续三年对企业社会保险费缴纳比例实行临时性适当下浮。这项政策的实施,对浙江企业顺利渡过危机,促进经济企稳回升起到了非常重要的作用。据统计,2009年浙江合计共减征社会保险36.3亿元。

(六)社会保障法制化建设取得新进展,有力促进了制度运行的规范化和有序化

加强社会保障法制化建设既是规范社会保障制度发展的需要,同时也是建设法制浙江的基本要求,对此浙江一方面根据社会保障制度的发展制定出台了一系列新的社会保障地方法规和规章,另一方面对一些已经出台的社会保障规章制度进行了修订和完善,以适应社会经济发展的需要。10年来,浙江颁布实施的地方性社会保障法规主要有:《浙江省职工失业保险条例》(修正案)(2002)、《浙江省职工基本养老保险条例》(修正案)(2002)(2008)、《浙江省医疗保险条例》(2009)。制定出台的地方性社会保障政府规章主要有:《浙江省企业职工工伤保险实施办法》(2000)、《浙江省最低生活保障办法》(2001)、《浙江省社会保险费征缴办法》(2005)、《关于完善企业职工基本养老保险制度的实施办法》(2006)。这些地方性社会保障法规和政府规章的出台对推动浙江各类企业依法参加社会保险、切实保障广大职工的社会保障权益起到了积极有效的作用。

二、制度运行存在的问题及面临的挑战

10年来,浙江社会保障制度建设虽取得了巨大成就,不少工作走在全国前列,但从省委省政府提出的人人享有社会保障以及保障民生和构建社会主义和谐社会的目标来看,依然存在不少问题。这其中既有旧制度遗留下来的历史问题,也有改革中未能妥善处理好的问题;既有制度之内的问题,

也有制度之外的问题。同时还面临着人口老龄化、就业形式多样化、经济发展不确定性等多个方面的挑战,所有这些都将对浙江社会保障制度的可持续发展产生深远的影响。

(一)社会保障制度人群覆盖面依然较窄,难以满足城乡居民日益增长的社会保障需求

多年来,浙江按照"抓两头,促中间"的工作思路,在扩大社会保障覆盖范围方面做了大量工作,并取得了明显成效,社会保险参保人数不断增多,受益面不断扩大,但离人员全覆盖还有不少差距。2008年底,浙江从业人数为3486万人,其中第一产业从业人员为670万人,第二产业从业人员为1660万人,第三产业从业人员为1156万人[①],而浙江五大社会保险参保人数占二、三产业从业人员的比例分别为:养老45.92%,医疗37.43%,工伤44.81%,失业25.96%,生育24.40%。被征地农民基本生活保障制度的参保人数大约占被征地农民总量的60%左右。可见,我们的社会保障制度还远没有覆盖到所有应当覆盖的对象,一些迫切需要国家与社会帮助的社会成员,如城乡就业困难群体、广大的农民工群体等,在遭遇困难时还不能得到社会保障的庇护。

(二)社会保障的城乡和群体间待遇差距较大,不利于社会公平和稳定

从城乡看,虽然进入新世纪以来,浙江按照统筹城乡发展的要求加快了农村社会保障制度建设的步伐,初步建立起以农村最低生活保障制度、新型农村合作医疗保险、被征地农民基本生活保障制度以及城乡居民社会养老保险制度为主要内容的农村社会保障体系,但与城镇相比,不管是在保障水平上,还是在保障项目上,依然存在较大的差距,不利于城乡统筹协调发展以及公共服务均等化。

从不同群体看,由于机关事业单位养老保险制度改革滞后,使得企业退休职工与机关事业单位退休职工的养老金待遇存在较大差距,引起了社会的强烈不满。以2008年为例,浙江企业退休职工的养老金平均替代率为45%,而机关事业单位的养老金平均替代率却在90%以上。不同群体间社会保障待遇悬殊不但有悖于社会保障的公平性原则,而且极易引发社会矛盾和冲突,不利于社会的和谐与稳定。

---

① 数据来源:浙江统计年鉴。

(三)社会保障体制转轨导致的历史遗留问题没有得到妥善解决,不利于制度的可持续发展

实现从单位保障到社会保障的巨大转变是我国和浙江社会保障制度改革取得的巨大成就,但由于一些体制转轨所导致的历史遗留问题没有得到妥善解决,新制度从诞生之日起就背上了沉重的包袱。其中最突出的是实现制度转轨所产生的巨额转轨成本。由于制度转轨成本没有得到有效化解,一方面,导致企业社会保险费率居高不下,缴费负担较重,严重影响了企业的竞争力和参保积极性;另一方面,使得职工个人账户基金长期被挤用,一直处于空账运行的状态,不利于制度的可持续发展。其他的还有因开除、除名、自动离职、辞职引起的工龄或养老待遇的计算问题;老工伤问题;早期土地被征用人员的基本生活保障问题;精简职工、企业遗属的生活困难补助问题,等等。这些历史遗留问题如果不能得到妥善解决,不仅极易引发社会矛盾和冲突,影响社会的和谐与稳定,而且也不利于社会保障制度的可持续发展。

(四)部分社会保险基金结余较多,功能没有充分发挥

基金的平衡是实现社会保险制度正常运营的物质基础,近 10 年来,浙江通过狠抓扩面和完善社会保险基金征缴,各项社会保险结余不断增加。2008 年,浙江五大社会保险基金历年滚存结余分别为:基本养老保险829.26 亿元、基本医疗保险 261.18 亿元、失业保险 101.57 亿元、工伤保险23.28 亿元和生育保险 9.88 亿元,其当年基金结余率分别为 35.12%、35.62%、72.70%、38.31%和 23.19%(见表 3)。五项社会保险中,除养老保险外,其他四项社会保险实行的都是现收现付制,要求的是基金的当期平衡。因此如何真正根据收支平衡、略有节余的原则,适度扩大或提高各项社会保险的支出范围,充分发挥其保障功能,使各项社会保险基金结余控制在适宜范围之内,也是浙江社会保障制度改革下一步需要重点解决和完善的一个问题。

表 3　2008 年浙江与全国五大社会保险基金结余率的比较　　　单位:%

	基本养老保险	城镇基本医疗保险	失业保险	工伤保险	生育保险
浙江	35.12	35.62	72.70	38.31	23.19
全国	24.13	31.47	56.67	41.44	37.12

资料来源:由中国统计年鉴和浙江劳动和社会保障年鉴数据计算而得。

与此同时,浙江社会保障制度在发展中还面临着人口老龄化、就业形式多样化、经济发展不均衡性以及不确定性等多方面的挑战,所有这些都将对浙江社会保障制度的可持续发展产生深远的影响。

三、政策建议

社会保障是社会的"安全网"和"稳定器",加快建立健全与浙江经济社会发展水平相适应的,覆盖城乡居民的,资金来源多渠道、保障水平多层次、管理服务社会化的新型社会保障体系,实现人人享有基本生活保障既是党的十七大提出的目标任务,同时也是转变经济发展方式、扩大内需的内在要求。浙江社会保障制度的进一步健全和完善,必须坚持以邓小平理论和"三个代表"重要思想为指导,认真贯彻党的十七大和十七届三中、四中全会精神,紧紧围绕全面建设惠及全省人民小康社会的总体目标,按照"广覆盖、保基本、多层次、可持续"的方针,进一步健全和完善覆盖城乡居民的社会保障体系,实现人人享有基本社会保障,促进社会公平和正义,让广大人民群众共享经济发展成果。

(一)以基本养老、基本医疗为重点,力求实现从制度全覆盖到人群全覆盖

前已述及,经过近 10 年的努力,目前浙江虽已初步建立起覆盖城乡居民的社会保障体系,保障制度开始覆盖全民,但这只是制度层面的全覆盖,离真正意义上的人群全覆盖还有相当的距离。下一步的工作重点应在进一步完善以城镇职工基本养老、基本医疗、失业、工伤和生育保险为主要内容的社会保险体系的基础上,将城镇各类从业人员都纳入保障范围,积极扩大制度覆盖面。与此同时,要继续推进新型农村合作医疗保险和城镇居民医疗保险制度建设,提高筹资和保障水平,切实加强制度之间的相互衔接,并适时进行制度整合,以降低制度的管理和运行成本,提高资源使用效率;稳步推进城乡居民社会养老保险制度,一方面要积极加强宣传,使这项制度家喻户晓、深入人心,另一方面要优化制度设计,在科学确定筹资和缴费水平的基础上,加大政府财政对城乡居民社会养老保险制度的投入力度,提高城乡居民,尤其是 45 岁以上人群的参保积极性;进一步健全和完善以城乡最低生活保障制度为基础,养老、医疗、教育、住房等专项救助为辅助,其他救助、救济为补充的新型社会救助制度,为城乡贫困人口提供基本生活保障。

（二）加快机关事业单位养老保险制度改革，努力缩小群体间社会保障待遇差距

加快机关事业单位养老保险制度改革既是建立全国统一的社会养老保险制度、实现劳动力合理流动的需要，同时也是缩小群体间社会保障待遇差距、促进社会公平的基本要求。推进机关事业单位养老保险制度的改革，必须处理好以下问题：第一，机关和事业单位养老保险制度改革的关系问题。机关和事业单位到底是分步改还是统一改一直是社会热议的焦点。如果机关和事业单位养老保险制度改革不同步推进，一方面，会使人们对改革的动机产生怀疑，认为改革是政府在"甩包袱"，而不是要"建机制"，故而会面对较大的社会阻力；另一方面，会形成新的社会矛盾和不公以及社会保障制度新的碎片。因此，建议机关和事业单位的养老保险制度改革最好是同步推进。第二，机关事业单位养老保险制度改革的模式选择。机关事业单位养老保险制度的改革目标是建立与企业职工养老保险相衔接，同时体现机关事业单位工作人员特征的社会养老保险制度。为此，必须建立基本养老保险与职业年金相结合的机关事业单位养老保障制度，以确保改革后机关事业单位人员的养老金待遇不会出现大幅度的下降，从而推进改革的顺利进行。其中基本养老保险与企业职工基本养老保险相一致，实行统筹基金与个人账户相结合的筹资模式；职业年金的替代率以不降低现有待遇为要求，由财政与个人共同缴费，实行完全积累制，国家给予相关的税收优惠政策。同时，在改革过程中要坚持新老制度平稳过渡和转制成本及时化解，对于改革前在机关事业单位工作的贡献，通过设置权益性养老金，用合理的办法加以计量，加发过渡性养老金，以保证待遇不降低。

（三）妥善解决历史遗留问题，促进制度可持续发展

进入新时期，随着大量在20世纪50年代末60年代初出生的人群相继步入退休年龄，社会保障的历史遗留问题若得不到妥善解决，将给社会和谐和稳定带来较大压力。因此，必须抓紧研究，尽快出台相应的政策文件和解决办法，建立社会保障的长效机制。对于历史遗留问题，必须本着尊重历史、尊重事实的原则，对各类人群的利益诉求及其为国家经济建设所作的贡献进行认真梳理，并在借鉴各地以及兄弟省份成功经验和做法的基础上，结合浙江实际，制定出台相应的解决办法。政策的制定要体现政府和个人的责任分担，积极稳妥、分阶段有步骤地推进社会保障历史遗留的群体性利益

问题的解决。同时,要注意政策的衔接性和可持续性,避免出现新的矛盾。对于体制转轨所产生的历史债务,要在对其进行合理测算的基础上,通过多渠道筹集社会保障基金的形式来对其进行化解和偿还,从而促进社会保障的可持续发展。具体可从以下几个方面入手:一是加大政府公共财政对社会保障的投入力度,将政府财政支出中的社会保障支出比重逐步提高到25%;二是将国有资产收益、土地出让收入等按照一定比例投入到社会保障中;三是对使用国家公共资源的垄断性行业可收取一定的使用费用于社会保障投入;四是积极鼓励民间资本对社会保障的投入。

(四)正确处理社会保险基金积累与风险防范的关系,充分发挥其保障功能

对于养老保险,虽然其当前基金积余最多,但由于其实行的是部分积累制,随着人口老龄化的加剧,其后期支付压力将越来越大,更何况目前浙江基本养老保险的个人账户依然在空账运行,一旦做实,基金不但没有结余,还会出现收不抵支的情况。因此,建议可以在确保基金一定支付能力的情况下(如 24 个月),逐步做实个人账户。对于医疗保险,由于其实行的是现收现付制,因此可在基金允许的范围内,逐步提高城乡医疗保险的报销比例和标准,逐步使其基金结余率控制在 10%左右的适度范围之内。对于失业保险,要在充分发挥其保障失业人员基本生活的同时,积极探索扩大失业保险的支出范围,调整失业保险基金的支出结构,加大其对促进再就业和提升劳动力素质的投入,真正发挥其保生活、促就业、防失业的作用。对于工伤保险,要建立科学的工伤保险费率调整机制,以加强对用人单位的制约和激励作用。对于生育保险,可以积极研究探索将其纳入医疗保险的可行性。

(五)加快社会保障基层平台建设,提高管理服务水平

社会保障的工作涉及千家万户,关系到每一个参保对象的切身利益。各级政府要从以人为本、服务民生的角度出发,规范管理,强化服务,不断提高全省的社会保障管理服务水平,为全省城乡居民提供方便、快捷、准确的社会保障服务。对此,可从硬件建设和软件建设两方面入手:一方面,要积极推进基层社会保障平台建设,将其触角延伸到每个社区和乡村,并切实做到机构、人员、经费、场地、制度和工作的"六到位";另一方面,要加强社会保障信息化和网络化建设,普及社会保障"一卡通"。按照"统分结合、远近兼顾、县为基础"的原则,结合金保工程,搞好规划,整合资源,加快建立覆盖全

省的统一的社会保障信息服务网络,将每个参保对象的性别、年龄、缴费和待遇支付情况等都纳入计算机管理系统,实行全省联网,实时互通,为社会保障管理提供强有力的技术支撑。同时,要加强对现有经办机构工作人员的系统培训和教育,努力提高他们的业务能力和水平,并适时引进一些政治素质良好、业务能力过关的专业人才充实到这支队伍中,从而切实提高浙江社会保障管理服务的能力和水平。

(六)加强社会保障法制建设,创造良好的法制环境

通过立法来健全和完善社会保障制度是世界各国开展社会保障工作的通行做法。浙江社会保障制度要走上规范化的发展道路,光靠政府的政策推动是不够的,还必须适时进行地方立法,以法律的形式确立各项社会保障制度的地位。作为沿海经济发达省份,多年来,浙江的社会保障制度建设一直走在全国前列,并积累了许多好的经验和做法,这些好的经验和做法应适时通过地方立法使其上升为法律,从而促进各项社会保障制度的定型和规范发展,增强制度的稳定性、权威性和强制性。"十二五"期间,应尽快制定出台《浙江省工伤保险条例》、《浙江省生育保险条例》,对于那些已经出台的单项社会保障条例和实施办法也要根据浙江社会经济的发展及时对其进行修订和完善。

社会保险法应以保障社会保险权
为核心理念

□ 许建宇*

摘　要：社会保险权是一种具有社会权、受益权等多重属性的公民基本人权。确认和保护公民的社会保险权，是我国社会保险法应确立的首要宗旨。基于这一主旨的要求，社会保险法既应强化规定用人单位的社会保险义务，更应重视国家社会保险职责（特别是政府职责）的法制化建设。为了确保公民社会保险权的实现，我国还应为相关当事人提供完善的非法律救济和法律救济两种途径，当前尤应着力完善综合运用宪法、行政法、劳动法、刑法等多种手段的法律救济程序。

关键词：社会保险；社会保险权；社会保险法；国家职责；权利救济

2009年12月22日，我国《社会保险法（草案）》（以下简称《草案》）进入了全国人大常委会的三审，与此同时，社会各界从政治、经济、社会民生等角度对该法展开的讨论也是如火如荼。但是相对而言，真正从法律层面进行的立法研讨却似乎并不多见，显得有些沉寂。故此，从法律上研究并厘清我国社会保险立法的精神内核、逻辑结构、宏观脉络以及实施机制，殊为必要。笔者认为，社会保险法作为社会法范畴的典型代表，应以社会保险权理念为其理论基石，并以社会保险权为核心来构筑本法的整体框架。易言之，社会保险权的界定、实现和救济，应当成为贯穿社会保险法的一条"红线"，成为社会保险法的基本理念和核心价值。本文试图对社会保险权与社会保险法的关系进行一次整体的梳理，并祈望能为我国制定《社会保险法》提供另外

---
* 许建宇：浙江大学光华法学院副教授、硕士生导师。

一种新的视野和起草思路①。

一、社会保险权的定位与社会保险法的基本理念

社会保险权,是指劳动者(职工)或者其他社会成员依法参加社会保险,并享有享受社会保险待遇和其他相关权益的各项权利的总称。关于社会保险权在法律上的定位,我们可以从多种视角予以解读:(1)社会保险权具有基本人权的位阶。从宪法和人权法的角度来看,社会保险权当属于公民的物质帮助权,其确立目的即在于消解劳动者和其他社会成员的职业风险与生存压力,从而保障个人的基本生活条件。因此,社会保险权具有生存权的属性。(2)社会保险权是一种公权与私权属性相结合而形成的社会权。关于社会保险的性质,诞生于近 70 年前的"贝弗里奇报告"作出过经典的概括,即"社会保险"术语本身就隐含着两层意思:一是这种制度是强制性的;二是这种制度遵循团结互助原则②。与此相对应,社会保险权的"权义结构"大都呈现出个人、用人单位、国家三方的权利(职权)、义务(职责)互动或者互补的特点,亦即具有"三方性"特色。并且,与其他社会权相比,国家公权力对社会保险权的介入和干预力度更大。例如,社会保险被设定为强制保险,用人单位和个人必须参保;个人享受社会保险的资格和条件、具体待遇的项目和标准等,主要由法律法规直接加以规定;社会保险权同时兼有义务性质,不得被当事人随意放弃,等等。(3)社会保险权具有受益权的性质。从"公共财政"的角度言之,社会保险乃是一种"准公共物品",国家负有向劳动者或者其他社会成员提供此种准公共物品的积极义务。换言之,个人享受社会保险待遇并不是在接受国家和社会所给予的一种"施舍"、"恩惠"或者"慈善捐助",相反是其拥有的一种"积极权利"。不过社会保险又非一种"纯公共物品",某种意义上仍具有私人物品的性质(因其所满足的个人欲望仍具有一定的排他性),故权利人仍须自担一定的义务。例如,在大多数社会保险险种中个人也须缴费,有些险种中个人需要自负一定比例的社会保

① 本文所称我国《社会保险法(草案)》,均指 2008 年 12 月 28 日全国人大常委会办公厅全文公布的《中华人民共和国社会保险法(草案)》(征求意见稿)以及 2009 年 12 月 22 日全国人大常委会三审稿中对该草案所作进一步修改的内容。"征求意见稿"的全文内容以及相关信息,可参见新华社:《社会保险法草案全文公布广征各方面意见和建议》,载中国政府网(http://www.gov.cn/jrzg/2008-12/28/content_1189919.htm),2008-12-28。

② 劳动和社会保障部社会保险研究所译:《贝弗里奇报告——社会保险和相关服务》,中国劳动社会保障出版社 2004 年版,第 11 页。

险待遇(如医疗保险中的个人支出部分),还有些险种中个人负有一定的自我保障义务(如劳动者个人进行储蓄性保险)等。因此,社会保险权又是一种具有一定限制性的受益权,即"定限受益权"。当然,这种受益权的限制性在不同的社会保险险种中,其程度是有所区别的,例如劳动者在医疗保险中的待遇水平就要低于其在工伤保险中的待遇水平。

从以上分析不难看出,社会保险权是一种具有明显"社会性"特征的公民权利。需要特别说明的是,从历史沿革来看,社会保险制度本是为了化解和转移劳动者在工作过程中所遭遇的生老病死、失业等各种"劳动风险"而产生的,所以其实施的对象主要是与劳动关系有关的劳动者(雇员),而非全体社会成员。在理论上,社会保险的这一特点通常也被视作它与社会福利、社会救助等概念的主要区别之一①。但是,《草案》除适用于传统的劳动者(又称职工)之外,还把城镇居民、农村居民等其他社会成员也纳入其中②,这就使我国社会保险法的覆盖面大大拓宽,从而使社会保险权的社会性特征也更加突出。

社会保险权的上述属性反映在社会保险法的基本理念上,便是社会保险权与权利本位、国家责任、社会公共利益本位、社会连带主义等观念的紧密结合。进而言之,《社会保险法》的主旨,应是确认和保护公民的社会保险权,而不应像《草案》第1条所规定的那样把"规范社会保险关系"作为首要宗旨。因为"规范主旨论"的实质乃是"政府管理主导论",把"规范社会保险关系"作为立法主旨极易导致过分扩展国家权力边界而弱化国家应尽义务和责任的后果。我国以往的社会保险立法大都只重视对用人单位义务的规制,而较少关注对国家自身责任的规范,这是立法理念上的一种重大欠缺。例如,当用人单位虽未给劳动者投保工伤保险但却发生了工伤事故的,合理的做法应当是由工伤保险经办机构向工伤职工先行支付工伤保险待遇再向用人单位进行追偿,而不应该像我国《工伤保险条例》第60条所规定的那样——此种情形下全部由用人单位来承担工伤赔偿责任,而国家社保机构则一概推出不管。倘若这样,工伤保险怎么能被称为由国家强制实施的社

---

① 林嘉主编:《劳动法和社会保障法》,中国人民大学出版社 2009 年版,第 299 页。

② 事实上,在近年来的社会保障实践中,我国已经逐步建立了专门针对这些社会成员的社会保险制度,如城镇居民基本养老保险和农村居民基本养老保险(新型农村社会养老保险即"新农保")制度、城镇居民基本医疗保险和新型农村合作医疗("新农合")制度等。

会保险呢?① 可喜的是,国家责任观念近年来逐步深入人心。例如《草案》三审稿中即增加规定了"养老保险缴费不足 15 年可延续缴费并享受养老保险待遇"的内容②,这将使养老保险受益人的范围得以进一步拓宽;而从 2010年 1 月 1 日起施行的《城镇企业职工基本养老保险关系转移接续暂行办法》,将使跨省流动并在城镇就业的参保人员的合法权益得到更加切实有效的保障。这些做法,无疑都是国家在社会保险领域履行其应尽职责的具体展现。

二、社会保险权的实现路径与国家职责的法制化

所谓社会保险权的实现,完整地说应当包括两个层面的涵义:一是通过社会保险参加人在现实生活中各自切实地行使权利或者履行义务,使社会保险权从"法定权利"转化为"现实权利"。二是当事人在其权利不获保障或者受到他人侵害之时,拥有获得权利救济的具体途径。本节主要阐述其第一层涵义(下一节将会讨论其第二层涵义)。

公民社会保险权难以得到落实,这是我国当下实践中普遍存在的事实。诚然,从全社会的角度而言,社会保险权要从立法层面真正落实到现实层面,必须依赖多种制度和环境因素的共同作用和逐步完善,诸如国家整体经济实力的稳步提升、劳动关系协调机制的日益规范等等,这是一个庞大的社会系统工程。不过,从法律视角观察,基于前述"三方性"特点的分析,我们可以看到,公民的社会保险权若要得以实现,其义务主体的范围,既包括用人单位及其团体,也包括国家及其组成机构。由此,社会保险权得以直接或者间接实现的路径,不外乎如下三条:(1)个人或其团体自身的维权。例如劳动者对用人单位不投保的行为向有关主管部门进行投诉或者以此为由依法行使单方解除劳动合同的权利,工会组织对与职工社会保险权益有关的事项进行监督等。(2)用人单位或其团体能够切实地履行其在社会保险方面的相关义务。包括用人单位依法向社会保险经办机构、社会保险费征收

---

① 在本次《社会保险法(草案)》三审中,也有全国人大常委会委员提出了类似的建议。参见中国人大网讯:《陈秀榕委员建议明确用人单位不缴社保职工也能够享受保险待遇》,载中国人大网(http://www.npc.gov.cn/npc/xinwen/lfgz/lfdt/2009−12/24/content_1532093.htm),2009-12-24。

② 有关我国《社会保险法(草案)》三审稿的主要内容,可参见(新华社记者)刘铮、赵超:《全国人大常委会 22 日对社会保险法草案进行三审》,载中国政府网(http://www.gov.cn/jrzg/2009−12/22/content_1493926.htm),2009-12-22。

机构投保和缴费,为劳动者建立补充社会保险(如企业年金)制度,为解除或者终止劳动合同的劳动者办理社会保险关系转移手续等。(3)国家及其组成机构能够积极履行其保障、监管等职责。在以上三个方面,通过社会保险法来强调用人单位或其团体的义务,以及明确国家的"积极作为"义务,无疑是更为重要的。正如有的学者所说:"社会保险法对于劳动者一方所强调的应是权利,对于政府一方和雇主一方所强调的应是责任或义务。"①鉴于学界对用人单位的社会保险义务已有较多研究,本文以下主要讨论国家职责问题。

国家在社会保险领域承担的职责涉及国家的立法、行政、准司法、司法等多个部门的义务,种类繁杂,体系庞大。例如,就执法职责而言,劳动争议仲裁委员会和人民法院即有权依法受理和处理涉及社会保险的劳动争议案件和行政案件等。不过,作为行政机关的政府及其所属部门无疑是其中最为常见和最为重要的一类主体,其所承担的社会保险职责内容众多,最需要通过社会保险法加以明确和规范。笔者认为,政府职责大体可以分解为如下几类:(1)组织保障职责。如设立专职的社会保险经办机构,明确其主管部门和主要职能;设立社会保险基金监督机构,赋予其法定职能等。(2)财政保障职责。如政府应采取各种措施拓宽社会保险基金的筹资渠道,在社会保险基金入不敷出时应承担最终支付(即财政"兜底")的职责等。(3)政策扶持职责。如国家为鼓励和提倡用人单位为劳动者建立补充社会保险、劳动者个人进行储蓄性社会保险,采取各项政策扶持的措施;国家对社会保险基金给予某些优惠政策(如社会保险基金不计征税、费)等。(4)执法职责。如社会保险行政部门对违反社会保险法律、行政法规的用人单位给予行政处罚等。

应予说明的是,政府所承担的上述职责并非全然都是法律性质的义务,其中有些职责兼有法律义务和非法律义务等多重性质。例如,财政保障义务、政策扶持义务即具有综合性的特点,它们既属于政府应承担的法律义务,同时也属于政府应履行的政治、经济、社会和道义等层面的义务。不过,尽管政府所承担的各项职责的属性并不完全相同,但是为了保证政府履行社会保险职责行为的合法性和正当性,这些职责包含了哪些具体内容、各项职责相互之间的边界如何划清以及这些职责如何正当行使等等事项,均需

---

① 常凯:《劳权论——当代中国劳动关系的法律调整研究》,中国劳动社会保障出版社 2004 年版,第 188 页。

被纳入社会保险法制化建设的轨道。令人遗憾的是,《草案》对于政府职责的规定大都采取了"促进型立法"的那种表述方法,诸如"县级以上人民政府应当对社会保险事业给予必要的经费支持"(第 5 条第 2 款),"国家通过税收优惠政策支持社会保险事业"(第 5 条第 3 款),"国务院和省、自治区、直辖市人民政府建立健全社会保险基金监督管理制度,保障社会保险基金安全、有效运行"(第 6 条第 2 款),"县级以上人民政府应当采取措施,鼓励和支持社会各方面参与社会保险的监督"(第 6 条第 3 款),等等。这些条款的法律约束力明显偏低,大大淡化了政府职责的法律属性,不利于践行社会保险法的"维权"宗旨。我们认为,社会保险法对于政府职责的规定,应根据各项义务的不同属性,采取刚性规定与弹性规定并举的立法模式。对于那些纯法律性质的职责或者以法律性质为主的综合性职责,社会保险法应当更多地通过义务性规范、禁止性规范等强制性规范作出规定,提升这些条款的法律约束力,以有效地遏制政府机关在社会保险领域可能出现的滥用职权、消极不作为等违法现象。

三、社会保险权的救济与社会保险法的核心价值

确保公民社会保险权的实现,做到"应保尽保",这是社会保险法的核心价值所在。在明确了国家和用人单位的相应职责和义务以后,社会保险立法更应关注的,便是社会保险权利人的权利救济问题。在讨论这一问题之前,我们认为应当首先明确的是:(1)社会保险权利人针对不同的义务主体所享有的权利救济途径往往是不尽相同的。如权利人针对用人单位所提出的社会保险请求和针对政府机关所提出的社会保险请求,其救济程序便有着明显区别:前者主要是通过劳动争议的处理程序予以解决,而后者则往往需要通过行政复议、行政诉讼、国家赔偿等程序加以处理。(2)当每一个义务主体所应尽的义务或职责性质各异时,其所导致的后果是不同的,从而权利人的救济途径亦有不同。例如,政府若不尽其政治、经济、社会、道义等方面的社会保险义务,这种行为在法律上往往不具有"可诉性",故政府主要承担的是非法律性质的后果,如领导干部被"问责"、相关官员引咎辞职或者政府有关部门向社会公众作出公开道歉等等,此种情形下社会保险权利人主要是通过法律外的途径来获得救济的。而政府若不尽其法律性质的职责(义务),则会导致相应的法律后果,当事人自应获得法律上的救济。当然,非法律救济与法律救济这两种途径之间并无截然的分界线,在实践中可能

会出现两者互相交叉、互相转化的情况,对此我们应加以认真关注和甄别。

基于本文的出发点,笔者以下将主要探讨社会保险权的法律救济问题。由于社会保险权具有多重法律属性,因此对该权利需要动用多种法律救济手段进行综合保障。细言之,主要有如下几种救济途径:

第一,宪法层面的救济。鉴于宪法的根本法属性,在一般情形下,社会保险权利人不能直接依据宪法对用人单位或者国家机关提起诉讼。但是,当有关国家机构在社会保险领域消极不作为或者实施了积极的违法行为,例如行政机关制定的规范性文件或者实施的抽象行政行为含有不合理限制一部分公民社会保险权的内容(诸如对农村居民作出与城镇居民不平等的制度性安排),致使有些公民的社会保险权得不到保障甚至遭受侵害时,则应有相应的违宪审查、宪法诉讼等救济程序。从长远来看,我国应设立这些制度。

第二,行政法领域的救济。当人力资源和社会保障行政部门的某些具体行政行为(如违法批准退休、工伤认定有错误)侵害个人的社会保险权益时,或者个人因社会保险方面的某些事项(如社会保险待遇的计算)与社会保险经办机构发生争议时,个人可以通过提起行政复议、行政诉讼或者请求国家赔偿等方式,使自己的社会保险权益免受行政机关的违法或者不当侵害。

第三,劳动法的救济。劳动法的救济手段,主要包括劳动争议处理、劳动保障监察这两种基本程序和途径。当劳动者与用人单位发生社会保险争议时,劳动者可以提起劳动争议仲裁和诉讼。此外,对于用人单位违反社会保险法律法规的行为,个人也可以向劳动保障监察机构进行举报和控告。劳动法的这些救济手段与行政法的救济手段之间存在着密切的联系(如劳动保障监察本质上就是一种行政执法行为),因此需要处理好这两者之间的关系。当前应当特别注意理顺以下两类关系:(1)劳动争议仲裁与劳动保障监察之间的管辖分工关系。从法理上说,劳动争议仲裁实行"不告不理"的做法,因此其受案范围应主要限于以私法性质为主的社会保险争议;而劳动保障监察采用"主动出击"的做法,故其受案范围应主要限于以公法性质为主的社会保险争议。(2)行政救济程序与劳动争议仲裁程序之间的合理衔接关系。行政救济程序的设置不应影响社会保险权利人及时提起劳动争议仲裁的申请,更不能成为当事人申请仲裁之路上的障碍。以工伤案件为例,我国现行《工伤保险条例》把劳动保障行政部门认定工伤这一具体行政行为以及由此可能引发的行政复议、行政诉讼等程序,均设置为当事人提起劳动争议仲裁的前提条件,这就大大增加了工伤争议的处理环节和成本,实有改进之必要。

第四,刑法的救济。对于那些情节严重的侵害社会保险权的行为,应考虑在刑法中设置相应的罪名和刑罚条款。例如,对于挪用社会保险基金数额较大的行为,或者对于用人单位无故不缴纳社会保险费情节严重的行为,是否可以考虑定罪及处刑,都颇值研究①。

除了上述途径外,在条件成熟时,我国还应考虑适时开放社会保险领域的公益诉讼(包括行政公益诉讼、劳动公益诉讼等),为保障公民社会保险权和保护社会公共利益提供更多的救济手段和方法。当然,以上诸项救济并非单靠《社会保险法》一部法律即可完成。不过需要注意的是,本法除应全面规定劳动法、行政法的救济措施外,还应当为宪法、刑法等其他救济手段的实施和开放公益诉讼预留充足的立法空间,提前拟定日后相互衔接的方案。目前《草案》第十一章"法律责任"的规定仍然较为单薄,特别是对国家(政府)机构及其工作人员应承担的责任以及相应的程序缺乏足够的规定。例如《草案》第 86 条对于国家机关工作人员在社会保险管理、监督工作中滥用职权、玩忽职守、徇私舞弊的行为,只是笼统地规定了"依法给予处分"的后果,几乎没有多少可操作性。再如《草案》第 63 条第 2 款规定"县级以上人民政府应当在社会保险基金不敷支出时,给予补助",但是在"法律责任"这一章中却没有规定与此项政府义务相对应的政府责任条款。凡此种种,均需要进一步加以充实和完善。

---

① 我国香港地区即有此类立法例。香港地区《雇员赔偿(修订)条例》规定,任何雇主必须为其所有雇员投保雇员赔偿保险,否则即属违法。如经刑事诉讼程序定罪,最高可判罚金 5 万港元及有期徒刑 2 年;如经刑事简易程序治罪,最高可判罚金 2 万港元及监禁 1 年。参见顾肖荣、杨鹏飞:《劳动法比较》,福建人民出版社 1999 年版,第 240 页。

收入和教育水平对农民工养老保险参保意愿的影响分析*

□ 乐君杰**

摘　要：本文利用杭州和宁波两地外来务工人员的抽样调查数据，检验了收入和教育水平对农民工养老保险参保的影响效应。计量结果显示：①农民工是否参加养老保险与其收入水平并无显著关系；②教育水平更可能是通过影响劳动合同签订概率来与农民工的养老保险参保问题发生关系，而非直接影响农民工的养老保险参保意愿；③农民工是否参加养老保险与企业的制度建设情况及所有制性质等特征密切相关；④生活与工作的稳定性及定居意愿会显著提高农民工的养老保险参保概率。研究结论表明，企业因素及养老保险关系转移难等制度本身的缺陷是农民工养老保险参保率低的主要原因，农民工没有参加养老保险，并非收入低和文化水平低，缺乏自我保障的意识，主观上不愿参加，而是被迫选择的非自愿结果。

关键词：农民工；养老保险；稳定性；劳动关系；工会

一、引　言

《劳动合同法》实施之后，劳动者、特别是农民工的权益保护状况虽然在总体上得到了较大的改善，但在社会保险的参保上离目标仍有一定的距离。

* 本文得到国家自然科学基金面上项目"城乡统筹发展视角下的就业扩大机理及其实现路径研究"（70873105）、国家社会科学基金项目"城乡一体化进程中扩大就业的理论和对策研究"（09BJL019）、教育部哲学社会科学研究重大课题攻关项目"建立城乡统一的劳动力市场，实现城乡劳动者平等就业研究"（06JZD0014）的资助，特此致谢。

** 乐君杰：浙江大学公共管理学院副教授。

现实中,大多数农民工还是被排斥在社会保险体系之外,实际参保率严重偏低。人力资源和社会保障部与国家统计局于 2009 年 5 月 19 日联合发布的《2008 年度人力资源和社会保障事业发展统计公报》显示,2008 年末参加基本养老保险、医疗保险、失业保险及工伤保险的农民工人数分别为 2416 万人、4266 万人、1549 万人和 4942 万人[1],如果按照同公报公布的农民工数量(全国农民工总量为 22542 万人,外出农民工数量为 14041 万人)来计算的话,其参保率显然是较低的。

针对农民工参保率低、参保难的问题,国内已有不少研究从制度设计或从政府、企业、农民工等多方角度对其原因进行了剖析和归纳(杨翠迎、郭金丰,2006;张晖、何文炯,2007;陈诗达,2007;刘芳,2007,等)。但由于迄今为止的这些研究多以定性分析或统计性的数据描述为主,缺乏更为深入的量化分析,因此,对于哪些才是真正决定农民工社会保险参保率低的因素,这些因素对农民工的社会保险参保究竟会有多大程度的影响这个问题,并没有给出明确而又统一的结论,这无疑给政策的选择和制定带来了较大的困惑。特别是在农民工养老保险问题上,由于养老保险制度存在异地关系转移难、转移手续复杂等制度设计上的缺陷,且缴费比例又远远高于其他社会保险,因此其结论更是存在较大的分歧。一些研究认为,企业为追求利润而不愿为农民工缴纳养老保险是农民工养老保险参保率低的主要原因,但也有相当数量的研究基于农民工参保积极性不高、甚至大量退保等现象,把农民工养老保险参保率低的主要原因归咎于农民工收入低(换而言之,就是缴费比例和缴费基数过高)或文化水平低导致的自身社会保障意识差等因素(金淑彬,2007;汪兆旗,2009;吕学静、王增民,2008)。因而提出要从降低农民工参保门槛入手,按照循序渐进、分层分类等原则,来设计不同档次的缴费比例和保险模式,从而建立和完善农民工社会保障体系。这种逻辑观点在现实中得到了一定的政策支持,浙江省政府下发的《关于完善职工基本养老保险"低门槛准入,低标准享受"办法的意见》、杭州市出台实施的《杭州市农民工基本养老保险"低标准缴费低标准享受"试行办法》、北京市出台的《北京市农民工养老保险暂行办法》等"双低"模式,以及人力资源和社会保障部 2009 年初拟定的《农民工参加基本养老保险办法》和《城镇企业职工基本养老保险关系转移接续暂行办法》的"两个办法"思路等,其出发点或多或

---

① 中华人民共和国国家统计局网站:http://www.stats.gov.cn/tjgb/qttjgb/qgqttjgb/t20090519_402559984.htm

少都隐含着该逻辑观点。

但从经济学的角度来看,该逻辑观点显然是存在质疑的。舒尔茨的"理性农民假说"认为,农民的行为选择完全符合经济学的理性原则,其贫困不是因为缺乏经济理性,而是缺乏有效投入(舒尔茨,1999)。根据该假说,农民工是否选择参加养老保险的决策应该是基于成本—收益比较或效用大小比较的结果,而与其收入和文化水平无直接关系。在参加养老保险有利于农民工的前提条件下,如果该农民工没有参加养老保险,那只能认为该结果是一种被动的非自愿结果,而非其主观意愿所致。

那么,事实到底如何呢? 在现有的养老保险制度和既定的地方政府行为之下,农民工养老保险参保率低究竟是农民工自己不愿参保还是企业不给农民工参保呢? 如果是农民工自己不愿参保,那么这种不参保的行为决策是因为制度设计等客观原因而导致的被动选择结果呢,还是因为收入低、文化水平低等自身因素带来的主观意愿的结果呢? 毫无疑问,答案不同,今后解决农民工养老保险问题的思路和政策设计也会大相径庭。基于上述问题意识,本文利用浙江大学劳动保障与公共政策研究中心于 2007 年 8—9月在杭州市江干区和宁波市海曙区两地实施的外来务工人员问卷调查所得的样本数据,试用微观计量的方法来剖析农民工养老保险参保率低的主要原因,重点考察农民工的收入、教育水平等个体特征对农民工养老保险参保的影响效应,理清收入、教育水平与农民工养老保险参保之间的真实关系。

本文其余部分的构成如下所示:第二部分首先对调查数据进行简单的说明,在此基础上描述农民工收入、教育水平与养老保险参保之间的关系。第三部分构建模型,并对变量的含义进行解释。第四部分计量分析收入、教育水平等因素对农民工养老保险参保的影响效应,并对估计结果进行讨论。最后一部分是本文的结论,在总结分析结果的基础上明示其政策含意。

二、收入、教育水平与农民工养老保险参保现状

(一)数据说明

1. 调查方法

本文所利用的数据来自于浙江大学劳动保障与公共政策研究中心于2007 年 8—9在杭州和宁波两地实施的外来人口问卷调查。调查的主要目的是为了考察外来人口在城市中的就业与生活情况,因此,调查对象不仅

包括以领取工资为主要收入来源的雇用劳动者,也包括了自营劳动者(个体工商户、手工业者、家庭帮工等)和无业人员。杭州市的调查地点为江干区 P 镇 J 社区,该村常住人口仅 2000 余人,但外来人口却有 12000 人左右。宁波市的调查地点为海曙区外来人口相对较为集中的 N 街道 4 个社区和 D 街道 4 个社区。调查问卷表由调查地的派出所和社区协助发放并回收。两地分别发放问卷 1050 份,其中杭州市回收 969 份,有效问卷为 755 份,有效率为 77.9%;宁波市回收 950 份,有效问卷为 848 份,有效率为 89.3%。因为本文的主要目的是为了分析雇用劳动者的养老保险参保问题,在剔除了部分数据缺损的样本之后,最终进入本文的农民工总样本数为 844 人,其中杭州市 464 人,宁波市 380 人。

2. 数据概要

表 1 对调查数据进行了简单描述。调查结果显示,居住在杭州市江干区的农民工参加养老保险的比例为 29.7%,居住在宁波市海曙区的农民工参加养老保险的比例为 31.8%,两地无明显差异。这个结果与浙江省劳动和社会保障科学研究院 32.6%的调查结果是一致的(陈诗达,2007),说明该调查有一定的代表性和客观性。从数据看,虽说浙江省农民工的养老保险参保情况离理想目标还有一定的距离,但相比过去几年,参保比例还是有一定提高的。

在其他数据方面,杭州市江干区与宁波市海曙区也无显著差异,两地农民工的个体特征及就业状况基本类似。从全体样本看,农民工的男女性别比例相差无几,平均年龄为 28.8 岁,与全国农民工平均年龄基本一致。而学历以初中居多,平均受教育年数为 9.4 年。外省农民工约占五分之四,相对偏多。月平均收入为 1313 元,与前述浙江省劳动和社会保障科学研究院的调查结果(1217 元)基本相似。这些农民工 90%左右在外资、私营、个体等非公有部门就业,近 50%来当地后没有换过工作,就业稳定性相对较高,但只有极少数的农民工希望将来在当地定居,社会融和问题较为严重。此外,只有 10%左右的农民工参加了工会组织,农民工的组织力量相对欠缺。

表 1   数据描述(均值、比例)

项　　目	杭州江干区	宁波海曙区	全体样本
样本数(人,%)	464(55.0)	380(45.0)	844(100)
男性(%)	53.4	50.5	52.1

续　表

项　　目	杭州江干区	宁波海曙区	全体样本
年龄(周岁)	27.4	30.5	28.8
受教育年数(年)	9.8	9.0	9.4
现职连续工作 5 年及以上(％)	17.9	13.7	16.0
管理、技术、行政事务岗位(％)	23.1	13.7	18.8
月平均工资(元)	1363.3	1252.7	1313.5
浙江省本省居民(％)	21.1	19.7	20.5
没有换过工作(％)	47.6	48.4	48.0
希望在当地定居(％)	5.4	5.5	5.5
国有集体企业及机关事业单位工作(％)	8.8	11.8	10.2
工会会员(％)	11.9	9.2	10.7
签订劳动合同(％)	44.4	42.1	43.4
参加养老保险(％)	29.7	31.8	30.7

注:表中的平均受教育年数根据以下假设计算得出:未上过学＝1 年、小学未毕业＝3 年、小学＝3 年、初中＝9 年、高中＝12 年、职高技校＝12 年、中专＝13 年、大专＝14 年、大学本科及以上＝16 年。

数据来源:根据调查数据计算得出。

(二)收入、教育水平与农民工养老保险参保现状

1. 收入与农民工养老保险参保现状

表 2 显示的是按收入分组的农民工养老保险参保情况。从表中可以看出,农民工月工资收入与其养老保险参保率之间并非呈直线关系,而是呈倒 U 字形关系。中间收入的农民工参加养老保险的比率最高,但也只有 40％左右。而月工资收入在下位 20％和次下位 20％的农民工的养老保险参保率尽管要低于平均参保率(参见表 1),但其差距也非特别明显。即使不控制企业特征等其他因素,从直观上我们就可以看出,通过降低参保门槛来提高农民工养老保险参保率的政策效果是非常有限的,解决不了农民工养老保险参保率低的实质性问题。

表 2 　按收入分组的农民工养老保险参保情况

月工资收入	杭州江干区			宁波海曙区			全体样本		
	平均收入（元）	参保人数（人）	参保率（%）	平均收入（元）	参保人数（人）	参保率（%）	平均收入（元）	参保人数（人）	参保率（%）
下位 20%	764.6	20	21.5	745.3	15	19.7	755.0	35	20.7
次下位 20%	991.6	25	26.9	933.0	19	25.0	967.8	43	25.4
中位 20%	1206.0	39	41.9	1068.4	28	36.8	1132.6	69	40.8
次上位 20%	1529.2	25	26.9	1364.2	33	43.4	1457.1	58	34.3
上位 20%	2332.6	29	31.5	2152.6	26	34.2	2260.7	54	32.1

数据来源：同表 1。

2. 教育水平与农民工养老保险参保现状

表 3 显示的是按学历分组的农民工养老保险参保情况。杭州市和宁波市的情况略有差异，在杭州，除了大专及以上学历的农民工的养老保险参保率明显较高之外，其他学历的农民工的养老保险参保率在学历组间并无太大差异。而宁波的农民工，随着学历的提高，养老保险的参保率也随之提高。总体来看，教育水平与农民工养老保险参保率之间呈正相关关系。那么，教育水平是如何影响农民工的养老保险参保率的，是否如一些研究所言，是因为教育水平高的农民工，认知能力较强，维护自身权益的意识较高，所以养老保险参保率也较高呢？只从表中的数据，是无从判断的。

表 3 　按学历分组的农民工养老保险参保情况

学历	杭州江干区			宁波海曙区			全体样本		
	人数（人）	参保人数（人）	参保率（%）	人数（人）	参保人数（人）	参保率（%）	人数（人）	参保人数（人）	参保率（%）
小学未毕业及以下	20	4	20.0	26	3	11.5	46	7	15.2
小学	43	10	23.3	66	16	24.2	109	26	23.9
初中	228	75	32.9	192	54	28.1	420	129	30.7
高中	71	20	28.2	46	22	47.8	117	42	35.9
职高技校中专	76	17	22.4	28	14	50.0	104	31	29.8
大专及以上	26	12	46.2	22	12	54.5	48	24	50.0
合　计	464	138	29.7	380	121	31.8	844	259	30.7

数据来源：同表 1。

三、模型及变量说明

以上我们简单观察了农民工的收入和教育水平与其养老保险参保率之间的关系,发现农民工的月工资收入与其养老保险参保率之间呈倒 U 字形关系,教育水平与养老保险参保率之间呈正相关关系。但由于经济变量之间的作用是相互的,而且农民工是否参加养老保险还可能受收入和教育水平之外其他多种因素的影响,因此,上述关系是否真实,其中的机理如何,还需进一步验证。以下,我们使用杭州和宁波两地的问卷调查数据,来计量分析收入、教育水平等因素对农民工养老保险参保的影响效应。

(一)模型

现假设农民工的养老保险参加状况有参保和不参保两种选择[①],参保的概率为 P_{1i},不参保的概率为 P_{0i},并假定上述两种状况的概率都服从以下 logistic 分布:

参加养老保险的概率:

$$P_{1i} = \exp(\beta_i X_i)/[1 + \exp(\beta_i X_i)] \tag{1}$$

不参加养老保险的概率:

$$P_{0i} = 1/[1 + \exp(\beta_i X_i)] \tag{2}$$

对 P_{1i} 比 P_{0i} 的选择概率进行对数变换后,我们就可以使用以下的线性函数来对影响农民工养老保险参保的决定因素进行 logit 分析:

$$\ln\left(\frac{P_{1i}}{P_{0i}}\right) = \beta_i X_i + \varepsilon_i \tag{3}$$

在这里,X_i 和 β_i 分别表示影响农民工养老保险参保的诸解释变量及与其相对应的未知的参数向量。

(二)变量说明

农民工为何参保难,《2007 浙江就业报告:农民工问题研究》第 9 章对此作了较好的归纳,总结起来有以下六个原因:①城乡二元结构体制的影响;②农民工就业不稳定;③农民工收入低、参保意愿不高;④用人单位社会保

---

① 本文由于数据限制,暂不考虑农民工参加的养老保险是属于城镇职工基本养老保险还是属于地方政府推出的只针对农民工的特定养老保险、参加养老保险后是否退保、养老保险缴费的费率差异等情况。

险意识差距大;⑤现行社会保险制度存在缺陷;⑥地方政府的短视行为(陈诗达,2007)。不过由于城乡二元结构、现行社会保险制度及地方政府行为在短期内都可以视为外生给定的不变因素,因此对于某一时段的横截面分析,可以认为农民工是否参加养老保险,主要取决于农民工及其所属企业的特征。也就是说,上述模型中的解释变量 X_i 按照农民工参保难的决定因素性质可以区分为农民工个体特征因素和企业特征因素两种类型。

表 4　变量的定义

解释变量		项目数/单位	定　义
个人特征变量	性别	2	虚拟变量:男性=1,女性=0
	年龄	岁	周岁
	学历	9	顺序变量:未上过学=1,小学未毕业=2,小学毕业=3,初中毕业=4,高中毕业=5,技校或职高毕业=6,中专毕业=7,大专毕业=8,大学本科毕业及以上=9
	现职工作年数	2	虚拟变量:现职连续工作 5 年及以上=1,其他=0
	工作岗位	2	虚拟变量:管理、技术及行政事务岗位=1,其他=0
	收入	万元	每月平均工资
	户口所在省份	2	虚拟变量:浙江省本省居民=1,外省=0
	工作变换	2	虚拟变量:来当地后没有换过工作=1,其他=0
	定居意愿	2	虚拟变量:将来希望在当地定居=1,其他=0
企业特征变量	企业所有制	2	虚拟变量:国有、集体企业及机关事业单位=1,其他=0
	工会参加	2	虚拟变量:工会会员=1,其他=0
	劳动合同	2	虚拟变量:签订了劳动合同=1,未签订=0
	企业所在地区	2	地区虚拟变量:宁波市海曙区=1,杭州市江干区=0

本文选取性别、年龄、学历、现职工作年数、工作岗位、收入、户口所在省份、工作变换情况及定居意愿这些变量来反映农民工的个体特征,选取企业所有制性质、企业所在地区、农民工工会参加和劳动合同签订情况这些变量来反映企业特征。表 4 给出了诸解释变量的具体定义,以下对这些变量做简单说明。

1. 性别和年龄可以视为农民工与生俱来的固有属性

一般来说,企业不存在因为性别、年龄的差异而有选择地给员工参保的主观故意,但由于养老保险制度设计上的问题,性别和年龄有可能会对劳动者的参保意愿产生影响。比如,因为男女享受养老保险的年龄和预期享受期间不同,相比男性劳动者,女性有可能更愿意参加养老保险;此外,因为高年龄劳动者会考虑到参保年限累计达不到 15 年,而低年龄劳动者会考虑到参保年限过长收益率降低的问题,因而劳动者的参保意愿在年龄分布上有可能呈现倒 U 字形现象,等等。

2. 学历、现职工作年数及工作岗位的差异可以反映农民工的人力资本或博弈能力

人力资本较高的农民工,有可能参加养老保险的自身意识相对较高,但更可能由于博弈能力相对较强,可以通过提高劳动合同签订的概率等来间接影响养老保险的参保概率。同时,企业为了吸引人才,相比低人力资本的农民工,更愿意为高人力资本的农民工加入养老保险。

3. 收入变量用来检验"双低模式"的有效性

如果如一些研究所言农民工因为收入过低而不愿参加养老保险的结论成立,那么"双低模式"是有效的,值得推广的。反之,该政策的实施仅有利于企业降低用工成本(从而提高企业为农民工参保的激励),而不能实质性地解决农民工养老保障问题,与城乡社会保险一体化的大势更是背道而驰。

4. 户口所在省份、工作变换情况及定居意愿这三个变量反映的是农民工就业和生活的稳定性

众所周知,目前的养老保险制度是基于劳动者的稳定性而设计的,没有考虑到劳动者,特别是农民工的高流动性问题。养老保险关系的转移不仅手续繁琐,而且异地转移直接牵涉到劳动者本人,以及转出地与转入地政府间的利益关系,毫无疑问,这些会严重影响农民工的参保意愿。我们预料,户口在浙江省本省的农民工相比外省农民工,在当地没有换过工作的农民工相比变换过工作的农民工,将来希望在当地定居的农民工相比将来希望回到老家的农民工,参加养老保险的概率会相对较高。

5. 企业所有制性质和企业所在地区这两个变量表示企业的固有属性

根据浙江大学劳动保障与公共政策研究中心在浙江省 6 县市区实施的调查结果,私营企业的劳动权益保护问题相对较为严重(李敏、梅明君,2007;乐君杰、苗青,2007)。因此,我们可以预料,在国有、集体企业及机关事业单位工作的农民工,尽管属于非正规就业者,但相比私营个体等其他所有制类型的企业,参加养老保险的可能性会相对较高。企业所在地区虚拟

变量用来控制不可观察的企业的地域特性差异。

6. 用农民工的工会参加情况和劳动合同签订情况来作为企业劳动关系制度建设的代理变量,这两个变量可以反映出企业的劳动权益保护状况

已有研究表明,企业的劳动权益保护状况与工会覆盖面有正相关关系(姚先国、韩军,2007;乐君杰,2008)。因此,我们认为,如果该农民工能够参加该企业的工会,就可以说明该企业的劳动权益保护状况或者说劳动关系相对较好。而农民工能否签订劳动合同,更与企业的劳动权益保护状况密切相关。由于劳动合同是否签订主要取决于企业,与农民工的收入、就业稳定性、意识等没有太大关系,那么,如果农民工的劳动合同签订与养老保险参保高度相关,就可以说明决定农民工是否参加养老保险的主因在于企业而非农民工本人。

四、实证分析结果及讨论

根据式(3)的 logit 模型,我们估计了农民工个人特征和企业特征对农民工养老保险参保的影响效应。表 5 给出了农民工个人特征对养老保险参保影响的估计结果,表 6 给出了在农民工个人特征变量基础上加入企业特征变量后的养老保险参保估计结果。以下我们基于上述两表的结果,对决定农民工养老保险参保的影响因素进行讨论。

表 5 农民工个人特征对养老保险参保影响的估计结果

变量	模型(1)		模型(2)	
	边际效应	t 值	边际效应	t 值
常数项	-0.77	-3.90^{***}	-0.84	-4.23^{***}
性别	-0.04	-1.27	-0.02	-0.64
年龄	0.03	2.28^{**}	0.03	2.47^{**}
年龄 2 次方	$-4.1\mathrm{E}-04$	-2.17^{**}	$-4.6\mathrm{E}-04$	-2.43^{**}
学历	0.03	2.54^{**}	0.03	2.27^{**}
现职连续工作年数	0.14	3.50^{***}	0.11	2.61^{***}
工作岗位	0.10	2.37^{**}	0.09	2.24^{**}
月平均工资	0.03	0.09	-0.04	-0.15

变量	模型（1）		模型（2）	
	边际效应	t 值	边际效应	t 值
户口所在省份			0.14	3.72***
工作变换情况	—		0.08	2.49**
定居意愿			0.13	2.03**
R^2	0.05		0.08	
样本数	844			

注:采用双尾检验,***、**、*分别表示该估计值在1%、5%、10%的统计水平上统计显著。

表 6　加入企业特征变量后的养老保险参保估计结果

变量	模型（3）		模型（4）	
	边际效应	t 值	边际效应	t 值
常数项	−1.00	−5.04***	−0.85	−4.93***
性别	−0.02	−0.67	−0.01	−0.41
年龄	0.04	3.29***	0.03	2.68***
年龄2次方	−6.0E−04	−3.19***	−4.5E−04	−2.66***
学历	0.02	1.85*	—	—
现职连续工作年数	0.09	2.26**	0.11	2.80***
工作岗位	0.07	1.74*		
月平均工资	−0.20	−0.71	−0.13	−0.52
户口所在省份	0.14	3.88***	0.16	4.72***
工作变换情况	0.06	2.00**	0.08	2.91***
定居意愿	0.10	1.62	0.13	2.26**
企业所有制	0.16	3.34***	0.14	3.09***
工会参加	0.29	6.18***	0.18	3.97***
劳动合同签订	—		0.27	8.99***
企业所在地区	0.05	1.53	0.03	1.01
R^2	0.15		0.24	
样本数	844			

注:采用双尾检验,***、**、*分别表示该估计值在1%、5%、10%的统计水平上统计显著。

　　1. 性别对农民工养老保险的参保在统计上没有显著影响。而年龄与农民工养老保险参保概率呈倒 U 字形关系,并在统计上显著,在年龄为 33～

34岁左右时,农民工参加养老保险的概率最高。这个结果与我们的预料一致,在一定程度上反映出农民工是基于长远的收益目标而决定是否参加养老保险,而非如部分调查研究所说的缺乏自我保障的意识,目光短浅。

2. 模型(1)、模型(2)和模型(3)中,学历、现职工作年数及工作岗位的边际效应都为正,且在统计上显著。但在模型中加入劳动合同签订与否的变量后,学历和工作岗位都变成统计不显著。这是因为学历较高、工作岗位较好的劳动者博弈能力相对较强,企业对其需求度也相对较高,签订劳动合同的概率也会相对较高。也就是说,学历、工作岗位对劳动合同签订有显著的正的影响,如果同时作为解释变量进入模型,便会产生多重共线性的问题。事实估计结果也是如此,我们以劳动合同签订与否为被解释变量,以学历和工作岗位为解释变量,使用 logit 模型对其进行回归,可得学历的边际效应为 0.073(t 值:6.01),工作岗位的边际效应为 0.158(t 值:3.63),都在 1% 的统计水平上统计显著。因此,我们在模型(4)中舍去了学历、工作岗位这两个变量。综合判断计量估计结果,可以认为学历、工作岗位等反映农民工个体能力的因素可能并非如模型(1)、模型(2)及模型(3)显示得那样,对农民工养老保险的参保概率有决定性的直接影响,这些因素更可能是通过影响劳动合同的签订概率来与养老保险参保问题发生关系。此外,我们还对劳动合同签订者的养老保险参保决定因素进行了估计(参见表7)。结果显示,对于签订了劳动合同的农民工来说,学历对养老保险的边际效应甚至是负的,且在统计上显著。这也进一步证实了我们的上述判断。

表7　劳动合同签订者的养老保险参保估计结果

变量	边际效应	t 值
常数项	-0.77	-2.38^{**}
性别	0.04	0.76
年龄	0.04	1.87^{*}
年龄2次方	$-6.0\mathrm{E}-04$	-1.95^{*}
学历	-0.03	-1.84^{*}
现职连续工作年数	0.02	0.27
工作岗位	0.03	0.59
月平均工资	0.74	1.58
户口所在省份	0.19	2.89^{***}

变量	边际效应	t 值
工作变换情况	0.21	4.42 ***
定居意愿	0.15	1.44
企业所有制	0.16	2.06 **
工会参加	0.20	3.12 ***
企业所在地区	0.12	2.41 **
R^2	0.23	
样本数	366	
参加养老保险人数	181	

注：采用双尾检验，*** 、** 、* 分别表示该估计值在 1％、5％、10％的统计水平上统计显著。

3. 月平均工资在统计上不显著，在模型（2）、模型（3）和模型（4）中的边际效应甚至为负[①]。这个结果说明农民工是否参加养老保险与其收入水平并没有太大关系，养老保险的缴费比例在目前并不会影响调查地农民工养老保险的参保意愿。从理论上讲，如果农民工是个风险回避的理性经济人这个假定成立，那么就没有理由因为收入相对较低而拒绝参加养老保险。如果农民工的工资低于最低工资以致难以维持基本生活需求，那么，政府要做的不是降低养老保险门槛，而是要健全完善最低工资制度。现实上，农民工不参保在现时段也不可能得到额外的收益，企业不会因为农民工没有参保而把企业承担的缴费部分支付给农民工。综上所述，农民工参保意愿低更可能是受其他外在因素的影响而非取决于收入高低。当然，本文的估计结果也有可能与浙江省的农民工相对来说收入不是很低有一定关系，这需要后续研究作进一步的东西部区域比较分析。

4. 户口所在省份、工作变换情况及定居意愿这三个反映农民工就业和生活稳定性的变量，不出我们所料，边际效应都为正，且都统计显著。这说明浙江省本省农民工相比外省农民工、来当地后没有变换过工作的农民工相比换过工作的农民工、将来有在当地定居意愿的农民工相比没有定居意愿的农民工，参加养老保险的概率相对较高。计量结果表明，农民工就业生活的稳定性状况会严重影响农民工的养老保险参保意愿。可以认为，农民

---

① 由于在第二节我们观察到农民工的月工资收入与其养老保险参保率之间呈倒 U 字形关系，因此我们还在模型中加入了月平均工资的 2 次方进行了估计，但结果同样不显著。

工没有参加养老保险,并非缺乏自我保障的意识,主观上不愿参加,而是因现行养老保险制度设计的缺陷、工作稳定性缺乏保障、城市对农民工的社会性排斥等客观原因而被迫选择的非自愿结果。

5. 企业所有制性质的边际效应为正,且统计显著。相比在私营个体等其他所有制类型部门就业的农民工,在国有、集体企业及机关事业单位工作的农民工参加养老保险的概率要相对较高,这跟私营个体企业的劳动关系状况相对较差有一定关系。

6. 工会参加虚拟变量和劳动合同签订虚拟变量的边际效应都为正,且都在统计上显著。这说明加入工会和签订劳动合同可以提高农民工参加养老保险的概率。如前所述,这两个变量表示的是企业的劳动关系制度建设是否健全完善,可以反映出企业的劳动权益保护状况。在目前,农民工是否能够加入工会组织,是否能够签订劳动合同,并不是农民工自己可以自由选择的,在一定的制度条件下,主要还是由企业决定的。根据该逻辑关系,我们就可以判断,农民工参加养老保险与否,主要取决于企业而非农民工本身。

7. 地区虚拟变量的边际效应为正,但在统计上不显著,说明宁波海曙区和杭州江干区的农民工养老保险参保情况没有太大的地区性差异。

表8给出了分地区的农民工养老保险参保决定因素估计结果,可以发现估计结果与总体样本的估计结果基本一致。月平均工资对农民工养老保险的参保概率没有明显影响,而农民工的就业生活稳定性和企业特征(特别是工会参加和劳动合同签订)会显著影响农民工养老保险的参保概率。

表8 分地区的农民工养老保险参保决定因素估计结果

变量	模型(5):杭州市		模型(6):宁波市	
	边际效应	t 值	边际效应	t 值
常数项	−1.71	−4.86***	−0.47	−2.17**
性别	−0.01	−0.31	−0.01	−0.23
年龄	0.09	3.78***	0.01	0.39
年龄2次方	−1.5E−03	−3.67***	−7.8E−05	−0.40
现职连续工作年数	0.13	2.50**	0.03	0.50
月平均工资	−0.14	−0.45	0.04	0.10
户口所在省份	0.11	2.47**	0.16	3.20***

续　表

变量	模型(5):杭州市		模型(6):宁波市	
	边际效应	t 值	边际效应	t 值
工作变换情况	0.12	2.92***	0.06	1.44
定居意愿	0.04	0.48	0.20	2.32**
企业所有制	0.16	2.58***	0.09	1.56
工会参加	0.18	3.08***	0.19	2.55**
劳动合同签订	0.22	5.02***	0.32	7.66***
R^2	0.22		0.33	
样本数	464		380	

注:采用双尾检验,***、**、*分别表示该估计值在1%、5%、10%的统计水平上统计显著。

表9　按稳定性及企业特征分类的农民工养老保险参保实际情况

	未参加养老保险		参加养老保险		全体样本
	人数	比例	人数	比例	人数
样本数	585	69.3	259	30.7	844
浙江省本省居民	95	54.9	78	45.1	173
来当地后没有换过工作	261	64.4	144	35.6	405
将来希望在当地定居	23	50.0	23	50.0	46
国有集体企业及机关事业单位工作	40	46.5	46	53.5	86
工会会员	30	33.3	60	66.7	90
签订了劳动合同	185	50.5	181	49.5	366

　　从实际调查数据看(参看表9),全体样本参加养老保险的比例为30.7%,而浙江省本省农民工参加养老保险的比例为45.1%,来当地后没有换过工作的农民工参加养老保险的比例为35.6%,有在当地定居意愿的农民工参加养老保险的比例为50.0%,在国有、集体企业及机关事业单位工作的农民工参加养老保险的比例为53.5%,为工会会员的农民工参加养老保险的比例为66.7%,签订了劳动合同的农民工参加养老保险的比例为49.5%,皆要高于全体样本的平均比例。

　　以上这些都进一步说明了农民工养老保险参保率高低主要取决于企业的所有制性质、制度建设情况等企业特征,及外生的制度条件和就业生活环境,农民工的收入和教育水平对农民工的养老保险参保并无太大影响。这反映出农民工参保意愿低,是一种被迫选择的非自愿行为而非主观意愿。

五、结论与政策含意

农民工养老保险参保率为何偏低,收入和教育水平是否会影响农民工的养老保险参保意愿,本文利用杭州和宁波两地外来务工人员的抽样调查数据,对此进行了计量分析。结果可以简单归纳如下:

1. 农民工是否参加养老保险与其收入水平并无显著关系,降低农民工的养老保险参保门槛对提高农民工养老保险参保率的效果极其有限。

2. 教育水平更可能是通过影响劳动合同签订概率(教育水平越高,博弈能力越高,企业对其的需求也越高,因此签订劳动合同的概率也相对较高)来与农民工的养老保险参保问题发生关系,而非直接影响农民工的养老保险参保意愿。否定了一些研究认为农民工因文化水平低、社会保障意识差等自身原因而不愿参加养老保险,导致养老保险参保率低的观点。

3. 农民工是否参加养老保险与企业的制度建设情况及所有制性质等特征密切相关,农民工或加入工会,或签订劳动合同,或在国有集体企业及机关事业单位工作,其参加养老保险的概率都会有较大幅度的提高。这说明在一定的制度条件下,农民工参加养老保险与否,是被动的结果,主要取决于企业特征而非农民工本身。

4. 生活与工作的稳定性及定居意愿会显著提高农民工的养老保险参保概率。这在一定程度上反映出现行养老保险制度本身的设计缺陷、工作稳定性缺乏保障、城市对农民工的社会性排斥等客观因素是农民工养老保险参保意愿率低的重要原因。农民工没有参加养老保险,并非缺乏自我保障的意识,主观上不愿参加,而是被迫选择的非自愿结果。

基于上述结论,本文认为要解决农民工养老保险参保率低的问题,关键要解决以下三方面的问题:第一,今后养老保险制度能否与农民工的流动性特征相衔接?当前农民工养老保险关系转移难,主要阻碍毫无疑问来自于地方政府,要彻底摆脱地方政府之间的利益之争,养老保险制度只能实行全国统筹,这在技术上是完全可行的。值得欣慰的是,我国政府已经走出了这一步,2009年12月28日,由人力资源社会保障部和财政部制定的《城镇企业职工基本养老保险关系转移接续暂行办法》经国务院同意正式公布,保证了包括农民工在内的参保人员跨省流动并在城镇就业时基本养老保险关系的顺畅转移接续。第二,如何促使企业主动为农民工参保? 笔者认为除了加强对企业的监督和执法力度,提高企业的社会责任意识之外,还需要降低目前的养老保险享受待遇标准,并统一机关事业单位和企业的养老保险制度,进而降低养老保险的缴费比例。养老保险并非社会福利,而我国目前的养老保险享受待遇已远离养老保险原有的理念和职能。第三,如何提高农民工的养老保险参保意愿? 笔者认为最为关键的是要加快城乡一体化建设,废除城乡二元制度,使农民工能够成为真正的市民,融合于其所生活工作的城市。

【参考文献】

[1] 陈诗达.2007浙江就业报告:农民工问题研究.北京:中国劳动社会保障出版社,2007.

[2] 国务院研究室课题组.中国农民工调研报告.北京:中国言实出版社,2006.

[3] 金淑彬.我国农民工养老保险参保率低的原因及对策探析.金融与经济,2007(12).

[4] 乐君杰.中国の労働組合は労働者権益保護に役立っているのか:浙江省の調査データに基づく実証分析.[日]中国経営管理学会2008年秋季大会報告論文,日本神戸流通科技大学,2008.

[5] 乐君杰,苗青.和谐劳动关系构建中的工会职能研究.社会保障国际研讨会,浙江大学,2007.

[6] 李敏,梅明君.浙江民营企业劳动关系主要问题及原因探析.劳动关系与社会保障国际研讨会论文集,2007.

[7] 刘芳.近年来农民工社会保障问题研究述评.人口与经济,2007(5).

[8] 吕学静,王增民.对当前我国农民工社会保障模式的评估.劳动保障世界,2008(2).

[9] 汪兆旗.农民工养老保险覆盖率低的原因分析及对策研究.西华大学学报(哲学社会科学版),2009(3).

[10] 杨翠迎,郭金丰.农民工养老保险制度运作的困境及其理论诠释.浙江大学学报(人文社会科学版),2006(3).

[11] 姚先国,韩军.从工会现状看劳资关系:来自浙江省的实证.浙江大学劳动保障与公共政策研究中心,工作论文,2007.

[12] 张晖,何文炯.进城、流动与保障:农民工社会保障问题研究综述.浙江大学学报(人文社会科学版),2007(2).

[13] [美]西奥多·W·舒尔茨.改造传统农业.梁小民译.北京:商务印书馆,1999.

我国新型农村社会养老保险的政策路径选择优化研究[*]

——基于系统仿真的视角

□ 米 红 王 鹏[**]

一、覆盖城乡居民的社会养老保险体系"三步走"战略构想设计

覆盖城乡居民的社会养老保险体系作为社会保障体系的重要组成部分,近年来一直受到政府的高度重视。农村作为养老保险制度中的薄弱环节,尤其受到关注。新型农村社会养老保险制度(以下简称"新农保")在2009年已经有了突破性的进展,同年9月1日,国务院下发了《关于开展新型农村社会养老保险试点的指导意见》(国发〔2009〕32号),对新农保的制度框架、筹资模式、参保对象、享受待遇等作出了明确规定,并要求各省(区、市)人民政府根据《指导意见》的要求,结合当地实际情况,制定具体的办法,从10%试点开始到2020年之前实现全覆盖。这有利于实现党的十七大明确提出的"到2020年覆盖城乡居民的社会保障体系基本建立,人人享有基本生活保障"的目标。

本文作者在第二届(2007)中国社会保障论坛中提出过覆盖城乡居民的社会保障体系"三步走"战略。其核心是在借鉴国外社会保障制度发展经验与启示的基础上,综合运用社会保障制度基础理论、数理人口学、保险精算学、生命表技术、系统仿真等理论与技术方法,提出我国社会保障体系从覆盖城乡的"三步走"战略思想与理论,到2020年以前实现中国特色社会保障

---

* 本文根据第四届社会保障论坛(2010)获奖论文"我国中西部地区新型农村社会养老保险政策优化、制度安排的可持续发展研究"压缩修改而成。

** 米红:浙江大学公共管理学院社会保障和风险管理系教授、博士生导师;王鹏:浙江大学公共管理学院博士生。

制度全面定型、稳定发展,落实到中国养老保障改革,并建立有序组合的多元养老保障制度体系,实现制度层面的全覆盖后,以缴费型养老保险为主体的养老保障体系全面定型、稳定,实现人人公平地享有养老金及相关服务[①]。

二、2020 年以前分区域的覆盖城乡养老保险覆盖率仿真研究

根据"三步走"战略,本文将针对 2020 年以前实现全覆盖进行重点分析,以下将分东部和中西部地区来仿真分析区域城乡养老保险覆盖的情况。

(一)东部地区的覆盖城乡养老保险覆盖率仿真研究——以浙江省为例

由于东部区域的复杂性,以下我们就以浙江省为例来分析覆盖城乡养老保险的发展情况。

浙江省作为全国经济发展最活跃的地区之一,已于 2008 年 4 月在《关于全面改善民生促进社会和谐的决定》(以下简称《决定》)中提出"到 2012 年,覆盖城乡居民的社会保障体系基本建立,人人享有基本生活保障",提出了对社会保障体系发展更高的要求。根据本文的研究,浙江省属于第一类地区,有条件在 2012 年实现制度覆盖和人群覆盖。但是有条件并不表明是最优的,而最优的参保人口与地区经济发展和社会生活水平之间存在着复杂的关系。因此,本文基于多目标决策的可能满意度方法[②],引入该方法对参保人口和参保覆盖率进行可能满意度研究,并通过构建浙江省社会养老保险参保人口的指标体系,得到 2012 年之前浙江省新农保适度参保覆盖率的最优区间(限于篇幅,略去过程)。图 1 表明,浙江省有能力在 2012 年之前实现社会养老保险的全覆盖。

图 1 还表明,即使是经济发达的浙江省要实现新农保制度全覆盖,也要遵守"保基本、广覆盖、有弹性、可持续"的原则,才可以在 2012 年提前实现社会养老保险制度覆盖城乡居民的目标[③]。

---

① 米红、王丽郦:《从覆盖到衔接:论中国和谐社会保障体系"三步走"战略》,中国第二届社会保障论坛一等奖论文,载《中国第二届社会保障论坛论文集》,中国劳动和社会保障出版社 2007 年版。

② 蒋正华、米红:《人口安全》,浙江大学出版社 2008 年版,第 33—36 页。

③ 本部分的研究成果已经被浙江省于 2009 年 12 月实施的"浙江省城乡居民社会养老保险制度"全部采纳,相关研究报告得到浙江省陈加元副省长的批示。

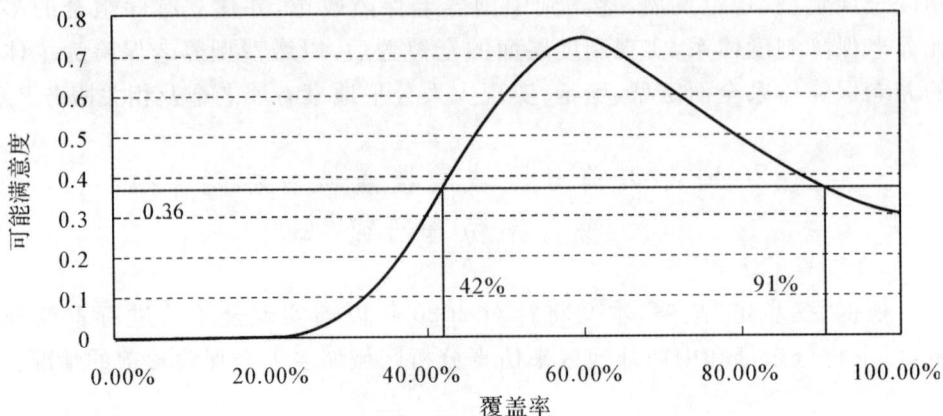

图 1　浙江省新型农保最优覆盖目标最优或满意的模式选择

(二)中西部地区的覆盖城乡养老保险覆盖率仿真研究

1. 中西部 20 省"新农保"全覆盖推进指标体系构建及聚类研究

为了更好地研究我国中西部新农保制度的模式选择,通过与开展农村居民社会养老保险相关的要素进行分析,依据科学性、系统性、动态性、可操作性、典型性原则,本文构建了中西部 20 省"新农保"全覆盖推进指标体系,共由以下 11 个指标构成,分别是 GDP、人均 GDP、第三产业 GDP 比重、第三产业人口比重、财政收入、人均财政收入、农村人均纯收入、农村收入占城镇收入比重、农村最低生活保障标准、60 岁以上农村人口数占农村总人口数的比重(%)和农村人均生活消费支出。针对中西部 20 省"新农保"全覆盖推进指标体系的数据维度和结果精度的要求,引入了集对分析聚类方法[①],将2000 年到 2008 年中西部 20 省"新农保"全覆盖推进指标体系的 11 个指标代入算法系统进行运算(见表 1)。

根据以上聚类结果,在设计"新农保"制度的政策优化和制度安排时,必须充分考虑不同类别省份的社会经济发展状况,为尽快推进由制度全覆盖到群体全覆盖设计可操作性强的制度配套。

---

① 集对分析(set pair analysis,SPA)是我国学者赵克勤在 1989 年提出的一种新的系统分析方法。它从同、异、反三个方面研究两个事物的确定性与不确定性,全面刻画了两个不同事物的联系。集对分析的实质是一种新的不确定性理论,其核心思想是将确定不确定视为一个确定不确定系统。

表 1　中西部 20 省"新农保"全覆盖推进指标体系聚类结果

类别	对应省份
第一类	重庆、湖南、山西、湖北、内蒙古
第二类	黑龙江、吉林、安徽、江西、广西、四川、陕西、河南
第三类	贵州、云南、甘肃、青海、宁夏、新疆、西藏

数据来源:基于《中国统计年鉴 2009》、中华人民共和国民政部 http://www.mca.gov. cn、各省的统计信息网站、中国三农信息网 http://www.sannong.gov.cn/、全国第二次农业 普查公报等数据整理并进行仿真的结果。

2. 中西部 20 省新农保制度的各级财政"进口"补贴分担模式

应用"有限财政"责任理念安排新农保制度和优化相关政策时,必须以保证各级政府财政支出都在可控的范围内进行分担。各级财政"进口"补贴比例 L 由三个部分构成,即省级政府补贴比例(P)、市级政府补贴比例(C)、县(区)级政府补贴比例(T)。这三个比例的分配直接关系到新农保制度最优路径的实现。

模式一:4-3-3(P-C-T)。此模式也称为三级均衡补贴模式。此模式的特点是,省级、市级、县(区)级财政的补贴是基本均衡的,共同分担个人账户的财政补贴。此种模式适用于经济发展较为平均的省市。

模式二:6-3-1(P-C-T),此模式也称为省级补贴为主模式。此模式的特点是,省级财政补贴承担较多个人账户补贴的开支,市级财政为辅,县(区)级财政补贴次之,因此又把模式二称为省级补贴为主模式。此种模式适用于经济发展较不平衡、城乡发展差异较大的省市。

模式三:2-7-1(P-C-T),此模式也称为市级补贴为主模式。此模式的特点是,市级财政比较充盈,承担较多个人账户补贴的开支,省级财政补贴为辅,县(区)级财政补贴次之。此种模式适用于计划单列市下辖县区的补贴模式。

模式四:2-3-5(P-C-T),此模式也称为县级补贴为主模式。此模式的特点是,县级财政补贴承担较多个人账户补贴开支,市级财政为辅,省级财政补贴次之。此种模式适用于农村经济发展较好的区域,省级财政可以更多地在"出口"对参保人实行补贴。

3. 中西部 20 省"新农保"最优全覆盖时间选择的实证研究

要探索中西部 20 省"新农保"最优全覆盖路径,需要精确计算出这 20 个省(包括直辖市、自治区)在哪一年具备在全省范围内覆盖"新农保制度"

的条件,要研究此问题,使用以往社会经济学领域的方法显然难以得到满意的结果。因此,本文应用多目标可能满意度方法,并结合基于混沌时间序列的支持向量机算法,进行系统仿真,如图 2 所示(限于篇幅,略去过程)。

图 2　基于可能满意度中西部 20 省的理论最优全覆盖时间点

数据来源:基于《中国统计年鉴 2009》、中华人民共和国民政部 http://www. mca. gov. cn、各省的统计信息网站、中国三农信息网 http://www. sannong. gov. cn/、全国第二次农业普查公报等数据进行仿真测算。

4. 中西部 20 省"新农保"基金可持续运营与财政支出仿真

通过系统仿真,可得出我国不同省份的财政支出总额(见图 3)。

图 3 表明,中西部 20 省的新农保基金运营的单年亏损,将于 2024 年最早出现于重庆市。最晚出现单年亏损的是新疆,直到 2030 年基金才出现亏损。而其他各省份的新农保基金滚存的亏损则都发生在 2043 年之后。

5. 中西部 20 省 2020—2050 年财政支出仿真研究

下面重点要研究的是未来新农保全覆盖后各省省级财政补贴支出在财政收入中所占比例,为此本文引入用于预测可能满意度算法高点和低点值的混沌时间序列的支持向量机算法来预测未来 50 年的财政收入数值(算法基本同上,限于篇幅省略)。文中将每个省当年的新农保制度省级财政补贴与预测出的该年财政收入相除,得出该年的比例,结果表明新农保试点制度经过优化后,各省(市、县)在 2012—2050 的三级财政投入新农保制度的总

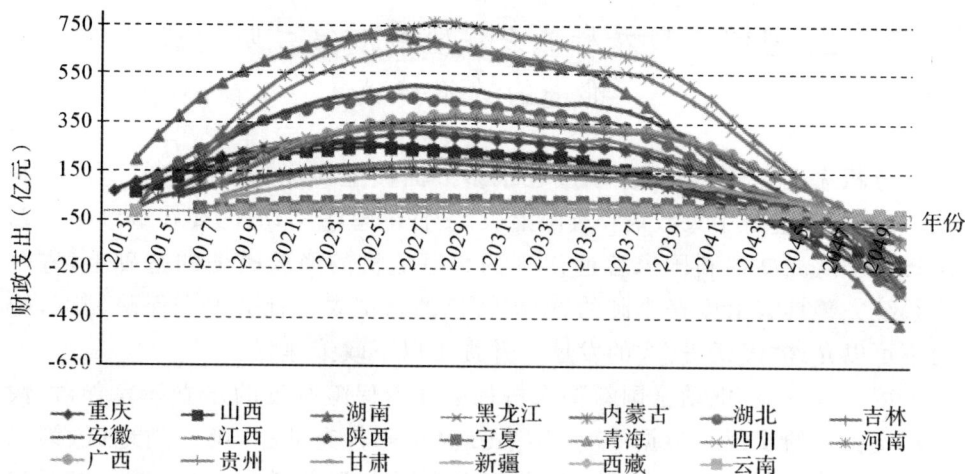

图 3　中西部 20 省新农保全覆盖后的基金运营情况(2013—2050 年)
数据来源:本文仿真结果。

支出基本适度,占当年省财政支出的比例在 0.56%~1.88% 之间。进一步将中西部 20 个省(包括直辖市、自治区)2018 年实现全覆盖后,逐年新农保制度财政补贴支出的占财政收入比例按预测的人口总量加权平均,结果如图 4 所示。

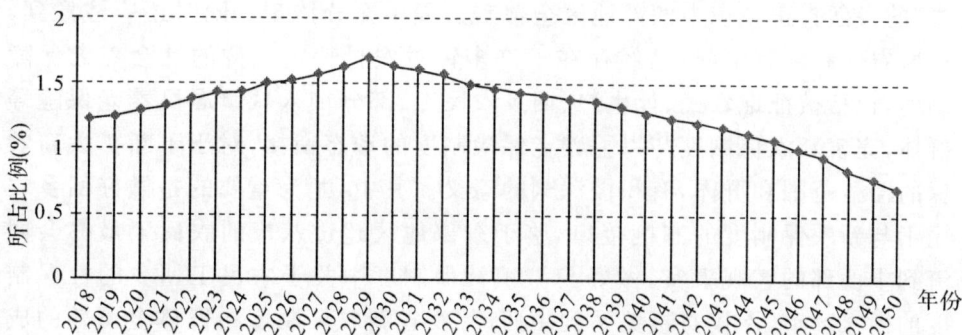

图 4　中西部农保制度财政补贴支出占财政收入省级加权平均比例
数据来源:本文仿真结果。

实证结果表明,财政负担在 2026 年左右进入峰值,之后开始减弱,这基本与制度安排相吻合。而从数值上看,即便在高峰期,也在 1.5%~2% 之间,属于可控范围。

三、国家新型农村养老保险制度第二阶段试点
推进的政策建议

分析表明,国家新农保制度在很多方面甚至要优越于城镇养老保险制度。因此,要坚持中央政府"有限财政"责任的理念不动摇,要在继续深入总结近年来欧洲高福利国家普遍出现的金融危机的经验教训的基础上,进一步系统完善具有适度普惠制的、中国特色的新型农村社会养老保险制度,绝对不可以允许"大跃进"式的发展。并提出以下政策建议。

第一,进一步推动全国新型农村社会养老保险制度的建立和完善,加快实现全覆盖的步伐。根据 2006 年第二次农业普查数据,第一类地区、第二类地区和第三类地区的农业人口分别占全国农业户籍人口的 16%、73%和11%左右。根据预测,到 2012 年左右,全国估计有 50%左右的农村居民参保;到 2016 年左右,参保覆盖率估计为 80%以上,以加快提前实现"全覆盖"的目标。

第二,在新农保的覆盖过程中,要保证政策"适度普惠"得到充分体现,尤其应体现在对缴费困难的群体应该给予扶持,同时要做好新农保制度与其他制度的动态衔接工作,推进群体的广覆盖。必须要让新农保政策"普惠"的一面真正在东中西部地区全覆盖过程中充分体现。同时还应注意到,在新农保制度诞生前,已经存在了许多针对农村特定人群的社会养老保障制度,包括被征地农民、计生户、回乡农民工、部分加入城镇居民养老保险等群体,完善新农保制度与以上养老保险制度的动态衔接,对于不断扩大新农保的覆盖范围和群体,有积极深刻的意义。其中,尤为重要的是做好回乡农民工与新农保制度的制度接口,鉴于东部地区超过八成的农民工最终会回流到中西部的客观事实,做好与城镇社保制度中关于农民工回乡的社保制度的衔接环节,不仅直接关系到中西部 20 省新农保制度在群体全覆盖的成败,还直接关系到东部地区城镇养老保险的绩效,更进一步为建立覆盖城乡居民的社会保障体系带来积极深远的影响。

第三,提高基金投资收益率,保证制度可持续发展。新农保制度实行个人账户的完全积累制,因此基金的安全性和收益性尤为重要。目前单一的投资渠道和较低的市县统筹层次,不利于基金的保值增值。建议在国家政策的允许范围内,拓宽投资渠道,委托专业机构运作;适时提高统筹层次,确保基金的安全性和收益性。同时,要逐步建立国家新农保风险准备金,确保

未来 12 年以后的个人账户基金及时足额支付①。

第四,尽快制定国家新农保信息化管理实施指导意见,并研制出国家新农保人口基础数据库标准规范和相关软件,尽快派发给第一批试点县(区、市)。第一批试点开展至今表明,新农保制度是一种深受广大农村老百姓欢迎的普惠式制度,但也遇到导致业务量和工作量都很大的矛盾和困难。根据笔者在在甘肃武山县和榆中县的实地考察,两县及其所有乡(镇、街道)对于基础数据都花费了大量时间,且都采取手工操作,既影响了工作效率,所形成的大量表格数据和指标数据间的关联性和统计分析的功能也比较差,远不能适应试点县和试点所在市和甘肃省相关主管部门的管理和分析需要。建议由人力资源和社会保障部农保司牵头开发一种简便易行的"新农保城乡人口数据库软件"。其目的就是将试点县的农村和城镇 16 岁以上的人口数据按性别、年龄、村、乡(镇、街道)分类进行系统梳理,并按照已参保人口和未参保人口分别建库,应用数理人口方法和人口预测技术方法形成内在关联机制和相关的统计分析指标群,并方便查询和检索过去、现在和未来的相关人口信息,还可按年滚动变化和发展;同时,也能通过现有金保工程建设的网络,直报市里和省里。

更由于国家新农保制度在各省(市、自治区)推进时的一些制度安排(各省、市、县财政的进口补贴差异性较大)不尽相同,而人力资源和社会保障部在春节前配发的新农保业务管理软件尚不能直接加以使用,建议人力资源和社会保障部尽快指导、督促各省加强本地化软件的研制步伐,尽快制定国家新农保信息化管理实施指导意见,尤其是要组织专家迅速研制新农保人口基础数据库标准规范和相关软件,并尽快派发给第一批试点县(区、市),切实解决基层尚处于手工操作的工作状态,使国家新农保在各地的试点尽快步入业务规范化、管理科学化的轨道。

第五,加快国家新农保第二批试点和第三批的扩面和广覆盖的进度。建议人力资源和社会保障部加快第二批试点的扩面进度,尽早确定第二批、第三批试点时间,让更多的农村居民尽快享受党的惠民政策,也更好地推进新农保制度,更进一步地发挥新农保制度对于扩大我国农村内需的重要影响作用。

---

① 注:个人账户的月除数规定为 1/139,决定了未来 11 年半以后,即:领取人口在 72 岁时的个人账户余额将领取完毕。

我国事业单位养老保险立法思路研究

□ 陈信勇　李彩华 *

摘　要：国务院于 2008 年初出台了《事业单位工作人员养老保险制度改革试点方案》，确定在山西、上海、浙江、广东、重庆 5 省市先期开展试点，与事业单位分类改革配套推进。但试点省份普遍未取得实质性进展。从完善社会保障法律体系，推进事业单位自身改革，将事业单位原有的退休政策法律化等角度看，事业单位养老保险的立法非常必要。而近几年提出的民生政治理念，经济持续稳定发展的势头，现有的社会保障立法，逐步形成的社会保障共识，则为事业单位养老保险立法提供了政治、经济、法律和思想基础。在事业单位养老保险立法必要性和可行性分析的基础上，笔者提出了事业单位养老保险立法的具体思路。

关键词：养老保险；事业单位；立法研究

　　我国事业单位有 120 多万个，在职人员 3000 多万人，离退休人员 900 多万人，集中了教育、科技、文化、卫生等高知识群体。长期以来，事业单位从业人员为国家发展和社会进步作出了巨大的贡献，然而事业单位作为中国特有的一种组织类型，形成于计划经济之初，随着市场经济的深入，其体制改革和相关社会保障制度改革变得极为迫切。针对机关事业单位养老保险制度改革，党中央的方向已经明确：党的十六届三中全会、十六届六中全会、十七大报告分别指出，要"积极探索机关和事业单位社会保障制度改革"、"加快机关事业单位养老保险制度改革"、"促进企业、机关、事业单位基本养老保险制度改革"。2008 年，国务院正式出台事业单位养老保险改革试点方案，但因为立法层次低、操作性欠佳，依然存在争议和实施的困境。事业单位养老保险制度改革进一步为社会各界所关注，从立法层面上构建事业单位养老保险制度的呼声再次提高。

---

　　* 陈信勇：浙江大学光华法学院教授；李彩华：杭州市下城区司法局干部。

本文拟从事业单位养老保险制度改革背景分析出发,探讨我国事业单位养老保险立法之必要性、可能性,并在此基础上提出事业单位养老保险立法的具体思路。

一、事业单位养老保险制度改革背景分析

(一)事业单位养老保险立法历史沿革

事业单位是新中国成立后,依据中国特有的编制分类对各类组织进行划分而形成的组织类型之一。1998 年国务院颁布的《事业单位登记管理暂行条例》将事业单位定义为"国家为了社会公益目的,由国家机关举办或者其他组织利用国有资产举办的,从事教育、科技、文化、卫生等活动的社会服务组织"。

事业单位养老保险制度改革,是事业单位改革的重要组成部分,也是社会保险制度改革的重要组成部分。从 1950 年到现在,国家先后多次制定政策,对机关事业单位的养老保险办法作出规定[①]。

1951 年 2 月,政务院通过了综合性的社会保障法规——《中华人民共和国劳动保险条例》。作为新中国社会保障制度第一个基础性法规,它的诞生标志着新中国职工养老保险制度的正式建立。劳动部随后制定了《劳动保险条例实施细则草案》,并公布试行。该条例的适用范围是铁路、邮电、航运及有职工百人以上的国营、公私合营、私营及合作社经营的工厂。

然而,因历史条件等原因,我国国家机关和事业单位的职工,并没有适用《中华人民共和国劳动保险条例》,而适用其他单行法规和条例,如 1951 年 11 月中央人民政府内务部颁发的《一九五一年内处理革命工作人员退职办法》,1952 年 10 月中央人民政府人事部颁发的《各级人民政府工作人员退职处理暂行办法》。1955 年 12 月,国务院发布《国家机关工作人员退休处理暂行办法》、《国家机关工作人员退职处理暂行办法》等法规,正式规定了机关、事业单位退休职工的待遇标准,标志着国家机关和事业单位职工退休退职制度的建立。

1958 年新中国开始了第二个五年计划。为适应新形势的发展,1958 年 2 月,国务院发布了《关于工人、职员退休处理的暂行规定(草案)》,同年 4 月

---

① 之所以称"机关事业单位",是因为新中国成立后到事业单位改革前,机关和事业单位养老保险政策基本同一;即便现在,相当一部分事业单位仍与国家机关实行同一种养老保险制度。

颁布该规定的《实施细则》。《暂行规定（草案）》适用于下列单位的正式工人、职员：①企业单位，包括国营、公私合营的工业、交通运输、基本建设、商业等企业及其业务管理机关和附属单位；②事业单位，包括由国家预算的事业费开支的农业、林业、水利、地质、气象、测绘、文化、教育、卫生、科学研究等单位；③国家机关，包括权力机关、行政机关、法院、检察院等及其附属单位；④人民团体，包括经费全部或者部分由国家补贴的人民团体及其附属单位。《暂行规定（草案）》的出台，统一了企业职工和国家机关工作人员的退休制度。鉴于《暂行规定（草案）》的制度设计只考虑了全民所有制职工，1966 年 4 月国务院又颁布了《关于轻、手工业集体所有制企业职工、社员退休统筹暂行办法》、《关于轻、手工业集体所有制企业职工、社员退职暂行办法》，首次尝试建立集体所有制企业职工的退休统筹制度。

1978 年 6 月，国务院颁布了《关于安置老弱病残干部的暂行办法》和《关于工人退休、退职的暂行办法》。现在我国机关事业单位的退休年龄仍依据国务院《关于安置老弱病残干部的暂行办法》的规定，即男干部年满 60 周岁、女干部年满 55 周岁退休。该规定与 1955 年关于机关事业单位干部退休年龄的规定基本一致，也即我国目前事业单位从业人员的退休年龄，与 20 世纪 50 年代基本一致。

1988 年，国家重新组建了人事部和劳动部，并规定机关事业单位职工养老保障事宜由人事部主管。1991 年，国务院发布的《关于企业职工养老保险制度改革的决定》指出：国家机关、事业单位和农村（含乡镇企业）的养老保险制度改革，分别由人事部、民政部负责，具体办法另行制定。自此，为了适应经济体制改革的需要，事业单位的社会保险制度改革渐次启动。

1992 年 1 月 27 日，国家人事部下发了《关于机关事业单位养老保险制度改革有关问题的通知》，提出机关事业单位的养老保险制度改革要充分体现机关、事业单位的特点，兼顾财政和个人的承受能力，有利于人员在地区和部门之间的交流；特别要与干部人事制度改革和工资制度紧密结合起来，通盘考虑，积极稳妥地进行。同年 6 月开始，辽宁、山东、江苏等省人事部门相继下发有关机关事业单位社会保险改革问题的文件。然而，由于多方面的原因，这一时期养老保险制度改革仅在机关事业单位劳动合同制工人、非在职人员中招收的聘用制干部中展开[①]，正式在编人员仍维持原有的离退休

---

① 如根据 1993 年《江苏省人民政府关于省级机关事业单位养老保险制度改革的批复》，试行养老保险改革的范围和对象为：在宁的省级机关、事业单位（含中央部属）中劳动合同制工人，从非在职人员中招收的聘用制干部；驻宁的省属（含中央部属）自收自支事业单位的全体职工。

养老制度,即养老资金由政府或者单位承担,个人在工作期间不缴纳任何养老保险费用。

1993年,党的十四届三中全会通过的《中共中央关于建立社会主义市场经济体系若干问题的决定》,构建了市场经济条件下我国社会保障体系的基本框架,指明要建立包括社会保险、社会救济、社会福利、优抚安置、社会互助、个人储蓄积累保障在内的多层次的社会保障体系;同时还指出,社会保障政策要统一,管理要法制化,社会保障水平要与我国社会生产力发展水平以及各方面的承受能力相适应。

1997年,国务院发布《关于建立统一的企业职工基本养老保险制度的决定》,要求在全国范围内建立统一的企业职工基本养老保险制度,提高统筹层次,增强社会保险管理服务的社会化水平,并指出:"实行企业化管理的事业单位,原则上按照企业养老保险制度执行。"至此,出台全国统一的企业养老保险制度,而各地事业单位养老保险制度政策仍然不同,做法体现出较大的差异。

1998年3月,劳动和社会保障部成立,包括公务员和事业单位工作人员在内的全体社会职工社会保险工作都划归其负责,从此我国社会保险事业的管理体制更加统一和规范。

2000年12月发出的《国务院关于完善城镇社会保障体系的试点方案的通知》指出,要改革机关事业单位职工养老保险办法,其中公务员和财政全额供款的事业单位维持现行养老保险制度仍不变;改制为企业的事业单位执行城镇企业职工基本养老保险制度;财政差额拨款事业单位的养老保险办法在调查研究和试点的基础上另行制定。2001年,劳动保障部、财政部、人事部、中编办发布《关于职工在机关事业单位与企业之间流动时社会保险关系处理意见的通知》,就解决企事业单位人员流动中养老、医疗、失业保险关系接转问题提出相关意见。

目前,我国机关事业单位的离退休养老制度的依据是2006年人事部、财政部印发的《关于机关事业单位离退休人员计发离退休费等问题的实施办法》。根据该办法的规定,事业单位工作人员退休后的退休费按本人退休前岗位工资和薪级工资之和的一定比例计发。其中,工作年限满35年的,按90%计发;工作年限满30年不满35年的,按85%计发;工作年限满20年不满30年的,按80%计发。可见,待遇确定型的退休金计发办法,是事业单位养老保障制度区别于缴费确定型企业职工基本养老保险制度的最大特点,即事业单位从业人员退休金按照本人退休前最后一个月工资的一定比例计发,工作年限越长比例越高,并且离退休费用不实行社会化发放,由原工作单位负责发放。

通过对事业单位及其养老保险制度的历史回顾,可以看出事业单位与企业的养老保险制度有很大不同。企业采用的是缴费确定型的养老金计发办法[1],而事业单位采用待遇确定型的养老金计发办法,退休待遇与本人在职时最后一个月工资挂钩;养老金替代率较高,一般可以达到80%以上;个人不缴纳养老保险,或者缴了也不与退休待遇挂钩,个人账户形同虚设;以单位管理发放为主,统筹层次低,抗风险能力差。

(二)事业单位养老保险改革试点方案试行现状

由于事业单位养老保险制度改革进展较为缓慢,为了完善社会保障体系,保证事业单位改革顺利进行,促进人员流动,保障退休人员基本生活,2008年初,国务院出台了《事业单位工作人员养老保险制度改革试点方案》,确定在山西、上海、浙江、广东、重庆五省市先期开展试点,与事业单位分类改革配套推进。根据该方案,试点主要内容包括:养老保险费用由单位和个人共同负担,退休待遇与缴费相联系,基金逐步实行省级统筹,建立职业年金制度,实行社会化管理服务等[2]。关于改革的适用范围,方案明确"适用于分类改革后从事公益服务的事业单位及其工作人员"。可见,这次事业单位养老金改革试点的范围基本是社会公益类事业单位,主体是医疗卫生单位和高等院校、科研院所等。可以推断出,该方案所确立的事业单位养老保险改革方向,是行政管理类事业单位往机关靠,生产经营类事业单位往企业靠,公益服务类事业单位独成一家,从而形成机关、企业、公益服务类事业单位不同的养老保险制度。

然而,《试点方案》出台至今已两年,从国内各大主流网站以及试点省份的官方网站可以发现,各地对此次改革的呼声很高,但有关改革的实质性进展却很少见到。

以广东省为例。2008年,按照中央的部署和要求,广东省编办在深入调

---

① 《国务院关于建立统一的企业职工基本养老保险制度的决定》规定:企业缴费比例一般不超过工资总额的20%,个人缴费比例要逐步达到本人工资的8%。

② 《改革方案》显示,此次改革主要有以下几个方面:一是事业单位人员也要同城镇企业职工一样统筹交纳养老保险,即单位缴20%,员工缴8%;二是养老金发放办法也基本一致,但以改革正式实施时间为界,即所谓"老人老办法,新人新制度";三是事业单位养老金也要逐步实行省级统筹;四是建立基本养老金正常调整机制;五是建立职业年金制度,形成基本退休金之外的养老保险第二支柱。

查研究、广泛听取意见的基础上，会同广东省人事厅、财政厅、劳动保障厅等部门拟订了《广东省事业单位分类改革实施意见（征求意见稿）》（以下简称《征求意见稿》），拟于 2009 年在广东省推进事业单位分类改革。该《征求意见稿》尽管明确指出事业单位养老保险制度改革的新办法将遵循"保障待遇水平不下降"、"老人老办法、新人新制度"等原则，同时还规定了可办理提前退休手续的年龄和工作年限，但当《征求意见稿》于 11 月书面征求该省直属有关部门和部分事业单位的意见时，仍然批判和反对声一片，部分符合《征求意见稿》中所提到的"提前退休条件"的高校教师还作出"提早退休"的申请，引起了媒体和网友的热议。

再来看浙江省的做法。2008 年，浙江省人民政府出台了《关于建立健全覆盖城乡居民的养老保障制度的意见》。该意见指出，要"推进事业单位养老保险制度改革"，在事业单位分类改革的同时，除参照公务员法管理的事业单位外，其他事业单位纳入事业单位养老保险制度改革范围；基本养老保险费由单位和个人共同负担；同时建立多层次的养老保险体系，事业单位在参加基本养老保险的基础上，应建立工作人员职业年金制度。然而，有关"基本养老金计发办法"，笼统规定"具体办法另行制定"；有关"事业单位职业年金制度"，仅说明"具体办法由省劳动保障厅会同省人事厅、省财政厅制定"。浙江省劳动和社会保障厅陈小恩厅长 2009 年曾表示："事业单位养老保险制度改革涉及面广、情况复杂敏感、关系个人切身利益，要积极稳妥地进行。"①目前，浙江省事业单位养老保险制度改革试点还没有实质性推进。

山西、重庆、上海的改革进程也不乐观。2009 年 10 月，《中国经济周刊》记者曾就事业单位养老保险改革试点情况赴五省市调查。山西省人力资源与社会保障厅工作人员在接受采访时表示："改革进展情况对媒体保密，一来是吸取广东的教训，避免媒体炒作带来负面效应；二是，今年 6 月山西省机构改革，人事厅与劳动厅刚刚合并，新组建的人力资源与社会保障厅许多工作还没有捋顺，可能进展确实不大。"山西省社科院副院长贾桂梓则表示："当前大家最关心的是事业单位的分类改革，对养老保险制度的改革还没有太在意。"重庆市有关部门人士表示，目前重庆市的事业单位养老保险制度改革试点还没有启动，有关改革方案正在论证和调研中，不便接受采访。而据知情人士透露，截至目前，上海市也没有公布具体的政策和实施方案②。

---

① 《全国人大代表陈小恩谈事业单位养老保险改革》，浙江在线，2009 年 3 月 4 日。
② 《事业单位养老保险改革五试点省市启动缓慢》，《中国经济周刊》，2009 年 10 月 26 日。

　　五省市此次试点工作至今不能得以顺利开展，原因至少有以下几个方面：试点方案未统筹解决好事业单位职工养老保险制度改革与公务员养老保险制度改革、城镇企业职工基本养老保险制度的相互关系，未解决好改革前后事业单位退休人员养老金水平应如何平稳过渡的问题；在事业单位分类改革还没有成熟的情况下，单独把公益服务类事业单位拿出来进行养老保险制度改革，时机过早；对于建立职业年金没有任何具体细节和弥补措施①。归根结底，该制度不像法律那样确定，过于原则和笼统。可以想象，任何改革，如果没有良好的预期，如果民众无法从改革中看到希望，这项改革又如何取得成功。

（三）有关事业单位养老保险的研究述评

　　事业单位养老保险制度改革的重要性已被国家和社会各界所公认。但是由于事业单位本身的特殊性，事业单位养老保险制度的建立面临一系列的难题，我们无法简单地将其纳入城镇养老保险体系或者参照企业退休养老保险体系。鉴于此，一直以来，社会保障、法学、经济学等领域的学者们积极研究对策，以期能设计出一套既适应事业单位自身特点，又能很好地融入整个社会保险制度的养老保险方法。

　　综览现有的研究资料，国内学者们不外乎就以下几个方面进行讨论：中国事业单位体制改革与养老保险制度改革之间的关系如何理顺；养老保险制度改革的目标选择和价值取向；事业单位与机关、企业之间的养老保险制度体例如何安排；事业单位职业年金制度如何建立；社会保险基金如何监管；如何考虑老人中人新人的前后衔接等。这些研究成果大致特点如下：在2008年中央有关事业单位养老保险改革试点办法出台前，大多数理论研究者把"机关事业单位养老保险制度"放在一起进行研究，没有跳出传统对机关事业单位的统一定位；对机关事业单位与企业之间的养老保险制度对比较多，对机关与事业单位之间的比较和差异研究较少；对地方上养老保险制度的改革及做法进行实证研究多，但是理论认识有待进一步深入；对事业单位养老保险制度具体的立法体例安排和制度设计少，尚停留在《社会保险法（草案）》统一规定的层面，没有细化。

　　2008年，事业单位养老保险改革试点办法正式出台，引起了学者们新一

---

　　①　《事业单位工作人员养老保险制度改革试点方案》的表述是：为建立多层次的养老保险体系，提高事业单位工作人员退休后的生活水平，增强事业单位的人才竞争能力，在参加基本养老保险的基础上，事业单位建立工作人员职业年金制度。具体办法由劳动保障部会同财政部、人事部制定。

轮的激烈讨论,代表性观点如下:

中国社科院拉美所所长郑秉文认为,应建立独立于事业单位之外的、资产型的、信托制的职业年金制度,这样才能推动全国范围内的事业单位改革。应实行三个"联动":一是养老保险改革与建立职业年金"联动";二是事业单位从事公益类、行使行政职能类和从事生产经营活动类三个类型"联动";三是事业单位与公务员"联动"①。清华大学公共管理学院教授杨燕绥观点相似,认为应把事业单位的养老金分为基本养老金和补充养老金,其中基本养老金参照企业计算方法,另外再设事业单位职业养老金制度,以体现普遍性与特殊性相结合②。

中国人民大学中国社会保障研究中心主任郑功成认为,现阶段,在事业企业制度并轨方面还值得商讨,因为财政支撑的单位无论是单位缴费还是个人缴费,都不能改变其来源于纳税人的税收这一事实;是否为公务员或者公职人员建立个人账户存在着争议,因为将财政资金划入个人账户并加以积累其实并不符合效率原则③。

中国社会科学院政策研究中心秘书长唐钧认为,事业单位养老保险制度改革的时机尚未成熟,应该是事业单位体制改革在前,事业单位养老保险制度改革在后。等体制改革确定后,一部分事业单位向企业靠,顺理成章,其养老保险跟企业走;另一部分事业单位向政府机关靠拢,养老保险跟机关走。同时他认为医生、教师作为与人的健康、教育密切相关的专业技术人员,不应该向企业靠④。

以上仅是列举了国内几位代表性学者的观点。可以看出,由于社会保障立法及事业单位养老保险立法的复杂性,学者们基本上都只是从宏观上进行制度设计,且宏观上的编排也是仁者见仁智者见智,有赞成事业企业制度并轨的,有赞成先事业单位体制改革再事业单位养老保险制度改革的,也有认为事业企业养老保险制度并轨时机尚未成熟的;但是有一点达成了共识:即事业单位养老保险制度改革是必需的。就事业单位养老保险立法的具体实施办法,各位学者尚未给出相应的意见;各试点省份在推行过程中,也因为具体实施办法难以制定而导致试点办法迟迟无法落实。本文希望能在理论研究实证调查的基础上,不仅在立法体例上对事业单位养老保险改

---

① 《事业单位养老金改革的关键是建立职业年金:"三个联动"建议》,《经济观察报》,2009 年 2 月 9 日。

② 《专家称我国养老金制度出现碎片化情况》,新浪网/新闻中心,2009 年 2 月 4 日。

③ 《未来养老金不会出现支付危机》,新浪/财经,2009 年 1 月 8 日。

④ 《唐钧:关注事业单位养老保险改革》,中国网/中国访谈,2009 年 2 月 10 日。

革作出一个宏观设计,更有一个具体的实施制度安排。

人力资源社会保障部副部长胡晓义接受中国政府网专访时曾指出,事业单位门类复杂,按照新的分类方法,有一部分事业单位实际上是从事行政执行功能,应该算是行政机关的执行单位;还有一批事业单位已经在市场经济当中自主经营、自负盈亏,实际上是企业性质;真正的事业单位是从事公益性服务的单位①。

二、事业单位养老保险立法的必要性和可行性分析

(一)事业单位养老保险立法的必要性

1. 适应社会保障法律体系完善的需要

实行改革开放政策以来,特别是中央决定建立社会主义市场经济体制以来,我国的社会保障法律体系逐渐完善。以社会保险制度为例,虽然社会保险法尚未出台,但已经制定了《失业保险条例》、《工伤保险条例》、《企业职工生育保险试行办法》、《企业年金试行办法》等法规规章。但是上述社会保险法规规章基本上适用于各类企业,既不适于国家机关,也不适用于事业单位。可以说,我国现行的社会保障法律体系是残缺不全的。我国社会保障体制改革的目标,绝不局限于建立统一的企业社会保障体系,社会保障法律体系也不能变成企业社会保障法律体系。由此可见,事业单位养老保险立法是社会保险立法的组成部分,是不可或缺的。

当前,我国的养老保险制度呈现碎片化现象。依据财政供养状况之不同,养老保险制度被切割为公务员养老保险、事业单位工作人员养老保险和企业职工养老保险(前两种尚未建立);另因城乡居民身份不同,单独建立农村养老保险。社会保险(尤其是养老保险)的碎片化现象,是我国统一社会保险制度创建的障碍,也是社会保险法制定中的主要难题之一。

2. 适应事业单位自身改革的需要

虽然自 1978 年以来在中央"政事分开、政企分开"原则的指导下,事业单位进行了一系列的改革、引导和调整,但是目前事业单位改革仍然处于局部试点、单项推进的探索阶段,改革并不彻底,缺乏应有的广度、深度和力

---

① 《胡晓义:事业单位养老保险制度改革绝不是为财政甩包袱》,中国政府网,2009 年 6 月 11 日。

度,很多单位都是为了精简人员或者是为了缩减经费而进行改革的。很明显,这样的改革并不能改变现有的管理体制,治标不治本。事业单位改革不彻底,问题的关键在于一些深层次的问题如养老保险问题还没有从根本上解决。

事业单位养老保险制度,虽然至今国家也没有统一的政策,但是从现有的运行模式我们已经了解到:事业单位与企业实行完全不同的养老保险模式,严重影响了事业单位的人才进出和单位自身的发展。首先,事业单位养老保险与企业养老保险缴费的比例不一样,目前事业单位养老保险个人缴费和退休后的待遇不挂钩,绝大多数事业单位个人不缴纳养老金、没有养老保险个人账户。在这样一种情况下,如果事业单位人员进入企业工作,那么其养老保险账户就变成"空户"。其次,事业单位养老保险与企业养老保险结算方式不同,目前事业单位退休职工的退休金尚未实现社会化发放,而是由离退休工作部门负责管理,而企业的退休职工是由社会保险机构全额支付。最后,缴费的义务与享受的权利不对等。在这种情况下,事业单位职工一旦离开所在单位,就失去了相应的社会保险待遇,事业单位改革的"能上能下、能进能出"也在某种意义上成了一句空话。以上问题严重阻碍了劳动者在不同行业间的正常流动,成为如今事业单位改革的一大主要障碍。随着事业单位改革的不断深入,要求事业单位养老保险制度与企业养老制度并轨的呼声越来越高。从这个角度而言,事业单位体制改革已经进行,迫切需要建立体现事业单位特点并与企业相衔接的养老保险制度[1]。

3. 适应社会政策法律化的需要

目前我国的事业单位养老保险制度改革仍停留在政策试点的层面,政策的朝令夕改和不稳定性,严重影响了事业单位养老保险制度的运行效果及整个社会保障制度的可持续发展。2008年,国务院下发的《事业单位工作人员养老保险制度改革试点方案》,并非事业单位养老保险制度改革的第一次启动。早在1992年,原人事部就曾下发《人事部关于机关、事业单位养老保险制度改革有关问题的通知》,同年6月开始,辽宁、山东、江苏等地人事部门相继下发有关机关事业单位社会保险改革问题的文件。但由于各地试点步调不一,没有形成全国统一的事业单位养老保险的全面改革方案等原因,改革以失败告终[2]。而1997年人事部、财政部起草的《关于机关和事业

---

[1] 公务员养老保险制度未能建立,也同样影响公务员在国家机关、事业单位和企业之间的合理流动。
[2] 《事业单位养老保险改革五试点省市启动缓慢》,《中国经济周刊》,2009年10月26日。

单位工作人员养老保险制度改革试点的意见》，因社会保障管理体制改革（1998 年劳动和社会保障部成立）等种种原因，各省在实际工作中也未予以执行。不难看出，由于事业单位养老保险制度至今仍停留在政策层面，改革思路、改革设计均没有法律的可行性、严密性和规范性，改革试点势必遇到阻力，甚至出现无法推进的现象。

法律法规是社会政策的重要表现形式。社会政策法律化是指国家机关将经过实践检验的社会政策上升为国家的法律法规，赋予社会政策以法律效力和国家强制力。社会政策法律化是非常必要的。首先，法律化的社会政策更具规范性。法律化的社会政策比非法律化的社会政策更具有规范性。非法律化的社会政策毕竟不是法律，不具有法律规范所独有的严密逻辑结构，在实施过程中作为行为规则和裁判规则缺乏法律的操作性，因而影响其实施的效果。其次，法律化的社会政策更具强制力。法律既不同于一般社会规范，也不同于非法律化的社会政策。最后，法律化的社会政策更具持久性。社会政策一旦法律化就上升为国家意志，由于立法程序的严谨性，体现社会政策的法律不经过立法程序不能修改和废除。

(二)事业单位养老保险立法的可行性

1. 民生政治为事业单位养老保险立法提供了政治基础

改善民生是经济发展的根本目的。只有着力保障和改善民生，经济发展才有持久的动力，社会进步才有牢固的基础，国家才能长治久安。而在统一的养老保险立法框架内构建符合事业单位特点的养老保险制度，不仅是完善覆盖城乡居民的社会保障体系的重要内容，也是民生政治的重要体现。一直以来，党和政府都把民生政治提到十分重要的位置进行表述。在 2007 年的新年贺词中，胡锦涛主席提出："着力促进社会发展和解决民生问题，推动经济社会发展切实转入科学发展的轨道。"同年春节团拜会上，温家宝总理强调："关注民生、重视民生、保障民生、改善民生，是我们党全心全意为人民服务宗旨的要求，是人民政府的基本职责。"2007 年党的十七大报告提出，"加快建立覆盖城乡居民的社会保障体系，保障人民基本生活"，"促进企业、机关、事业单位基本养老保险制度改革，探索建立农村养老保险制度"。2010 年，温家宝总理所作的政府工作报告再次强调"着力保障和改善民生，促进社会和谐进步"。

社会主义大国的民生政治，为养老保险立法和社会保障体系的建设提供了坚实的政治基础，也必将成为社会保障制度的坚强后盾。

2. 经济持续稳定发展为事业单位养老保险立法提供了物质基础

《中华人民共和国宪法》第 14 条第 4 款作出如下规定："国家建立健全同经济发展水平相适应的社会保障制度。"也就是说，养老保险等社会保障事业的发展要与经济发展水平相适应。

一个国家的经济发展水平，通常可以用国内生产总值（GDP）、人均国内生产总值、财政收入、外汇储备、产业结构、城镇化程度等指标来衡量。国内外的相关研究表明，国内生产总值的发展水平与增长速度直接制约和影响着社会保障支出的水平与增长速度[①]。

根据国家统计局提供的统计数据，我们可以发现：30 年间，我国经济实现世界少有的年均 9.8% 的增长速度，经济总量连上几个大的标志性台阶，人均国内生产总值成倍增加，国家财政实力不断增强，外汇储备实现由短缺到富足的历史性转变，大型公司（企业）不断涌现并迅速发展壮大。

随着经济的不断发展，各级财政根据社会保障支出的需要，不断加大社会保障投入的力度。据财政部副部长丁学东 2008 年 11 月 6 日在中国社会保障论坛第三届年会上的讲话，各级财政部门按照公共财政体制要求，坚持"有所为有所不为"的原则，转变财政职能，压缩生产性补贴和可以通过市场补偿的事业性支出，加大以社会保障等为主要内容的公共服务领域投入，支持各项社会保障制度改革[②]。从国家财政支出结构上社会保障支持和福利支出的比例，也可以看出我国在经济发展的基础上对社会保障的投入力度。

《中共中央关于构建社会主义和谐社会若干重大问题的决定》强调要健全公共财政体制，把更多财政资金投向公共服务领域，加大财政在社会保障等方面的投入。确实，虽然改革开放以来我国财政社会保障支出增长较快，但仍然不能满足日益增长的社会保障支付需求以及积累需求。中国倘若不能在当前这个唯一的机遇期、窗口期积累相当数量的社会保障基金，则难以应付清偿社会保障历史债务和人口老龄化的双重压力。随着我国财政收入快速增长，政府财力大大增强，目前中国具备了财政支出结构向民生倾斜的条件，理应在社会保障问题上予以更多的投入。

3. 现有社会保障立法为事业单位养老保险立法提供了立法经验

我国养老保险及社会保障方面的法律法规和政策虽然存在立法层次参

---

① 陈信勇：《中国社会保险制度研究》，浙江大学出版社 2010 年版，第 109 页。

② 丁学东：《充分发挥财政职能作用 支持社会保障事业可持续发展》，中国就业网，2008 年 11 月 11 日。

差不齐、立法重心各有侧重的问题,但是也初步建立起了中国特色的社会保障法律制度体系,在摸索中为事业单位养老保险立法提供了立法经验。

我国宪法对公民的社会保障权益及老年人的合法权益作出了原则性规定,"国家建立健全同经济发展水平相适应的社会保障制度","国家依照法律规定实行企业事业组织的职工和国家机关工作人员的退休制度。退休人员的生活受到国家和社会的保障","中华人民共和国公民在年老、疾病或者丧失劳动能力的情况下,有从国家和社会获得物质帮助的权利。国家发展为公民享受这些权利所需要的社会保险、社会救助和医疗卫生事业"。

《中华人民共和国老年人权益保障法》对老年人依法应享有的权益作了进一步规定,"国家和社会应当采取措施,健全对老年人的社会保障制度,逐步改善保障老年人生活、健康以及参与社会发展的条件,实现老有所养、老有所医、老有所为、老有所学、老有所乐","国家建立养老保险制度,保障老年人的基本生活。老年人依法享有的养老金和其他待遇应当得到保障,有关组织必须按时足额支付养老金,不得无故拖欠,不得挪用。国家根据经济发展、人民生活水平提高和职工工资增长的情况增加养老金",等等。

从社会保险领域来看,20 世纪 80 年代以来我国出台了一系列社会保险法律法规,如《中华人民共和国劳动法》(1994 年,该法对社会保险作了专章规定)、《国务院关于建立统一的企业职工基本养老保险制度的决定》(1997年)、《国务院关于完善企业职工基本养老保险制度的决定》(2005 年)、《国务院关于建立城镇职工基本医疗保险制度的决定》(1998 年)、《社会保险费征缴暂行条例》(1999 年)、《失业保险条例》(1999 年)、《工伤保险条例》(2003年 4 月)、《企业年金试行办法》(2004 年)、《企业年金基金管理试行办法》(2004 年)、《企业年金基金管理机构认定暂行办法》(2004 年),等等。此外,我国各地也制定了大量社会保障方面的地方性法规、地方政府规章等规定。应该说,这些立法都为事业单位养老保险立法提供了很好的经验。比如基本养老保险的规定,立法可以参考《国务院关于建立统一的企业职工基本养老保险制度的决定》、《国务院关于完善企业职工基本养老保险制度的决定》。事业单位职业年金的设置,则可以吸收《企业年金试行办法》、《企业年金基金管理试行办法》、《企业年金基金管理机构认定暂行办法》的立法经验。

4. 逐步形成的社会保障共识为事业单位养老保险立法提供了思想条件

社会共识是推进社会改革的基本思想条件。在改革开放的 30 年中,党和国家通过经济体制、政治体制等改革以及一系列重大决策,引导社会保障达成相关共识,如社会风险及社会保障意识,社会保障制度改革关系改革、发展和稳定全局的意识,更加注重社会公平的公平意识,关注社会保障等民生问题的民生意识,社会保障的个人、用人单位和政府三方责任的共同责任意识,人人享有基本生活保障的公民权利意识,社会保障水平与经济发展水平相适应的意识,公共财政意识,民生政治的意识,多支柱、多层次生活保障的保障意识,等等①。事实证明,培养社会保障共识的成效是非常显著的。

在 2002 年以来历年的《社会蓝皮书》中,零点公司关于"城乡居民生活质量"的调查表明,对"社会保障"的社会关注率基本上都名列三甲②。

2010 年全国两会前夕,人民日报政治文化部和人民网就关系百姓生活的热点问题,联合开展"2010 两会调查"。结果显示,"养老保险"超过前两届调查冠军"反腐倡廉",列网友关注热词排行榜榜首。81%的网友认为企事业单位和公务员养老制度实行"双轨制"非常不合理;在社会保障制度中,45%的网友最关心四项基本社会保障制度(养老、医疗、失业、工伤);而在养老、医疗、失业等各项城镇职工社会保障制度中,近半数网友最关心养老保险。

在 2010 年全国两会上,代表们提出的包括养老保障、医疗保障、失业保障、残疾人社会保障、社会保障法制建设、社会保险缴费等方面的提案议案更是多达几十条。仅养老保障方面,就有"城镇居民养老保险采取普惠制待遇和自愿缴费原则"、"让养老保险转续无障碍"、"简化养老保险关系转移接续手续,实行全国通用社会保障卡"、"将'家属工'纳入养老保险统筹范畴"、"发挥保险机制作用推进新农保工作"、"西部地区新农保覆盖亟待提速"、"大力构筑农村养老保障网络"、"新农保试点应推广政府购买服务方式"、"完善税收政策,加快企业年金发展"、"养老保障应注意'未富先老'"、"应对'银发浪潮'为老年人上'看护保险'"、"应逐步取消贫困区新型农村社会养老保险配套资金"、"关于完善农民工养老保险体系的提案"、"允许在农村信用社为新农保开立账户"、"新农保政策应为计划生育家庭提供更优惠财政补贴"等提案议案③。当然,许多社会保障意识还需要继续培育,因为只有建立在全民共识基础上的包括事业单位养老保险在内的社会保障体系才无比坚固。

---

① 陈信勇:《中国社会保险制度研究》,浙江大学出版社 2010 年版,第 130 页。
② 陆学艺、李培林:《中国社会蓝皮书》,社会科学文献出版社 2002—2010 各年版。
③ 《2010 年全国"两会"专题》,中国社会保障网,2010 年 3 月 10 日。

三、事业单位养老保险立法的基本构想

(一)立法体例安排

事业单位养老保险制度的立法体例问题,主要包括两个方面:第一,是否制定单独的《养老保险法》的问题;第二,是否制定单独的事业单位养老保险法的问题。

关于是否制定单独的《养老保险法》的问题。纵观世界各国养老保险立法的体例,有囊括在统一的社会保险法中的,也有就各社会保险项目分别立法的。如美国制定统一的《社会保障法》(1935年),德国则分别颁布《疾病保险法》(1883年)、《工伤保险法》(1884年)、《老年和残障保险法》(1889年)和《失业保险法》(1927年),世界上多数国家根据社会保险项目分别立法[①]。国内学者关于养老保险法是应该整合在社会保险法中还是单独建制的观点也是各有千秋[②]。

我们认为,随着2008年12月《社会保险法(草案)》的公布,各方人士对该法提出众多的可行性意见和建议,使得该法的框架和具体细节日趋科学、严密和完善,制定综合性的社会保险法已具备了很好的条件。但是,综合性的社会养老保险法毕竟只能对养老保险制度立法作出较为原则性的规定,以目前的《社会保险法(草案)》为例,仅凭第二章"基本养老保险"10个条文的规定,很难对养老保险制度作出全面细致的规定。因此,有必要在《社会保险法》之后制定《养老保险法》等具体的社会保险立法。社会保险法为一般法,养老保险法为特别法。

关于是否制定单独的事业单位养老保险法的问题。在此层面,我们赞

---

① 陈信勇:《中国社会保险制度研究》,浙江大学出版社2010年版,第154页。

② 有学者提出社会保险综合法和专门法并举的立法模式设想,即制定一部综合法——《社会保险法》,或称《社会保险基本法》,规定社会保险立法依据、立法宗旨、基本原则、基本制度和适用范围等;在此基础上制定《失业保险法》、《养老保险法》、《工伤保险法》、《医疗保险法》等专门法。参见陈志刚、刘光华、张灵强:《我国社会保险法的缺陷及其立法模式思考》,《中国法学》1994年第1期;丁康:《社会保险法制建设研究》,武汉大学出版社2003年版,第70—72页。也有学者主张针对不同的社会保险项目分别制定社会保险单行法。中国目前应当制定的社会保险单行法包括:基本养老保险法;基本医疗保险法;失业保险法;工伤保险法;生育保险法;社会保险费征缴和基金法;社会保险经办机构法;补充养老保险法;补充医疗保险法;农村社会保险法。参见邹海林主编:《社会保险改革与法制发展》,社会科学文献出版社2005年版,第341页。

同这样的观点:"对公务员基本养老保险的制度安排,宜与企业职工基本养老保险并轨,以避免制度分异激化阶层冲突、增加运行成本;但从有利于将社会精英吸收到公务员队伍出发,亦应在基本养老保险制度之外再行建立补充待遇,根据职级高低、在国家机关服务年限长短、正常离退职与非正常离退职等情形实行一次性补偿。"①公务员队伍如此,事业单位也是如此。

因此,我们建议,第一层面,建立统一的职工(或职业)养老保险制度。这是一种职业关联的养老保险制度。在缴费上,职工应当参加基本养老保险,由用人单位和职工共同缴纳基本养老保险费,这里的职工应包括机关、事业、企业单位的职工。按照社会统筹与个人账户相结合的原则,为所有从业人员建立基本养老保险个人账户,以便与企业养老保险制度相衔接,从而保证所有退休人员均享受同等的退休待遇,即机关、事业和企业人员的退休养老金占工资的比例应相同。第二层面,在统一的职工养老保险制度之外,建立事业单位补充养老保险制度(职业年金制度)。

中央机构编制委员会办公室于 2006 年 7 月制定的《关于事业单位分类及相关改革的试点方案》,对中国事业单位改革提出了初步的思路。事业单位分类改革以后也是一个大方向。因此,我们认为,事业单位养老保险制度也应该与事业单位分类改革同步协调进行。《关于事业单位分类及相关改革的试点方案》根据现有事业单位的社会功能,将其划分为承担行政职能的、从事公益服务的和从事生产经营活动的三个大类。我们认为,承担行政职能的事业单位,其补充养老保险应该和国家机关完全一致;从事生产经营活动的事业单位,其年金设置办法应该和企业一致;从事社会公益类的事业单位才有自己单独的补充养老保险办法,这一点与《国务院关于印发事业单位工作人员养老保险制度改革试点方案的通知》所注明的"本方案适用于分类改革后从事公益服务的事业单位及其工作人员"是一致的。

(二)基本原则

事业单位工作人员养老保险立法的基本原则与国家机关公务员、企业职工养老保险立法的基本原则应当是相同的,也就是社会保险法的基本原则。我们建议以下四项基本原则指导事业单位工作人员养老保险制度的建立。

1. 保障公民社会保险权原则

公民享有社会保险权是建立社会保险法律制度的逻辑前提,因此保障

---

① 郑功成:《推进我国社会保障改革的几点思考》,《中国软科学》2001 年第 4 期。

公民社会保险权就应当成为社会保险法的首要原则。养老保险等社会保险项目的设置、参保资格、待遇支付等制度设计方案,应当体现人人享有社会保险权的基本要求,不得任意排斥、阻挠公民社会保险权的行使和实现。通过社会保险立法实现社会保险制度的改革,本身就是社会改造的重要途径,必须破除社会歧视和社会排斥观念,既要尊重现实的社会生活条件,又要改造极不合理的社会秩序。社会保险立法负有社会改造的使命。保障公民社会保险权原则体现了普遍性原则的要求。事业单位工作人员因为首先是公民,所以应当享有社会保险权。

2. 基本生活保障原则

基本生活保障原则直接体现基本保障理念,同时也体现建立健全同经济发展水平相适应的社会保障制度的要求。基本生活保障原则为《世界人权宣言》、《经济、社会和文化权利国际公约》所确认,也与党的十七大提出的"覆盖城乡居民的社会保障体系基本建立,人人享有基本生活保障"的目标和任务完全相符。事业单位工作人员养老保险应以满足退休养老的基本生活要求为保障标准。

3. 共同责任原则

国家、用人单位和公民都是社会保障的受益者,就社会安全和社会保障存在共同利益。在社会保险的多数项目中,国家、用人单位和公民三方共担费用。国家、用人单位和公民同时承担监督社会保险基金的共同责任。这项原则要求各社会保险主体既享受法定的权利(职权),又要承担法定的义务。在事业单位工作人员养老保险制度中,国家、事业单位和事业单位工作人员依法承担共同责任。

4. 规范性原则

规范性原则就是法制原则,反映了自社会保险制度建立以来各国社会保险事业的实践经验,也体现"依法治国,建设社会主义法治国家"治国方略的要求。正如郑功成所言:"世界各国的社会保险制度都是通过立法来确立的,先立法后实施是这一制度的内在要求。这主要是因为社会保险制度是消除劳动者后顾之忧和不确定风险而给人以安全感与安全预期的,这一制度主体各方的责任也只有通过立法机关的讨论才能实现合理分担,这一制度的公平性、强制性与可靠性更是需要通过上升到法律规范才能得到保证。""从现阶段国家发展的客观需要、城乡居民的普遍呼声及社会保险领域中存在的问题出发,我国社会保险改革确实需要尽快通过立法规范来进入定型、稳定、可持续的发展阶段。改革面临的问题急切需要通过法律规范给予明确回答,社会保险制度的稳定性与可靠性需要通过立法来确立,社会保险责任分担机制亦只有通过立法机关的审议才能更为充分地兼顾各方的权利与责任。因此,制定社会保险法是确立社会保险制度的内在要求,是维护劳动者福利权益的必要保障,也是促进社会和谐的重要途径。"①规范性原则是确保社会保险事业顺利发展的基本保障,事业单位工作人员养老保险也不例外。

(三)老人、中人、新人的平稳过渡

关于基本养老金计发,为体现平稳过渡原则,应实行"老人老办法,中人逐步过渡,新人新制度"。事业单位养老保险制度改革及相关法律制度的确立,从本质上来说,是一种利益关系的再调整过程。趋利避害,是人们的正常天性。法律制度能否顺利实施,不仅取决于正确的目标、主观的努力,还取决于能否给大多数人带来利益。因此,在确定改革措施及方法时,应充分正视改革中的利益问题,充分评估可能导致的利益冲突以及由此产生的阻力,充分考虑"中人"等主要利害关系人的利益。

1."老人"保险养老金问题

为体现政策的稳定性,老人仍然维持现有的养老保险制度。但是,因为目前已经离退休的事业单位的职工没有养老金积累,所以对已离退休人员养老金的隐性负债应进行估算,并由国家财政单独筹集,不与改革新出台的基金筹集模式混在一起。

2."新人"保险养老金问题

总体而言,新人不存在养老保险制度施行中的历史欠账问题。新的事业单位养老保险方案出台后,"新人"筹资按社会统筹、个人账户养老金两部分筹集。关键是解决好事业单位养老保险制度本身的统一性和与企业养老保险制度的整合性,以及新人的个人账户如何做实,而非"空账运营"。

3."中人"保险养老金问题

中人也就是目前在职、但在实施新制度之前参加工作的人员。在过去的工作年限中,他们的养老金已经通过"预先扣除"转化为过去的政府收入,没有养老金积累。新制度开始后,"中人"的过渡问题便成为整个事业单位

---

① 郑功成:《社会保险制度建设与社会保险立法》(十届全国人大常委会专题讲座第三十讲),全国人民代表大会/常委会专题讲座,2007 年 12 月 29 日。

养老保险金筹集方式改革的关键。"中人"退休待遇应该与"老人"相当,为了鼓励中人积极地参与新办法,甚至应该给新制度设计比老办法更好的预期,否则新养老保险制度的推行会有阻力。具体而言,"中人"的平稳过渡办法可从两个方面入手:一方面,制度变革前的隐性养老金负债,同"老人"一样由国家财政负责;另一方面,制度变革后的养老金筹集完全等同于"新人"。

(四)事业单位职业年金制度的设计

1. 企业年金和公务员职业年金的经验借鉴

企业年金、公务员职业年金和事业单位职业年金将成为补充养老保险的三种基本形式。退休企业职工、公务员和事业单位工作人员在共享基本养老保险的同时,将分别享受企业年金、公务员职业年金和事业单位职业年金。年金将成为中国补充养老保险的代名词。

自 2004 年 5 月 1 日起施行的《企业年金试行办法》,建立了自愿型的企业年金制度。这种由企业及其职工缴费、企业职工享有的补充养老保险制度,已经取得一定的经验和成果,为公务员职业年金和事业单位职业年金的推行提供了一个范本。据《2009 年度人力资源和社会保障事业发展统计公报》,2009 年末全国有 3.35 万户企业建立了企业年金,参加职工人数为 1179 万人。2009 年末企业年金基金累计结存 2533 亿元。《企业年金试行办法》关于企业年金方案、企业年金基金的组成、职工企业年金个人账户、企业年金的领取以及企业年金基金管理等规定对事业单位年金制度的构建具有参考价值。

深圳市从 2008 年开始,配合行政机关聘任制公务员制度试点,实施了《深圳市行政机关聘任制公务员职业年金计划总体方案》(经深圳市委、市政府批准,深圳市人事局于 2008 年 8 月 7 日印发)。该项计划适用于行政机关所有聘任制公务员(含参照公务员法管理的事业单位聘任的工作人员)。方案确立了该项职业年金计划的四项基本原则:统一实施原则;权利与义务对等原则;与聘任制公务员考核、奖惩制度及反腐倡廉工作密切结合的原则;综合平衡原则。具体缴费办法是,财政为每个聘任制公务员建立专门的职业年金个人账户,由聘任单位将职业年金列入部门预算,每月按其缴费基数(即每月税前工资收入)和比例(暂定为 8%)向账户中缴交资费。聘任制公务员个人不需缴费。依方案规定,因工作单位变动,职业年金与企业年金的账户资金可以互相转移。方案还规定,职业年金计划与聘任制公务员的考核、奖惩及廉洁自律表现挂钩。工作表现突出的聘任制公务员,可以奖励一定额度的职业年金,计入个人账户。聘任制公务员因违反勤政廉政规定而受到处分的,其个人账户内的职业年金由财政部分或全额收回。

2. 事业单位职业年金的方案构想

第一,事业单位职业年金应当强制建立。企业年金的非强制性影响了该项年金计划的覆盖面。设立事业单位职业年金,一方面是为了避免转制造成事业单位退休人员实际收入降低,降低退休后的实际生活水准;另一方面是为了吸引和留住事业单位高端技术和管理人才,以利于增强事业单位内部的凝聚力和外部的市场竞争力。此外,企业年金的建立与企业经营状况和经济效益直接相关,事业单位是为了社会公益目的而举办的从事教育、科技、文化、卫生等活动的社会服务组织,不直接追求利润,故不采取企业年金自愿建立的方式,应当建立强制型的职业年金制度。

第二,依据事业单位和人员编制类别制定不同的职业年金方案。事业单位中的教育、科技、文化、卫生的单位,其工作人员的职责不同,考核标准也不同。人力资源和社会保障部门可以为不同事业单位、不同编制人员分别制定职业年金方案。

第三,事业单位及其工作人员共同缴费。事业单位职业年金基金应由事业单位缴费、事业单位工作人员个人缴费以及职业年金基金投资运营收益等项组成。事业单位及其工作人员共同缴费,可以体现社会保险的共同责任原则。

第四,职业年金与事业单位工作人员的考核、奖惩挂钩。工作表现突出的事业单位工作人员,可以奖励一定额度的职业年金,计入个人账户。事业单位工作人员因违反职责而受到处分的,其个人账户内的职业年金可部分或全额收回。

第五,职业年金可以一次性或分期领取。事业单位工作人员办理了退休手续并在社会保险经办机构正式开始领取社会基本养老保险金的,其职业年金个人账户积累额既可以一次性领取,也可以按职业年金方案规定分期领取。职业年金个人账户内的资金余额可以继承。

中国社会的发展及事业单位分类改革的推进为事业单位养老保险制度的发展提供了经济、政治、文化方面的基础条件以及很好的立法环境,能否把握机会,完善社会保险及其相关的事业单位养老保险法律制度,不仅关系到对事业单位从业人员的权利保护,更关系到事业单位养老保险制度改革的模式选择,以及整个中国养老保险制度改革的历史进程,关系到社会的稳定与和谐。

社会养老保险:从"城乡全覆盖"到"城乡一体化"

——以浙江省德清县为例

□ 褚 倩 王小章[*]

摘 要:2009 年国家新农保《指导意见》出台后,德清作为试点,在全县范围内初步建构起"城乡全覆盖"的格局,进而向"城乡一体化"方向发展。与"全覆盖"注重覆盖面的广度不同,"一体化"更强调社会养老保险的"保障基本"、制度衔接、"自由选择"、分类享受,突出对"公平"与"自由"的兼顾。德清县的实践经验启示社会养老保险制度应当突出"保障基本"力度和效果,增强政府责任,加大政府财政投入力度,提高城乡双向流动性,渐进地实现社会养老保险制度城乡一体化。

关键词:社会养老保险;城乡全覆盖;城乡一体化;德清

2009 年 9 月 4 日,国务院办公厅发布《国务院关于开展新型农村社会养老保险试点的指导意见》(以下简称《指导意见》),决定从 2009 年起开展新型农村社会养老保险试点。探索建立个人缴费、集体补助、政府补贴相结合的新农保制度,实行社会统筹与个人账户相结合,与家庭养老、土地保障、社会救助等其他社会保障政策措施相配套,保障农村居民老年基本生活。2009 年 9 月,浙江省依据《指导意见》正式启动 27 个县市试点新农保。浙江省德清县在全县范围内按照"保基本、广覆盖、有弹性、可持续"的基本原则,在短短几个月时间里,成果卓著,初步构筑起了全覆盖的城乡居民社会养老保险体系。德清经验为我国沿海开放较发达地区乃至中国社会养老保险制度探索提供了宝贵的经验。更为重要的是,在改革浪潮冲击下社会秩序重构的当下,有力地证明了社会成员真正共享社会发展成果的可能性,对社会公正、公平的实现不啻是一种鼓舞。

本文通过回顾社会养老保险制度从城乡二元格局到城乡全覆盖的变迁

---

* 褚倩:杭州电子科技大学人文学院讲师;王小章:浙江大学社会建设研究所所长,教授。

过程，在明确"城乡全覆盖"与"城乡一体化"的内涵和区别的基础上，立足于德清的实践经验，思考和展望"城乡一体化"发展的可能途径。

一、从城乡二元格局到"城乡全覆盖"

社会养老保险，是指国家根据人民的体质和劳动力资源情况，规定一个年龄界限，当劳动者达到这个年龄界限时作为年老丧失劳动能力，解除劳动义务，由国家和社会提供物质帮助，保障其晚年基本生活的一种社会保障制度。

中国社会养老保险制度在很长一段时间呈现城乡二元分立的状态。中国城镇居民的社会保险制度可以追溯到 20 世纪 50 年代，新中国建立不久，便开始了最初的社会保障体系构建。1951 年即颁布了《劳动保险条例》，覆盖国营和集体企业职工的伤残、死亡、疾病、养老、生育及供养直系亲属待遇等项目。劳动保险和土地改革，分别赢得了工人和农民群体对新生政权的合法性认同①。20 世纪 80 年代，随着改革开放全方位地开展，城镇社会养老保险制度开始改革；历经几次改革后，随着一系列法律法规、政策的颁布，于90 年代逐步构建完成。

然而作为改革开放主阵地的农村地区养老保险制度的建立却远远晚于城镇。国家政策取向从建立伊始就表现出明显的偏向城镇的非均衡性，加上种种条件的限制，社会养老保险政策资源在农村投入有限，直到 20 世纪80 年代中期，农村养老保障制度才开始蹒跚起步，其发展过程一直举步维艰，在很长一段时间内没有获得实质性的进展和突破。1991 年 6 月，《县级农村社会养老保险基本方案》的颁布，标志着农村养老保险制度开始建立，随后全国各地开展起俗称"老农保"的实施办法。表面看来，随着改革的深入，建立农村社会保障的条件日趋完备，然而"老农保"政策缺乏合理的建制理念和制度设计，实践过程中问题之多超过了人们的预期，至 20 世纪末，中国农保事业基本处于停止状态，农村社会保障的格局并没有呈现实质性的变化，中国大部分农村地区普遍延续着以家庭保障为基础的农民自我保障的历史，部分经济较发达地区也只能通过商业保险的手段替代本应该普遍实施的社会养老保险。

改革的成果本该是全体公民共享，社会保障本该是全体公民的安全网。

---

① 高书生：《社会保障改革何去何从》，中国人民大学出版社 2006 年版，第 36 页。

严重的城乡鸿沟引发了人们的不满、深思和讨论。在 GDP 总量已超过 34 万亿人民币,增长速度为 9.1%,国家财政收入已超过 6.8 万亿人民币的今天,整个中国社会对于公平、正义的诉求已达到了前所未有的高度。而经济发展和财富增长并不会自动就实现社会公平。就直接体现公平、正义的社会保障制度而言,"对于政府来说,社会保障是其社会政策的一个基本内容,是体现其对于公民之责任和义务的一个重要方面;对于社会来说,一个合理有效的社会保障体系是社会稳定和谐的一个重要前提;对于社会成员个体来说,一个他可以有效诉求的社会保障体系则直接关系着他的生活质量、发展希望。"① 而另一方面,历经 30 年的改革,中国农村发生了翻天覆地的变化。人口老龄化高峰的到来,土地养老保障功能的弱化,农民对土地使用权的变化,农村社会不再是滕尼斯笔下的"共同体(gemeinschaft)"这么简单,农村社会群体也不再是传统意义上的单一和同质②。无论是对整体农村社会建设而言,还是对农村社会个体而言,在物质财富的积累与发展的同时,实现城乡的对话与交流,建立一个公平合理、健全有效的社会保障体系成为迫切需求。2009 年,新农保政策的颁布打开了农村社会养老保险的新局面,不少经济发达地区率先实现了社会养老保险的"城乡全覆盖",德清县就是代表之一,并且在我们看来已开始向"城乡一体化"的目标迈进。

"城乡全覆盖"的概念强调的是从面上最大限度地涵盖参保人员,实现的是不分身份、年龄、地域的面上的数量普及。目前,"全覆盖"已经成为实际部门和学界普遍接受的概念,但对于是否要实现"城乡一体化",则还存在分歧。一些学者基于中国城乡经济发展的不平衡而对中国社会养老保险制度城乡一体化的理念持否定态度,认为"统一社保在经济上根本不可行,是乌托邦式的'洋跃进',将严重削弱中国的国际竞争力,违背当前小政府大市场的世界改革潮流"③。从社会保障制度规划来讲,"中国是一个发展中国家,由于经济落后,财力薄弱,城乡及地区差距极大,社会阶层仍处于急剧变化之中,居民在社会保障方面还未能享有法定的平等权利等,这些事实表明至少在现阶段还不具备建立一元化的社会保障制度的客观条件,因此,可以

---

① 王小章:《中国发达地区社会保障——来自浙江的报告》,浙江大学出版社 2007 年版,第 1 页。
② 据国家统计局《2008 年中国统计摘要》,农业产值占国内生产总值比重不断下降,从 1978 年的 28.2% 下降到 2007 年的 11.3%,乡村就业人员占全部就业总量的比重从 1978 年的 76.3% 下降到 2007 年的 61.9%,农产业和外出打工收入日益成为农民增收的主要部分,工资性收入对农民增收的贡献率近年来稳定在 50% 左右,非农就业人员比例达到 40.5%,农民家庭恩格尔系数从 1978 年的 67.7% 降至 2007 年的 43.1%。
③ 陈平:《建立统一的社会保障体系是短视国策》,《中国改革》2002 年第 4 期。

将一元化的制度安排作为社会保障制度的发展目标，却不宜作为确定现实社会保障政策的出发点"①。我们认为，关于在目前我们是否应该将"城乡一体化"作为现实的追求目标，首先应该澄清，什么是社会保障制度——具体到本文而言就是社会养老保险制度——的"城乡一体化"。

二、城乡一体化的概念及内涵

城乡一体化的概念可以追溯到 19 世纪中期恩格斯提出的"城市融合"的概念，它可以视为今天我们所说的"城乡一体化"的雏形。随后这一概念成为西方国家社会经济发展的主流。在城市学领域，英国城市学家埃比尼泽·霍华德（Ebenezer Howard）率先提出"城乡一体化"的概念，其含意是指"自 20 世纪上半期以来西方国家的一些制造业从原先的大都会中心向较小的聚落或尚未工业化地区转移，从而形成城市和乡村相混合的新型区域"。所谓的一体化（integration）比较接近"城乡融合（和解）（urban/rural composition)"②。在我国，"城乡一体化"旨在打破长久以来形成的城乡二元结构，强调城市政治、经济、社会与乡村政治、经济、社会的相互渗透、互相融合。

从这个角度理解，社会养老保险制度的城乡一体化应是指制度上的城乡衔接、贯通与整合，把城市与乡村、城镇居民与农村居民作为一个整体来安排，消除城乡分隔与对立，最终实现社会养老保险体系的"城乡统筹、全民覆盖、制度衔接、选择自由、分类享受、保障基本"。

由此，我们认为，对于城乡一体化的内涵，应该从以下几个方面来理解。

（一）"一体化"有别于"全覆盖"

"全覆盖"侧重于覆盖面的广而全，单纯关注保障的外延，即人员数量的扩展，"全覆盖"完全可以建基在城乡居民身份分隔的基础上，因为它没有涉及保障的内涵和水平，以及在缴费和享受待遇水平互不相同的多种社会保险制度实际并存的情况下公民个人的自由选择权等等更深层次的问题。在实际存在多种社会养老保险制度，且各种制度之间在享受待遇水平上相差甚大的情况下，单纯"面"上的全覆盖，其象征意义远超过实际价值。而"一

---

① 杨立雄：《争论与分歧——对社会保障的最新研究》，《中国人口科学》2003 年第 2 期。
② 陈光庭：《城乡一体化概念的历史渊源和界定》，http://www.bjpopss.gov.cn/bjpopss/cgjj/cgjj20021224.htm.zh.

体化"则要求构建一个城乡有机融合的体系,在这个体系中,每个公民个体既可以享受到平等的、与社会发展水平和社会的承受能力相适应的"基本的"保障,同时在目前多种社会保险制度实际并存的情况下也具有最大限度的自由选择权。

(二)"一体化"应该突出"保障基本"的规定

"保障基本"即对基本的享受待遇水平的规定,这种享受水平应不受城乡身份、地位的限制,并与参保者的缴费脱钩,无论参保与否、缴费如何,都能保证实现最低生活保障。社会保障之所以能够发展为社会政策的基本内容之一,就在于社会保障不是一种简单的出于道义和良心的救助,而应被视为一种政府责任和公民权益。政府实施保障制度的宗旨是为了通过这样的再分配途径维护社会公平,实现社会稳定和可持续发展。实施手段应从弹性的、应急的救济走向刚性的制度安排。"保障基本"应被视为"不仅不是政府的负担,也不仅仅是政府承担公共责任的需要,更是一笔兼具政治、经济、社会乃至文化效益等综合效能的国家投资,是保障民生、维护稳定、促进和谐发展的积极投资"①。这无疑是维护生存权、检验底线公平与否的最根本性制度,在整个城乡一体化体系中,有必要突出"保障基本"的规定。

(三)在中国目前,一体化并不意味着同一化或者说所有现有的社会保险制度立刻全面并轨,而是在承认包括城乡居民之间的差异在内的各种实际差异的基础之上,构建一个具有最大限度自由选择权的体系

有学者将城乡一体化视为最终实现与城镇企业职工基本养老保险制度并轨,认为地方实践所实现的只是将未纳入城镇企业职工基本养老保险的所有城乡居民纳入了另一个统一的制度②。我们认为,这实际是对城乡一体化认识的误区。"保障基本"无疑彰显了"城乡一体化"对于公平的追求,但是,这并不意味着所有的公民都要被纳入一个单一的制度,而完全可以在"保障基本"的前提下允许缴费和享受待遇互有区别的多种社会养老保险制度并存。特别是在我国目前,城乡社会经济发展水平的不均衡、城市内部和农村内部的社会分化均很明显的情况下,更是如此。就此而言,我们今天对于一体化的追求必须建立在对于差异性和多元化的承认和尊重的基础之

---

① 郑功成:《维护生存权与底线公平的根本性制度保障》,《中国社会保障》2009 年第 9 期。
② 何子英、郁建兴:《城乡居民社会养老保险体系建设中的政府责任——基于浙江省德清县的研究》,《浙江社会科学》2010 年第 3 期。

上。这里的关键是，每个公民个体在加入某种社会养老保险制度时，不是被动地被选择、被安排，而是主动自由地去选择、去安排。也就是说，特定的公民个体之参与何种制度，不是基于他的户籍身份，而是基于他自己根据自己的经济水平和其他发展水平而作出的理性选择。就此而言，"城乡一体化"还有肯定和尊重"自由"的一面。我们认为，这种自由选择权，也是城乡社会养老保险制度能够衔接整合的关键。

（四）一体化并非一个静态的结果，而是一个综合性的动态演进过程

在城市学领域，不少学者将发达国家城市化基本进程划分为城乡空间对立、平等发展和融合三个阶段，社会养老保险的城乡一体化构建进程也与之类似。我们强调的城乡一体化的最终结果并非建立一个固定模式，更多的是一个循序渐进的、开放的、具有可持续性和创新能力的模式的确立。

三、对德清县社会养老保险体系的分析

自古以"人若有德，如水至清"著称的德清位于浙江北部，山水毓秀，是个典型的鱼米之乡，自 1993 年起 8 次跻身全国百强县，城乡统筹一体化更是走在全国前列。2009 年新农保《指导意见》一出台，德清就结合原有基础，在很短的时间内构建起社会养老保险制度城乡全覆盖的格局，探索从"城乡全覆盖"到"城乡一体化"的制度架构①。

（一）"全覆盖"体现在最大限度地涵盖参保对象以及高参保率基础之上

德清县率先在钟管镇实行试点实施城乡居民养老保险制度，2009 年 7 月 1 日，在试点的基础上，城乡居民养老保险在全县范围内正式进入缴费参保阶段，全县约 13 万城乡居民全部纳入社会保障中。从试点至 2009 年底，参保重心为 60 周岁以上的老人的参保问题，解决这部分老人的养老保险问题尤为迫切。2010 年 1 月 1 日起《德清县城乡居民社会养老保险实施办法》（以下简称《实施办法》）正式实施，规定只要具有德清县户籍、年满 16 周岁（全日制在校学生除外），非国家机关、事业单位、社会团体工作人员，未参加职工基本养老保险（包括先参加后终止关系的）的城乡居民，均可以参加城

---

① 以下引用的德清社会养老保险具体各项规定均来源于《德清县人民政府关于印发德清县城乡居民社会养老保险实施办法的通知》中的《德清县城乡居民社会养老保险实施办法》，2010 年 1 月 1 日起正式实施。

乡居民社会养老保险。鉴于前一阶段 60 周岁以上老人的参保问题已基本解决,参保重心转向 45～60 周岁人员,城乡居民社会养老保险扩面工作开展顺利,参保率稳步上升(见表 1),至 2010 年 7 月,参保者年龄跨度从 27 岁至 105 岁,参保率达 96.9%,基本实现"全覆盖"[①]。

(二)在"保障基本"方面,基础养老金的发放成为一大亮点

按照国家新农保的《指导意见》,养老保险的缴费原则和养老金领取做到了城乡统筹,兼顾个人、集体、政府三方投入。缴费包括个人缴费、集体补助和政府补贴。

与缴费相对应的,参保人员养老金由养老基础金、个人账户养老金和缴费年限养老金三部分组成,支付终身。基础养老金月标准每人每月 60 元。个人账户养老金月标准:个人账户全部储存额除以 139(与现行企业职工基本养老保险个人账户养老金计发系数相同)。缴费年限养老金月标准按照缴费年限分段计发:缴费 5 年(含 5 年)以下的,其月缴费年限养老金按 1 元/年计发;缴费 6 年以上、10 年(含 10 年)以下的,其月缴费年限养老金从第 6 年起按 2 元/年计发;缴费 11 年(含 11 年)以上的,其月缴费年限养老金从第 11 年起按 3 元/年计发。

表 1　2010 年度德清县居保扩面进度

乡镇名称	45～60 周岁人员现状(截止时间 2010 年 6 月底)				参保完成情况			应保对象参保率(%)	已保对象缴费率(%)
	总人数(人)	其　中:			审核人数(人)	已缴费人数(人)	45 周岁以下缴费人数(人)		
		已保障人数(人)	2009 年已参加居保人数(人)	2010 年应参加居保人数(人)					
武康镇	21847	12078	145	9624	9269	8973	63	95.8	96.8
乾元镇	12758	7358	223	5177	4680	4244	72	89.1	90.7
新市镇	18190	7604	204	10382	8756	7333	36	84.1	83.7
钟管镇	11600	3161	821	7618	7210	6258	99	93.5	86.6
洛舍镇	5182	1434	505	3243	3078	2915		95	94.7
雷甸镇	8899	2235	19	6645	6656	6378	79	99.1	95.8

---

① 数据来源:浙江省德清县劳动和社会保障网,http://www.zjdeqing.lss.gov.cn/

续 表

乡镇名称	45~60周岁人员现状（截止时间2010年6月底）				参保完成情况			应保对象参保率（%）	已保对象缴费率（%）
	总人数（人）	其 中:			审核人数（人）	已缴费人数（人）	45周岁以下缴费人数（人）		
		已保障人数（人）	2009年已参加居保人数（人）	2010年应参加居保人数（人）					
禹越镇	7727	1814	7	5906	5826	5736	151	96.2	98.5
新安镇	8375	1866	68	6441	6320	6050	330	93.1	95.7
三合乡	5940	1349	62	4529	4498	4435	87	97.4	98.6
莫干山	4501	783	49	3669	3406	3160	26	92.3	92.8
筏头乡	4151	870	12	3269	3217	2061		98.5	64.1
开发区	4096	1304	9	2783	2725	2554	54	96	93.7
合 计	113266	41856	2124	69286	65641	60097	997	93.4	91.6

其中基础养老金值得一提。新农保《指导意见》中规定,我国农民60周岁以后能享受到国家普惠式的养老金,中央确定的基础养老金标准为每人每月55元,德清提高到每人每月60元。也就是说只要是参保人员,即使不缴费,年满60周岁以后每月能拿到60元的养老金。这对广大参保人员具有极大的吸引力,也是新农保参保率如此之高的重要原因。领取基础养老金与个人缴费脱钩是"保障基本"的关键所在。

(三)在一定范围内实现"自由选择"的理念,城乡居民享有在不同制度间的自由选择和自由转换的权利,基本实现了各项制度的良性衔接

具体体现为两个方面:一是新农保参保人员在个人缴费方面具有自由选择权,根据实际经济水平拉开梯度。设立五个绝对额年缴费档次:第一档300元、第二档500元、第三档720元、第四档960元、第五档1440元。参保人员个人缴费原则上不低于该县上年度农村居民人均纯收入的5%,自主选择档次按年缴费。若参保人员遇特殊情况需要变动的,可由本人提出申请。调高或调低档次的,只需变动调整之后的缴费额度即可。若因特殊原因中途中断缴费的,其个人账户也可以予以保留,并不间断计息。以后继续缴费的,中断缴费前后的个人账户储存额、缴费年限累积计算。允许选择续缴当期的缴费档次补缴中断期间的养老保险费,只是补缴中断的缴费年限不享受政府缴费补贴。二是通过新农保与其他保险制度的转化和衔接政策,让那些已参保其他制度的人员能够自由选择参保的类别。

尤其是《实施办法》对新农保与其他保险制度的转化和衔接的规定成为德清社会养老保险城乡一体化进程中的重大突破,具体包括以下几个方面的衔接。

1. 与原农村社会养老保险制度的衔接

对已参加原农村社会养老保险(以下简称老农保)、年满 60 周岁且已领取老农保养老金的人员,规定在继续领取老农保养老金的同时,享受城乡居民社会养老保险基础养老金;对已参加老农保、未满 60 周岁且已领取老农保养老金的参保人,规定可继续领取老农保养老金,在年满 60 周岁的次月起同时享受城乡居民社会养老保险基础养老金,也可一次性领取老农保养老金,再按规定参加城乡居民社会养老保险;对已参加老农保、未满 60 周岁且没有领取老农保养老金的人员,将老农保个人账户储存额按本办法实施当年全县城乡居民社会养老保险的平均缴费额折算缴费年限(折算的缴费年限最长不超过 15 年),并继续缴费,老农保个人账户储存额并入城乡居民社会养老保险个人账户,同时终止老农保关系。与新农保相比,老农保在制度设计上完全采用个人账户,仅靠农民自我储蓄积累、集体补贴资金,来源不稳定,实际养老金数额低,养老保障水平极低。无疑新农保制度比老农保要优越得多。这一制度衔接保障了已参加老农保人员的权益,使老农保参保人员也能享有基础养老金这一老农保未曾享有的福利,体现了新农保的优越性,充分调动了农村居民参保的积极性。

2. 与职工基本养老保险制度的衔接

(1)职工基本养老保险向社会养老保险转换。已参加职工基本养老保险的人员,期间因就业状况发生变化而中断缴费的,如职工基本养老保险缴费年限累计不满 15 年的,若选择参加城乡居民社会养老保险,可将其职工基本养老保险个人账户储存额转入城乡居民社会养老保险个人账户,并按转入当年城乡居民社会养老保险的平均缴费额折算缴费年限,按规定享受城乡居民社会养老保险待遇。(2)社会养老保险向职工基本养老保险转化。参加城乡居民社会养老保险、后因就业需参加职工基本养老保险的城乡居民,在养老保险关系转移时,将城乡居民社会养老保险个人账户储存额,按职工基本养老保险的规定折算缴费年限并继续缴费。到达退休年龄时,如符合按月领取职工基本养老保险待遇条件的,按职工基本养老保险享受养老金待遇;如不符合按月领取职工基本养老保险待遇条件的,可将其职工基本养老保险个人账户储存额转换为城乡居民社会养老保险个人账户,并按转换当年城乡居民社会养老保险的平均缴费额折算缴费年限,按规定享受城乡居民社会养老保险待遇。职工基本养老保险与城乡居民社会养老保险可双向转换,但不能同时享受,避免了两类养老保险制度待遇重复享受的问题。同时,以自由选择的方式任选一项养老保险制度参保,虽不能完全实现城乡居民养老保障水平的一致,但就目前的城乡经济发展水平和消费水平的差异而言,已是一个比较理想的结果。个人突破了身份与地域的限制,一定程度上体现了公平性原则。

3. 与被征地农民基本生活保障制度的衔接

(1)已参加城乡居民社会养老保险的农村居民,如被征地且符合参加被征地农民基本生活保障条件的,可以同时参加被征地农民基本生活保障制度。(2)已参加被征地农民基本生活保障制度的居民,可同时参加城乡居民社会养老保险;要求转为参加城乡居民社会养老保险的,可将其被征地农民基本生活保障个人账户储存额及其个人享有的社会统筹部分权益合并抵缴城乡居民社会养老保险的个人缴费,并按转换当年城乡居民社会养老保险的平均缴费额折算缴费年限,按城乡居民社会养老保险规定享受相应待遇。被征地农民是城乡一体化进程中由各年龄段人员组成的一个特殊而复杂的群体,对社会保障的需求是多种多样的,在失地以后既要应对短期内丧失收入来源的风险,又要应对诸如养老之类的长期风险。因此,与职工基本养老保险制度不同,被征地农民基本生活保障制度与城乡居民社会养老保险可同时享受,恰恰体现了保障原则的公平性。

4. 与原城乡居民养老保险制度的衔接

已按原试行办法参加城乡居民养老保险且享受待遇的人员,统一将待遇调整为:原第一档150元/月、原第二档180元/月、原第三档230元/月,以后,此类人员随新的《实施办法》相应缴费额对应档次参保人员享受待遇的调整同步调整;一次性趸缴、但未享受待遇的人员,今后按《实施办法》规定计算享受待遇(包括一次性趸缴的缴费年限养老金和政府补贴);按年缴费的人员,按《实施办法》相应缴费额对应档次和缴费年度继续按年缴费,并按《实施办法》规定计算享受待遇(包括此前缴费的年限及相应政府补贴)。以保障城乡居民的养老水平为前提,尽可能缓解新旧制度规定的冲突。

5. 与其他保障待遇的衔接

符合享受城乡居民社会养老保险待遇条件的人员，如符合享受被征地农民基本生活保障、水库移民后期扶持政策、最低生活保障、计划生育家庭奖励扶助、社会优抚、农村"五保"和城镇"三无"人员供养、精减职工和遗属生活补助等待遇条件的，可同时叠加享受。

此外，德清社会养老保险体系对保险的异地转移也作出了明确规定：参加城乡居民社会养老保险的缴费人员跨县迁移时，可转移的将其城乡居民社会养老保险关系及个人账户储存额转到迁入地社保经办机构，按迁入地规定继续参保缴费并享受相应待遇；不能转移的，其个人账户储存额一次性退还给本人，同时终止城乡居民社会养老保险关系。这一规定基本符合农村人口流动性较强的特点，满足了农村居民经常存在身份转换的现状。

这一系列具体的转化和衔接制度尽可能地吸纳各类型人员，对于参保人员而言，极大地提升了他们的积极性，赋予他们自由选择的权利，尽可能地避免了不公平现象，确保了他们的基本利益；对政府而言，尽可能减少其因制度衔接转换而出现的损失，降低了制度转换的成本，合理规避了新制度建立的风险，推进新制度的顺利实施。以规范化的制度安排基本实现了各项制度间的良性衔接，实际构成了对城乡二元结构的破冰。

(四)政府责任明确和财政投入的增加

与老农保强调的是养老的个人责任，国家责任缺位相比，新农保强调了国家对农民老有所养承担的重要责任，明确了政府资金投入的原则要求。《实施办法》规定，社会统筹基金由政府财政提供，主要用于支付基础养老金、参保人个人缴费补贴、缴费年限养老金、复员退伍军人优待养老金、丧葬补助费及个人账户用完后的个人账户养老金等。县财政每年对按年正常缴费人员给予缴费补贴，补贴标准：第一档至第二档为每人每年 30 元，第三档至第五档为每人每年 50 元(包括办法实施前参保未享受待遇人员)。对重度残疾人、城乡低保户家庭等缴费困难群体，每年应缴纳的社会养老保险费按第一档标准由县财政定期给予 2/3 补贴；对家庭人均收入在低保标准 100%～150% 之间的其他持证残疾人以及计划生育独生子女家庭伤病残、死亡和困难户等缴费困难群体，每年应缴纳的社会养老保险费按第一档标准由县财政定期给予 1/2 补贴(具体标准和实施办法由县人口计生局、县残联、县财政局、县劳动保障局制定)。同时，政府缴费补贴标准根据本县经济社会发展水平适时调整。

（五）社会养老保险体系的构建是德清历年来改革渐进的结果

从试点到完成，之所以能够在短短几个月时间就实现了"全覆盖"，得益于德清良好的基础。早在 2002 年，德清县就开始了城乡统筹化的探索之路。几年时间，德清已从城乡基本统筹转向整体协调阶段。2003 到 2005 年三年间，德清的养老基金征集年平均征集率不低于 97.97％（见表 2）[①]。根据 2006—2008 年《德清县国民经济和社会发展统计公报》，早在新农保试点之前，德清已自行摸索开展地方性养老保险工作并逐步扩大覆盖面（见表 3）[②]。到 2009 年，参加基本养老保险的人数已经高达 12.8 万人次，累计民生支出 10.7 亿元。直到 2010 年德清社会养老保险实现全县范围内全覆盖，在其《实施办法》中，始终强调社会养老保险制度将随着德清经济社会发展水平适时调整。

表 2　2003—2005 年德清县养老基金征集情况

年份	养老基金征集数额（万元）	征集率
2003	9141	98.95％（剔除清欠入库部分，征集率为 97.12％）
2004	10433	97.6％
2005	13700	99.2％

表 3　2006—2008 年德清县养老保险基本情况

年份	发放基本养老保险金（亿元）	参加基本养老保险人数（万人）
2006	1.4	10.0
2007	1.8	10.7
2008	2.7	12.0

四、对德清经验的几点思考与讨论

德清的社会养老保险制度已经达到"城乡全覆盖"的水平，正在向"城乡一体化"发展，广大农村居民平等享有改革开放成果的权利正在逐步得到回

---

① 数据来源：《中国统计年鉴数据库》。

② 数据来源：德清县统计局网站公布的《德清县国民经济和社会发展统计公报》，http://www.dqzc.gov.cn/tjj/。

归,享受国家保障的权利正逐步得到制度上的保护。作为试点,德清经验更多的是一种尝试和探索,这也决定了它在未来的发展过程中还要不断调整、不断完善,接受实践检验。对照城乡一体化的内涵理解,我们对德清社会养老保险制度的进一步发展作如下思考。

(一)在"保障基本"方面,有必要大幅度提高基础养老金

基础养老金成为社会养老保险制度中的一大亮点,按照新农保《指导意见》,我国农民 60 岁以后能享受到国家普惠式的养老金。中央确定的基础养老金标准为每人每月 55 元,地方政府可根据实际情况提高基础养老金标准。德清规定的基础养老金为每人每月 60 元,这也是新农保建制后农民之所以积极参保的重要原因。与老农保完全采用个人账户、缴费基数低、集体补贴的制度设计相比,新农保基础养老金完全由国家财政全部承担,强调了国家责任,大大提高了参保人员的积极性。基础养老金是德清社会养老保险体系的一大突破,但实事求是地讲,这个数额相对德清的经济发展水平和人均消费水平而言严重偏低,远不能满足人均生活水平。

根据《2009 年德清县国民经济和社会发展统计公报》,城镇居民人均可支配收入 25139 元,农村居民人均纯收入 12002 元,城镇居民人均消费性支出 17598 元,恩格尔系数为 34.8;农村居民人均消费性支出 8573 元,恩格尔系数为 35.2。按照这个数据计算,城镇居民仅食物支出平均水平为 8748.37 元,而农村居民仅食物支出平均水平就达 3017.70 元,远远高于基础养老金的 720 元。也就是说,如果仅仅依靠每人每月 60 元的基础养老金的农村老人,似乎温饱都成问题。

2009 年德清县农村居民人均纯收入 12002 元,若按新农保中每年每人 720 元(每人每月 60 元)算,个人基础养老金补贴占人均纯收入的基础养老金替代率[①]为 6.00%,而 2009 年全国平均农村居民人均纯收入 5153 元,若按每人每年 660 元(每人每月 55 元)的基础养老金算,替代率为 12.81%。德清的基础养老金绝对数额高于全国平均水平,而相对的基本养老保险替代率则还不到全国的一半,更是远远低于当前我国城镇职工基本养老保险不低于 20%的基础养老金替代率。养老金替代率是比较衡量劳动者退休前后生活水平差异的基本指标之一。如此低的替代率水平说明现有的养老金

---

① 养老金替代率是劳动者退休时的养老金领取水平与退休前工资收入水平之间的比率。养老金替代率的具体数值,通常是以某年度新退休人员的平均养老金除以同一年度在职职工的平均工资收入来获得。

仅仅能够保证农村老年人维持相当低的生活水平。而养老保险与社会救济不同,是对劳动者退休后的基本生活予以保障的制度安排。如果说社会救济强调保障的是最底线的起码的生活水平的话,养老保险则应使劳动者在年老退出劳动岗位后,保持基本的生活质量,这意味着与退休前相比,生活水平不应下降太多。而对于基础养老金替代率仅有 6.00% 的老年人而言,要维持基本生活水平,不得不仍旧依赖于传统的日益弱化的"家庭养老"和"土地养老"。因而就 60 元本身而言,其示范意义远远大于数字本身。若德清的基础养老金替代率要达到全国平均水平的 12.81%,则基础养老金的数额每年每人需 1537.46 元,也就是每人每月的基础养老金需提高到每人每月 128.12 元。

随之而来的问题是德清县政府财政是否有能力承担起这提高一倍的基础养老金? 2009 年德清全县实现国内生产总值 202.4 亿元,人均达 GDP 6928 美元,财政总收入 28.4 亿元。2010 年上半年实现生产总值 111.9 亿元,同比增长 14.0%,比上年同期加快 7.8 个百分点[1]。德清农村现有 60 周岁以上老年人约 6.5 万,如果每人每月给予 128.12 元的基础养老金补贴,每年共需 9990 万元,根据国家规定,中央财政补贴 50%,实际负担不到 5000万元。这个水平按照德清现行财政规模及增长速度是完全可以承受的。因此,在未来的社会养老保险体系城乡一体化建设中,加快加大基础养老金的发放力度是个重点,基础养老金至少应提高到每人每月 128.12 元。

(二)进一步强化政府责任,加大养老金中政府财政补贴投入

现有的养老金由个人缴费、集体补助和政府补贴构成,其中除了养老基础金需要提高之外,政府补贴部分也有必要提高。

目前的制度规定是补贴标准:第一档至第二档为每人每年 30 元,第三档至第五档为每人每年 50 元(包括办法实施前参保未享受待遇人员)。符合新农保《指导意见》中每年不低于 30 元的地方财政补贴政策。但就具体执行效果来看,对于中西部地区每年 30 元也许还能部分提高农民生活水平,能鼓励农民参保。但在生产力发展水平和消费水平普遍较高的德清,恐怕不能起到应有的效果。从提高生活水平角度来看,每年 30 元、50 元的补贴无异杯水车薪。从调动参保积极性角度看,每年 30 元的缴费补贴实在不

---

[1] 资料来源德清县统计局,2010 年德清县上半年 GDP 完成情况分析(2010.7.27),http://www.dqzc.gov.cn/tjj/showmain.asp? tid=1924

具有吸引力,很有可能阻碍社会养老保险的推广和普及。

在德清现有的五个档次中,第一档和第二档政府补贴每年均为30元,分别是个人缴费300元、500元的10%和6%,第三档到第五档政府补贴均为50元,分别是个人缴费的6.9%、5.2%、3.5%。总体上看,个人缴费的档次越高,政府投入的比例反而越低,这不利于鼓励参保人员提高自主缴费档次,从而影响养老保障水平和生活质量。而且从养老金投入三方统筹的比例来看,政府远远少于个人,且缺乏明显的投入梯度,五个档次间没有拉开明显的差距,使这样的政府补贴更类似于点缀。长此以往,很有可能影响参保人员的积极性。

当然,随着逐渐推进和扩大覆盖面时,政府财政的财政投入增加,政府的压力也会加大。但需要指出的是,政府的强化责任和扩大投入也并非全然只有付出。学者郑功成指出,保障的投入会变成困难群体的即期消费,"进而刺激社会生产、扩大社会就业,这是这一制度产生的直接经济效益;同时,它在解除最低收入阶层生存危机和增进低收入群体福利的同时,虽然不能完全实现社会公平,但却直接地缩小着社会不公,让贫富差距控制在社会可以承受的范围内,缓和了贫富对抗,维护着社会稳定,这是这一制度的巨大社会效果与政治效能"[①]。

(三)注重新农保制度与其他各种保险制度的衔接,实现城乡一体化中的"自由选择"

德清经验的出色之处在于其并不完全将其他制度统一转化成"国家新农保"模式,而是在可能的条件下,提供了最大限度的自由选择和转换。然而在实践操作上,衔接和转化是否合适值得思考。有研究者认为,新农保制度与其他制度的衔接转换中最难的是与"地方新农保"和城镇职工基本养老保险制度的衔接与转换。"与'地方新农保'转换的难题在于,'地方新农保'制度模式差异大,做法各异,要转换成'国家新农保'制度既要考虑模式之间的转换带来的转型成本,又要保障参保农村居民的利益不受损害。""与城镇职工基本养老保险制度转换的难题在于,新农保制度与城镇职工基本养老保险制度的统筹部分出资方、缴费标准、年限计算有所不同,转换困难,需要精算,成本较大。如果两种制度转换,农民基础养老金的资金是由财政继续承担还是由当地城镇统筹账户出资,没有明确规定。若由财政承担,那么

---

① 郑功成:《维护生存权与底线公平的根本性制度保障》,《中国社会保障》2009年第9期。

'国家新农保'就没有得到实质性的转化；若由当地城镇统筹账户出资，必然会侵犯城市参保人口养老基金部分利益。"①这说明制度衔接和转化的难度很大程度上还是基于身份的界限。因此，要真正实现制度衔接，实现城乡一体化中的自由选择首先应打破身份限定，让制度因人而设，而不是因身份而设。否则，自由选择权理论上高高挂起，实践中似有若无，制约了社会发展成果对全体公民的普惠性。

(四)持续采取渐进的改革方式

长久以来，"二元结构"造成的城乡差距和差别一直是中国最重要的社会问题之一。最近，世行副行长著名经济学家林毅夫在《中国经济专题》一书中指出，中国的基尼系数已经超过了 0.45 的国际警戒线，中国经济的首要问题是城乡差距问题，社会财富的增长是非常不均衡的增长。姑且不论各种统计数据，即使普通公众都能现实地感受到城乡的巨大差距并由此产生沉重的心理冲击。而"二元结构"格局下"城乡分治"政策长期潜移默化影响的结果是城乡差别广泛体现在社会经济生活的各个层面，农村在财政支出、基础设施建设、公共服务、金融、医疗、社会保障等方面普遍落后于城市。与中国大部分地区相比，德清的城乡社会发展理念和规划处于全国领先水平，经过几年的实践与探索，已经基本建立起城乡一体化的推进体系，开始全面推进城乡统筹发展的工作。但鉴于历史原因、特定的资源条件和内外环境，德清农村的各方面发展水平与城镇相比还有一定差距。以收入水平和人均消费为例，2009 年城镇居民人均可支配收入与农村居民人均纯收入的比值为 2.09∶1，城乡居民人均消费性支出的比值为 2.05∶1，这样的落差必将在相当一段时间内持续存在。城市和农村这两种以地域为标志的组织模式各自特定的经济发展状况、社会结构、文化环境以及社会保障体系从冲突、并立到融合还有漫长而艰难的发展历程，这就决定了社会养老保险的城乡一体化需要采取渐进的改革方式和策略从地方走向全国，从区域融合直至全面协调发展。目前新农保在全国范围内还处于试点阶段，各种问题和矛盾将在实践过程中渐渐浮出水面。需要肯定的是，从"城乡全覆盖"到"城乡一体化"的发展之路将会持续而稳定地走下去。

---

① 杨翠迎：《新型农村社会养老保险试点应注意的问题及政策建议》，http://business. sohu. com/20100305/n270615684. shtml。

基本医疗保险"系统老龄化"及其对策研究

□ 何文炯[*]

摘　要：在人口老龄化背景下，退休年龄不变、退休后不缴费的政策，必然导致基本医疗保险"系统老龄化"，即在这一制度覆盖的人群中，出现缴费人群相对缩小、享受人群相对扩大的趋势。文章运用寿险精算与非寿险精算相结合的方法，建立分析模型揭示了这一趋势，研究"系统老龄化"对基本医疗保险基金的影响，并以城市Z社会医疗保险中心提供的数据进行测算分析。在此基础上，提出完善制度以降低"系统老龄化"程度，进而降低基金风险、实现基本医疗保险制度持续健康运行的若干政策建议。

关键词：基本医疗保险；系统老龄化；精算分析

一、引　言

基本医疗保险是一个十分重要的社会保障项目，担负着为工薪劳动者提供基本医疗保障的重任。然而，在人口老龄化背景下，以现收现付制为筹资模式的现行基本医疗保险制度能否长期持续健康运行，值得关注。基本养老保险"系统老龄化"现象已经被研究，并且其结论也已经为学界所接受。本文将要揭示的是，基本医疗保险制度也有"系统老龄化"问题。

众所周知，医疗消费有年龄差异。一般成人组的人均医疗消费随着年龄的提高而增加，相应的，医疗保险基金的人均支出额也随年龄的提高而增多。根据全国社会保险事业管理中心提供的统计资料，退休人员基本医疗保险基金人均支出额是在职参保职工的 4 倍以上。现行城镇职工基本医疗保险制度规定，退休后的参保者及其原单位不再缴纳医疗保险费。因此，某

---

* 何文炯：浙江大学公共管理学院教授。

一统筹地区基本医疗保险退休人数占总参保人数之比重对该地区医疗保险基金有重要影响,即退休人数所占比重越高,则基金支付压力越大。

在中国,由于出生率下降和预期寿命的延长,人口老龄化已经成为一种不可逆转的趋势。如果退休年龄不变,并且继续执行退休后不缴费的政策,在基本医疗保险制度覆盖的人群中,会出现缴费人群相对缩小、享受人群相对扩大的趋势,我们将其称为"系统老龄化"。

以非寿险精算理论为基础设计的基本医疗保险制度,其统筹基金采用现收现付制筹资模式,基金只求当年平衡:根据本年度医疗保险待遇支付的需要,确定医疗保险费率,据以收取保险费,建立医疗保险统筹基金。由于现行制度规定退休者及其原单位不需要缴纳医疗保险费,在现收现付制筹资模式下,假定其他因素不变,则随着"系统老龄化"程度的加深,为了实现基金平衡,必然要求逐步提高基本医疗保险的费率。而提高费率将受到种种限制,其空间不大。因此,基本医疗保险制度与长期的养老保险制度具有某种相似性,我们不能简单地视这一制度为一般的短期保险制度。

本文改变传统思路,引入寿险精算方法,建立分析模型,揭示"系统老龄化"对于基本医疗保险基金长期平衡的影响,并以 Z 市社会医疗保险中心提供的数据为基础进行模拟分析。在此基础上,提出降低城镇职工基本医疗保险"系统老龄化"程度、实现基本医疗保险制度持续健康运行的若干政策建议。

二、精算模型

为了揭示"系统老龄化"对于基本医疗保险基金的影响,我们建立精算模型,并进行实证分析。根据现行制度的设计,我们只要重点关注基本医疗保险统筹基金的变化趋势,不必讨论个人账户基金。为此我们构建以下预测模型:

预测期末基金余额(F^N)=预测期初基金余额(F^0)+$\sum_{k=1}^{N}$｛第k年基金收入(Y^k)－第k年基金支出(B^k)｝

即:$F^N = F^0 + \sum_{k=1}^{N}(Y^k - B^k)$,$N$为预测期的长度(年数)。

第k年统筹基金收入$Y^k = Y_1^k + Y_2^k + Y_3^k + Y_4^k + Y_5^k + Y_6^k$,其中:$Y_1^k$=第$k$年单位缴费中进入统筹基金部分;$Y_2^k$=第$k$年灵活就业人员(含个体工商

户)缴费进入统筹基金部分;$Y_3^k=$第 k 年协缴人员所缴医疗保险费进入统筹基金部分;$Y_4^k=$第 k 年补缴医疗保险费的收入;$Y_5^k=$第 $k-1$ 年基金余额的利息收入;$Y_6^k=$第 k 年财政对于医疗保险基金的投入。由于篇幅限制,这些变量的具体算法从略。

第 k 年统筹基金支出 $B^k=B_{1m}^k+B_{1f}^k$,其具体算法为:

男性:$B_{1m}^k=\sum_{j=16}^{\omega}\dfrac{L_{mj}^k}{L_{m(j-1)}^{k-1}}l_{m(j-1)}^{k-1}b_{mj}^{k-1}(1+\varphi_{Bmj}^k)$

女性:$B_{1f}^k=\sum_{j=16}^{\omega}\dfrac{L_{fj}^k}{L_{f(j-1)}^{k-1}}l_{f(j-1)}^{k-1}b_{fj}^{k-1}(1+\varphi_{Bfj}^k)$

这里的 π 为法定退休年龄(男为 60 岁,女干部为 55 岁,女工人为 50 岁),ω 为极限年龄。其中:B_{1m}^k 为第 k 年所有参保男性的大病统筹基金支出总和;B_{1f}^k 为第 k 年所有参保女性的大病统筹基金支出总和;b_{mj}^k 为第 k 年 j 岁男性的平均统筹基金支出额;b_{fj}^k 为第 k 年 j 岁女性的平均统筹基金支出额;φ_{Bmj}^k 为第 k 年 j 岁男性的统筹基金支出增长率;φ_{Bfj}^k 为第 k 年 j 岁女性的统筹基金支出增长率。

三、实例分析

按照上述模型,根据 Z 市社会医疗保险中心提供的基础数据,我们对该市基本医疗保险统筹基金的变化趋势进行模拟分析。

(一)基础数据

1. 参保人数与结构

2004—2007 年 Z 市基本医疗保险参保人数逐年扩大(见图 1)。到 2007 年底,该市基本医疗保险参保人数为 346223 人,其中男性 176608 人,女性 169615 人;在职职工 225299 人,退休人员 120924 人,退休与在职参保人数比率为 0.54。

为了分析参保人群结构的变化趋势,我们对于 Z 市 2007 年底参保人群的结构状况进行了统计分析(见图 2、图 3)。从中我们可以看到,参保人群的年龄高峰出现在 40～45 岁,再过 20 年该年龄段的人群都将步入老龄阶段。因此 20 年后参保人群的老龄化问题将十分突出,并将给统筹基金带来很大压力。

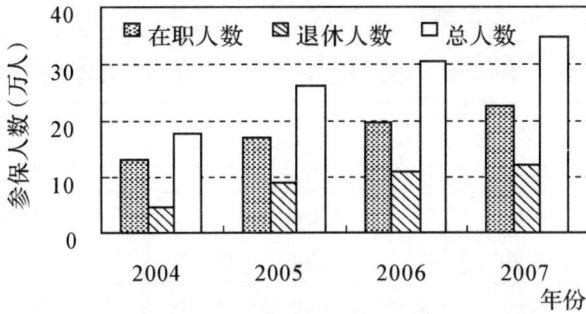

图1　2004—2007年Z市基本医疗保险参保人数
资料来源：Z市社会医疗保险中心。

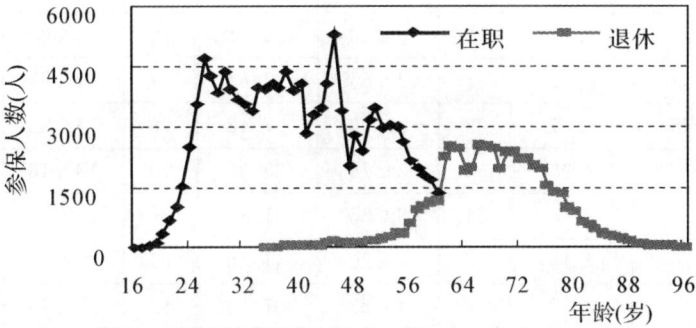

图2　2007年Z市基本医疗保险参保人群（男）分布
资料来源：Z市社会医疗保险中心。

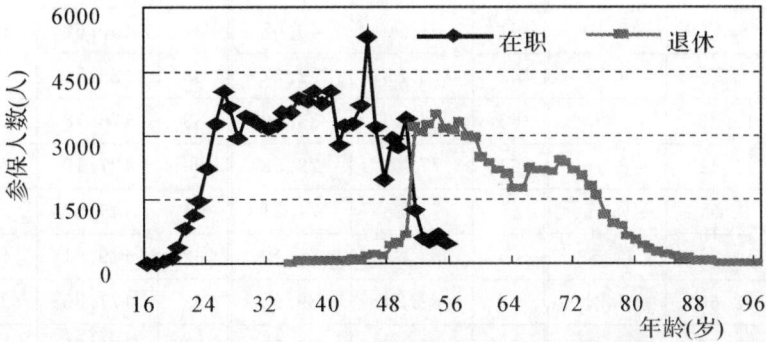

图3　2007年Z市基本医疗保险参保人群（女）分布
资料来源：Z市社会医疗保险中心。

2.统筹基金人均支出水平与结构

表 1　2007 年 Z 市基本医疗保险统筹基金月人均支出　　　单位:元

年龄	男	女	年龄	男	女	年龄	男	女
17	0.00	0.00	43	16.43	11.30	69	93.67	90.67
18	0.00	0.00	44	20.45	15.59	70	88.91	106.92
19	0.00	0.00	45	19.26	11.32	71	119.93	122.31
20	0.67	0.00	46	22.02	18.01	72	137.94	113.91
21	0.44	0.00	47	23.97	16.67	73	138.56	116.34
22	3.09	0.38	48	28.31	19.08	74	138.94	131.91
23	3.72	2.49	49	24.16	25.39	75	143.32	122.05
24	0.97	1.70	50	31.46	53.01	76	137.00	137.83
25	2.34	0.92	51	29.65	27.63	77	145.53	114.72
26	3.86	1.37	52	32.90	27.42	78	142.82	162.83
27	2.77	2.98	53	34.76	28.35	79	135.16	126.51
28	2.77	1.56	54	39.35	31.89	80	150.58	134.54
29	4.36	3.14	55	45.20	41.58	81	139.19	148.83
30	7.40	2.32	56	46.27	37.92	82	178.13	119.69
31	4.84	4.52	57	41.14	48.17	83	148.96	118.79
32	5.09	5.57	58	37.65	45.02	84	137.68	171.53
33	8.13	4.20	59	43.57	54.88	85	126.55	125.74
34	4.81	6.54	60	62.62	49.20	86	125.50	135.68
35	8.32	6.10	61	61.50	49.07	87	150.62	186.77
36	7.27	6.87	62	70.35	72.37	88	126.51	187.56
37	10.23	5.93	63	66.46	83.70	89	176.78	180.48
38	11.41	8.16	64	77.45	79.58	90	127.19	207.11
39	9.74	7.15	65	71.38	77.21	91	149.07	240.62
40	10.95	11.58	66	87.85	75.10	92	149.91	124.08
41	12.60	9.21	67	82.54	89.92	93	171.86	230.07
42	14.96	13.74	68	85.88	87.55	94	186.93	162.21

　　根据该市社会医疗保险中心提供的基础数据,我们进行统计分析,得到了基本医疗保险统筹基金月人均支出状况(见表 1 和图 4)。由此可见,基本

医疗保险统筹基金月平均支出具有随年龄增加而增加的趋势,且在 16～80
岁期间,男性月平均支出平均水平与女性月平均支出水平相当,80 岁以后,
女性月平均支出高于男性月平均支出。

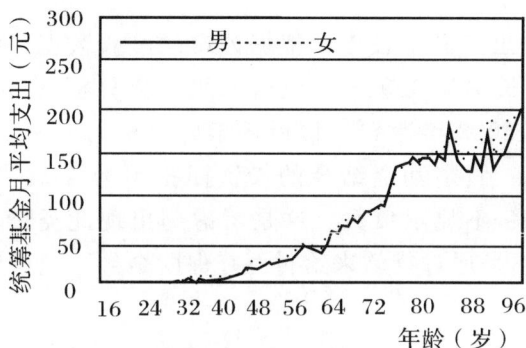

图 4　Z 市 2007 年基本医疗保险统筹基金月平均支出(按年龄、性别)
注:此处统筹基金支出为住院统筹基金年支出。

(二)参数假设

1.参保人数及其结构和趋势。根据该市经济社会发展的情况和近几年
基本医疗保险参保人数增加的实际状况,我们假定未来 30 年在职参保人员
保持基本稳定。在这一假定下,基本医疗保险参保人群中,退休人数与在职
人数之比呈逐渐上升趋势(如图 5)。

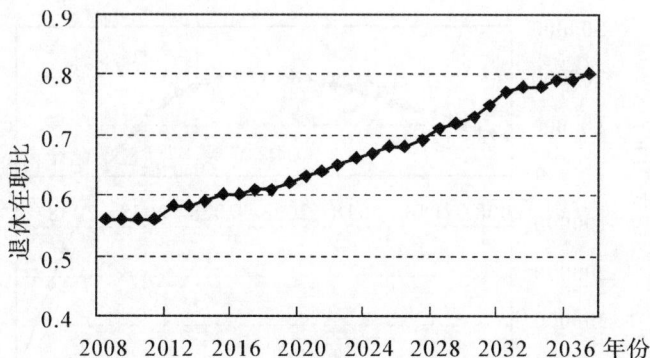

图 5　Z 市 2008—2037 年基本医疗保险参保退休在职比变化趋势

2.生命表。依据 2000 年全国第五次人口普查该市的有关资料编制。

3.统筹基金筹资率。通过对该市基础数据的计算分析,确定用人单位
缴费进入统筹基金的比率为 5％。

4. 缴费工资及其增长率。参保人员缴费工资基数及其年龄、性别结构由该市社会医疗保险中心提供。通过当地缴费工资增长的经验数据,预测未来缴费工资基数增长率为:2008—2010 年为 10.12%,2011—2022 年为 7%,以后每年均为 5%。

5. 统筹基金支出及其增长率。根据该市的经验数据,确定 2008—2010 年统筹基金支出增长率为 9.91%。结合未来趋势分析,假定未来统筹基金支出增长率 2011—2022 年为 8%,以后每年均为 6%。

6. 投资回报率。假定基金结余的投资回报率为 4%,当基金出现亏空时,投资回报率为零,不显示负数。这是考虑到出现此类情况时,政府采取措施填补基金,而不是通过贷款来给付医疗保险金。

(三)结果分析

1. 现行制度政策不变假定下统筹基金趋势分析

在现行基本医疗保险制度和政策不变的假定下,该市统筹基金余额在 2008—2026 年呈现缓慢增长趋势,到 2026 年基金累计结余最高达 204997 万元,此时退职比为 0.68,退休支出约占总支出的 78.12%。从 2027 年开始,统筹基金结余递减,在 2036—2037 年之间,统筹基金结余开始出现赤字,2037 年的基金余额为 -31153 万元,此时退职比约为 0.8,退休支出约占总支出的 81.66%(见图 6)。这表明,受"系统老龄化"的影响,如果制度和政策维持现状,从长远看,该城市基本医疗保险基金存在严重的支付风险。

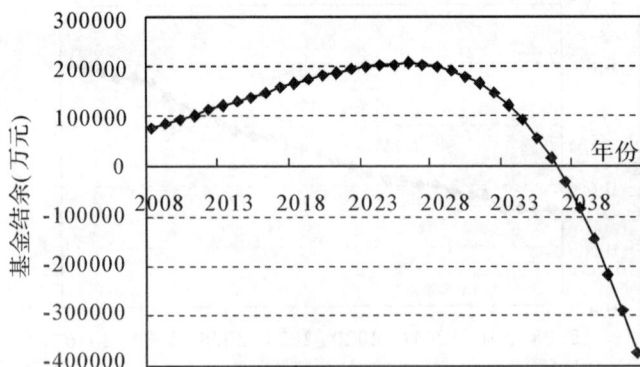

图 6　现行制度政策不变假定下 Z 市统筹基金趋势分析

2. 假设退休年龄适当提高后的统筹基金趋势分析

退休年龄是影响基本医疗保险"系统老龄化"程度的重要因素。事实上,由于用人单位不再缴费,则统筹基金无此项收入;同时,由于退休人员本人不缴费,而其个人账户仍然需要资金注入,这笔资金来源于用人单位所缴费用,统筹基金收入因此减少。另一方面,退休人员这个群体的医疗保险基金支出水平大大高于在职参保职工群体的医疗保险基金支出水平。因而,退休年龄提高,会增加统筹基金收入;退休年龄降低,则会减少统筹基金收入。所以,在其他条件不变的假定下,退休年龄愈高,则统筹基金支付能力愈强;反之,退休年龄愈低,则统筹基金支付能力愈弱。

据此,我们假设退休年龄适当提高,而其他因素不变,模拟统筹基金的变化趋势(见图7)。结果显示:(1)如果男、女退休年龄均提高2岁,即男性退休年龄为62岁,女性退休年龄为52岁,则统筹基金余额在2038—2039年之间出现负值,2039年末的基金余额为−36487万元。此时退职比约为0.72,退休支出约占总支出的80.91%。我们注意到,由于退休年龄提高2岁,统筹基金余额变负的时间将往后推迟2年多。(2)如果男、女退休年龄均提高4岁,即男性退休年龄为64岁,女性退休年龄为54岁,则统筹基金余额在2041—2042年之间出现负值,2042年末基金余额为−50450万元。此时退职比约为0.64,退休支出约占总支出的81.26%。我们又看到,由于退休年龄提高4岁,统筹基金余额变负的时间将往后推迟近5年。这说明,退休年龄对于统筹基金的影响是比较敏感的,从图7可以看出,调整退休政策,有利于降低系统老龄化程度,从而有利于降低基金支付风险。

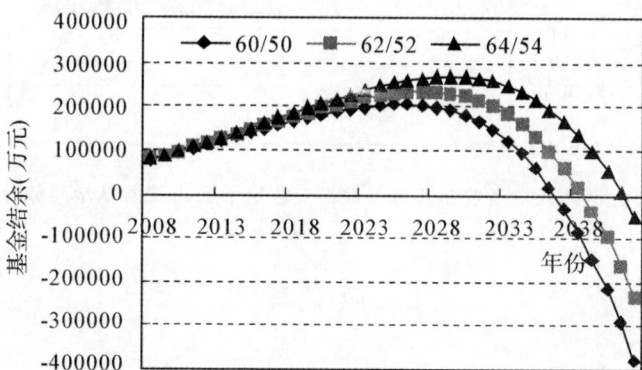

图7 退休年龄提高而其他因素不变假定下Z市统筹基金趋势分析

3. 假设退休缴费政策调整后的统筹基金趋势分析

即使退休年龄有所提高,参保人群的年龄结构本身未发生变化,退休在职比依然会提升到很高的水平,而退休人员不缴费,退休人员支出占总支出的较高比率会使统筹基金收支失衡。如果采取退休人员缴费政策(至于如何筹资,可以根据不同情况,通过多种渠道筹集,例如个人缴费,或财政注资等),就会增加统筹基金收入,提高统筹基金支付能力。

假设其他因素不变的情况下,调整退休缴费政策,考察统筹基金的变化趋势。由于不考虑个人账户,退休人员缴费费率即为缴费进入统筹基金的比率。模拟结果显示:(1)如果退休人员缴费费率为1%,统筹基金余额在2041—2042年之间出现赤字,2042年末的基金余额为−26937万元。此时退职比约为0.84,退休支出约占总支出的84.00%。因此,由于退休人员以1%的费率缴费,统筹基金余额出现赤字的时间将往后推迟5年多。(2)如果退休人员缴费费率为3%,统筹基金余额在2053—2054年之间出现负值,2054年末基金余额为−14744万元。此时退职比约为0.82,退休支出约占总支出的83.23%。那么,由于退休人员以3%的费率缴费,统筹基金余额变负的时间将往后推迟近18年。这也说明,退休缴费政策对于统筹基金的影响比退休年龄延长更加敏感(如图8)。

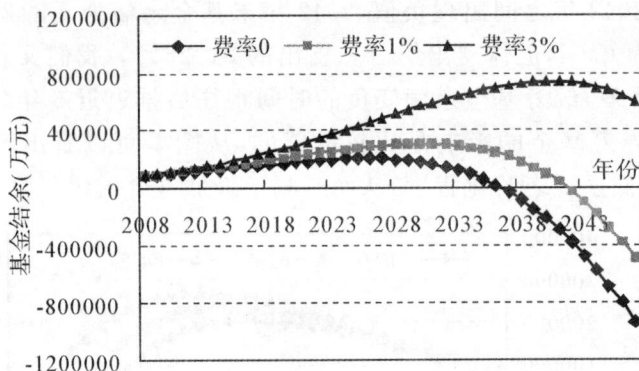

图8 退休人员缴费而其他因素不变假定下Z市统筹基金趋势分析

四、政策建议

研究表明,随着人口老龄化的加剧,基本医疗保险"系统老龄化"是不可避免的,而这种老龄化趋势对于基本医疗保险基金具有重要影响。因而,努力降低"系统老龄化"程度成为完善基本医疗保险制度、实现持续健康运行的基本手段之一。据此,我们提出如下政策建议。

（一）适时适度提高法定退休年龄

根据前面的模拟分析，提高退休年龄，可以降低"系统老龄化"程度，进而改善基本医疗保险基金的状况。另一方面，无论从个人对于医疗保险基金的贡献与所享受医疗保险待遇的比例关系变化看，还是从人力资源充分利用的角度看，都可以得出现行法定退休年龄偏低的结论。因此，提高法定退休年龄是改善医疗保险参保人群结构、降低医疗保险系统老龄化程度、实现医疗保险制度持续健康发展的重要选择。当然，受就业等因素的制约，提高法定退休年龄的决策具有复杂性，需要选择适当的时机，循序渐进。近期可以积极探索弹性退休制度，在有条件的地区或领域，鼓励推迟退休，让部分低龄老年人继续参与力所能及的社会劳动，以充分利用人力资源，提高老年生活质量，缓解人口老龄化，减轻社会医疗保险基金的压力。因此，医疗保险政策要相应调整，例如，可以采取退休人员医疗保险适当缴费和适度增加医疗保险自负比率等措施。

（二）设置享受退休后基本医疗保险待遇的最低缴费年限

无论从降低"系统老龄化"程度出发，还是从参保人之间的公平原则出发，都必须设置享受退休后医疗保险待遇的最低缴费年限。事实上，已经有不少地区这样做了，但是目前全国没有就此作出明确的规定。在提高法定退休年龄政策暂时不能实施的情况下，建议全国尽快统一设置医疗保险最低缴费年限，即凡在退休后能够享受基本医疗保险待遇者，其累计缴费（包括视同缴费）必须达到一定的年限。当然，累计缴费年限不能达到最低年限的原因是复杂的，在具体实施过程中，需要区分不同情况，明确相应的责任。对于在基本医疗保险制度实施以前的工龄应予承认，通过视同缴费年限来体现，这属于历史债务，由政府承担。

与此同时，要建立缴费不足者医疗保险成本分担机制。现行制度下，核定用人单位及个人是否承担缴费责任仅仅与职工退休与否有关，客观上造成用人单位鼓励职工提早退休的现象增加，职工本人退休意愿加强。加上其他一些因素，前些年提前退休之风颇盛，大大增加了基本医疗保险基金的支付压力。因此，必须研究提前退休者的医疗保险成本分担机制，以遏制用人单位、职工个人的提前退休倾向，堵塞漏洞，减轻医疗保险基金支付压力。从责权利相结合的原则出发，要根据提前退休的原因，明确政府、用人单位和职工个人的相关责任，建立合理的提前退休者社会保险成本分担机制，包括明确财政的责任和落实机制。

（三）建立退休人员医疗保险费筹措机制

研究表明，退休人员适当缴费，有助于改善医疗保险基金状况，提高基金支付能力，同时还有减轻在职职工负担、降低代际矛盾、促进不同社会群体之间的公平等优点。因此，需要建立退休人员医疗保险费筹措机制。这种机制，可以通过多种渠道来实现，例如实行医疗保险终身缴费制，由退休人员从养老金中提取一定比率作为医疗保险费，或者采用社会平均工资作为基数来征收。对于部分特殊的群体，可以通过财政注入资金的办法来解决。

（四）扩大基本医疗保险覆盖面

从前面的分析可以看到，扩大覆盖面是影响参保结构的一种途径。在参保前期，新增年轻劳动者有利于改善结构，但过一段时期后这些参保者会逐渐年长，成为参保结构变差的一个影响因子。因此，我们既要从保障劳动者权益的角度做好扩大覆盖面的工作，又要充分注意到参保人群的结构，合理安排好资金，把握本地区参保人群的结构及其发展趋势。

当前，需要加大力度，尽快实现"应保尽保"。城镇职工基本医疗保险的覆盖范围应该向公职人员和其他受雇劳动者扩展，应当彻底取消机关事业单位公费医疗计划，而纳入城镇职工基本医疗保险，同时把符合条件的中小企业职工和灵活就业人员纳入覆盖范围，并向统筹区域内的农村第二、三产业劳动者及第一产业中的雇佣劳动者扩展，以此来促进城乡融合和统筹发展。此外，要尽早解决流动就业人员的医疗保险问题，尤其是他们在退休后的医疗保险待遇问题。对于某些地区，需要明确将农民工纳入职工医疗保险体系，否则原先的医疗保险系统将是一个封闭系统，老龄化趋势将更为严重。

（五）进一步明确财政的医疗保险责任

从社会医疗保险的基本原理出发，医疗保险基金由政府、用人单位和劳动者本人共同筹集，同时，各级政府对于同级社会医疗保险基金承担最后的责任。由于财政体制和干部管理体制等的缺陷，目前各级政府对于社会医疗保险的责任尚不清晰，以致医疗保险制度缺乏国家财政的保障，导致地区之间、人群之间存在种种不公平。其中与基本医疗保险"系统老龄化"有直接关系的是历史债务和提前退休。目前,需要尽快落实的财政责任主要有:社会医疗保险制度转轨而显性化的历史债务;关闭、破产和困难企业及其职工的医疗保险费用;转制企业的有关医疗保险成本;部分政策性提前退休者的医疗保险成本。

(六)建立基本医疗保险基金储备

传统的社会医疗保险以非寿险精算理论为基础,基金只求当年平衡。然而,现行的制度安排必然导致基本医疗保险"系统老龄化",从而要求提高费率,但费率存在上限。因此,我们不能简单地视基本医疗保险制度为一般的短期保险制度。所以,在完善退休政策和基本医疗保险制度的同时,需要把寿险精算与非寿险精算的方法结合起来,建立适度的医疗保险基金储备,并制定基金投资的相关政策。

社会医疗保险纵向平衡费率及其计算方法[*]

□ 何文炯　杨一心　刘晓婷　徐林荣　傅可昂^{**}

摘　要：社会医疗保险"系统老龄化"必将增加基金支付风险，从而影响制度的持续健康运行。本文根据基金长期精算平衡的原理，提出社会医疗保险纵向平衡费率这一概念，并运用寿险精算与非寿险精算相结合的方法，建立纵向平衡费率计算模型，再以杭州市本级的数据进行实证分析，为制定降低社会医疗保险基金风险的政策提供科学依据。

关键词：社会医疗保险；纵向平衡费率；长期精算平衡

一、引　言

疾病风险是老百姓的基本风险之一，因此医疗保障是社会保障体系的重要组成部分。随着经济社会的转型，20世纪90年代开始，我国实行社会医疗保障制度改革。经过10多年的探索，逐渐形成了由职工基本医疗保险制度（简称职工医保）、新型农村合作医疗制度（简称新农合）、城镇居民基本医疗保险制度（简称城居医保）和医疗救助制度构成的社会医疗保障体系，其中由前三项制度构成的社会医疗保险体系是社会医疗保障体系的主体。

根据制度设计的原理，始终保持基金的收支平衡，是社会医疗保险制度得以长期持续健康运行的核心问题之一。尽管近几年各地各项社会医疗保险基金状况良好，而且部分险种的基金出现了较多的结余，但是学界还是不乏忧虑者，认为现行社会医疗保险制度存在不完善之处，基金潜伏着危机。

* 本文受国家自然科学基金项目"基于长期精算平衡的基本医疗保险最低缴费年限研究"（项目批准号：70873176）和国家软科学研究项目"退休政策对医疗保险基金的影响及对策研究"（编号：2006GXQ3B199）资助。

** 何文炯：浙江大学公共管理学院教授；杨一心：浙江大学公共管理学院博士研究生；刘晓婷：浙江大学公共管理学院硕士研究生；徐林荣：浙江大学理学院副教授；傅可昂：浙江大学理学院博士研究生。

因此,他们一直关注着社会医疗保险的基金风险以及由此引出的制度运行的可持续性问题,尤其是对于已经运行了 10 年的职工医保制度。2009 年末,参加该项制度的人数已经超过 2 亿。由于参保人数的增加,管理制度和方法的改进,在基金收入和基金支出增长均较快的同时,职工医保基金累积余额较多。如何看待这一现象,学界和业界有各种不同的解释。有的认为,职工医保基金结余不宜过多(段家喜,2009);有的认为,结余率偏高有违基金筹集原则(金永红,2007);有的还提出要通过提高职工医保待遇来尽快把结余的基金用出去。另外一种观点则认为,对于基金结余要冷静对待,需要深入分析其原因(杨一心等,2009),切不可盲目乐观。何文炯等(2009)揭示了职工医保的"系统老龄化"现象,指出这种趋势将给职工医保基金形成巨大压力,从而影响该项制度的持续健康运行。他们通过建立精算分析模型,分析了"系统老龄化"对于职工医保基金的重要影响,并提出了相应的对策思路。

事实上,"系统老龄化"是社会医疗保险各个项目普遍存在的现象。所谓社会医疗保险"系统老龄化",是指在社会医疗保险制度覆盖范围内的参保人群中,其年龄结构老化的趋势。社会医疗保险制度一旦确定,并实现了全覆盖(即其目标人群全部进入这个保障体系),其参保人群结构就会随着全社会人口老龄化而越来越老化,这就是我们所关注的社会医疗保险"系统老龄化"。之所以要关注这一现象,是因为随着年龄的增长,个体的医疗费用会随之增加,因而老年人群的医疗消费支出高于其他群体,于是,社会医疗保险参保人群中的人均医疗保险基金支出水平随着年龄的增长而提高。由于社会医疗保险基金一般采用现收现付制的筹资模式,因而参保人群的年龄结构对于社会医疗保险基金的支付能力有重要影响,尤其是在职工医保中,"退休人员不缴费"的政策使其"系统老龄化"问题更值得重视。新农合和城居医保也是如此。由于城镇就业人员大多数参加了职工医保,因此城居医保的参保人员主要是老年人和少年儿童,而新农合的参保者中既有老年人和少年儿童,又有中青年人,因此,新农合与城居医保参保人群的结构不同,两者的基金状况也不同。从多数地区的情况看,新农合的基金状况比城居医保的基金状况更好一些。

在"系统老龄化"的背景下,要实现社会医疗保险基金的平衡,只有通过调整待遇(支出水平)或者调整筹资水平来实现。由于社会保险待遇具有刚性,因此,社会医疗保险待遇几乎不可能下调。另一方面,参保人员和其所在用人单位的缴费费率虽然可以适当调整,但有承受能力之限。所以,改进筹资机制成为一种重要选择。为了改进筹资机制,我们需要重新审视社会医疗保险的筹资模式。本文根据基金长期精算平衡的原理,提出社会医疗保险纵向平衡费率这一概念,并运用寿险精算与非寿险精算相结合的方法,建立纵向平衡费率计算模型,再以杭州市本级的数据进行实证分析,为制定降低社会医疗保险基金支付压力的政策提供科学依据,例如设置最低缴费年限、采用终身缴费制、建立提前退休人员医疗保险成本分摊机制等。

二、纵向平衡费率及其计算模型

(一)纵向平衡费率的含义

一般认为,医疗保险是以非寿险精算科学为基础建立的一项短期保险制度,其基金为当期平衡。但是,社会医疗保险制度需要保障每一个年龄段的参保人在其参保期间的任何时候都享有医疗保险待遇,尤其是现行职工医保制度规定退休人员不缴纳医疗保险费而可以享受高于在职人员的医疗保险待遇。这就不能把社会医疗保险制度视为一般的短期保险制度,也就是说,社会医疗保险制度与社会养老保险制度具有一定相似性。因此,需要将寿险精算与非寿险精算的方法结合起来,研究社会医疗保险基金的长期平衡问题。目前,虽然许多地方职工医保基金出现了结余,但从长期看,"系统老龄化"的趋势将使社会医疗保险基金面临极大的支付风险。

何文炯等(2009)提出了应对职工医保"系统老龄化"的若干政策建议:适时适度提高法定退休年龄,设置享受退休后医保待遇的最低缴费年限;建立退休人员医疗保险费筹措机制;扩大职工医保覆盖面;进一步明确财政的医疗保险责任;建立职工医保基金储备。本文沿着这一思路,研究这些政策建议的技术基础——基于长期精算平衡的社会医疗保险纵向平衡费率。

所谓纵向平衡费率,是指为某种性别某一年龄参保者所筹集的保险费与其所得到的保险金在精算意义下相等的社会医疗保险费率。

(二)纵向平衡费率的计算模型

基于收支平衡公式,可以计算社会医疗保险纵向平衡费率,即针对某统筹地区同一性别、同一年龄的参保人群,其所缴保费与财政补助之和的终值与这一人群从社会医疗保险统筹基金中获得保险金的终值相等。据此,我们可建立下列模型,假设 t 岁开始参保并缴费的人群对应的纵向平衡费率为 p_t:

$$p_t = \left\{ \sum_{j=t}^{\omega} l_j^{j-t} b_j^{j-t} \left(\prod_{l=j}^{\omega} (1+r_l) \right) - \sum_{j=t}^{\pi} l_j^{j-t} C_j^{j-t} \left(\prod_{l=j}^{\omega} (1+r_l) \right) \right\}$$
$$/ \sum_{j=t}^{\pi} l_j^{j-t} a_j^{j-t} \left(\prod_{l=j}^{\omega} (1+r_l) \right)$$

其中,l_j^k 为第 k 年年龄为 j 的参保人员数量;a_j^k 为第 k 年年龄为 j 的参保人员平均缴费基数;b 为第 k 年年龄为 j 的参保人员统筹基金年平均支出;r_k 为第 k 年投资回报率(该投资回报率体现国家对参保人员缴纳医疗保险费时间价值的承认,并非实际的基金投资回报率);C_j^k 为第 k 年对年龄为 j 参保人员的财政补助;π 为法定退休年龄;ω 为极限年龄。

公式中相关参数的算法为:

$$l_j^k = \frac{L_j^k}{L_{j-1}^{k-1}} l_{j-1}^{k-1} ; a_j^k = a_j^{k-1}(1+\varphi^k) ; b_j^k = b_j^{k-1}(1+\varphi_B^k)$$

其中,L_j^k 为以该地区生命表为基础推算得到的第 k 年年龄为 j 的参保人员数量。运用此方法可以对未来老龄化程度做出定量估计,因为在纵向平衡费率的测算中人口老龄化是必须考虑的重要因素。φ^k 为该地区第 k 年平均缴费基数的增长率。φ_B^k 为该地区第 k 年平均统筹医疗基金支出年增长率。对统筹基金支出增长率的估计需要结合考虑未来医疗成本上升等因素。

运用这一模型可以计算男性、女性和男女混合群体的纵向平衡费率。

(三)引入纵向平衡费率的意义

从基金长期平衡的视角提出纵向平衡费率,是研究参保人群结构变化等因素对社会医疗保险制度可持续性影响的一个有益尝试,建立起了连接分析基金趋势与研究最低缴费年限等政策的桥梁。

纵向平衡费率的引入,将有利于研究保持基金长期平衡的终身缴费费率、最低缴费年限、最低参保年龄、延期缴费、补缴保费、待遇调整等有关政策,可以为制定降低基金风险、实现社会医疗保险制度持续健康运行的多项政策提供科学依据。

引入纵向平衡费率,不仅对于完善职工医保制度具有直接的意义,而且还能用以完善城居医保制度和新农合制度。虽然这两个制度都规定参保人群终身缴费,但也规定了"自愿参保",于是,很多地方就会出现"年轻时不参保,等年老多病时才参保"的现象,这就会影响基金支付能力,并破坏参保人员之间的公平性。纵向平衡费率的引入,无疑为应对这一现象提供了思路。

三、数据与参数假设

(一)数据来源

本研究选择杭州市本级职工医保作为研究对象,根据该市社会医疗保险部门提供的数据,利用上述模型测算该市职工医保的纵向平衡费率。

(二)测算基础数据

本研究测算的基础数据主要包括参保人口数据和大病统筹基金支出水平数据。

未来参保人口特别是老龄化程度对纵向平衡费率计算结果有重要影响。2009 年 6 月底,杭州市本级职工医保参保人数为 1733256 人,其中男性 919281 人,女性 813975 人;在职职工 1359451 人,退休人员 373805 人,退休与在职参保人数比率为 0.27。从年龄结构来看,杭州市本级 2009 年 6 月底参保人群年龄高峰有两个,分别是 25～30 岁和 44～48 岁,这主要是受人口生育高峰和近几年职工医保扩大覆盖面工作等因素的影响。由于扩面余地有限,参保结构会逐步老龄化,那时将给统筹基金带来支付压力。

此外,测算纵向平衡费率需对未来医疗支出水平作出判断。根据该市社会医疗保险部门提供的基础数据,通过统计分析得到职工医保大病统筹基金月人均支出状况。通过分析发现,职工医保大病统筹基金月平均支出具有随年龄增加而增加的趋势。

(三)参数假设

1. 未来人口老龄化趋势

根据杭州市经济社会发展情况和人口变化趋势,结合近几年职工医保覆盖面扩大的实际状况,该市职工医保参保人数净增加的余地有限,我们假定未来在职参保人员保持基本稳定。结合 2000 年全国第五次人口普查杭州市的有关资料,在这一假定下,职工医保参保人群中,退休人数与在职人数之比呈逐渐上升趋势(见图 1)。

2. 缴费基数及其增长率

综合相关研究,本研究对未来缴费基数的预测分为三段。根据过去五

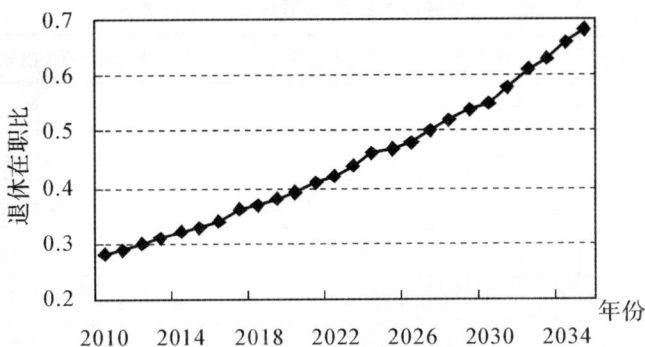

图 1　杭州市本级 2010—2035 年职工医保退休在职比

年的经验数据,假设 2010—2012 年工资增长率保持相对稳定(即 9%);
2013—2022 年工资增长率为 5%;2022 年后的工资增长率为 3%(随着体制
完善和经济发展,估计工资增长会逐渐放缓)。

3. 大病统筹基金支出及其增长率

根据该市的经验数据,考虑医疗保险成本增加趋势,确定 2010—2012
年统筹基金支出年增长率为 10%,结合未来趋势,假定 2013—2022 年统筹
基金支出增长率为 6%,以后每年均为 4%。

4. 投资回报率

根据近几年职工医保基金运行及资金回报率情况,同时体现国家对于
参保人员缴纳医疗保险费时间价值的承认,我们对于基金余额的投资回报
率考虑两种情况:5% 和 6%。

四、结果及分析

在上述参数假设的基础上,运用纵向平衡费率计算公式可以得到在现
行医疗保险政策不变的假设下杭州市本级职工医保纵向平衡费率(见表 1)。
例如,假设投资回报率为 5%,25 岁男性的纵向平衡费率为 7.07%,25 岁女
性的纵向平衡费率为 12.63%,男女混合纵向平衡费率为 9.13%。也就是
说,在其他政策不变的情况下,如果不考虑个人账户因素,以 7.07% 的费率
(用人单位缴费)筹集医疗保险费进入统筹基金,则 25 岁男性这个群体能够
实现基金的长期平衡,其缴费能满足余生医疗保险给付支出的需要;如果以
9.13% 的费率男女统算,则 25 岁这个参保群体能够实现基金的长期平衡。

表 1　杭州市本级职工医保纵向平衡费率

缴费起始年龄（岁）	纵向平衡费率（投资回报率 5%）			纵向平衡费率（投资回报率 6%）		
	男	女	男女混合	男	女	男女混合
16	0.0617	0.1005	0.0779	0.0461	0.071	0.0568
17	0.0625	0.1027	0.0815	0.0469	0.0729	0.0594
18	0.0633	0.1048	0.0816	0.0477	0.0747	0.0598
19	0.0641	0.1072	0.0835	0.0485	0.0767	0.0614
20	0.0649	0.1097	0.0843	0.0493	0.0788	0.0623
21	0.0659	0.1124	0.0854	0.0502	0.081	0.0634
22	0.0669	0.1153	0.0871	0.0511	0.0834	0.0649
23	0.0680	0.1185	0.0884	0.0522	0.0861	0.0661
24	0.0693	0.1222	0.0895	0.0533	0.0890	0.0673
25	0.0707	0.1263	0.0913	0.0546	0.0924	0.0689
26	0.0724	0.1311	0.0938	0.0561	0.0963	0.0711
27	0.0743	0.1366	0.0967	0.0579	0.1007	0.0736
28	0.0766	0.1427	0.0997	0.0599	0.1057	0.0763
29	0.079	0.1496	0.1030	0.0621	0.1112	0.0792
30	0.0817	0.1572	0.1074	0.0645	0.1173	0.0829
31	0.0846	0.1656	0.1117	0.0671	0.1241	0.0866
32	0.0877	0.1751	0.1169	0.0699	0.1316	0.0910
33	0.0911	0.1857	0.1216	0.0729	0.1401	0.0951
34	0.0947	0.1977	0.1276	0.0761	0.1497	0.1002
35	0.0986	0.2115	0.1346	0.0795	0.1607	0.1061
36	0.1028	0.2272	0.1420	0.0833	0.1733	0.1125
37	0.1073	0.2457	0.1493	0.0873	0.188	0.1187
38	0.1124	0.2674	0.1590	0.0919	0.2052	0.1269
39	0.1180	0.2926	0.1698	0.0968	0.2253	0.1361
40	0.1240	0.3228	0.1816	0.1021	0.2493	0.1461
41	0.1305	0.3591	0.1951	0.1078	0.2781	0.1575
42	0.1379	0.4051	0.2071	0.1143	0.3147	0.1679

缴费起始年龄（岁）	纵向平衡费率（投资回报率5%）			纵向平衡费率（投资回报率6%）		
	男	女	男女混合	男	女	男女混合
43	0.1463	0.4635	0.2216	0.1217	0.3611	0.1805
44	0.1558	0.5406	0.2439	0.1301	0.4223	0.1993
45	0.1669	0.6486	0.2643	0.1399	0.5081	0.2171
46	0.1798	0.8136	0.2915	0.1511	0.6389	0.2405
47	0.1946	1.0957	0.3236	0.1641	0.8625	0.2682
48	0.2114	1.6559	0.3698	0.1788	1.3068	0.3078
49	0.2315	3.3924	0.4248	0.1963	2.6843	0.3555
50	0.2546	—	—	0.2164	—	—
51	0.2823			0.2404		
52	0.3170	—	—	0.2705	—	—
53	0.3618	—	—	0.3094		
54	0.4237	—	—	0.3633		
55	0.5087			0.437	—	—
56	0.6350	—	—	0.5466	—	—
57	0.8523	—	—	0.7351		
58	1.2767	—	—	1.1029		
59	2.5464	—	—	2.2039	—	—

根据这个结果,我们可以得到以下结论。

1. 纵向平衡费率明显高于现行费率

目前,杭州市本级职工医保用人单位缴费进入大病统筹基金的比率约为6%,但从表1可以看出,在投资回报率为5%的假设条件下,无论哪个年龄,其纵向平衡费率高于6%(最低的为7.79%,男女混合)。这说明,如果现行6%的费率长期执行,必将导致统筹基金的巨大缺口。因此,引入纵向平衡费率这一概念和社会医疗保险基金长期平衡的理论是十分重要的。值得注意的是,杭州市本级目前采用6%的费率也能维持基金平衡,那是因为该市现阶段参保人群的年龄结构尚好,但是其"系统老龄化"的趋势已经非常明显,从图1可以看到目前退休在职比为0.27,但到2027年就会上升到

0.5。如果费率不调整,则基金必然不能保持长期平衡。

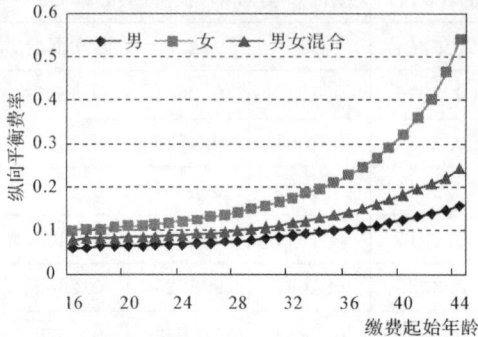

图 2　缴费起始年龄为 16～44 岁的参保
　　人群对应纵向平衡费率
　　（投资回报率为 5%）

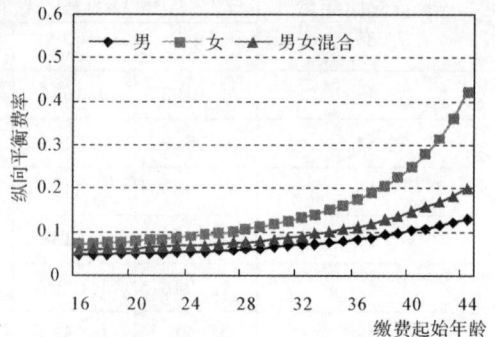

图 3　缴费起始年龄为 16～44 岁的参保
　　人群对应纵向平衡费率
　　（投资回报率为 6%）

2. 纵向平衡费率随缴费起始年龄的增加而提高

从表 1 和图 2 可以看出,纵向平衡费率与缴费的起始年龄有关,可以说,纵向平衡费率是关于起始缴费年龄的递增函数,即纵向平衡费率随着起始缴费年龄的增加而提高:起始缴费年龄越低,纵向平衡费率越低;起始缴费年龄越高,则纵向平衡费率越高。例如,在投资回报率为 5% 的假设下,对于男女混合的情形,起始缴费年龄为 19 岁所对应的纵向平衡费率为 8.35%,而如果起始缴费年龄为 39 岁,则其所对应的纵向平衡费率为 16.98%,而到 49 岁,其所对应的纵向平衡费率竟高达 42.48%。这是因为随着缴费起始年龄的增长,其可缴费的期限在缩短,而其享受期限虽有缩短但缩短的幅度相对较小。

3. 女性的纵向平衡费率高于男性

从表 1 和图 2 还可以看出,纵向平衡费率与性别有关,同一年龄的参保人,其性别不同,则纵向平衡费率不同,女性的纵向平衡费率明显高于男性。以 25 岁为例(投资回报率为 5%),男性纵向平衡费率为 7.07%,而女性的纵向平衡费率为 12.63%,相差 5.56 个百分点。这是因为女性的缴费期较短,而享受期较长。事实上,女性预期寿命长于男性,但退休时间却早于男性 10 年。需要注意的是,这只是一种理论分析,旨在说明缴费期限的延长能够降低纵向平衡费率,这也为适时适度提高法定退休年龄提供了依据。在实际操作中,对男女按不同的费率征收医疗保险费是不合适的,事实上这里的缴费是指用人单位的缴费。

4. 投资回报率越高则纵向平衡费率越低

从图 2 和图 3 可以看到,投资回报率是影响纵向平衡费率的一个敏感因素。在我们的两种假设下,投资回报率仅差 1 个百分点,但纵向平衡费率相差很大。还是以 25 岁参保为例,在投资回报率为 5％的假设下,男女混合的纵向平衡费率为 9.13％;而在投资回报率为 6％的假设下,其纵向平衡费率为 6.89％,下降了 2.24％。

从前面的假设和以上分析,我们不难发现,这些结论具有普遍意义:不仅适合于杭州市,也适合于其他地区;既能用于分析职工医保基金风险,也可用以分析新农合和城居医保的相关问题。因此,在社会医疗保险中引入长期精算平衡的理念,尤其是引入纵向平衡费率的概念,有利于更好地把握基金收支的规律,有利于更理性地看待当前社会医疗保险基金的现状,有利于改善社会医疗保险的筹资机制,降低基金风险,进而促进社会医疗保险制度的长期持续健康运行。

【参考文献】

[1] 何文炯,等.基本医疗保险"系统老龄化"及其对策研究.中国人口科学,2009(2).

[2] 何文炯.参保人群能变年轻吗.中国医疗保险,2009(8).

[3] 金永红.医保基金结余率偏高有违基金筹集原则.中国卫生,2007(3).

[4] 段家喜.医保基金结余不宜过多.中国卫生人才,2009(9).

[5] 杨一心,刘晓婷.对城镇职工基本医疗保险基金的再认识.中国医疗保险,2009(11).

[6] 陈滔.医疗保险精算和风险控制方法.成都:西南财经大学出版社,2002.

[7] 林枫.参保人员老龄化对医保基金的压力与对策.中国卫生经济,2004(4).

[8] 仇雨临.人口老龄化对医疗保险制度的挑战及对策思考.北京科技大学学报(社会科学版),2005(1).

由城乡统筹迈向城乡一体化

——基于浙江省德清县基本医疗保障制度的研究

□ 陈建胜　王小章*

摘　要：目前,我国已经初步确立了基本医疗保障制度,基本实现了"低水平、广覆盖"的保障目标,且开始探索一体化的发展方向。本文以德清县基本医疗保障制度为例,认为德清县的医疗保障制度建设已经从城乡统筹开始迈向城乡一体化,具备了城乡一体化的一些特点:如在筹资标准和偿付水平上城乡差距缩小且趋于统一;险种之间可以相互转移,制度可以互通;政府的投入力度和保障水平不断提高;不断整合基本医疗保障经办管理资源等四个方面,但基本医疗保障制度一体化进程还没有解决以下三个问题:基于身份和人群划分的制度定位还没有完全消除;城乡居民相同的筹资水平,但偿付标准和待遇相差较大;存在着多头管理,且制度的衔接和整合还有待加强。最后,本文提出了进一步推进基本医疗保障制度一体化建设的四个对策性建议。

关键词：基本医疗保障制度;城乡统筹;城乡一体化

2009 年 4 月,国务院出台颁布了《关于深化医疗卫生体制改革的意见》(简称新医改方案),提出到 2011 年建立覆盖城乡居民的医疗保障制度,到 2020 年建立比较健全的医疗保障体系,并探索建立城乡一体化的医疗保障管理体制。这实际上表明,实现城乡一体化是我国的基本医疗保障制度的发展方向。我国的制度建设和制度创新路径往往是对一些先行地区地方性的经验进行总结,然后归纳形成一般性的制度框架,进而推广实施。浙江省德清县作为实施基本医疗保障制度的先行地区,已建立了比较完善的基本医疗保障体系,从制度上做到了全民覆盖的目标,且已经从城乡统筹开始向城乡一体化方向迈进。其一体化进程中的某些特点、经验和不足,不仅对已经开展基本医疗保障制度一体化建设的地区具有借鉴意义,还对我国正在

---

* 陈建胜:浙江财经学院社会工作系讲师,博士;王小章:浙江大学社会建设研究所所长,教授。

探索建立城乡一体化的基本医疗保障管理制度具有启发意义。

本文首先介绍我国基本医疗保障制度的含义、分类体系及其发展趋势，然后以德清县基本医疗保障制度为例，分析这一制度在德清的实施情况和发展进程，以及在这一进程中所展现出的特点和存在的问题，最后提出进一步推进德清基本医疗保障制度一体化建设的五个对策性建议。

一、我国基本医疗保障制度的内涵和发展趋势

（一）基本医疗保障制度的基本内涵

基本医疗保障制度是为补偿城乡居民因疾病风险造成的经济损失而建立的一项社会保障制度。它通过政府补贴、用人单位及个人缴费，建立医疗保险基金，参保人员患病就诊发生医疗费用后，由医疗保险经办机构给予一定的经济补偿，以避免或减轻城乡居民因患病、治疗等所带来的经济风险。基本医疗保障制度与商业医疗保险制度的最大区别在于它们的导向不同，前者以公平、公益、公正为导向，以保障全体居民健康权和生命权为目的，而后者则以经济利益为导向，以保障投保人的利益为目的。因此，基本医疗保障制度是一种公共医疗保障制度，主要解决城乡居民的基本医疗保障需求，重点体现社会公平，努力使各类人群享受较为均等的卫生保健服务。

自1998年国务院颁布《关于建立企业职工基本医疗保险制度的决定》，我国已经建立起了城镇职工基本医疗保险、城镇居民基本医疗保险、新型农村合作医疗和城乡困难人员医疗救助共同组成的医疗保障体系，已经从制度层面上基本实现了"人人享有医保"的目标。截至2009年底，参加城镇职工和城镇居民基本医疗保险的人数超过4亿，参加新农合的农民达到8.33亿，从面上看，全国人口总参保率已经达到90％。这一基本医疗保障体系，通过内部的分工覆盖城镇就业人口、城镇非就业人口、农村人口及城乡困难群众，实现了对城乡居民的广覆盖，同时亦形成了政府主导的多元筹资格局，使参保面不断扩大，在一定程度上缓解了人民群众"看病难、看病贵"的问题。应该说，这是非常巨大的成就。

但与此同时，我们又要看到，这一保障制度毕竟才发展了10多年，还存在着一些问题：（1）城乡分割。基本医疗保障制度体系内部还是基于户籍制度进行划分的，如新农合主要针对农村人口，城镇居民医保针对的是城镇失业和未就业人口，城镇职工医保针对的是城镇就业人口等，且它们的报销比

例、报销范围、报销程序、管理体制等均存在着差别。（2）保障水平低。与人民群众日益增长的健康和卫生权益需求相比,基本医疗保障体系的保障水平还处于较低阶段,如新农合和城镇居民医保的门诊报销比例都未超过40%,且报销项目和范围有限。（3）全民尽保还未完全实现。从制度层面上虽然已经实现全覆盖,但从实际情况看,参保率只达到90%左右,还未实现全民尽保。

（二）我国基本医疗保障制度的发展趋势

随着我国工业化和城市化的快速推进,城乡一体化进一步加快,人口流动和人口老龄化日益凸显,职业身份转变日益频繁。为此,嵌入在二元经济社会结构中的医疗保障制度由于在城乡、人群、职业和地区之间存在分割,迫切需要进行制度整合和政策衔接。面对我国经济社会不断发展及人民群众对医疗健康问题的关注,国务院于 2009 年 4 月颁布了《关于深化医疗卫生体制改革的意见》(简称新医改方案),提出到 2020 年要建立覆盖城乡居民的基本医疗卫生制度和比较健全的医疗保障体系。从经济社会发展和新医改的实施来看,未来一段时期,我国基本医疗保障制度将会有以下一些发展趋势:

1. 进一步强化政府职责,加大财政投入

新医改已经明确把基本医疗卫生制度定性为公共产品,并要求做到人人享有基本医疗卫生服务。作为一种公共产品,政府的财政投入是其题中应有之义。近几年,国家一再加大对新农合和城镇职工医疗保险的投入,如 2010 年各级财政对城镇居民医保和新农合的补助标准提高到每人每年 120 元,这体现了政府强化对公共产品的供给力度。

2. 扩大医疗保障覆盖面,提高医疗保障水平

从世界各国的医疗保障发展历史和趋势来看,实现全民医保和提高保障水平始终是其发展目标。我国也不例外。尽管从制度层面,我国已经实现了"全民尽保",但从实际情况看,仍有 10%左右的居民还没有加入医保。此外,从总体上来说,我国的基本医疗保障水平还处于较低层次,随着经济社会的不断发展和人们对生命权、健康权的不断重视,提高医疗保障水平的呼声会越来越高。

3. 推动制度衔接和整合,逐步向一体化方向迈进

我国现行的基本医疗保障体系存在着城乡、人群、地区之间的差异,尤

其是城乡差异方面存在以户籍制度为分割依据的城镇居民医保和新农合的区别,这两者在筹资标准、给付比例、报销方式等方面存在着差异,这种以户籍身份来划分的保障方式显失社会公平,社会反响较大。当然,政府已经意识到这一问题,并尝试在一些地区进行试点,如重庆、成都等地把城镇居民医疗保险与新农合进行了合并,建立了城乡居民医疗保险制度,由劳动保障部门进行领导。这一制度充分考虑到了城乡经济发展水平和城乡居民医疗消费的差异,实行城乡统一的分档次筹资和待遇标准,城乡居民可以自由选择档次,而不是以户籍身份来确定谁该加入什么医疗保障体系。而作为长三角经济发达地区的太仓市,在医疗保障制度上的城乡衔接和整合进行得更为彻底。太仓市早在 2007 年就将新型农村合作医疗保险与城镇居民医疗保险合并,统一为居民医疗保险,且城镇居民和农村居民执行统一的缴费标准,享受一致的政府补贴和医疗保险待遇,城乡居民公平地分享经济社会发展成果。

二、德清县基本医疗保障制度的发展现状

德清县地处长江三角洲杭嘉湖平原西部,东望上海,南接杭州。全县人口 42.8 万,2009 年全县实现国内生产总值 202.4 亿元,人均 GDP 达 6928 美元,财政总收入 28.4 亿元,其中地方财政收入 14.8 亿元。全县城镇居民人均可支配收入 25139 元,农民人均纯收入 12002 元。

自 2002 年德清县建立职工基本医疗保险制度,到 2003 年其作为全省 17 个试点县市之一建立新型农村合作医疗制度,再到 2005 年建立城乡困难人员医疗救助,最后在 2007 年建立城镇居民医疗保险制度,该县已经建立了"三险一助"的基本医疗保障制度,从制度层面上构建了全民医疗保障网。这一基本医疗保障体系通过"制度全覆盖、筹资多渠道、保障分层次、政策可互通"来实现"人人有医保"的目标,努力解决人民群众看病贵、看病难的问题。到 2010 年[①],全县共有 406093 人参加了基本医疗保险,按全县户籍人口计算,参保率达到 95% 左右,其中参加职工基本医疗保险为 122318 人,参保率 89%;参加城镇居民医疗保险为 25985 人,参保率 75%;参加新农合为 257790 人,参合率 97.5%。

---

① 职工医疗保险、城镇职工医疗保险和新农合等"三险"参保都是提前一年完成筹款的,即 2010 年的参保情况实际上在 2009 年 12 月 30 日就完成了,参保率的计算则是除以 2009 年的人口数计算出来的。

(一)主要特点

从德清县的基本医疗保障体系建设来看,其发展已经从一般的所谓城乡统筹开始逐渐迈向实质性的城乡一体化。城乡统筹实际上是一种规划建设社会保障体系的方法途径,所关注的是从整体上通盘规划、统筹兼顾,但它完全可以——实际上一直以来也确实是——继续承认城乡基本医疗保障之间的差别,只是将它们都纳入一个"盘子"中来考虑,如新农合的建立,就是考虑到了农民的医疗卫生保障问题。换言之,所谓城乡统筹,一直以来实际上所追求的只是覆盖面上的"全覆盖",而没有涉及保障的水平、自由选择权等更深层次的问题,全覆盖完全可以建基在城乡居民身份分隔的基础上。而城乡一体化,则除了关注面上的全覆盖,更要关注制度的衔接、选择的自由(加入哪种医疗保险),并要追求和逐步实现城乡居民在所谓"保基本"这个层面上的保障水平的均等统一。显然,城乡一体化所要达到的标准明显高于一直以来的所谓"城乡统筹",城乡一体化的基本医疗保障体系意味着要完全打破身份限制,逐步实现各类人群保障水平的基本一致。从这个角度来看,我们可以说,德清县的基本医疗保障体系还没有达到一体化的程度,但正在朝着一体化的方向迈进。具体来讲,表现在以下四个方面。

1. 在筹资标准和偿付水平上,城乡差距逐渐缩小,并趋于统一

从 2010 年开始,新农合参保人员统筹资金从人均 180 元提高到 240 元,与城镇居民医疗保险筹资水平相同,其中各级财政对新农合的补助标准提高到人均 160 元,超过省、县财政对城镇居民医疗保险 140 元的补助标准。同时,进一步提高新农合的偿付标准,如门诊三级医疗机构的报销比例从 2010 年的 25% 提高到 30%,住院报销医疗费用,每人每年累计可报总额在 3000 元以下部分给付 30%、3000～10000 元部分给付 50%、10000～30000 元部分给付 70%、3 万元以上部分给付 80%,逐渐接近城镇居民医疗保险的偿付比例(见表 1)。

2. 险种之间可以互相转移,实现制度互通

具体而言主要是:(1)建立城镇居民基本医疗保险与职工基本医疗保险关系的互接制度,确保本县城镇居民不间断地享受基本医疗保障。如参保居民进入用人单位就业或灵活就业,按规定缴纳职工基本医疗保险费并办理转移参加职工基本医疗保险手续的,就可按规定享受职工基本医疗保险待遇;已参加职工基本医疗保险的本县城镇居民户籍参保职工退出用人单

表 1　2010 年德清县"三险"筹资水平和偿付标准

类型	筹资标准	起付标准	最高支付限额	支付比例
城镇职工基本医疗保险	国家机关、事业单位、社会团体为职工上年平均工资确定的缴费基数总额的 7%，职工为 2%；企业及民办非按单位工资总额的 6.5%，职工个人按缴费定额缴纳（每月 30 元）；个体工商户、灵活就业人员按略低于企业单位职工的缴费水平确定定额缴费标准（每月 85 元）。	门诊：在职 1000 元、退休 500 元、老工人 150 元。住院：600 元。	门诊：在职 1500 元；退休 2000 元；老工人 3000 元。住院：上年度本县平均职工工资的 6 倍，超过 6 倍的由重大疾病医疗救助金按规定支付。	门诊：在职在三级医疗机构为 65%；二级医疗机构 70%；社区卫生服务机构和药店 75%；退休人员在每档比例提高 5%，老工人每档提高 10%。住院：起付标准以上到 6 万（含 6 万）以下，由统筹基金按在职人员 80% 支付；6 万以上部分是 85%，其中在本县职工年平均工资的 6 倍以上（暂定为 12 万元）部分由重大疾病医疗救助金支付；退休每档提高 5%，老工人每档提高 10%。
城镇居民基本医疗保险	参保人均 240 元。其中：各级财政 140 元；居民个人 100 元。	门诊：零起点报销。住院：零起点报销。	门诊：800 元。住院：年度城镇居民可支配收入的 6 倍。	门诊：三级医疗机构 25%；二级医疗机构 30%；一级医疗机构和药店 35%。住院：1 万（含 1 万）以下部分，支付 50%；1 万 ~ 3 万元，支付 70%；3 万（含 3 万）以上部分，支付 80%。
新型农村合作医疗	参保：人均 240 元。其中：各级财政 160 元；农民个人缴纳 80 元。	门诊：零起点报销。住院：零起点分段报销。	门诊：300 元。在社区服务中心及服务站和湖州三院精神病专科：600 元。住院：7.5 万元。	门诊：县级医院 25%；社区卫生服务中心及站和湖州三院精神病专科 30%。住院：3000 元以下 30%；3000~1 万元 50%；1 万~3 万元 70%；3 万元以上是 80%。乡镇卫生院报销比例上浮 10%。

位,可以通过本人缴纳继续享受职工基本医疗保险,也可转移参加城镇居民基本医疗保险;参保人员达到退休年龄时,可以一次性选择医疗保险险种,或职工基本医疗保险或城镇居民医疗保险。(2)实现新农合与城镇职工基本医疗保险的对接。如《德清县人民政府办公室关于印发德清县职工基本医疗保险规定的通知》(德政办发〔2008〕106号)规定,参加基本养老保险并按时足额缴费的城镇个体工商户、灵活就业人员及其他自愿参保人员,都可以参加职工基本医疗保险。也就是说,农村居民只要其缴费能力强,同样可以参加城镇职工基本医疗保险。(3)在一定程度上,实现了新农合与城镇居民基本医疗保险制度的衔接。如失地农民和无固定职业的农转非人员,只要本人同意,可在户籍所在行政村申报注册新农合。这些制度的互通和衔接,在一定程度上赋予了参保人员自由选择的权利。

3. 政府财政投入力度不断增加,城乡居民医疗保障水平不断提高

从2003年到2010年,新农合医疗保险个人缴费从15元、30元、60元提高到80元,而各级财政的补助力度则从20元、35元、120元提高到160元。城镇居民医疗保险个人缴费从2007年到2010年未发生变化,都是100元,而各级财政的补助力度则从120元提高到140元(见表2、表3)。从中可以看到,政府财政补助的力度远大于个人缴费的力度,在减轻了城乡居民医疗负担的同时提高了医疗保障水平。

表2　新型农村合作医疗制度不同年度筹资力度

	2003年	2006年	2009年	2010年
各级财政支付力度(元)	20	35	120	160
个人筹资力度(元)	15	30	60	80
合计(元)	35	65	180	240

表3　城镇居民基本医疗保险制度不同年度筹资力度

	2007年	2010年
各级财政支付力度(元)	120	140
个人筹资力度(元)	100	100
合计(元)	220	240

4. 整合基本医疗保障经办管理资源,降低制度运行成本

德清县逐步建立了异地就医结算机制,完善基本医疗保险关系转移接

续办法。此外,还积极探索整合基本医疗保障经办管理资源,逐步建立城乡一体化的基本医疗保障管理制度,努力实现城镇职工、城镇居民和新农合全县结算"一卡通",有效降低了制度运行成本。

(二)存在的问题

德清县通过制度建设和制度创新,使得基本医疗保障制度从城乡统筹开始迈向了城乡一体化,实现了基本医疗保障全覆盖,医疗服务可及性增强,门诊和人院人次大幅增加,在一定程度上减轻了人民群众看病难、看病贵的问题。尤其是近几年新农合从门诊不报销到以大病统筹为主、兼顾门诊的做法,切切实实给农民带来了实惠,使农民看病就医率有所上升。但我们也要看到,德清县的基本医疗保障体系城乡一体化的建设才刚刚"破题",还有一些问题需要解决:

1. 基于身份和人群划分的制度定位还没有完全消除

德清县试图通过政策规定的弹性化、人性化,赋予个别群体自由选择参保制度的权利。例如,灵活就业人员可以自愿选择参加城镇职工医保或城镇居民医保;参加城镇职工医保有困难的农民工,可以自愿选择参加城镇居民医保或户籍所在地的新农合。但从制度设计角度及其实际运行角度来看,城镇职工医保、城镇居民医保和新农合是以城镇职工、城镇无业居民和农民作为自己的制度定位的,政府的各级财政补助也体现了这一原则。一个农民如果选择参保新农合,就可以获得 160 元的财政补贴,而如果选择加入城镇职工基本医疗保险,则没有相应的财政补贴,费用得自理。这实际上就是鼓励并要求农民参保新农合,而新农合的保障水平又是最低的。

2. 城乡居民相同的筹资水平,但偿付标准和待遇相差较大

从表 1 我们可以看到,目前德清县城镇居民医疗保险和新型农村合作医疗的筹资水平是相同的,都是 240 元,但其偿付水平和待遇则不尽相同,新农合的偿付水平低于城镇居民医保。如在门诊最高报销额度上,城镇居民医保是 800 元,而新农合是 300 元,相差 500 元,即使在基层社区服务中心及湖州三院精神病专科最高报销额度是 600 元,也与城镇居民医保相差 200 元,且新农合门诊医疗费的报销仅限于县内定点医院和湖州三院精神病专科;而在住院最高报销额度上则相差更大,新农合是 7.5 万元,城镇居民医保则是年度居民可支配收入的 6 倍(以 2009 年德清县城镇居民可支配收入是 25139 元,那么 6 倍就是 15 万元左右),两者相差 1 倍;在具体的偿付比例

上,城镇居民医保比新农合普遍要高出 5 到 20 个百分点。同样的筹资水平,偿付标准则不同,这是有失公平的。至于城镇职工基本医疗保险由于筹资水平明显高于其他两者,报销比例也较高,这本无可非议。但从缴费水平与保障水平来看,按现有的政策,即使新农合、城镇居民医保与城镇职工医保缴付同样的费用,在保障水平上,城镇职工要高出很多。我们就以缴费水平与保障水平的对应性方面来做个比较,看看它们的差距。2010 年,新农合人均缴费 80 元可享受住院最高支付限额 7.5 万元,其对应性是 $80 \div 75000 = 0.107\%$,而城镇职工 2009 年的平均工资是 33358 元,其对应性则是 $2\% \times 33358 \div 33358 \times 6 = 0.333\%$,后者是前者的 3 倍。

3. 存在着多头管理,制度的衔接和整合还有待加强

德清县"三险一助"的基本医疗保障体系中,城镇职工医保和城镇居民医保归口人事和劳动保障局,新农合归口卫生局,而城乡困难人员医疗救助归口民政局,造成管理体制不统一,管理成本高,不利于资源整合(见表 4)。而随着人员流动的频繁及异地就医和医保关系的转移接续问题的增多,如异地安置退休人员、异地就医结算问题和农民工等流动人员基本医疗保障关系跨制度、跨地区转移接续问题的产生,迫切需要改变目前四项制度多头管理、各自经办的管理体制。比如德清的一个农民工在家里参加了新农合,现在却在杭州打工,这样就会出现他参加的新农合不能保障他在杭州看门诊所产生的医疗费用,他看病还要回到参保的地区,才能得到费用的补偿。除非他所就业的城市单位为他办理了当地的职工医疗保险,否则他的医疗保障实际上是受到限制的。

表 4　德清县医疗保障项目和经办部门

保障项目	城镇职工基本医疗保险	城镇居民基本医疗保险	新型农村合作医疗保险	城乡困难人员医疗救助
经办部门	劳动保障局	劳动保障局	卫生局	民政局

三、进一步推进基本医疗保障制度城乡一体化的对策

基本医疗保障制度作为一种公共产品,其首要目的是向全体国民提供均等的公共资源和公共服务,满足居民生命权和健康权的需要,从而促进社会公平和正义。也就是说,基本医疗保障制度的发展方向是要在城乡统筹的基础上实现筹资、管理、支付、服务和环境方面的逐渐均衡和化异趋同,最

终达到一体化。这一点在中央的会议和文件中一再体现,如 2008 年 10 月召开的十七届三中全会上,明确提出要构建"城乡经济社会发展一体化新格局"和城乡"公共服务一体化",并提出了 2020 年的中期目标,即"城乡基本公共服务均等化十分明显"。新医改也明确提出,要"探索建立城乡一体化的基本医疗保障管理制度"。

然而,在迈向一体化的路径选择及其发展进程上,存在着不同的研究和实践。(1)建立在原有体系上的渐进一体化道路。顾昕认为,无需打破三大医疗保障制度建立统一的小病公费医疗体系,只要走渐进主义的道路打破身份制的束缚,实行全民强制参保,构建缴费水平不同、给付水平不同和服务水平不同的三层次公立医疗保障体系,就可以自然达到城乡一体化的医疗保障体系[①]。(2)对原有制度进行整合和衔接而形成的一体化道路。刁孝华、谭湘渝认为,未来我国医疗保障体系的构建时序要经过覆盖城乡、统筹城乡、整合城乡和城乡一体化,最终达到城乡统一的阶段[②]。王东进、刘继同、仇雨临等人则在时间界定上对其进行了研究,但目标都是走向一体化[③]。向春玲则通过对重庆、成都等地实践的研究,提出建立城乡一体的医疗保障体系首要的是实现城镇居民医疗保险制度与新型农村合作医疗制度的完全整合,建立城乡居民医疗保险制度[④]。李迎生则认为,以推进社会保障体系的城乡衔接为基本目标,社会保障制度的改革应当突破"大保障"的思路,选择"小保障"的方向[⑤]。其实上述两种道路选择并不是完全对立的。第一种道路选择关注的是实现全民参保,而且从全国情况来看,医疗保障的三大体系可能要存在很长时间,城乡一体化是建立在不同层次基础上的一体化,实际上这是第一步,即城乡统筹;而第二种道路选择则是从未来发展趋势和发展目标来看的,因为这三大体系未能打破城乡差别,未能实现社会公平,所以要对原有制度进行整合和衔接,逐步实现一体化的目标。

---

① 顾昕:《通向全民医保的渐进主义之路——论三层次公立医疗保险体系的构建》,《东岳论丛》2008 年第 1 期。

② 刁孝华、谭湘渝:《我国医疗保障体系的构建时序与制度整合》,《财经科学》2010 年第 3 期。

③ 王东进:《构建覆盖城乡的医疗保障体系的战略步骤》,《中国劳动保障》2008 年第 8 期;刘继同:《统筹城乡卫生事业发展与全民医疗保险制度建设的核心理论政策议题》,《人文杂志》2007 年第 2 期;翟绍果、仇雨临:《城乡医疗保障制度的统筹衔接机制研究》,《天府新论》2010 年第 1 期。

④ 向春玲:《建立城乡一体的医疗保障体系——重庆市城乡一体医疗保障制度建设调查》,《中共中央党校学报》2009 年第 4 期;中共中央党校课题组:《探索建立城乡一体的医疗保障体系》,《求是杂志》2010 年第 2 期。

⑤ 李迎生:《中国社会保障制度改革的目标定位新探》,《社会》2006 年第 2 期。

我们认为在当前城乡差距较大、经济社会发展不平衡的情况下,实现城乡一体化的基本医疗保障制度要经过一个较长的过程。但在推进一体化的过程中,对原有制度进行整合和衔接是一个比较可行的路径选择方式。具体到德清县的情况来看,在当前阶段,其构建城乡一体化的基本医疗保障制度,需要在以下几个方面来推进工作:

1. 各级财政补贴跟人走,而不是跟制度走

尽管德清县已经建立了不同险种之间的互相转移,制度上开始逐渐打通,部分人群有了一定的自由选择权,如农民工可以选择新农合,也可以选择职工基本医疗保险,但是已有的制度惯性依然存在,比如农民选择新农合有政府的财政补贴,选择职工基本医疗保险就没有。这种方式实际上是通过把补贴赋予不同的体系来确定参保对象,而不是把补贴赋予参保人个体。我们认为,对农民和城市无业居民的补贴应该给人,而不是各自的保险体系。无论农民还是城市无业居民,不论选择哪种类型的基本医疗保障制度,都应获得相应的财政补贴。补贴跟着人走,而不是跟着制度走。

由于历史和经济社会发展的不平衡性,农民和城市无业居民实际上已经成为整个社会的弱势群体,因此对弱势群体进行基本医疗保障的财政补贴,这既是现代政府的责任,也是实现社会公平的需要。正如有研究者所指出的那样,社会不公平除了体现在初次分配上,更多地体现在医疗、教育、卫生等公民应该享有权利上的差别[①]。从德清城镇职工基本医疗保险和新型农村合作医疗保险的缴费水平与保障水平的对应性上来看,其差距达到 3 倍,远远大于城镇职工高出农民收入的 1 倍。因此,这种补贴并不违背公平原则,而恰恰是为了实现社会公平。社会保障制度所依赖的公平原则,是一种社会意义上的公平,而不是个人意义上的公平,即"社会公平",是社会为了实现已经确定的目标(例如保证社会的正常运行、社会可持续发展等)而制定一系列规定,这些规定得到执行,目标实现了,就实现了社会公平。"底线公平"正是这种意义上的一种公平[②]。

2. 推进新型农村合作医疗与城镇居民医疗保险的衔接与整合

从德清的三大医疗保险体系来看,新农合与城镇居民医保在筹资水平和偿付比例上最为接近,有些项目甚至相同,而且农民和城镇无业居民从总体上都属于社会中低收入层,推进两个制度的衔接有着天然的优势。同时,

---

① 王小章主编:《中国发达地区社会保障——来自浙江的报告》,浙江大学出版社 2007 年版,第 20 页。
② 景天魁:《"底线公平"的社会保障体系》,《中国社会保障》2008 年第 1 期。

德清县作为城乡一体化发展程度比较高、财政实力比较强、人口流动比较大、卫生服务体系比较完备的地方，推进两个制度的整合，条件较为成熟。从国家层面上来讲，这两个制度的衔接与整合也已提上议事日程。如在 2008 年全国新农合工作会议上，就确定了实施新农合与城镇居民医保相衔接的思想，并在全国 10 个城市开展了试点工作。

德清县这两个制度的整合实际上牵涉到三个方面：一是筹资水平；二是偿付水平和比例；三是管理机制的整合和统一。第一个问题已基本解决，2010 年新农合与城镇居民医保的筹资水平已经一致，都是 240 元，但是财政补贴有所不同，新农合的各级财政补贴 160 元，高出城镇居民医保 20 元。如果城镇居民医保财政补贴从现有的 140 元提高到 160 元，按 2010 年城镇居民参保 25985 人计算，需增加 51.96 万元，这对财政来说压力并不大。第二个问题，在偿付水平和比例上，应尽快提高新农合的偿付水平和比例，使其与城镇居民医保大致相当。首先，可以在门诊和住院最高报销额度上实现衔接。如把新农合的门诊最高报销额从 300 元（社区服务中心及湖州三院精神病专科 600 元）提高到 800 元，把新农合的住院封顶线提高到城镇居民收入的 6 倍左右，与城镇居民医保相同。其次，在门诊和住院报销比例上实现衔接，使新农合报销比例趋同城镇居民医保。至于第三个问题，管理制度的整合和统一，则可以借鉴成都、重庆、太仓、东莞及其他一些地方的经验，把原先归口于卫生局的新型农村合作医疗中心划归给劳动保障部门，建立统一的城乡居民医疗保险制度，这样便于信息的管理和资源的共享，实现管理体制的一体化。

3. 明确基本医疗保障制度中"基本"的内涵

从字面意义看，基本就是最基础的意思，那么基本医疗保障就是一种最为基础的医疗保障，它是人们卫生健康权益得以保障的"兜底"工具。但是即使是"兜底"工具也要满足人民群众最基本的医疗保障需求，让老百姓不再为生病没钱治疗而发愁。也就是说，这种最低的享受标准也要消除人们的后顾之忧。从一些地方新农合的实践来看，出现了"参加了合作医疗，看病钱却没少花"的现象，因为新农合报销的比例恰恰与定点医院医疗费用的上涨相抵消了。一些记者的调查也发现了这一问题：新农合医疗实施后，云南省禄丰县各级医疗机构的例均费用两年内上涨了 20%，云南省玉龙县三年间住院费用上涨了 42.2%，在河北某县，县级医院住院的次均费用涨幅为

35.74％,县级以上医院住院的次均费用涨幅为 27.85％[1]。当然,医疗费用的上涨与卫生体制有很大关系,但基本医疗保障制度在减轻居民看病负担方面有待进一步加强却是不争的事实。因此,要测算一个合理的保障水平和保障方式满足居民基本的卫生服务需求,要制定一个标准,而在这个标准之外的,则可以由商业医疗保险来满足。

4. 不断提高新农合与城镇居民医保的偿付标准

医疗保险的偿付标准和机制,实际上决定着医疗保险的健康保障功能。医疗保险的偿付水平高、报销方式简便,人民群众受益就大,反之则小。新农合和城镇居民医保的最初制度设计是为了解决"因病致穷、因病致困"的问题,是以大病住院统筹为主的,即使发展到现在,依然推行的是"门诊小额报销、住院大病统筹、特殊病补助"的办法,门诊报销的范围和比例偏低。从德清县的情况来看,新农合与城镇居民医保和城镇职工医保在门诊报销比例的差别上往往达到 30％～40％左右。而且大病统筹为主的保障方式,容易引发"小病大医"的道德风险,造成医保基金的浪费。我国的医疗卫生事业一向"重治疗、轻预防",以"保大病"为主的补偿政策,很容易引发定点医疗卫生机构利用国家政策进行创收,甚至不顾实际需求盲目增加设备和设施以提高治疗标准进行相互竞争,而忽视预防保健功能的发挥。可是,从世界医疗保障制度建设的情况和公民健康权益保护的角度来看,都已经从补偿疾病费用、收入损失发展到预防保健阶段,因此,在这一阶段,医疗保险要逐步从保大病,发展到兼顾小病,进而发展到保障公民的健康权益。有实证研究表明,提高门诊报销的比例对居民减轻医疗负担的作用更为明显,如仅补偿住院费用的 50％,参加新农合的农民医疗负担会降低 15％,住院补偿即使提高到 80％,平均医疗负担也只下降 34％,而门诊住院都补偿 55％,可以使平均医疗负担下降 40％,补偿 80％则可以下降 67％[2]。

5. 着力推进异地就医结算机制并完善基本医疗保险关系转移接续办法

德清作为浙江省经济较为发达的县市,与杭州、上海、苏州等商贸中心较近,外出经商、务工及工作的人员较多,与此同时,随着德清工业化和城市化进程的不断加快,城乡居民的身份转换越来越快,越来越频繁。前者带来的结果是异地就医次数的增多,后者带来的结果是基本医疗保险关系转移的增多。当前,我国医保基金由市级或者县级统筹管理,由于各地经济发展

---

① 邓之湄:《惠农补贴究竟"惠"了谁?》,《瞭望东方周刊》2010 年第 30 期。

② 封进、李珍珍:《中国农村医疗保障制度的补偿模式研究》,《经济研究》2009 年第 4 期。

水平不同,地区之间的政策与管理办法千差万别,不仅基本医疗保险药品目录、诊疗项目目录、住院服务标准不同,医疗服务项目收费、个人负担比例等也存在明显差异,再加上地方利益的需求使各地医疗机构为了不让本地医疗费外流,而加大了异地就医结算的难度。在目前的情况下,德清县可以试点建立异地协作机制,方便必须异地就医参保人员的医疗费用结算,减少个人垫付医疗费用,并逐步实现参保人员就地就医、持卡结算。此外,还要进一步完善基本医疗保险关系转移办法,满足城乡居民自由选择医疗保险险种的权利,如加快失地农民保险与城镇职工医保或新农合的对接等。

从分割到统一:我国城乡居民医疗保障制度发展战略与实证研究

——基于统筹城乡发展新格局的视角

□ 陈 虹 米 红[*]

摘　要:现阶段我国城乡之间的医疗卫生事业存在较大差距,如在城乡医疗保险人均基金支出水平、卫生支出水平等方面存在不均衡现象,加上农村的人口老龄化问题日益严重,农村居民的基本医疗服务需求得不到满足,因而对整合城乡医疗保险制度提出了迫切的需求。本文在统筹城乡的背景下,运用生命表技术,对财政投入等的计算和预测,对城乡居民医疗保险制度已进行整合或即将整合的7个城市的经验分析,提出了整合城乡居民基本医疗保险制度的构想,并且基于财政投入方面提出必须尽早整合城乡居民基本医疗保险制度。同时提出了整合城乡居民基本医疗保险制度的结论和政策建议。

关键字:统筹城乡;城乡差距;基本步骤;财政投入

一、问题的提出

我国大多数地区现行的医疗保险制度被分割为城镇职工基本医疗保险制度(以下简称职工医保)、城镇居民基本医疗保险制度(以下简称居民医保)和新型农村合作医疗制度(以下简称新农合)。在制度的设计上,在职工医保、居民医保与新农合制度之间加入了地域的因素,且又在前两个制度之间加入了职域的因素,因此三项医疗保险制度在覆盖人群,筹资水平、保障水平、运行模式等方面都有较大的差别。

在当今我国社会的贫富差距越来越大的现实和城乡社会保障体系条块

＊ 陈虹:浙江大学公共管理学院硕士研究生;米红:浙江大学公共管理学院教授、博导。

分割以及各个项目之间发展不均衡的现状下,统筹城乡社会保障制度建设的提出具有战略意义。它促进了社会制度的公平性,可缓和贫富差距和缓解社会成员间的矛盾,从而有利于构建和谐社会。目前,很多社会保障领域的专家学者提出了统筹城乡的社会保障制度建设的意义、思路以及建议等。李迎生(2001)提出,整合我国社会保障体系之路应采用"有差别的统一"的模式。值得注意的是,城乡统筹并不是城乡统一(张德元,2004;孟醒,2005),他们认为目前的城乡之间存在着二元社会保障结构以及受我国财政能力的限制,社会保障进行城乡统一的建设并不现实,我国政府现阶段无法承受巨大的财政负担。但是不少学者认为,"制度统筹"仅是一个手段和过程而已,而不是制度目标(郑秉文,2009),"城乡统一"是城乡统筹的最终目标(张德元,2004)。另外,绝大多数学者认为统筹城乡的社会保障制度的推进过程不是一蹴而就的事情,而是长期逐步推进的过程(张德元,2004;何平,2006;杨翠迎,2004)。

本文认为城乡居民基本医疗保险制度的建立作为统筹城乡社会保障建设的重要部分,在整合的过程中,我们应该认识到,职工医保制度无论在筹资水平还是在保障水平上都远远高于其他两种制度的标准,因此与其他医疗保险制度并轨存在着很大的困难。现阶段,可以考虑将居民医保和新农合制度整合为城乡居民基本医疗保险制度。笔者提出关于整合城乡居民基本医疗保险制度的思路、见解和政策建议。

二、城乡居民基本医疗保险制度整合的必要性研究分析

(一)城乡医疗保险人均基金支出水平比较

我国城乡医疗保险制度的设计欠缺公平,城乡医疗保险待遇相差较大,2004年城镇基本医疗保险人均基金支出是农村的113倍,虽然近年来国家的政策向农村略微倾斜,但是城乡差距仍十分明显,2007年城镇与农村的人均基金支出比仍高达14.7。

表1 城乡医疗保险人均基金支出　　　　　　　　　　单位:元

年份	农村合作人均基金支出	城镇基本医疗保险人均基金支出
2004	32.96	3730.25
2005	34.50	3918.60

续 表

年份	农村合作人均基金支出	城镇基本医疗保险人均基金支出
2006	38.00	811.61
2007	47.75	700.10

数据来源：2009 年《中国卫生统计年鉴》。

（二）城乡居民卫生支出弹性比较

从图 1 中，我们可以看到历年来城乡卫生费用增长率和人均收入增长率保持了大体相同的发展趋势。从整体上看，农村居民的卫生支出的弹性稍大于城镇居民，说明农村居民相对于城镇居民有更多的医疗卫生消费需求。

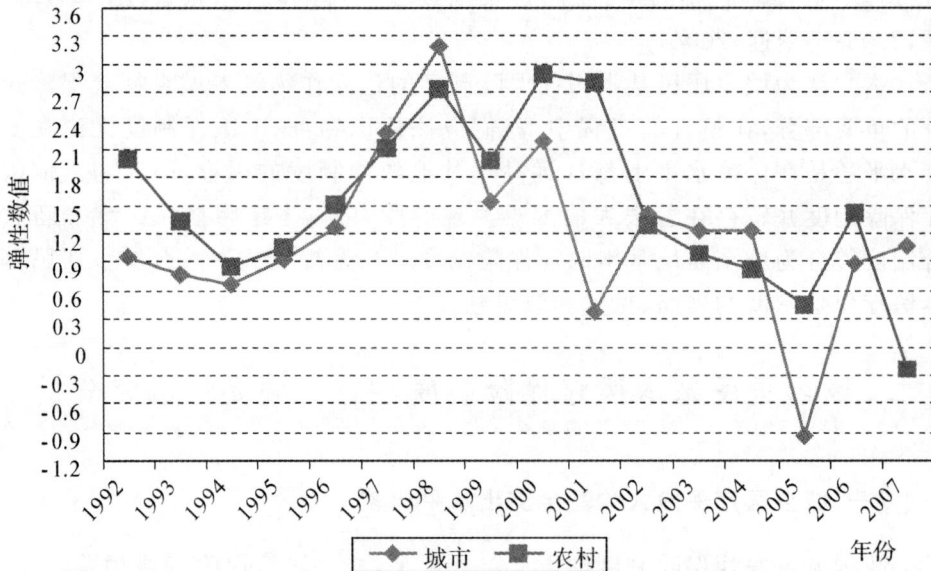

图 1　城乡居民人均卫生费用增长率/人均收入增长率比较

数据来源：2009 年《中国卫生统计年鉴》、2009 年《中国统计年鉴》。

（三）城乡人口老龄化加剧

2000 年第五次全国人口普查结果显示，我国 60 岁及以上人口的比重为 10.27％，我国在 2000 年底就已经进入了老龄化社会。其中农村的老龄化程度比城市更高、更严重。根据 2000 年第五次全国人口普查数据，如果按照现在的发展趋势和计划生育政策不变的前提，运用蒋正华迭代生命表模式可以预测出未来我国老龄人口的比例。2008 年城乡 60 岁以上人口比例的差距为 1.54%,而 2036 年这一数据将高达 16.23%。

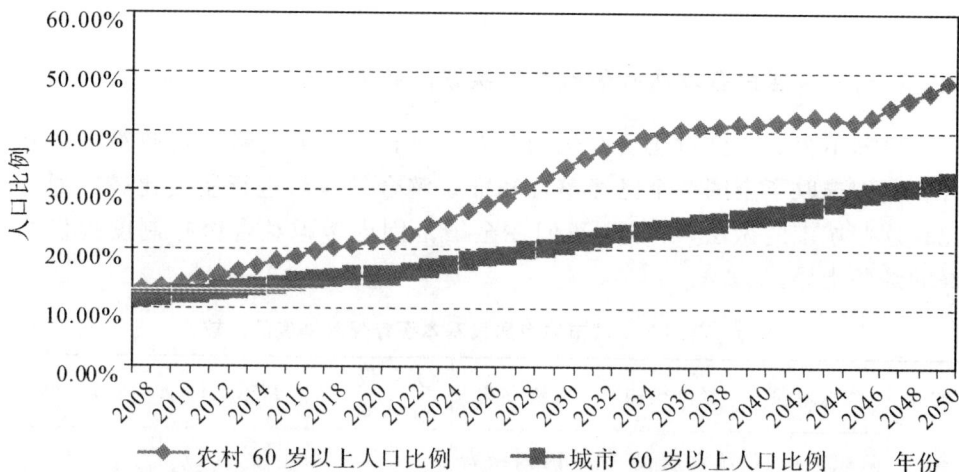

图 2　城乡 60 岁人口所占总人口比例比较
数据来源:第五次人口普查数据。

根据经合组织国家用于测算卫生总费用的计量经济学模式计算,65～75 岁年龄组的医疗费用是 65 岁以下年龄组的 2 倍,75～85 岁年龄组的医疗费用是 65 岁以下年龄组的 4 倍,85 岁以上年龄组的医疗费用则是 65 岁以下年龄组的 8 倍。由图 2,我们可以看到未来农村老年人口的比例将远远高于城市老年人口的比例,农村居民较城市居民将承担更多的医疗费用。而在农村经济相对落后、医疗保险制度相对不完善的背景下,农村更为严重的人口老龄化问题将带给农村居民沉重的医疗费用的负担。

目前,城乡之间的卫生资源分配不公,城市居民的卫生支出水平远远高于农村居民,主要受国家对城市的卫生投入较多、农村居民的人均纯收入较低的影响。同时我国城乡之间的医疗保险制度存在很大差距:城市具备较完善的医疗保险制度,保障水平高;农村的医疗保险制度主要依靠个人筹资和政府补贴,但筹资水平不高,因而保障能力差。制度的缺失使农村居民的医疗消费需求难以得到满足。同时由于未来农村的人口老龄化问题较城市更为严重,农村居民可能面临更加沉重的医疗费用负担,由此对整合城乡医疗保险制度提出了迫切的要求。

四、城乡居民基本医疗保险制度整合基本步骤的构想

(一)城乡居民基本医疗保险制度实践的研究分析

目前不少城市已对居民医保和新农合进行整合或已经制定政策准备整合。我们选取了全国 7 个已经整合和准备整合的城市进行制度比较。通过比较这些城市的做法,可以为我们在全国范围内考虑整合医疗制度提供很好的经验指导。

表 3　全国 7 个城市城乡居民基本医疗保险制度的比较

城市	参保对象	经办机构	筹资方式	是否设立个人账户	待遇支付	统筹层次
重庆	除职工医保外的本市户籍城乡居民	城乡居民合作医疗保险管理中心	分两档缴费标准可供选择	否	按照筹资分档进行补偿	区县(自治县)统筹
成都	职工医保外的本市户籍城乡居民及在本市的在校学生	市劳动和社会保障行政部门	儿童和成人不同缴费,其中成人有三档可供选择	否	按照筹资分档进行补偿	市级统筹
天津	同上	同上	同上	否	同上	同上
珠海	本市城镇非从业人员、农民和被征地农民	同上	统一筹资	否	按缴费时间确定最高支付限额	全市统筹
嘉兴	本市户籍除参加职工医保外的农民和非农人员,和持有居民证的非本市居民	卫生部门	同上	是	统一待遇	县级统筹
宁波慈溪	同上	同上	同上	否	同上	市级统筹(县级市)

续　表

城市	参保对象	经办机构	筹资方式	是否设立个人账户	待遇支付	统筹层次
杭州余杭	本区未参加职工医保的城乡居民和非本区户籍，在本区中小学就读，且其父母一方已参加本区职工医保的中小学生	劳动保障和民政办	统一的筹资标准，除特殊人群外	是	同上	区级统筹

资料来源：《天津市城乡居民基本医疗保险规定》；《成都市城乡居民基本医疗保险暂行办法》；《珠海市城乡居民基本医疗保险暂行办法》；《重庆市人民政府关于开展城乡居民合作医疗保险试点的指导意见》；杭州余杭《关于做好 2009 年度城乡居民基本医疗保险工作的通知》；嘉兴市人民政府《关于做好全市 2010 年城乡居民合作医疗保险工作的意见》；慈溪市城乡居民医疗保障制度简介。

通过比较研究以上几个城市的整合实践，我们对各个城市的不同制度进行讨论。

1. 非本地区户籍居民是否应被覆盖在城乡居民基本医疗保险制度中

据统计，截至 2008 年底，我国有接近 2.3 亿农民工[1]。而目前我国却没有明确将数量巨大的农民工群体纳入一项特定的医疗保险制度，各地的具体做法各不相同，农民工的医疗保障权利得不到保障，因此笔者建议将非本地区户籍居民纳入城乡居民基本医疗保险制度，从长期来看，覆盖人群的扩大有利于制度的可持续性。另外，该部分人群通常身体状况较好，对基金的良好运行具有支撑作用。

2. 经办机构的设立

目前有一部分城市规定由卫生部门主管，其他城市主要将该制度统一在社会保障部门进行管理，另外还有城市重新设立一个新的部门，如重庆市设立了城乡居民合作医疗保险管理中心。笔者认为，设立一个新部门这种做法不值得提倡，容易造成资源浪费，同时不利于今后医疗保险制度的进一步整合。各地具体做法可按照当地实际情况确定，由卫生部门或社会保障部门统一管理。

---

[1]　数据来源：新华网。

3. 是否设立个人账户

目前各个城市设立个人账户主要是为了对门诊费用进行报销,保障居民的门诊费用可以提高居民参保的积极性,同时设立个人账户和统筹账户,使制度的设计接近职工医保制度。鉴于设立个人账户有诸多优点,因此我们主张设立个人账户。

(二)城乡居民基本医疗保险制度整合的基本步骤

统筹城乡的医疗保险制度,笔者建议可以按照以下几个阶段的思路进行整合。

1. 统一经办机构,整合两种制度基金共同运行以抵抗风险

按照现行的政策,我国绝大多数地区的居民医保和新农合由不同的部门管理。分开运行使得两种制度有不同的管理流程,同时两个管理机构之间不了解彼此的情况,这样会造成资源浪费、管理重叠、政策冲突等问题。考虑到建立统筹城乡医疗保险制度的大背景,以及两个制度之间的相似性,完全可以把两个制度放在同一经办机构进行管理,整合两种制度基金共同运行以抵抗风险,使二者的制度体系结构、管理流程等设计标准相同,实现制度统一、管理统一。

2. 不断扩大覆盖范围,以达到制度的全覆盖

在两种制度整合的过程中,继续推进扩大覆盖范围,将除城镇职工以外的所有城乡居民都纳入城乡居民基本医疗保险。对于有足够财政承担能力且流动人口较多的地区则可以考虑将非本地户籍但拥有居住证的居民纳入城乡居民基本医疗保险制度。覆盖所有城乡居民,保证所有的居民能够享受到相同的基本医疗保障水平,有利于城乡基本公共服务均等化的实现。

3. 提升统筹层次,促进各地区之间的公平性

目前医疗保险存在的一个显著难题是统筹层次较低,新农合由县级统筹,而居民医保由市级统筹,统筹层次较低不仅影响基金运行的可持续性,而且会产生不同区域之间的不公平性。目前养老保险正在推动省级统筹,而医疗保险也应该朝着更高的统筹层次发展。整合后将城乡居民基本医疗保险确定为市级统筹,随着城乡经济水平的逐步缩小和社会保障制度的进一步完善,推动医疗保险朝着省级统筹,乃至全国统筹的方向发展。

4. 设计合理的缴费标准和补偿水平

社会保障具有刚性增长的特征,因此我们在确定城乡居民基本医疗保

险制度的补偿水平时,不应降低职工医保的现有补偿水平,可以选择帕累托改进。一般而言,新农合的补偿水平低于城镇居民基本医疗保险,应加大对城乡居民合作医疗保险补助力度,提高对农村居民的补偿率,对城镇居民予以适度补助,降低费率,提高参保率,逐步缩小城乡医疗保险水平差距,最终达到二者补偿水平的统一。

(三)整合城乡居民基本医疗保险制度的财政投入测算

1. 全覆盖的参保人数的预测

统筹城乡的医疗保险制度的建立是一种必然的趋势,在今后一段时间内,医疗保险将逐渐覆盖全民。整合居民医保和新农合后,中国的医疗保险制度主要由城镇职工基本医疗保险制度和城乡居民基本医疗保险制度组成。通过运用生命表对未来人口预测所得数据、我国 2000—2007 年就业人口数据、2002—2007 年职工医保的参保人数和领取人数等数据运用 SPSS 软件进行预测,得到未来 20 年我国职工医保的参保人数和领取人数,和我国城乡居民基本医疗保险制度未来各年龄段的参保人数。

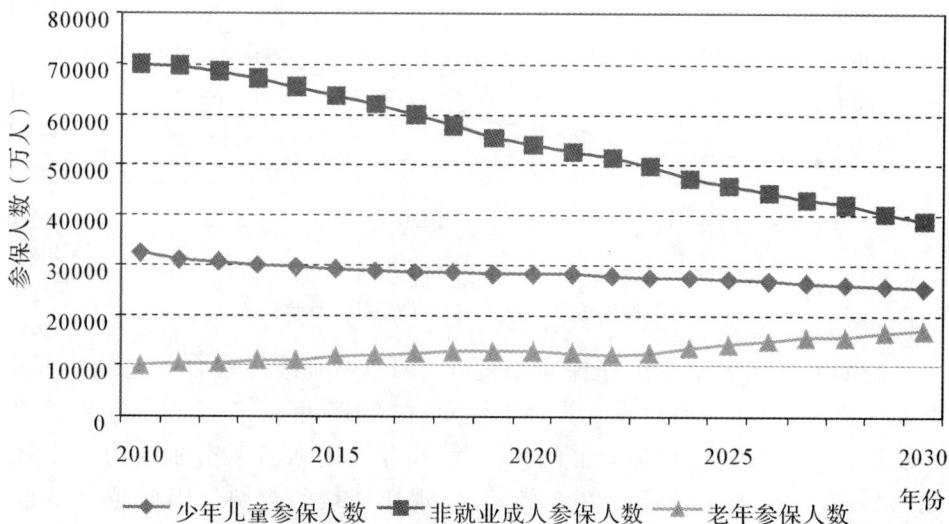

图 3　各类别人群达到全覆盖时的参保人数预测

通过图 3,我们可以看到受我国未来人口老龄化和职工医保的扩面,我国少年儿童和非就业成人的参保人数在逐年下降,而老年的参保人数的上升主要由于未来我国老龄人口呈现逐渐上升趋势。

2. 未来各年段达到全覆盖时的财政投入

建立统筹城乡的医疗保险制度,并不意味着所有的对象都享受相同的医疗保险待遇。由于各年龄段的疾病发生风险不一,我们也应制定不同的缴费率,以体现制度的公平性。老年人相对其他人群,面临的疾病风险更高,同时,由于其收入水平相对较低,我们在确定财政补贴时,应给予其更高的标准。参照目前全国的城乡医疗保险财政补贴标准,我们设定儿童少年每人每年 80 元、非职工医保对象的成人每人每年 50 元、非职工医保对象的老人每人每年 200 元进行补贴,同时参照社会保障支出 2000—2007 年平均增长率为 20.03%,并考虑到这几年的社会保障支出水平较高,未来几年,财政补贴增长趋势略有下降,设定财政对城乡居民基本医疗保险支出的平均增长率为 15%进行计算,得到未来各年达到全覆盖时的财政投入(见图 4)。

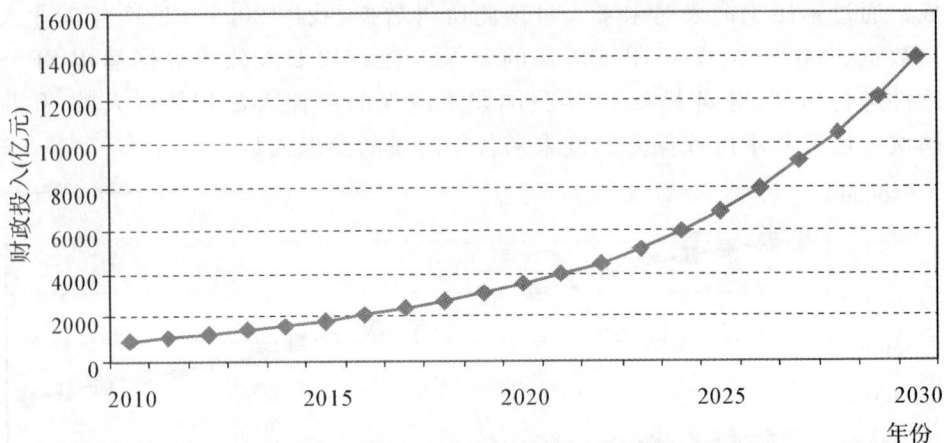

图 4 各年达到全覆盖时当年所需的财政投入

假如城乡居民基本医疗保险制度在 2010 年前进行整合并达到目标人群的全覆盖,当年的财政投入为 934 亿元,在 2015 年、2020 年、2025 年、2030 年前进行整合并达到目标人群的全覆盖,当年的财政投入分别应为 1820 亿元、3496 亿元、6854 亿元、13908 亿元,呈现快速增长趋势。因此越早整合,当年的财政投入越少,财政支付风险较小。如图 5 所示,随着时间的发展,各年达到全覆盖时财政补贴占当年财政收入的比重逐年增大。整合的时间相对较晚,财政支出中需要有更大的一块支出来补贴城乡居民医疗保险制度,但若减少其他方面的财政支出的分配,如基础设施建设等,可能影响经济的发展及人民生活水平的提高。

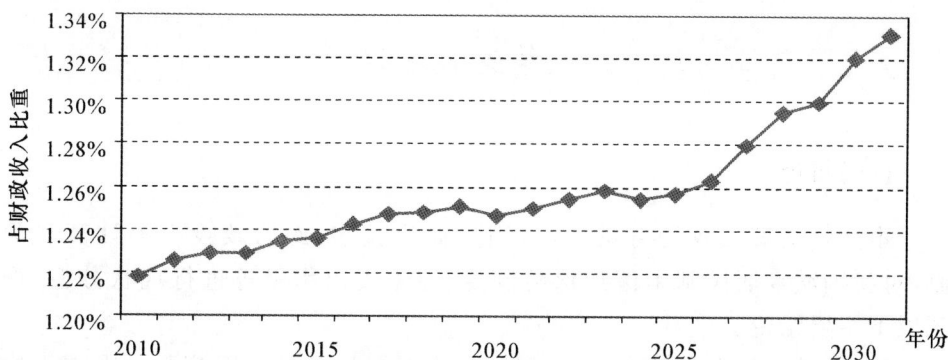

图 5　各年达到全覆盖时财政补贴占当年财政收入的比重

采取不同的补贴标准进行敏感性分析，按照上面测算的各段参保人数和 15％的财政投入增加量，测算出各个年份达到全覆盖时的财政投入情况（见图 6）。

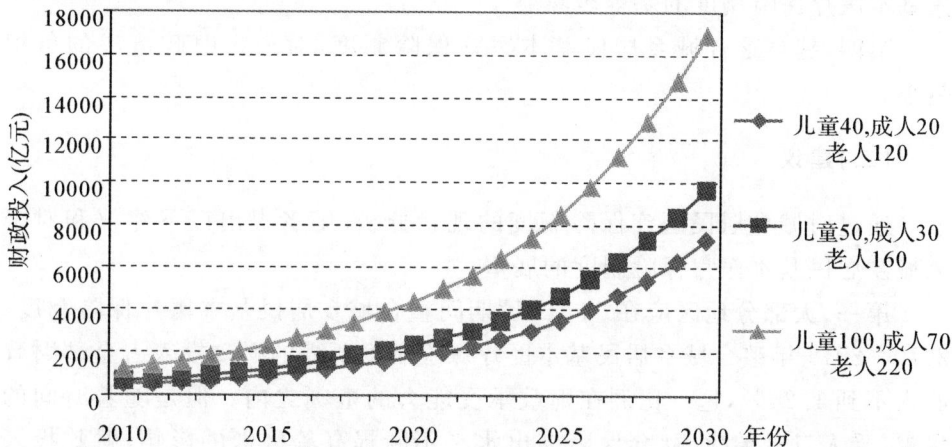

图 6　按照补贴标准进行补贴所需的财政投入

经测算，按照儿童少年每人每年 80 元，非职工医保对象的成人每人每年 50 元，非职工医保对象的老人每人每年 200 元进行补贴，较为合理。按照各年龄段分别为 40 元、20 元、120 元进行补贴，可能无法保证较高的筹资水平，影响保障水平，同时补贴标准较低不利于实现基本公共服务均等化的实现，而如果按照较高的标准进行补贴可能会对财政造成较大的负担。

六、结论和建议

(一)结论

本文在统筹城乡的背景下,运用生命表技术,对财政投入等计算和预测,对我国城乡居民基本医疗保险制度、卫生支出水平等进行现状分析,得到以下主要结论:

第一,城乡社会保障水平差距较大,农村居民的基本医疗服务需求无法得到满足。

第二,农村人口老龄化日趋严重,我国必须尽快建立城乡居民基本医疗保险制度。

第三,借鉴目前已整合或即将整合的城市的经验,构想今后整合城乡居民基本医疗保险制度的基本步骤。

第四,越早整合城乡居民基本医疗保险制度,对未来财政造成的负担越小。

(二)建议

通过对城乡居民医疗保险制度的现状分析,笔者提出以下建议和对未来城乡居民基本医疗保险制度的展望:

第一,大部分地区应在"十二五"期间整合城乡居民基本医疗保险制度。2010—2015年整合城乡居民基本医疗保险制度所需的财政投入占全部财政收入不到1.24%,这一比例在财政承受能力的范围之内。但是随着时间的发展,受人口老龄化、社会保障支出水平不断提高等因素的影响,财政投入需要不断地提高。因此在"十二五"期间,财政支付风险最低。但是考虑到我国部分地区经济较不发达,地方财政收入较少,中央政府应针对不同地区的具体经济实力,分东中西部提供不同的补贴,统筹区域发展,帮助相对落后地区建立城乡居民基本医疗保险制度,并且在2015年前将城乡居民医疗保险定位为省级统筹,在努力实现城乡公平的同时,也应考虑区域发展的平衡,实现区域公平。

第二,选择帕累托改进逐步缩小城乡差距,最终达到大致相同的筹资水平和补偿水平。基于目前城乡之间存在明显差距的现实,现阶段城乡居民不可能享受完全相同的医疗保险水平。如果不考虑财政承受能力而大幅提高城乡居民的基本医疗保障水平，并达到城乡统一的标准，将会破坏国民经济的正常运行。正确的做法应是在财政可承受能力的范围内，财政投入向农村倾斜，选择帕累托改进，快速提高农村居民的医疗保险水平，但同时不降低城市居民的医疗保险水平。农村保障水平的提高速度快于城市，这样逐步缩小城乡差距，同时随着城乡在经济、社会等方面差距的逐渐缩小，最终达到大致相同的保障水平。

第三，明确政府在整合城乡居民基本医疗保险制度的主体地位。在这方面美国的经验对于我国的做法具有很大的参考和警示作用。美国历年来卫生总费用占 GDP 的比重十分显著，明显高于其他 OECD 国家。2007 年美国该比重高达 16％，而 OECD 国家的平均值仅为 8.9％[①]。但是其居民的健康状况却并不理想。2007 年美国的婴儿死亡率为 6.7‰，高于 OECD 国家平均水平的 4.9‰，同时预期寿命却低于 OECD 国家平均水平（美国的预期寿命为 78.1 岁，OECD 国家平均预期寿命为 79 岁[②]）。美国医疗卫生事业的现状是投入高额的卫生费用却没有取得相应良好的居民健康状况，美国没有实行全民医疗保险制度，政府举办的公共医疗保险计划只涵盖少部分人群，主要是穷人的医疗补助计划（Medicaid），老人、残疾人的医疗保险计划（Medicare）和儿童健康保险的 SCHIP，另外绝大部分人群主要依靠雇主型医疗保险计划和商业医疗保险计划。美国私人医疗保险计划的待遇高于公共医疗保险计划，而公共医疗保险计划所涵盖的人群正好是医疗服务最需要的人群。鉴于美国医疗保险制度的经验，我国在整合城乡居民基本医疗保险制度时应明确政府的主体地位，政府应设计公平合理的制度覆盖所有城乡居民，并提供财政支持，促使全国国民享受较高水平且相对均等的医疗保障。

【参考文献】

[1] 李迎生.探索中国社会保障体系的城乡整合之路.浙江学刊,2001(5):72—77.

[2] 孟醒.统筹城乡社会保障——理论·机制·实践.北京:经济科学出版社,2005.

[3] 何平.城乡统筹中的社会保障.中国社会保障,2006(09):19—20.

[4] 张德元.论社会保障的"城乡统筹"与"城乡统一".调研世界,2004(2):29—31.

[5] 郑秉文.中国社保"碎片化制度"危害与"碎片化冲动"探源.甘肃社会科学,2009(3):50—58.

---

① 2009 年《OECD in Figures》。

② 2009 年《OECD in Figures》。

［6］杨翠迎.中国社会保障制度的城乡差异及统筹改革思路.浙江大学学报（人文社会科学版），2004（3）：12－20.

［7］郑功成.中国社会保障改革与发展战略——理念、目标与行动方案.北京：人民出版社，2008.

［8］郑功成.中国社会保障30年.北京：人民出版社，2008.

［9］何平.城乡统筹中的社会保障.中国社会保障，2006（9）：19－20.

［10］米红，王丽郦.从覆盖到衔接：论中国和谐社会保障体系"三步走"战略.浙江大学公共管理学院学报，2008（1）：1－15.

［11］张奇林，杨红燕.中国医疗保障制度改革研究——以美国为鉴.武汉：武汉大学出版社，2007.

［12］Du Lexun，Zhao Yuxin，Shi Guang，Gao Guanyin. Total Health Expenditures (THE) of China—A Econometric Analysis Projection. Chinese Health Economics，2000（3）：62-64.

浙江省新型农村合作医疗筹资水平估算研究

□ 杨一心　裴梦露　陈新彦[*]

　　摘　要：合适的筹资水平和稳定的筹资机制是新型农村合作医疗制度得以建立和有效运行的前提条件。根据国家最新文件要求，新型农村合作医疗政策范围内住院费用报销比率将要提高至 60％，筹资水平相应地需要提高。在此背景下，本研究通过建立数量分析模型，并以浙江省新农合报表数据为基础，测算了补偿方案调整后全省以及 6 个统筹地区的筹资水平。在此基础上，提出了进一步提高新农合保障水平、切实提高筹资水平和稳定筹资机制、探索城乡居民社会医疗保险制度衔接等对策建议。

　　关键词：新型农村合作医疗；筹资水平；财政责任；数量分析

一、引　言

　　2003 年，国务院办公厅转发了卫生部、财政部、农业部关于建立新型农村合作医疗制度意见的通知，新型农村合作医疗制度开始在全国范围内开始试点。近些年以来，新农合覆盖面不断扩大，截至 2010 年 7 月底，新农合参合人数已达 8.34 亿人，加上城镇基本医疗保险制度参保人数 4.16 亿人，全国城乡居民被基本医疗保险制度覆盖的人数已接近 12.5 亿人。新农合事实上承担起了为农村居民提供基本医疗保障的重任，并切实减轻了农村居民的医疗消费负担，这直接体现在保障水平的不断提高上。《国务院办公厅关于印发医药卫生体制五项重点改革 2010 年度主要工作安排的通知》（国办函〔2010〕67 号）又指出，城镇居民医保和新农合政策范围内住院费用报销比率达到 60％ 以上。而补偿水平的提高必须要有一定的筹资水平保证，合适的筹资水平直接影响到制度的持续健康运行，因此研究新农合的筹

　　* 杨一心、裴梦露、陈新彦：浙江大学公共管理学院硕士研究生。

资水平有着重要意义。

根据卫生部相关统计,2008 年人均筹资水平达到 96.3 元,2009 年已经达到 113.4 元。从 2010 年开始,全国新农合筹资水平提高到每人每年 150元,其中,中央财政对中西部地区参合农民按 60 元的标准补助,对东部省份按照中西部地区一定比例给予补助;地方财政补助标准相应提高到 60 元。农民个人缴费由每人每年 20 元增加到 30 元。进入"十二五"时期,农村居民的医疗保障水平会进一步提高,研究新农合的筹资机制以及医疗保险成本分担机制是有必要的。

国内许多专家学者开始探索研究新农合筹资及其相关问题。学界对这一问题的研究主要包括以下几个方面:(1)新农合筹资方法研究。新农合筹资测算的理论基础就是"以支定收",即根据农村居民的卫生服务需要及历史医疗费用支出水平来估计医药补偿水平、保险因子等,再结合补偿率求出费率水平(杨金侠,2005;孟宏斌等,2008)。在测算技术上,许多学者利用卫生部与美国兰德公司在四川眉山、简阳地区实施的农村健康保险项目的实验研究结果来确定保险因子。该实验是在 20 世纪 80 年代开展的,在运用这一实证结果中还是需要注意测算地区的实际情况。还有的学者构建了新农合筹资需求定量分析模型,为科学确立筹资水平提供了参考依据(蔡琳,2007)。(2)新农合筹资机制研究。这一方面偏重于定性研究,包括探讨筹资主体、筹资渠道、筹资方式等。学者们的研究表明,目前存在的问题主要包括参合农民难以维持稳定的筹资水平(琚静,2008)、政府主体责任的缺失(张晓燕等,2010)、有的地区由于筹资方式落后而提高了筹资成本(曲晓鹏,2010)等。专家学者们进而提出了许多筹资机制完善的意见和建议,如优化政府行为,提高参合农民积极性,通过完善相关制度实现筹资水平的动态增长,等等。

浙江省 2003 年开始试点新农合制度,是全国开展试点较早的省份之一。2009 年,全省参合人数 3035 万人,参合率达到 92%,人均筹资水平 179元,所有县(市、区)人均筹资全部达到 140 元以上。全省共有 170 万人次得到住院结报,5000 万人次得到门诊等结报,住院补偿率达到 36.5%,门诊补偿率达到 24%。本研究将以浙江省为研究对象,以数量分析为研究工具,重点考察补偿水平提高后筹资水平的变化。通过本项目的研究,提出合适的筹资水平,目标是在保证基金收支平衡、有效控制基金风险的基础上,配合医疗卫生体制改革的需要,从而切实提高农民的医疗保障水平。

二、数量分析模型

为了准确估算新农合合适的筹资水平,我们需要建立数量分析模型,并以前几年的经验数据为基础,对未来提高保障水平后筹资水平的变化进行分析。根据精算"以支定收"的基本思想,结合新农合现行制度设计,我们建立了以下数量分析模型。

(一)基金收入(Y^k)算法

新农合现行制度规定以户为单位,按照人头进行筹资。从风险管理的角度来说,还需要根据基金运行的状况计提一定的风险基金。因此,新农合基金收入的算法可以表示为:

$$第 k 年基金收入 Y^k = 第 k 年人均筹资额 P^k \times 第 k 年参合人数 L^k - 第 k 年计提的风险基金 F^k$$

(二)基金支出(B^k)算法

新农合在制度实施之初主要是对农村居民大病风险予以保障,这些年来许多地区保障范围不断扩大,开始探索建立门诊统筹,在"保大"的同时逐步开始"保小"。因此,浙江省许多统筹地区基金支出由住院统筹基金支出和门诊统筹基金支出两部分构成。具体算法可表示为:

$$第 k 年基金支出 B^k = 第 k 年住院统筹基金支出 B^k_Z + 第 k 年门诊统筹基金支出$$

由于不同级别医疗机构的补偿水平、医疗费用增长情况等不完全一样,因此对不同级别医疗机构的统筹基金支出分开估算将使最后测算结果更加准确。那么,

$$B^k_M = (B^k_{Z1} + B^k_{Z2} + B^k_{Z3}) + (B^k_{M1} + B^k_{M2} + B^k_{M3})$$

其中:

$B^k_{Z1} = 第 k 年乡级医院住院统筹基金支出;$

$B^k_{Z2} = 第 k 年县级医院住院统筹基金支出;$

$B^k_{Z3} = 第 k 年县外医院住院统筹基金支出;$

$B^k_{M1} = 第 k 年村级医院门诊统筹基金支出;$

$B^k_{M2} = 第 k 年乡级医院门诊统筹基金支出;$

$B^k_{M3} = 第 k 年县级及县外医院门诊统筹基金支出。$

　　这里需要说明的是,有些统筹地区规定在县级及县外医院门诊就诊发生的医疗费用不予补偿,此时 $B_{M3}^k = 0$。

　　下面进一步介绍住院(门诊)统筹基金支出的算法。

　　(1)各级医院住院统筹基金支出 B_{Zn}^k ($n = 1,2,3$)的算法

　　我们需要根据历史经验数据来估算未来住院统筹基金支出的水平。根据"住院统筹基金支出=次均住院费用×实际住院补偿比率×年住院率×参合人数",我们可以得到:

$$B_{Zn}^k = C_{Zn}^k \times R_{Zn}^k \times I_{Zn}^k \times L^k$$
$$= [\, C_{Zn}^{k-1} \times (1 + \alpha_{Zn}^k) \,] \times R_{Zn}^k \times [\, I_{Zn}^{k-1} \times (1 + \beta_{Zn}^k) \,] \times L^k$$

　　其中:

　　C_{Zn}^k =第 k 年乡级(县级、县外)医院次均住院费用;

　　R_{Zn}^k =第 k 年乡级(县级、县外)医院实际住院补偿比率;

　　I_{Zn}^k =第 k 年乡级(县级、县外)医院年住院率;

　　α_{Zn}^k =第 k 年乡级(县级、县外)医院次均住院费用增长率;

　　β_{Zn}^k =第 k 年乡级(县级、县外)医院年住院率的增长率。

　　这里需要说明的是,在国内外许多对于新农合筹资问题的研究中,将($1 + \alpha_{Zn}^k$)称为"增加系数",将($1 + \beta_{Zn}^k$)称为"保险因子"。α_{Zn}^k 和 β_{Zn}^k 两个值需要根据经验数据来确定。

　　(2)各级医院门诊统筹基金支出 B_{Mn}^k ($n = 1,2,3$)的算法

　　与住院统筹基金支出类似,门诊统筹基金支出算法可表示为:

$$B_{Mn}^k = C_{Mn}^k \times R_{Mn}^k \times I_{Mn}^k \times L^k$$
$$= [\, C_{Mn}^{k-1} \times (1 + \alpha_{Mn}^k) \,] \times R_{Mn}^k \times [\, I_{Mn}^{k-1} \times (1 + \beta_{Mn}^k) \,] \times L^k$$

　　其中:

　　C_{Mn}^k =第 k 年村级(乡级、县级及县外)医院次均门诊费用;

　　R_{Mn}^k =第 k 年村级(乡级、县级及县外)医院实际门诊补偿比率;

　　I_{Mn}^k =第 k 年村级(乡级、县级及县外)医院年门诊率;

　　α_{Mn}^k =第 k 年村级(乡级、县级及县外)医院次均门诊费用增长率;

　　β_{Mn}^k =第 k 年村级(乡级、县级及县外)医院年门诊率的增长率。

(三)人均筹资额(P^k)算法

　　在分析了以上收支估算模型的基础上,可以根据基金收支平衡基本模型: $Y^k = B^k$,得到:

第 k 年人均筹资额 P^k

$$= \frac{第\,k\,年统筹基金支出\,B^k + 第\,k\,年计提的风险基金\,F^k}{第\,k\,年参合人数\,L^k}$$

三、实例分析

(一)数据来源

本研究选择浙江省新农合统筹地区为研究对象,利用浙江省卫生厅提供的 2005—2009 年全省新农合报表数据,利用上述模型测算 2011 年浙江省新农合的筹资水平。具体来说,我们选择了全省以及按照经济发达程度区分的三类 6 个统筹地区(分别是经济发达的 A 地、B 地;经济中等发达的 C 地、D 地和经济欠发达的 E 地、F 地)作为估算对象。

(二)估算基础数据

本研究估算需要的基础数据主要是农村居民的参保情况以及统筹基金支出水平的相关数据。具体包括:

1. 参合人数

未来参合人数的变化对新农合筹资水平有重要影响。2009 年底,浙江省新农合参合人数达到 30395604 人,参合率达到 92.32%。其中,参合五保户人数达到 68309 人,参合率为 95.18%;参合贫困人数达到 864038 人,参合率为 95.79%。6 个估算统筹地区的参合人数见表 1。

表 1　估算地区 2009 年参合人数情况　　　　单位:人

类型	统筹地区	参合人数	参合五保户人数	参合贫困人数
经济发达	A 地	809195	794	17609
	B 地	564884	378	10512
经济中等发达	C 地	512996	844	19124
	D 地	123349	160	2055
经济欠发达	E 地	285386	—	7449
	F 地	365904	265	10427

2. 统筹基金支出水平数据

统筹基金支出水平数据包括测算需要的次均住院（门诊）费用、实际住院（门诊）补偿比率和年住院（门诊）率。根据新农合报表数据统计，2009 年全省乡级、县级以及县外医疗机构次均住院费用分别为 3267. 53 元、6373. 16 元和 11616. 57 元，实际补偿比率分别为 41. 15%、37. 19% 和 27. 30%，全省年住院率为 5. 41%。本研究侧重于测算住院补偿方案调整对筹资水平的影响，因此暂不考虑门诊基金支出水平的显著变动。表 2 反映了估算统筹地区住院基金支出水平情况。

表 2　估算地区住院统筹基金支出相关指标

统筹地区	次均住院费用（元）			实际补偿比率（%）			年住院率（%）
	乡级	县级	县外	乡级	县级	县外	
A 地	4452	7556	15208	33. 17	50. 20	58. 80	6. 15
B 地	2338	6347	10072	29. 18	35. 30	37. 73	6. 26
C 地	2835	4779	11026	27. 12	40. 82	42. 50	6. 02
D 地	2519	7399	9029	22. 20	41. 36	39. 29	5. 68
E 地	1750	4105	13442	35. 37	32. 52	30. 02	5. 62
F 地	1800	5080	9418	27. 94	45. 25	26. 00	5. 92

（三）参数假设

根据所构建的数量分析模型，在对统筹地区 2011 年筹资水平进行估算时需要对以下参数作出假设。

1. 参合人数

通过多年来新农合覆盖面的不断扩大，全省参合率已经超过 90%，近一两年来参合人数总量趋于稳定，且考虑到城市化和职工医保覆盖面扩大的影响，我们假设 2011 年参合人数保持与 2009 年一致的水平。

2. 次均住院费用增长率

根据全省经验数据，结合未来趋势分析，我们假设 2009—2011 年次均住院费用的年增长率为 3%。

3. 年住院率的增长率

通过对全省基础数据计算分析，预测 2009—2011 年住院率的年增长率为 12%。

4. 门诊统筹基金支出

假设 2011 年门诊统筹基金支出总额与 2009 年保持相同水平。

5. 实际住院补偿比率

国家对于 2011 年新农合政策范围内住院费用报销比率的要求是达到 60% 以上。按照此要求，本次估算考虑三套补偿方案，相应的实际补偿比率如下：

方案一：假设各统筹地区乡级、县级和县外医疗机构的住院统筹基金实际综合补偿率都为 60%。考虑此方案是假设各级医疗机构住院实际补偿率不低于 60%。

方案二：考虑到医疗机构级别的差异，假设各统筹地区乡级、县级和县外医疗机构的住院统筹基金实际综合补偿率分别为 70%、60% 和 50%。

方案三：根据经验数据，目前医保政策范围内医疗费用占总医疗费用约为 87%~90%，那么如果政策范围内报销比率要达到 60%，实际报销率约为 52.2%~54%（根据"总费用×实际报销比率=政策范围内费用×政策范围内报销比率"计算得到）。以此为基础，假设各统筹地区乡级、县级和县外医疗机构的住院统筹基金实际综合补偿率分别为 60%、55% 和 50%。

(四)估算结果及分析

在以上基础数据及相关参数假设条件下，利用数量分析模型，可以估算出 2011 年不同补偿方案下的估算结果（见表 3）。由此，我们可以得到以下主要结论。

1. 补偿比率提高要求筹资额相应提高

通过表 3 可以发现，三种方案的筹资额水平比 2009 年筹资额水平都有不同程度的增长。以全省数据为例，2009 年人均筹资额为 190.23 元，在不提高门诊保障水平的前提下，三种补偿方案的筹资水平分别为 369.55 元、343.84 元和 328.73 元，比 2009 年分别增长了 94.26%、80.75% 和 72.81%，增长幅度比较大。以补偿方案三为例，统筹地区增长幅度由小到大排序依次为 B 地、A 地、D 地、E 地、C 地、F 地。

按照"以支定收"思路，我们利用模型进一步测算了全省不同目标实际补偿比率下的人均筹资水平（见表 4）。

表3　不同补偿方案下的筹资水平估算结果　　　　单位:元/人

统筹地区	2009 年筹资额	方案一	方案二	方案三
A 地	374.81	534.56	507.23	483.21
B 地	315.28	421.46	388.66	374.81
C 地	179.13	360.07	327.62	315.58
D 地	188.24	358.33	330.38	316.78
E 地	140.00	267.17	251.97	239.10
F 地	140.00	319.90	291.73	280.11
全省	190.23	369.55	343.84	328.73

表4　全省不同的目标实际补偿比率下的人均筹资水平

实际住院补偿比率(%)	35	40	45	50	55	60
人均筹资水平(元/人)	229.72	257.68	285.65	313.62	341.58	369.55

2. 三种补偿方案下筹资额水平有一定差距

补偿方案一是将各级医疗机构的实际综合补偿率都定为 60%,而方案二是将县级医疗机构的实际综合补偿率定为 60%,其他两级医疗机构上下浮动 10%。这样假设得到的结果也有所差别,全省补偿方案一的筹资水平比方案二的筹资水平高出 7.48%。这三套方案具有现实意义的是方案三,因为此方案更接近"政策范围内报销比率达到 60%"的要求,更具有可操作性。

四、对策建议

2009 年国务院《关于深化医药卫生体制改革的意见》提出要加快建设医疗保障体系,特别指出全面实施新型农村合作医疗制度,逐步提高政府补助水平,适当增加农民缴费,提高保障能力。"十二五"时期,浙江省将面临经济社会的全面转型。在转型的大背景下,需要关注社会保障体制如何适应这种变化。根据国家层面对于新农合政策完善的要求和研究估算结果,本文提出以下对策建议。

(一)进一步提高新农合的保障水平

目前,我国社会医疗保障体系由城镇职工基本医疗保险、城镇居民基本医疗保险、新型农村合作医疗以及医疗救助制度构成。存在的突出问题就是不同制度覆盖人群保障水平存在差距。从全国范围来看,2009 年职工医保、居民医保和新农合政策范围内住院医疗费用报销比率分别为 71%、55.7%和 55%;许多地区还没有建立新农合门诊医疗费用统筹制度。因此,无论是从统筹城乡发展考虑,还是从减轻农村居民的医疗负担考虑,都需要进一步提高新农合的保障水平。

提高新农合的保障水平重点要抓好三个方面:一是提高封顶线,各统筹地区要将统筹基金最高支付限额提高到当地农村居民纯收入的 6 倍左右;二是提高补偿比率,即要按照国家要求将政策范围内的住院医疗费用报销比率提高到 60%以上;三是在没有建立门诊统筹的地区建立新农合普通门诊统筹制度,实现从住院保大病向门诊保小病延伸,切实提高农村居民的医疗保障待遇。

(二)切实提高新农合筹资水平,稳定筹资机制

新农合保障水平的提高意味着筹资水平也要相应地提高。根据我们的测算结果,要实现"政策范围内住院费用补偿比率 60%",全省的人均筹资水平约为 330~370 元。因此,还需要进一步提高新农合的筹资水平。而提高筹资水平需要合理的筹资机制来实现,尤其是要明晰各级财政的责任,加大财政投入。以省级财政投入为例,根据历年经验数据,我们测算了人均筹资水平提高以后省级财政的投入额。数据显示,2006—2009 年省级财政投入占总筹资额的比率分别为 7.94%、11.40%、15.31%和 15.85%。假设省级财政投入占总筹资额的比率稳定在 15%,可以测算得到不同筹资水平下相应的省级财政投入总额(见表 5)。

表 5　浙江省不同人均筹资水平下省级财政投入估算总额

人均筹资水平(元/人)	实际住院补偿比率(%)	省级财政投入总额(万元)
320	51.14	145898.90
350	56.51	159576.92
360	58.29	164136.26
370	60.08	168695.60

(三)探索城乡居民社会医疗保险制度衔接

目前新农合的保障水平、筹资水平明显低于职工医保和居民医保,制度分割引发了许多问题。首先,城乡医疗保险制度分割,使广大居民只能根据所属户籍被动加入相应的保障制度,强化了城乡户籍观念,固化了城乡二元结构,不利于公平。其次,由于制度分割,经办管理分属不同机构,实际工作中存在互争参保资源的问题,导致各地普遍存在城乡居民重复参保的问题,进而导致各级财政重复补贴。第三,制度分割需要城居医保和新农合各自建立经办机构和信息系统,增加了管理成本,降低了管理效率,并浪费了大量财政资金。从医疗保险制度建设的自身规律出发,各统筹地区需要积极整合城乡居民社会医疗保险管理资源,实现医疗保险城乡一体化管理。考虑到实际情况,实现医疗保险城乡统筹可以采取分步骤的方式,先整合经办资源,然后统一管理体制,最终实现制度融合。

【参考文献】

[1] 张晓燕,梁倩君.新型农村合作医疗筹资机制研究.管理观察,2010(2):50—52.

[2] 张晓,刘蓉.社会医疗保险概论.北京:中国劳动社会保障出版社,2005.

[3] 何文炯,杨一心,刘晓婷.整合城乡社会医疗保险制度贵在顺势而为.中国医疗保险,2009 (9):32—34.

[4] 蔡琳.新型农村合作医疗筹资需求测算的方法学研究(博士学位论文).复旦大学,2007.

[5] 毛瑛等.新型农村合作医疗门诊统筹补偿比例测算模型构建与应用.中国卫生统计,2010 (3):291—292.

[6] 孟宏斌,陈娥英.西部新型农村合作医疗筹资标准的测算确定.人文杂志,2008(5): 183—187.

[7] 杨金侠,李林贵,李士雪.新型农村合作医疗基金测算方法研究.卫生经济研究,2005(9): 16—17.

[8] 琚静.新型农村合作医疗筹资问题研究(硕士学位论文).陕西师范大学,2008.

[9] 曲晓鹏,邵通,孙健.唐山市新型农村合作医疗筹资问题研究.中国初级卫生保健,2010 (6):7—9.

提高统筹层次对医疗保险基金的影响分析

摘　要:提高职工基本医疗保险统筹层次,必然要求相关政策进行调整,而这些政策调整又必然影响到医疗保险基金。本文着重讨论在提高职工基本医疗保险统筹层次的过程中,缴费基数、个人账户划账基数和医疗保险待遇等重要政策调整对职工基本医疗保险基金可能产生的影响,通过建立具有普遍适用性的定量分析模型,并运用某地级市的真实数据进行了实证分析。本文认为,在提高统筹层次的过程中,应当充分重视医疗保险政策调整对医疗保险基金的影响,要始终把保持基金平衡作为制定政策的前提,尤其是要确定合理的缴费基数、个人账户划账基数和医疗保险待遇,形成合理的方案,把维护社会公平与实现医疗保险制度的持续健康运行有机结合起来。以 H 市的实证分析为基础,作者认为,以用人单位职工工资总额为缴费基数较为合理;以平均工资为划账基数,有利于缩小贫富差距;至于医疗保险待遇,则以逐步统一为宜。

关键词:统筹层次;医疗保险基金;缴费基数;划账基数;医疗保险待遇

一、引　言

现行职工基本医疗保险制度是根据国务院《关于建立城镇职工基本医疗保险制度的决定》(国发〔1998〕44 号)逐步建立起来的。该制度的覆盖范围包括企业、机关、事业单位、社会团体等所有城镇用人单位和职工。在社会保险管理机制中,统筹层次的设置是十分重要的,而且与基金管理有密切关系。根据当时的情况,中央政府明确,职工基本医疗保险实行属地管理。在这一原则下,如何确定基本医疗保险统筹层次变得十分重要。而确定统

* 王淇尧:浙江大学公共管理学院硕士研究生。

筹层次,既需考虑基金的互助共济和抵御风险能力,又需考虑地区间经济发展和消费水平的差异。当时确定的原则是"基本医疗保险以县(市)和地级以上(含地级)城市的本级行政区为统筹地区,由所在地人民政府负全责"。

目前,职工基本医疗保险(以下简称职工医保)在大部分地区实行县市级统筹。这种状况虽然与财政体制和其他行政管理责任机制相适应,但客观上造成了"各自为政"、"一地一策"的局面,引发了诸多问题。关于社会保险统筹层次过低导致的问题,许多学者从不同的角度进行了分析和总结。

归纳起来,低水平的社会保险统筹层次带来的弊端主要有:

基金的规模较小,支付压力大。依据大数法则,让更多的被保险者参加到这个系统中将有利于风险的分担。这是社会保险建立的基本原则。而医疗保险实行县级统筹,统筹单位基金收入极其有限,随着人口老龄化,基金支付压力加重,容易造成赤字。

基金地区间调剂不畅。各统筹地区的基金收支差别大。有些地区基金结余很多,基金使用效率低;有些地区却收不抵支,基金抗风险能力差。而统筹区域的划分为基金圈定了的"势力范围",统筹地区间基金互相不能调剂,有损社会保险的公平性。

政策不统一、管理分散。各个统筹地区政策不统一,有些地区制定了适合本地区的政策,有些地区却没有这样的资源完成,政策制定出台缺乏科学论证。过于细化的统筹层次也造就了众多经办机构,经办人员素质也不整齐。

可携带性差,阻碍劳动力流动。这一点在众多学者的分析中均有不同形式的表述,也是广大参保人最为关注的问题。因为随着市场经济的不断推进,就业人员的工作地区可能经常变动,而"分疆而治"的社会保障势必会制约人才流动。针对基本养老保险统筹层次对人才流动影响作经济学分析,相关的研究表明人才的流动性受地方统筹的严重制约;要彻底打破人才流动的社会保险制度障碍,则必须提高养老保险的统筹层次,直至实现中央统筹(卢驰文,2007)。这一问题从医疗保险的角度来看,就是备受关注的异地就医问题。

此外,低层次的统筹还带来其他问题:加重了企业和个人的缴费负担;信息系统重复建设,资源浪费;由于各地待遇标准的差异,容易造成参保人员的心理不平衡等。

因此,要求提高职工医保统筹层次的呼声渐高。2009年3月,中共中央、国务院发出《关于深化医药卫生体制改革的意见》(中发〔2009〕6号),明确指出"中央统一制定基本医疗保险制度框架和政策,地方政府负责组织实施管理,创造条件逐步提高统筹层次"。

关于提高社会保险统筹层次的研究,过去主要集中在社会养老保险方面,近几年有少量学者关注社会医疗保险统筹层次问题。多数文章主要是分析医疗保险统筹层次低所产生的弊端和带来的问题,也有的提出了逐步提高的方向和发展路径,有的则研究了提高统筹层次将遇到的阻力和需要解决的问题。但是,对于提高统筹层次后的运行机制,尤其是关于提高统筹层次对于医疗保险基金的影响研究不多。事实上,提高统筹层次必然涉及职工医保制度和政策的统一,必然要求筹资水平、待遇标准等政策的一致性,即要把原有各统筹地区的职工医保政策逐步统一起来,这必然会使医疗保险基金平衡的条件发生变化,这就需要有新的基金平衡机制。因此,本文选定其中一个关键性问题——提高职工医保统筹层次对于医疗保险基金的影响进行研究。

提高职工医保统筹层次,影响医疗保险基金的因素很多,本文着重讨论在提高职工基本医疗保险统筹层次的过程中,缴费基数、个人账户划账基数和医疗保险待遇等重要政策调整对职工基本医疗保险基金可能产生的影响。本文分析了职工医保筹资机制,建立了具有普遍适用性的定量分析模型,并针对 H 市进行实证分析,其方法和结论可供各地政府及其医疗保险管理部门决策参考。

二、缴费基数改变对医疗保险基金的影响

目前各统筹地区职工医保的缴费基数和费率不完全一致。因此,如果提高统筹层次,必然引出一个问题,即缴费基数如何统一。由于缴费基数是影响社会保险基金收入的重要影响因素,因而在提高统筹层次的过程中,这个因素自然也是一个重要的因素。事实上,由于各地发展不平衡,地区间工资水平和收入差距较大,医疗保险缴费基数也差异较大。提高统筹层次后,以何种标准确定缴费基数,这是一个重要问题。

(一)分析方法

目前,各地缴费基数的确定方法不同,有的以单位职工工资总额为缴费

基数,有的以省平工资①为缴费基数,有的以市平工资为缴费基数,在提高统筹层次的过程中,需要研究缴费基数的确定方法是否能够统一,以及如何统一。为此,设某市本级目前以单位职工工资总额为缴费基数,而各县采用省平工资或市平工资为缴费基数,若改以省平工资或市平工资为缴费基数,则某用人单位缴费额的变化值=该单位职工平均工资与省(市)平工资的差值乘以缴费费率。若要计算全市本级缴费额的变化,则用全部参保人员的工资分别与省(市)平工资比较,用其差值之和乘以缴费费率。计算过程可以概括如下:

设省月平工资为 S_1,市月平工资为 S_2,缴费费率为 R_1;收入高于省平工资的职工人数为 N_1,其中第 i 个收入高于省平工资的职工工资为 S_i;收入低于省平工资的职工人数为 n_1,其中第 i 个收入低于省平工资的职工工资为 s_i。收入高于市平工资的职工人数为 N_2,其中第 k 个收入高于市平工资的职工工资为 S_k;收入低于市平工资的职工人数为 n_2,其中第 k 个收入低于市平工资的职工工资为 s_k。

1. 以省月平工资为缴费基数

收入高于省平工资的人群缴费变化额为:

总额:$12 \sum_{i=1}^{N_1} (S_i - S_1) \times R_1$ 人均:$12 \sum_{i=1}^{N_1} (S_i - S_1) \times R_1 / N_1$

收入低于省平工资的人群缴费变化额为:

总额:$12 \sum_{i}^{n_1} (S_1 - s_i) \times R_1$ 人均:$12 \sum_{i}^{n_1} (S_1 - s_i) \times R_1 / n_1$

2. 以市月平工资为缴费基数

收入高于市平工资的人群缴费变化额为:

总额:$12 \sum_{k=1}^{N_2} (S_k - S_2) \times R_1$ 人均:$12 \sum_{k=1}^{N_2} (S_k - S_2) \times R_1 / N_2$

收入低于市平工资的人群缴费变化额为:

总额:$12 \sum_{k=1}^{n_2} (S_2 - s_k) \times R_1$ 人均:$12 \sum_{k=1}^{n_2} (S_2 - s_k) \times R_1 / n_2$

(二)实例分析与结论

根据上述分析方法和计算公式,以 H 市为例进行分析。H 市下辖 A、

---

① 省平工资是全省在岗职工平均工资的简称,同理,市平工资是全市在岗职工平均工资的简称。下同。

B、C、D、E、F、G 7 个县或县级市,它们的职工医保基金分别统筹,城区的职工医保由市医疗保险管理部门直接经办,也是一个统筹地区,于是,目前 H 市总共有 8 个统筹地区。

1. 改用省平工资对缴费总额的影响

就缴费基数改变对职工医保基金的影响而论,以 2009 年为例,根据 H 市本级该年度的参保人数和缴费基数,可以计算得到:收入高于省平工资的在职职工有 370400 人,其中缴费基数最高的达到 6479 元,人均高出省平工资 1928.02 元。如果以省平工资为缴费基数,他们的所在单位一年将总共少缴保费 985514965 元。收入低于省平工资的在职职工有 970363 人,其中缴费基数最低的仅 1005.65 元,人均低于省平工资 711.75。如果以省平工资为缴费基数,他们的所在单位一年将总共多缴保费 953110110 元。综合起来,用人单位缴费将会减少 32404854.8 元,也就是说,市本级医疗保险统筹基金将减少收入 32404854.8 元(见表1)。

由此得出以下结论:

(1)如果改用省平工资作为缴费基数,从基金的总体状况看,则会减少基本医疗保险基金收入,因为作为全市总体最大规模的市本级的基金收入会减少。因此,在提高统筹层次的过程中,这一基金缺口需要安排一个填补渠道。

(2)如果改用省平工资作为缴费基数,则收入水平较低的用人单位将增加缴费的负担,而收入水平较高的用人单位将减少缴费支出。从社会医疗保险互助共济的角度看,这样做对公平性将有一定的影响。

表 1 改用省平工资缴费总额的变化

项 目	在职人数 (人)	平均高出(低于) 水平(元)	最高(最低)缴费 基数(元)	缴费总额变化 (元)
高于省平工资	370400	1928.02	6479.00	−985514965
低于省平工资	970363	711.75	1005.65	+953110110
合 计	1340763			−32404855

2. 改用市平工资对缴费总额的影响

仍以 2009 年为例,收入高于市平工资的在职职工有 341664 人,其中缴费基数最高的达到 6479 元,人均高出市平工资 105.75 元。如果以市平工资为缴费基数,他们的所在单位一年将总共少缴保费 49860184 元。收入低于市平工资的在职职工有999287人,其中缴费基数最低的仅1005.65元,人均低于市平工资43.38元。如果以市平工资为缴费基数,他们的所在单位一年将总共多缴保费59821988元。综合起来,用人单位缴费将会增加9961803.84元,也就是说,市本级统筹基金将增加收入9961803.84元(见表2)。

表 2　改用市平工资缴费总额的变化

项　　目	在职人数(人)	平均高出(低于)水平(元)	最高(最低)缴费基数(元)	缴费总额变化(元)
高于市平工资	341664	105.75	6479.00	−49860184.44
低于市平工资	999287	43.38	1005.65	+59821988.28
合计	1340951			+9961803.84

由此得出以下结论:

(1)如果改用市平工资作为缴费基数,从基金的总体状况看,则会增加基本医疗保险基金收入,因为市平工资水平明显高于省平工资,因而作为全市总体最大规模的市本级的基金收入会大大增加。虽然这样的做法可以增加基金收入,但是会增加用人单位的缴费负担,除非适度下调费率。

(2)如果改用市平工资作为缴费基数,大多数用人单位将增加缴费的负担,特别是县级统筹单位所属的用人单位的缴费负担增加更重。这样做,对公平性将有一定的影响,同时也将增加工作的难度。

基于上述分析,如果采用平均工资为缴费基数,将导致"穷人多缴、富人少缴"的局面,这有悖于社会保障的公平性原则。另一方面,如果采用省平均工资为缴费基数,则可能使基金收入出现较大的起伏。所以,以用人单位职工工资总额为缴费基数更为合理。

三、个人账户划账基数改变对医疗保险基金的影响

职工基本医疗保险基金由统筹基金和个人账户基金两个部分组成,其中个人账户基金来源于参保者个人缴费和单位缴费部分的划入。因此,单位缴费部分划入个人账户的基数和比率对于统筹基金有着重要的影响。目前,各统筹地区个人账户划账的政策各有不同。以 H 市为例,市本级以参保者本人工资(退休人员以本人基本养老金)为个人账户划账基数。划账比率根据不同年龄段有 5 种不同的标准,在职职工 35 周岁(含)以下为 0.4%,35岁至 45 周岁(含)为 0.7%,45 周岁以上至退休前为 1%。退休人员 70 周岁

（含）以下为 5.8％,70 周岁以上为 6.8％。在提高统筹层次的过程中,个人账户划账基数和划账比率都是可能调整的。

（一）分析方法

假如职工医保个人账户的划账基数要由参保者本人工资（退休人员的本人基本养老金）改为省（市）平工资,则其对基金的影响可以通过分别计算每类人群本人工资（或基本养老金）与省（市）平工资的差值,用其差值之和乘以相应的划账费率,最后将各类人群的个人账户变化额加总。计算过程可以概述如下:

设省月平工资 S_1 ;市月平工资 S_2 ;个账划账比率 R_2 ;参保人员按上文所述分为五类人群,设第 j 类人群的个账划账比率为 R_{2j} , $j=1,2,3,4,5$,其中收入高于省平工资人数 N_{1j} ;其中第 i 个收入高于省平工资的人本人工资（或养老金） S_{ij} ;收入低于省平工资人数 n_{1j} ;其中第 i 个收入低于省平工资的人本人工资（或养老金） s_{ij} ;收入高于市平工资人数 N_{2j} ;其中第 k 个收入高于市平工资的人本人工资（或养老金） S_{kj} ;收入低于市平工资人数 n_{2j} ;其中第 k 个收入低于市平工资的人本人工资（或养老金） s_{kj} 。

1. 个人账户划账基数从本人工资（或基本养老金）改为省平工资

收入高于省平工资的人群个人账户划账变化额为:

总额: $12\sum_{j=1}^{5}\sum_{i=1}^{N_{1j}}(S_{ij}-S_1)\times R_{2j}$

人均: $12\sum_{j=1}^{5}\sum_{i=1}^{N_{1j}}(S_{ij}-S_1)\times R_{2j}/(\sum_{j=1}^{5}N_{1j})$

收入低于省平工资的人群个账划账变化额为:

总额: $12\sum_{j=1}^{5}\sum_{i=1}^{n_{1j}}(S_1-s_{ij})\times R_{2j}$

人均: $12\sum_{j=1}^{5}\sum_{i=1}^{n_{1j}}(S_1-s_{ij})\times R_{2j}/(\sum_{j=1}^{5}n_{2j})$

2. 个人账户划账基数从本人工资（或基本养老金）改为市平工资

收入高于市平工资的人群个人账户划账变化额为:

总额: $12\sum_{j=1}^{5}\sum_{k=1}^{N_{2j}}(S_{kj}-S_2)\times R_{2j}$

人均: $12\sum_{j=1}^{5}\sum_{k=1}^{N_{2j}}(S_{kj}-S_2)\times R_{2j}/(\sum_{j=1}^{5}N_{2j})$

收入低于市平工资的人群个账划账变化额为：

总额：$12\sum_{j=1}^{5}\sum_{k=1}^{n_{2j}}(S_2 - s_{kj}) \times R_{2j}$

人均：$12\sum_{j=1}^{5}\sum_{k=1}^{n_{2j}}(S_2 - s_{kj}) \times R_{2j}/(\sum_{j=1}^{5}n_{2j})$

(二)实例分析与结论

1. 改用省平工资为基数划账总额的变化

以 2009 年为例,根据 H 市本级该年度的参保人数和缴费基数,可以计算得到:收入高于省平工资的在职职工有 370400 人,退休人员有 27121 人,人均高出省平工资 1800.45 元,其中最高的个人账户划账基数达到 6479 元,最高划账额为 647.9 元/月。如果以省平工资为个人账户划账基数,则收入高于省平工资的人群的个人账户一年将少划入 64292724.4 元。

收入低于省平工资的在职职工有 970363 人,退休人员有 345388 人,人均低于省平工资 1799.77 元,其中个人账户划账基数最低的仅 1005.65 元,最低划账额为 4.02 元/月。如果以省平工资为个人账户划账基数,则收入低于省平工资的人群的个人账户一年将多划入 206816033 元。

因此综合来说,划账总额将增加 142523309 元,即统筹基金将增加支出 142523309 元。值得注意的是,在职职工划账总额将减少 5513592.48 元,而退休人员划账总额将增加 148036901 元(见表 3)。

由此得出以下结论:

(1)如果改用省平工资为基数划账,从统筹基金总体情况看,基金支出将增加。因此,在提高统筹层次的过程中,需要安排这一资金的缺口。

(2)如果改用省平工资为基数划账,划入收入较高群体的个人账户金额会减少,划入收入较低人群的个人账户的资金会增加,这将有利于增加公平性。同时,将增加退休人员的个人账户收入,从而提高他们的医疗保障待遇。

表 3　改用省平工资为基数划账总额的变化

项目	在职人数（人）	退休人数（人）	平均高出（低于）水平（元）	最高(最低)划账额（人/月）	划账总额变化（元）
高于省平工资	370400	27121	1800.45	647.90	−64292724.4
低于省平工资	970363	345388	1799.77	4.02	+206816033.0
合　计	1340763	372509			142523308.6

2. 改用市平工资为基数划账总额的变化

仍以 2009 年为例,讨论以市平工资为基础的情形。收入高于市平工资的在职职工有 341664 人,退休人员有 18407 人,人均高出市平工资 102.07 元,其中最高的个人账户划账基数达到 6479 元,最高划账额为 647.9 元/月。如果以市平工资为个人账户划账基数,则收入高于市平工资的人群的个人账户一年将少划入 919981895.8 元。

收入低于市平工资的在职职工有 999287 人,退休人员有 354102 人,人均低于市平工资 44.33 元,其中个人账户划账基数最低的仅 1005.65 元,最低划账额为 4.02 元/月。如果以市平工资为个人账户划账基数,则收入低于市平工资的人群的个人账户一年将多划入 1549380272 元。

于是,划账总额将增加 629398377 元,即统筹基金将增加支出 629398377 元。值得注意的是,在职职工划账总额将增加 267540124 元,退休人员划账总额将增加 361858252 元(见表 4)。

表 4　改用市平工资为基数划账总额的变化

项目	在职人数（人）	退休人数（人）	平均高出（低于）水平（元）	最高（最低）划账额（元/月）	划账总额变化（元）
高于市平工资	341664	18407	102.07	647.90	−919981895.8
低于市平工资	999287	354102	44.33	4.02	+1549380272.0
合　计	1340951	372509			629398376.2

由此得出以下结论:

(1)如果改用市平工资为基数划账,从统筹基金总体情况看,基金支出将增加更多。因此,在提高统筹层次的过程中,需要安排这一资金的缺口,而且这一缺口比前述方案(按照省平工资)的缺口更大。

(2)如果改用市平工资为基数划账,划入收入较低人群和退休人员的个人账户的资金会增加更多,从而提高他们的医疗保障待遇。这是否符合制度设计的目标,也需要进一步讨论。

3. 建议

事实上,养老金水平普遍低于省平均工资,因此,以省平工资作为个人账户划账基数将导致划入退休人员个人账户的金额增加,造成统筹基金减少。值得注意的是,随着人口结构老龄化,这种影响会加重。所以,我们分别核算了在职职工与退休人员个人账户划账基数改变对统筹基金的影响。

因为基数增大较多,为使划入总量保持平稳,建议调整划入退休人员个人账户的比率。

调整退休人员个人账户比率的计算如下:

目前该市退休人员个人账户划账比率 70 周岁(含)以下为 5.8%,70 周岁以上为 6.8%。要使个人账户划账基数改为省平工资后划账总量保持平稳,则应该降低划账比率。假设分别将以上两个比率调整到 r_1 和 r_2,省月平工资 S_1;市月平工资 S_2;全市共有 n_1 个 70 周岁(含)以下的退休人员,其中第 i 个退休人员的养老金为 s_i,n_2 个 70 周岁以上的退休人员,其中第 j 个退休人员的养老金为 s_j,那么等式 $\sum\limits_{i=1}^{n_1} s_i \times 5.8\% = S_1 \times n_1 \times r_1$ 和等式 $\sum\limits_{i=1}^{n_2} s_i \times 6.8\% = S_1 \times n_2 \times r_2$ 分别成立。

以 2009 年为例,根据该年度 H 市本级的参保人数和缴费基数,可以计算得到:

(1)要使个人账户划账基数改为省平工资后划账总量保持平稳,退休人员个人账户划账比率 70 周岁(含)以下应调整为 4.259%,70 周岁以上为 5.041%。

(2)要使个账划账基数改为市平工资后划账总量保持平稳,退休人员个人账户划账比率 70 周岁(含)以下应调整为 3.982%,70 周岁以上为 4.715%。

基于上述分析,如果以职工本人工资(或养老金)为划账基数,则低收入人群将因此而减少收益,从而出现"富人多得、穷人少得"的状况,这与社会保障的公平性原则相悖。因此,以平均工资为划账基数,有利于缩小贫富差距。

四、保障待遇变化对医疗保险基金的影响

目前各地职工医保待遇存在差距,统筹层次提高后,原先保障待遇低于市本级的那些地区的保障待遇将逐步提高,因此,必然会引起医疗保险基金的变化。而现行职工医保的待遇分为两种情况:一是住院和规定病种的医疗保险待遇;二是门诊医疗保险待遇。从目前情况看,有些地方只有第一项待遇,有些地方含有两项待遇,即既有住院费用的报销,又有规定病种门诊的报销,还有一般普通门诊费用的报销。因此,在提高统筹层次的过程中,

医疗保险待遇的调整可以是一步到位,也可以是分步到位。所以,我们的讨论也分两种情况进行。

(一)保障待遇整体变化对医疗保险基金的影响

这种情况是指在提高统筹层次后各地职工医保的待遇全部统一,参保人员可以同时享受前述两项待遇。从基金支出项目的数量来分析,这种情况下,我们可以假定:"保障待遇水平统一到市本级待遇水平"理解为"各统筹地区人均统筹基金支出达到市本级水平"。需要注意的是,由于各地经济社会发展水平、医疗消费水平的差异,加上各地现行制度与医疗保险待遇的差异,提高统筹层次、实行地市级统筹后各地区可能并不会完全达到市本级的水平。因此,我们考虑各统筹地区整体待遇水平(用年人均统筹支出水平表示)达到市本级的不同程度的情况。以 H 市 2008 年为例,根据该年度各统筹地区的参保人数和人均统筹基金支出水平,我们可以计算得到各统筹地区保障水平达到各种不同程度时所需要增加的筹资额度(见表 5 至表 10)。

表 5　H 市各统筹地区年人均统筹支出水平达到市本级 100% 所需增加的筹资

统筹地区	统筹支出 (万元)	参保人数 (万人)	2008 年人均 统筹支出额 (元)	需要达到的人 均统筹支出额 (元)	增加筹资额 (万元)
市本级	343729.00	170.15	2020.15		
A	46619.00	36.96	1261.34	2020.15	28045.85
B	38675.00	27.51	1405.85	2020.15	16899.40
C	13151.00	8.67	1516.84	2020.15	4363.72
D	9134.00	10.31	885.94	2020.15	11693.78
E	9308.00	7.69	1210.40	2020.15	6226.98
F	6647.00	7.48	888.64	2020.15	8463.74
G	6991.00	5.85	1195.04	2020.15	4826.89
合计	474254.00	274.62			80520.36

表 6　H 市各统筹地区年人均统筹支出水平达到市本级 95% 所需增加的筹资

统筹地区	统筹支出（万元）	参保人数（万人）	2008 年人均统筹支出额（元）	需要达到的人均统筹支出额（元）	增加筹资额（万元）
市本级	343729.00	170.15	2020.15		
A	46619.00	36.96	1261.34	1919.15	24312.61
B	38675.00	27.51	1405.85	1919.15	14120.68
C	13151.00	8.67	1516.84	1919.15	3487.99
D	9134.00	10.31	885.94	1919.15	10652.39
E	9308.00	7.69	1210.40	1919.15	5450.23
F	6647.00	7.48	888.64	1919.15	7708.21
G	6991.00	5.85	1195.04	1919.15	4236.00
合计	474254.00	274.62			69968.11

表 7　H 市各统筹地区年人均统筹支出水平达到市本级 90% 所需增加的筹资

统筹地区	统筹支出（万元）	参保人数（万人）	2008 年人均统筹支出额（元）	需要达到的人均统筹支出额（元）	增加筹资额（万元）
市本级	343729.00	170.15	2020.15		
A	46619.00	36.96	1261.34	1818.14	20579.36
B	38675.00	27.51	1405.85	1818.14	11341.96
C	13151.00	8.67	1516.84	1818.14	2612.25
D	9134.00	10.31	885.94	1818.14	9611.00
E	9308.00	7.69	1210.40	1818.14	4673.48
F	6647.00	7.48	888.64	1818.14	6952.67
G	6991.00	5.85	1195.04	1818.14	3645.10
合计	474254.00	274.62			59415.82

表 8　各统筹地区年人均统筹支出水平达到市本级 85％所需增加的筹资

统筹地区	统筹支出 （万元）	参保人数 （万人）	2008 年人均 统筹支出额 （元）	需要达到的人 均统筹支出额 （元）	增加筹资额 （万元）
市本级	343729.00	170.15	2020.15		
A	46619.00	36.96	1261.34	1717.13	16846.12
B	38675.00	27.51	1405.85	1717.13	8563.24
C	13151.00	8.67	1516.84	1717.13	1736.52
D	9134.00	10.31	885.94	1717.13	8569.61
E	9308.00	7.69	1210.40	1717.13	3896.73
F	6647.00	7.48	888.64	1717.13	6197.13
G	6991.00	5.85	1195.04	1717.13	3054.21
合计	474254.00	274.62			48863.56

表 9　各统筹地区年人均统筹支出水平达到市本级 80％所需增加的筹资

统筹地区	统筹支出 （万元）	参保人数 （万人）	2008 年人均 统筹支出额 （元）	需要达到的人 均统筹支出额 （元）	增加筹资额 （万元）
市本级	343729.00	170.15	2020.15		
A	46619.00	36.96	1261.34	1616.12	13112.88
B	38675.00	27.51	1405.85	1616.12	5784.52
C	13151.00	8.67	1516.84	1616.12	860.78
D	9134.00	10.31	885.94	1616.12	7528.22
E	9308.00	7.69	1210.40	1616.12	3119.98
F	6647.00	7.48	888.64	1616.12	5441.59
G	6991.00	5.85	1195.04	1616.12	2463.32
合计	474254.00	274.62			38311.29

表 10　H 市各统筹地区年人均统筹支出水平达到市本级 70%所需增加的筹资

统筹地区	统筹支出（万元）	参保人数（万人）	2008 年人均统筹支出额（元）	需要达到的人均统筹支出额（元）	增加筹资额（万元）
市本级	343729.00	170.15	2020.15		
A	46619.00	36.96	1261.34	1414.11	5646.39
B	38675.00	27.51	1405.85	1414.11	227.08
C	13151.00	8.67	1516.84	1414.11	−890.69
D	9134.00	10.31	885.94	1414.11	5445.44
E	9308.00	7.69	1210.40	1414.11	1566.48
F	6647.00	7.48	888.64	1414.11	3930.52
G	6991.00	5.85	1195.04	1414.11	1281.53
合计	474254.00	274.62			17206.75

由表 5 至表 10,我们看到,各地保障待遇整体水平达到市本级的程度越高,则需要增加的筹资额越多,反之则越少。因此,在提高统筹层次过程中,确定医疗保险待遇时,我们既要考虑到地区之间的一致性和公平性,又要考虑到资金的筹措,慎重决策。

(二)住院和规定病种待遇变化对医疗保险基金的影响

从前面的讨论我们看到,保障待遇整体变化会引起筹资额的增加。考虑到目前部分县级统筹单位尚未实施普通门诊的统筹,即这些地方的普通门诊只能是个人账户支付或者是直接自费,因此,在提高统筹层次的过程中,可以考虑先把最主要的住院和规定病种先统一起来,而暂不考虑普通门诊,即单纯统一住院及规定病种门诊的待遇水平。于是,我们需要分析各统筹地区年人均住院及规定病种门诊统筹基金支出额均达到市本级水平各种程度的筹资增加额。同样以 H 市 2008 年为例,根据各地提供的数据可以得到表 11 至表 16。

表 11　H 市各统筹地区年人均住院及规定病种门诊统筹支出
达到市本级 100% 所需增加的筹资

统筹地区	住院及规定病种门诊统筹支出（万元）	参保人数（万人）	2008 年人均统筹支出额（元）	需要达到的人均统筹支出额（元）	增加筹资额（万元）
市本级	171647.00	170.15	1008.80		
A	20248.00	36.96	547.84	1008.80	17037.08
B	17870.00	27.51	649.58	1008.80	9882.14
C	8204.00	8.67	946.25	1008.80	542.31
D	4186.00	10.31	406.01	1008.80	6214.76
E	3988.00	7.69	518.60	1008.80	3769.64
F	5341.00	7.48	714.04	1008.80	2204.80
G	4517.00	5.85	772.14	1008.80	1384.46
合计	236001.00	274.62			41035.19

表 12　H 市各统筹地区年人均住院及规定病种门诊统筹支出
达到市本级 95% 所需增加的筹资

统筹地区	住院及规定病种门诊统筹支出（万元）	参保人数（万人）	2008 年人均统筹支出额（元）	需要达到的人均统筹支出额（元）	增加筹资额（万元）
市本级	171647.00	170.15	1008.80		
A	20248.00	36.96	547.84	958.36	15172.82
B	17870.00	27.51	649.58	958.36	8494.54
C	8204.00	8.67	946.25	958.36	104.99
D	4186.00	10.31	406.01	958.36	5694.73
E	3988.00	7.69	518.60	958.36	3381.75
F	5341.00	7.48	714.04	958.36	1827.51
G	4517.00	5.85	772.14	958.36	1089.39
合计	236001.00	274.62			35765.73

表 13　H 市各统筹地区年人均住院及规定病种门诊统筹支出
达到市本级 90% 所需增加的筹资

统筹地区	住院及规定病种门诊统筹支出（万元）	参保人数（万人）	2008 年人均统筹支出额（元）	需要达到的人均统筹支出额（元）	增加筹资额（万元）
市本级	171647.00	170.15	1008.80		
A	20248.00	36.96	547.84	907.92	13308.56
B	17870.00	27.51	649.58	907.92	7106.93
C	8204.00	8.67	946.25	907.92	−332.32
D	4186.00	10.31	406.01	907.92	5174.69
E	3988.00	7.69	518.60	907.92	2993.87
F	5341.00	7.48	714.04	907.92	1450.22
G	4517.00	5.85	772.14	907.92	794.31
合计	236001.00	274.62			30496.26

表 14　H 市各统筹地区年人均住院及规定病种门诊统筹支出
达到市本级 85% 所需增加的筹资

统筹地区	住院及规定病种门诊统筹支出（万元）	参保人数（万人）	2008 年人均统筹支出额（元）	需要达到的人均统筹支出额（元）	增加筹资额（万元）
市本级	171647.00	170.15	1008.80		
A	20248.00	36.96	547.84	857.48	11444.29
B	17870.00	27.51	649.58	857.48	5719.33
C	8204.00	8.67	946.25	857.48	−769.64
D	4186.00	10.31	406.01	857.48	4654.66
E	3988.00	7.69	518.60	857.48	2605.99
F	5341.00	7.48	714.04	857.48	1072.93
G	4517.00	5.85	772.14	857.48	499.24
合计	236001.00	274.62			25226.80

表 15　H 市各统筹地区年人均住院及规定病种门诊统筹支出

达到市本级 80% 所需增加的筹资

统筹地区	住院及规定病种门诊统筹支出（万元）	参保人数（万人）	2008 年人均统筹支出额（元）	需要达到的人均统筹支出额（元）	增加筹资额（万元）
市本级	171647.00	170.15	1008.80		
A	20248.00	36.96	547.84	807.04	9580.03
B	17870.00	27.51	649.58	807.04	4331.72
C	8204.00	8.67	946.25	807.04	−1206.95
D	4186.00	10.31	406.01	807.04	4134.62
E	3988.00	7.69	518.60	807.04	2218.10
F	5341.00	7.48	714.04	807.04	695.64
G	4517.00	5.85	772.14	807.04	204.17
合计	236001.00	274.62			19957.33

表 16　H 市各统筹地区年人均住院及规定病种门诊统筹支出

达到市本级 70% 所需增加的筹资

统筹地区	住院及规定病种门诊统筹支出（万元）	参保人数（万人）	2008 年人均统筹支出额（元）	需要达到的人均统筹支出额（元）	增加筹资额（万元）
市本级	171647.00	170.15	1008.80		
A	20248.00	36.96	547.84	706.16	5851.51
B	17870.00	27.51	649.58	706.16	1556.52
C	8204.00	8.67	946.25	706.16	−2081.58
D	4186.00	10.31	406.01	706.16	3094.55
E	3988.00	7.69	518.60	706.16	1442.34
F	5341.00	7.48	714.04	706.16	−58.94
G	4517.00	5.85	772.14	706.16	−385.98
合计	236001.00	274.62			9418.42

　　比较以上表 5 与表 11、表 6 与表 12、表 7 与表 13、表 8 与表 14、表 9 与表 15、表 10 与表 16，我们可以看出，单纯统一住院及规定病种门诊的待遇水平比统一所有待遇水平各统筹地区需要增加的筹资额小。

(三)另一种测算思路

我们假定:"保障待遇水平统一到 H 市本级待遇水平"理解为"各统筹地区统筹基金补偿比率(统筹基金支出占发生医疗费用的比率)达到 H 市本级水平"。在这种假定下,实际上部分统筹地区的补偿比率已经接近甚至超过了市本级。因此这些地区不需要再增加筹资额。以 2008 年为例,根据该年度各统筹地区的参保人数和人均统筹基金支出水平,可以计算得到表 17。

表 17　H 市各统筹地区补偿比率达到市本级水平所需增加的筹资

统筹地区	统筹支出(万元)	参保人数(万人)	2008 年人均统筹支出额(元)	2008 年人均发生费用(元)	补偿比率	需达到补偿比率	需增加筹资额(万元)
市本级	343729.00	170.15	2020.15	2613.41	0.77		
A	46619.00	36.96	1261.34	1895.56	0.67	0.77	7537.11
B	38675.00	27.51	1405.85	1849.84	0.76	0.77	662.00
C	13151.00	8.67	1516.84	1844.98	0.82	0.77	
D	9134.00	10.31	885.94	2052.57	0.43	0.77	7224.15
E	9308.00	7.69	1210.40	1541.61	0.79	0.77	
F	6647.00	7.48	888.64	1484.89	0.60	0.77	1938.67
G	6991.00	5.85	1195.04	1734.36	0.69	0.77	851.82
合计	474254.00	274.62			0.75		18213.75

如果单纯统一住院及规定病种门诊的待遇水平,即各统筹地区年人均住院及规定病种门诊统筹基金补偿比率(统筹基金支出占发生医疗费用的比率)达到 H 市本级水平。同样以 2008 年为例,根据相关数据可以得到表 18。

表 18　H 市各统筹地区住院及规定病种门诊补偿比率
达到市本级水平所需增加的筹资

统筹地区	统筹支出(万元)	参保人数(万人)	2008 年人均统筹支出额(元)	2008 年人均发生费用(元)	补偿比率	需达到补偿比率	需增加筹资额(万元)
市本级	171647.00	170.15	1008.80	1278.20	0.79		
A	20248.00	36.96	547.84	884.77	0.62	0.79	5560.69
B	17870.00	27.51	649.58	875.57	0.74	0.79	1140.24

续　表

统筹地区	统筹支出（万元）	参保人数（万人）	2008年人均统筹支出额（元）	2008年人均发生费用（元）	补偿比率	需达到补偿比率	需增加筹资额（万元）
C	8204.00	8.67	946.25	1055.13	0.90	0.79	
D	4186.00	10.31	406.01	1181.38	0.34	0.79	5426.85
E	3988.00	7.69	518.60	641.35	0.81	0.79	
F	5341.00	7.48	714.04	1095.05	0.65	0.79	1123.60
G	4517.00	5.85	772.14	1098.29	0.70	0.79	553.82
合计	236001.00	274.62			0.75		13805.20

由此可见，在提高统筹层次的过程中，医疗保险待遇的统一是一个渐进的过程，可以考虑先统一部分待遇，原先待遇较低的地区可以逐步提高，经过一个适当的过渡期之后，再实现完全统一。

五、结　语

由前面的分析我们看到，提高职工基本医疗保险统筹层次是一件复杂的事情，必须综合分析多种因素，并权衡多方利益，才能作出决策。在提高统筹层次的过程中，应当充分重视医疗保险政策调整对于医疗保险基金的影响，要始终把保持基金平衡作为制定政策的前提，尤其是要确定合理的缴费基数、个人账户划账基数和医疗保险待遇，形成合理的方案，把维护社会公平与实现医疗保险制度的持续健康运行有机结合起来。从以 H 市为例的实证分析看到，以用人单位职工工资总额为缴费基数，要比以省平工资和市平工资为缴费基数更为合理；以省平或者市平工资为划账基数，有利于缩小贫富差距；至于医疗保险待遇的统一则应当是一个渐进的过程，原先待遇较低的地区可以逐步提高，经过一个适当的过渡期之后，再实现完全统一。

【参考文献】

[1] 仇雨临.中国医疗保障制度的评价与展望.载：医疗保险优秀论文集 2004.北京：中国劳动社会保障出版社，2004.

[2] 胡大洋.关于完善社会医疗保险制度的几点思考.载：医疗保险优秀论文集 2005.北京：中国劳动社会保障出版社，2005.

[3] 李祚文.浅析统筹层次对基本医疗保险制度的影响.江西煤炭科技，2005(2).

［4］辛宝海,卢驰文.推进财政体制改革提高社会保险统筹层次.理论探索,2006(5).

［5］谭俊练.城镇医疗社会保险统筹单位由市级转向省级探究.金融经济,2007(3).

［6］赵澍雨.要适时提高城镇职工医疗保险统筹层次.社保论坛,2008(3).

［7］孙爱国.提高统筹层次推动社保进程.中国科技博览,2009(6).

［8］黄丞,刘欣.基本医疗保险适度水平相关研究综述和启示.系统工程理论方法应用,2004(2).

［9］何平,汪泽英,谭中和,李红岚,董朝晖,武玉宁,李常印.中国城镇职工基本医疗保险基金收支监测预测预警系统.载:和谐社会与社会保障.北京:中国劳动社会保障出版社,2006.

［10］何文炯,徐林荣,傅可昂,刘晓婷,杨一心.基本医疗保险"系统老龄化"及其对策研究.中国人口科学,2009(2):74—83.

国际经验和中国社会福利体系的发展

——有关浙江省"十二五"社会福利规划的研究

□ 林 卡*

摘 要:中国的经济发展目前已经登上新台阶,这为中国社会福利事业的发展提供了新的基础和设立了新的发展目标。在目前,中国经济总量在世界排名中已经达到第二位,但是在社会保障和社会福利的相关指标上,其国际排名还远远落后于发达国家。为此,我们有必要借鉴发达国家在发展社会福利方面所获得的经验,并在此基础上来思考我们的发展道路。本文回顾了国际社会福利发展历程和经验,并对中国特别是浙江省的社会福利发展状况作了一些分析,以便为"十二五"规划的设计提供一定的理论依据。

关键词:社会福利;"十二五"规划;社会保障;社会发展;社会规划

导 论

社会福利体系不仅关系到人们生活状况的保障和社会质量的提升,也是维护社会稳定和长治久安的一项重要制度。在中国进入一个新的历史发展时期,我们有必要在新的背景中来讨论如何构建新型社会福利体系这一问题。这是我们所进行的社会建设工作的重要方面,也是我们进行制度创新努力的重要领域。为此,我们要思考如何在市场经济体系的条件下发展社会福利事业,把它作为缓解由市场经济的发展所导致的种种社会矛盾的一个基本机制,并增进人们的社会安全程度和满足人们基本的福利服务需求。由于任何制度建设和体系发展的努力都是以一定的理念作为导向的,我们的福利体系建设工作也要讨论如何确立新的理念和新的发展目标。这些理念和目标将会引导我们的福利体系走向新的发展方向。

---

* 林卡:浙江大学公共管理学院教授。

　　自 20 世纪 80 年代中期以来,"社会福利社会办"这一口号就一直是中国社会福利体系发展的主导理念。这一理念主张在向市场经济转轨的过程中,企业福利和国家福利要逐渐地"退出",由为社会机构所提供的"社会福利"所替代(何忠洲,2009;林卡,2010)。但是,在新的社会经济条件下,这一理念对于引导中国福利体系的进一步发展已显得不够了。在经济发展和公共财政能力不断增强的基础上,我们今天所关注的是如何通过公共财政的手段来支持社会福利事业的发展,以强化公共福利的手段(特别是国家福利的供给)发展社会福利事业。这就要求我们在"十二五"规划的研讨中,探讨如何在新的经济基础上,按照新的理念,针对新的目标,采取新的手段和思路来推进福利体系的发展,进行制度创新。

　　因此,中国福利体系的转型及其下一步的发展战略,势必与城市化、市场化和工业化进程密切相关。为了探究中国福利体制的发展方向,我们有必要借鉴国际经验,考察各工业化国家在发展社会福利体系方面所具有的经验,以便深入地认识工业化和市场化进程与社会福利发展之间的内在联系(李迎生,2004)。事实上,世界各国在不同的工业化、城市化和市场化发展的阶段上,其所具有的福利发展的目标及其任务都会有所不同。在今天,人们谈论发达工业化国家在人均 GDP 跨越 6000 美元这一门槛后在发展社会福利方面所面对的问题和采取的手段。这些经验对于我们设立社会福利体系发展的下一步目标具有积极的意义。在浙江省,我们的经济发展水平已经跨上人均 GDP6000 美元这一台阶。因此,我们在进行"十二五"规划的讨论中,有必要回顾这些国家的发展经验,并评估这些经验对于中国福利体系发展的借鉴意义。

一、从国际经验看社会福利体系发展的趋势

(一)国际经验:达到 GDP 6000 美元之后的发展任务

　　在当代社会,社会福利体系的发展与城市化、工业化、现代化的进程密切相关。正如沃伦斯基等人早在 20 世纪 60 年代中期通过对世界各国经济发展进程数据的比较分析中所指出的,经济增长与政府公共投入(特别是社会服务方面的开支)存在着正相关性(Wilensky and Lebeaux, 1965; Wilensky, 1975)。在当代中国,我们也正在经历快速的工业化和现代化进程。市场经济体制的发展改变了社会结构,并要求我们在新的社会背景中

考虑福利体系的发展问题。在这一进程中,考察西方发达工业化国家所走过的历程以及它们在发展福利体系方面所获得的经验和教训,可以帮助我们把握这些国家的福利体系演进的一般规律。由于这些国家在城市化、工业化、现代化的进程中起步较早,它们的经验对于我们探索工业化、现代化进程对福利体系发展的影响,以及在此过程中人们观念的演变和社会结构的转型的影响,具有借鉴意义。这些研究能够为我们思考中国福利体系的下一步发展所要面临的问题,并通过十二五福利发展规划的设计来解决这些问题,提供一定的启发。

综观欧美发达国家在 20 世纪所经历的社会福利体系发展进程,我们可以看到,当经济发展的水平超越了人均国民总产值 6000 美元的阶段之后,政府在社会福利方面的投入将会逐渐加大,并开始构建起各自的福利国家体系。在英国,其人均 GDP 在 40 年代已达到 6000 美元之上(以国际元即 G－KD 美元作为衡量单位,见附表 1),而正是在这个时候,贝弗里奇提出了"福利国家"的理念。随后,德国、法国,和其他欧洲十国也在 50 年代中期达到人均 6000 美元的阶段(见附表 1),并在二战后进入福利国家建设时期。尽管当时欧洲各国的社会经济发展状况很不一样(有二战中的战胜国也有战败国),但它们在战后进行的社会建设中所呈现出的方向大体一致,即由传统的"残余补缺式"的社会福利模式(郭士征,1996)演化为以社会再分配机制为基础的福利国家体系。

这一转化进程可以由一系列数据反映出来。以社会保障开支占 GDP 的比重来说,一些发达国家在 20 世纪 60 年代,当人均 GDP 超过 1000 美元时,其社保总支出占 GDP 的比重大多超过 10%(除日本外,见附表 2)。而在 70 年代中期以后,许多工业化国家的福利支出在 GDP 比值的 20% 以上并在 80 年代有的超过 30%(见附表 3)。到了 90 年代,这一发展进程已经培育了一个庞大的公共福利体制,正如一些数据所反映的,在 90 年代前期,一些国家的社会保障支出占中央政府的财政总支出的比重在 30%～48% 之间(见附表 4,世界银行 1997),其社会保障总支出占 GDP 的比重在 30% 左右(见附表 5)。这反映了战后工业化国家的国家福利体系的扩展和社会政策发展的基本导向。

二战以后,各国社会福利体系的发展的另一个突出特点是把以往的济贫、社会救助等针对具体社会问题的政策制定走向了制度建设和机制建设。这些努力使现代福利国家制度成为这些国家中一个不可或缺的基本社会制度,从而提升了社会保障/社会福利体系在各种社会制度中的重要性。这一制度建设的努力取得了十分积极的成效。在西方资本主义国家的工业化进程的早期阶段,劳资冲突和阶级冲突通常是社会的主要矛盾。而在二战以后,福利国家通过社会政策和社会服务手段缓解了社会矛盾,调和了阶级利益,增进了社会和谐(林卡、陈梦雅 2008)。因此,在二战以后的发展中,社会福利体系成为发达资本主义国家中维护社会稳定的一个基本机制。这一机制为社会政策大家替特穆斯描述为制度化的福利国家体制 (Titmuss,1974)。特别是在经历了 70—80 年代的福利国家的黄金时期后,该体系在这些国家中被确立为保障人们生活的最基本的社会制度。

与此相适应,公共福利体系的强化为人们理解社会问题提供了新的基础。人们逐渐把公共福利的提供看成是公民所应享有的社会福利,而不断成长起来的收入再分配机制也为确保人们的公民权提供了制度性的保障(George and Wilding,1994)。由此,在战后西方福利国家中,马歇尔的公民权理论、蒂特穆斯的制度主义的福利模式(Titmuss,1974),以及社会民主主义的社会公正和社会团结理念,就成为这些国家的伦理基础和社会政策制定的价值导向(Hardy,1981)。国家福利的增长强化了公民与国家的关系,淡化了人们的阶级意识,这使社会公正和普惠主义这些理念在社会上流行起来。在福利国家的"黄金时期",人们把普惠主义福利模式作为追求目标,把北欧国家高度发展的国家保障模式作为榜样。尽管在 80 年代后期以后,普惠主义的理念受到了自由主义的社会政策理念的挑战和批评(Pierson,1994),但作为价值基础,这些理念仍然是福利国家体系得以运作的规范基础。

伴随着战后福利国家体系的不断成长,其公共服务政策和福利服务体系也在不断成长,并成为"福利国家"体系的重要组成部分。在早期,许多欧洲国家也具有家庭津贴和针对老人和贫困家庭提供的市政家政服务和公共福利帮助(Sipila,et al.,1997);但在二战以后,随着国家福利体系的成长和公共福利投入的增加,这些国家制定了一系列的诸如老年津贴、儿童津贴、照顾津贴等家庭政策。这些政策往往具有普惠主义的特点,并在随后的发展中,逐渐被人们当做是公民福利和福利权利的基本内容(见附表 6)。这一以公共福利服务为导向的福利发展在 80 年代中期以后受到了女权主义等社会群体的大力推进,从而使社会服务和福利照顾成为福利体系发展的一个焦点领域(Sainsbury,1996)。这一发展助长了公共部门的扩张。在北欧的一些国家,在公共部门就业的雇员总数中,有 60% 以上的公共部门的雇佣者从事与社会服务相关的社会工作(Sipila,et al.,1997)。

（二）当代社会福利体系发展的新环境

自 20 世纪 90 年代以来,在国际社会政策的领域中自由主义的理念十分流行,形成了对于公共福利进行缩减的呼声(林卡、陈梦雅,2008)。在西欧福利国家中,也出现了对国家福利体系和普惠主义的理念的批评声。当时,以私有化为导向的福利改革和工作福利的理念为许多人所倡导。然而,欧洲福利国家在经历了 10 年的以私有化为导向的福利体系改革之后,出现了对于国家福利现象的重新肯定这一"反弹"现象(Kuhnle,2000)。在这些国家中,随着国家福利的削减,出现了日益严重的社会排斥情况,并使许多社会边缘群体出现了"返贫"现象。这些现象缓解了人们对于"国家福利"体系的批评。目前,人们对于福利国家的讨论问题不在于福利国家能否生存,而在于如何提高这一体系所共有的国际竞争力和抗打击能力。

在欧洲之外,特别是在东亚地区,自 20 世纪 80 年代后期至今,是一个公共福利体系快速扩大的时期。许多国际比较研究显示,在东亚后起的工业化国家中,其社会福利开支在国民总产值中所占的比率一般很低(Jacobs,1998)。然而,从 90 年代以来,许多东亚国家/地区出现了公共福利扩展的势头。这一发展伴随着在这些国家中所出现的民主化进程,从而使福利权利和对民众福利状况的公共服务和保障的关注成为社会的核心议题(Walker and Chack-Kie,2005)。因此,在某种意义上说,当经济发展到一定程度,社会的贫富差距和阶级分化程度也就随之加大,而随着社会日益富裕,民众对于政府的要求也不仅仅停留在如何解决温饱问题,而是开始出现公民权、福利权利和社会服务需求等方面的呼声。这就给政府对社会政策的制定形成了一定的政策和社会压力,从而迫使政府发展社会政策以缓解日益增长的社会压力。

因此,在当今世界的社会政策讨论中,来自西欧福利国家的经验展示了国家福利体系(或公共福利体系)的发展是当代社会所必需的一种基本的社会制度和社会稳定器。削减这一体系将会招致社会风险,并且在社会政策的实践中,那些以私有化为导向的改革事实上也难以推进得很远。另一方面,来自东亚国家的经验表明,当社会经济发展跃上一个新台阶,当社会走向富裕的时候,人们对于政府的要求也会随之提高,政府在社会管理方面所面临的社会风险和政治风险也会随之加大。这种状况迫使各国政府去发展社会福利从而确保其体系的合法性。而且,随着这些社会变化,人们的权利意识不断增强,从而要求政策制定者确立新的发展目标,采取新的政治手段,奉行新的政策理念来解决其所面临的新的问题。这些经验对于中国发展社会福利体系方向的讨论都具有一定的借鉴意义。

不仅如此,在讨论社会福利体系在当代的发展时,我们也要超越国家政治的层面去评估全球化进程所带来的影响。在当代社会,社会政策的制定常常会受到国际社会政策的理论和实践的影响。例如,20世纪90年代的自由主义社会政策思潮对中国的福利体制改革就有一定的影响。由于我们今天与世界各国面临着一些共同的社会政策问题,这些问题促使我们通过政策学习、观念交流、学术互动等方式来学习国际经验,以提高我们应对这些问题的挑战的能力。对这些问题的讨论可以使我们开拓思路,开阔视野,在新的背景中来思考我们的发展问题,并采用新的价值标准来评估我们当今不断变化的社会生活体系。它将有助于我们思考如何在新的环境中改革旧的体制,以及借用什么新的政策手段来回应今天我们所面临的种种问题。

举例来说,在我们所面临的当今社会的各种挑战中,其中一个尖锐的挑战就来自于老龄化社会的到来。老龄化社会的到来意味着老龄服务需求的增长。由于传统的社会服务体系已经不能够满足人们的服务需求。这就要求政府发展广泛的公共服务体系来作为替代以满足老龄化社会的需求。在北欧,福利国家的发展使政府所提供的家庭照顾服务的使用者的比重不断提高(见附表7、附表8),而老龄化社会的到来加速了国家福利体系的扩展,因为对老年人提供公共的机构养老和居家养老服务是导致福利部门快速扩展的重要原因。因此,如何应对老龄化社会的挑战是全球所面临的共同问题,在我们进行社会福利体系的发展中,我们也要把老龄化社会所带来的问题作为背景条件来考虑,并要借鉴各国经验,来应对老龄化的挑战。

同时,在全球化的今天,各国不仅处在经济发展的相互竞争中,也处在社会发展程度的比较中。在此,人们常常采用联合国体系所采纳的人文发展指数的排序或者一些社区发展和生活质量的指数来展开比较。以人文发展指标为例,根据2008年和2009年排名,前20位的国家基本上都是各种类型的福利国家(尽管在不同的年份名次会有所差别)。在讨论全球化竞争问题时,我们所面临的不仅仅是经济发展的竞争,更是生活质量和社会质量状况的竞赛。一个良好的社会不仅仅需要有高度的社会发展,更需要有高度的社会质量和民众的生活质量。在此,社会福利体系的发展及其所起的作用为这些国家在国际竞争中具有优先地位提供了基本的前提。

二、中国福利体系的发展所面临的基本环境条件

（一）发展态势

综观国际经验，我们看到在经济发展走上一定的台阶之后，推进社会福利体系的成长（特别是发展公共服务福利事业）就成为这些国家社会建设的基本内容。在中国，改革开放 30 年的发展历程已取得伟大的经济成就。中国大陆的人均 GDP 已经在 2006 年超过 2000 美元，并在 2009 年超过 3000 美元。这种快速经济发展的态势也体现在地方经济的发展中。以浙江为例，改革开放之初的 1978 年到 2007 年，浙江省的 GDP 总量从 124 亿元增长到 18640 亿元，人均 GDP 从 331 元增长到 37130 元（5000 美元），财政总收入从 27 亿元增长到 3240 亿元，城镇居民人均可支配收入从 304 元增长到 20574 元，农村居民人均纯收入从 165 元增长到 8265 元，2004 年，农村全面小康实现程度为 58.9%（全国 21.6%），在全国排名第一。到 2009 年底，全省人均 GDP 达到了 33987 元，城乡居民可支配收入达到了 25000 元（国家统计局）。

但是我们也要看到，在福利体系的发展和社会福利开支方面，中国在国际排名中仍然处在世界各国的后面。例如，直到 2006 年，中国社会福利（除去医疗保障）方面的开支占 GDP 的比重仅为 4%（见附表 9），低于英国的战前水平（与英国的 1940 年的数据相当）。尽管近年来政府的财政收入大幅度增长，在社会保障方面中央政府的开支也在加大，（从 1998 年的 774 亿元增长到 2006 年的 4019 亿元），但社保总支出占 GDP 的比重仍处在 6.00% 的水平（刘文海，2010）。这一数值与发达国家相比仍很低。在社会服务方面，我们只有不到 4% 的老人处在机构养老中，而北欧国家在 20 世纪 60 年代机构养老的比重就在 5%～7% 之间，受到居家养老服务的老人有 20% 左右（见附表 7、附表 8）。这种状况与我们的国际经济地位很不相称。

不仅在公共投入上，中国在社会福利方面的投入占 GDP 的比重也远远落在发达工业化国家后面；而且在制度建设上，我们在社会政策的许多领域（特别是在家庭政策领域）才刚刚起步，在社会津贴方面还存在着空白。尽管随着近年来公共福利项目的涉猎和发展，人们对普惠主义观念和社会再分配观念的评价发生了变化，但在政策层面，许多社会保障和社会服务的项目（特别是对于农村居民）尚处在起步阶段。这种状况说明，在我们下个五

年和十年的社会发展计划中,强化社会福利体系的发展应该成为我们社会建设中的一个重要方面。

除了以上所述的中国社会福利体系的目前状况外,发展社会福利体系的紧迫性还由于以下三方面的社会环境因素:首先是不断加大的收入差距和由此造成的日益增长的社会风险。根据世界银行提供的数据,全世界基尼系数高于中国的国家只有 29 个,包括 27 个拉丁美洲、非洲国家和 2 个亚洲国家(马来西亚和菲律宾)(见李欣欣,2008)。对此,我们不仅要通过社会保障的手段进行收入再分配以缓解收入差距,也要通过发展社会服务体系的手段来缓解社会矛盾,降低社会风险。这就要求我们把社会福利体系看成一个既包括社会服务也包括对生活的基本保障的广泛的社会制度设置,注重社会保障与社会福利事业的相互促进及其内在关系(尚晓援,2001),增进社会政策与社会服务这两方面手段的综合运用,以此来缓解社会矛盾。只有在这一意义上来理解,我们才能充分评估社会福利发展所具有的意义。

其次,中国社会面临着老龄化的挑战。在我国,2007 年底,中国老年人口(65 岁及以上)为 1 亿,约占总人口的 8.1 %。根据相关的预测,中国老龄人口到 2020 年将达到 2.48 亿,老龄化水平将达到 17.17%。老龄化社会的到来不仅会在养老保障体系和照料服务体系方面带来巨大挑战,从而影响社会福利需求的总体状况,也会影响社会福利服务的供给状况。例如就财政压力而言,中国财政对养老保障的补助支出在 1997 年仅为 50 多亿元,到了 2006 年则为 971 亿元(刘文海,2010)。这就给我们发展社会福利体系提出了新的任务,具有新的内容。这种情况要求我们在制定在未来五年和十年的社会福利体系的发展规划中,要采取新方法新措施(甚至是社会福利服务的新模式)来应对这一挑战。

第三,经济发展也会改变人们的生活方式和思维方式,使人们对社会福利体系的理解发生变化。正如东亚一些国家的发展经验所表明的,当社会不断走向富裕的时候,经济生活水平的保障已不再是其社会中广大民众生活中的主要问题,救助型和保障型的福利理念已经显得十分局限。因而,在更为广泛的社会领域中发展社会服务,满足人们对社会服务的数量和质量方面提出的更高要求,将成为福利服务的重要内容。在中国,研究者观察到从 20 世纪 90 年代中期开始,人们对与福利相关的概念的理解开始发生深刻的变化(Lin 2009)。在政府大力推进各种社会保障项目特别是对城市居民最低生活保障项目的设置方面所做的努力的影响下,各种普惠主义的福利权利的观念和社会公正的观念不断地流行起来。近年来出现的农村低保制度、新型养老保险,以及农村新型医疗保险的发展更强化了这一趋势。

显然,一个国家的福利发展状况与该国的经济社会发展阶段相联系(见附表10)。在中国,快速的经济发展已经与我们落后的公共福利的供给状况不相适应。加速社会建设,发展新型福利体制,就成为现阶段的重点任务之一。在此背景下,我们对于社会福利问题的理解要超越于以往的以济贫救助为重点问题的福利体系的发展导向,而要强化这一体系为社会大多数人群服务的功能使社会福利体系能够成为为全体群众(而不仅仅是针对福利需求群体)提供广泛的服务。它不仅仅要为人们提供社会帮助和社会保障的基本社会安全网,也涉及人们的生活质量和社会质量方面的制度建设过程。这种理解不仅对于我们讨论国际社会政策和评价西方福利国家会产生重要影响,也会为中国福利体系的发展形成了有益的价值理念和评估参照系。

(二)讨论"十二五"规划相关问题所具有的新的社会经济基础

要应对实践所提出的要求,我们既要看到我们所面临的任务和目前存在的问题,也要看到我们所具有的新的发展基础。对这一基础的深入认识是我们设计十二五规划的前提条件。从2004年以后,中国社会确立了以"和谐社会"的理念作为发展导向,这为人们在评估和探索社会福利的发展理念方面开辟了新的思路。在这种导向中,民生建设和社会福利事业的发展被放到一个重要的地位,并以此作为缓解由片面追求经济发展所导致的各种负效应的有效的政策手段。由此,在2005年所形成的十一五规划中,对社会福利体制的演进及其发展方向已经出现了一些新的思路、新的观念和政策探索。在讨论十二五规划的议题中,我们要立足于"十一五规划"期间取得的成果,在进一步推进社会福利体系的发展方面作出种种探索。

为此,我们将从以下四个方面来展示这一发展进程所形成的新的基础,而这一基础是我们进行十二五规划设计的前提条件:

首先,近五年来,在社会福利的研究领域中有两个理念十分盛行:一是"适度普惠"的理念。这一理念反映了普惠主义的原则,它为中国社会福利体系的发展提出了新的方向。二是"公共服务均等化"的原则。这一理念对缩小城乡差别,缓解并最终消除城乡二元结构所带来的消极影响具有重要意义。在制定"十二五"规划的过程中,我们要充分考虑到这些新理念的影响,并把他落实到政策实践的层面上,为我们发展新型的社会福利体系提供一定的价值导引。

其次,在讨论浙江省"十二五"规划的过程中,我们也要看到"十一五"规划的执行为我们设立并推进十二五规划期间所具有的工作目标奠定了实践基础。2006年以来,浙江省制定和执行了社会福利"十一五"规划。这一规划是浙江省乃至全国范围内首次出现的省级政府的社会福利发展规划。它提出了构建新型福利体系的目标,力图把传统的、具有救助补缺型色彩的福利体系转型为以普遍的社会服务和城乡一体化发展导向的新型福利体系(浙江省民政厅,2006)。经过五年的实践探索,新型福利体系取得了初步成效。在"十二五"规划制定过程中,我们可以总结经验,结合浙江省社会经济发展现状提出新的工作任务,以推进和完善新型社会福利体系的发展。

第三,在讨论"十二五"规划的问题时,我们也要明确意识到这一讨论是在新的经济发展的基础上进行的。改革开放30年来,浙江省的经济成长取得了巨大的成绩,在全国各省市的人均国民总产值的排名中,浙江省名列前茅。目前,浙江省的人均国民总产值已经跨入了人均6000美元的阶梯(国家统计局,2010)。"十二五"期间,我省将处于人均GDP7000美元向10000美元的跨越,是其经济社会处于转型发展的关键时期(浙江省改革发展委2010)。这一转型时期可以为我们推进新型福利体系的发展提供许多新机遇、新条件、新手段。

第四,我们也要意识到,随着经济的发展和人们生活水平的提高,人们对于社会福利和公共服务方面所具有的需求或所提出的要求也与以往不同了。以往以社会救助或社会保护为特征的福利提供已经显得不够了,人们要求福利服务的多样化、规范化,能够满足人们不同的社会福利服务的需求和提供各种各样的社会福利服务。我们要把福利服务的焦点从针对社会福利需求的特殊群体转向社会普通民众。当然,我们也要针对特殊的福利需求群体(特别是老龄群体)提供有效的福利服务。

因此,在进行"十二五"规划的讨论中,我们要在新的基础上来讨论目前所面对的问题。这些基础条件设立了"十二五"规划制定和实施的背景因素。在对这些背景条件展开分析的基础上,我们将在以下的讨论中,把研究重点转向浙江省社会福利体系发展的相关问题,探索浙江省在建立新型社会福利体系进程中所要采取的政策措施和关键问题,从而为浙江省"十二五"社会福利发展规划的制定提出我们的建议。

三、浙江省新型福利体系的发展及其存在的问题

（一）社会福利体系的发展

在"十一五"社会福利发展的规划中，浙江省政府提出以建设新型社会福利体系作为其在未来五年中的发展目标（浙江省民政厅，2006）。这一体系强调以城乡统筹和适度普惠的因素作为构建这一体系的基础。它改变了以往以集体福利、单位福利和劳动者的福利权利所构成的旧的福利体系的价值基础，而把福利发展的焦点问题转向社会运作和公共责任。通过五年来的社会福利工作和政策实践，浙江省在发展各项社会福利项目以及机构福利和社区福利方面都取得了很大的进展。例如，在推进农村低保"星光之家"等方面的工作，以及构建福利服务的信息平台等方面的工作，都取得了积极的进展。这些工作从不同角度推进了福利体系的转型，并开始培育包括福利权利和公共福利理念的新的价值导向。具体地说，这些发展可以体现在以下方面。

1. 对"适度普惠"的理念逐步达成共识

在"十一五"社会福利规划中，"社会福利"这一概念被界定为包括机构福利服务、公共福利服务、公益服务等含义较为宽泛的概念，并在此基础上提出了建设新型社会福利体系的任务。在这一体系中，适度普惠的理念已经被确定为该体系所追求的目标。根据这一目标，政府把有关养老机构、儿童福利机构、社区服务等主要任务列入了重大工程项目、公共服务均等化项目，有的还列入了为民办实事内容。这些民政工作实践和福利工作为我们进一步推进新型社会福利体系的建设奠定了基础。

2. 发展机构福利服务

"十一五"以来，浙江省在发展机构服务方面进行了许多努力。以养老机构的建设为例，"十一五"期间省政府投入养老机构基础设施建设资金达40余亿元，新增床位1.5万张。截至2010年6月，全省共有各类养老机构1658家，其中登记为民办非企业的388家；养老机构床位数17.5万张。与此同时，政府也加快城镇居家养老服务站建设进程，改扩、新建1000个。在农村，推行老年福利服务"星光计划"，建成星光老年之家8712个。城乡居家养老服务设施的发展，使200多万老人受益。这些成果为我们在"十二

五"规划期间进一步推进机构服务提供了条件。

3. 扩展公共福利服务

通过实施各种公共教育项目、公共卫生项目、公共文化建设项目,丰富了"公共福利"项目的内涵,强化了在社会保障和社会救助服务、社会福利服务、公共安全服务、文化体育服务、卫生计生服务、便民利民服务、志愿互助服务等方面的工作,使之成为新型社会福利体系的重要组成部分。在这些方面,目前全省已建了 224 个街道社区服务中心、543 个乡镇社区服务中心、6625 个村级社区服务中心,城市社区工作服务场所基本解决,具有 12 万个社区服务设施(网点)。同时,通过发展各种便民服务、信息服务、就业服务、家政服务、社区公共卫生服务,强化新型的社会福利体系在增进人们的生活便利、交通环境、地方治安等方面的作用,关注各种与民生和社会福利状况相关的事物和政策手段的综合效应。

4. 慈善公益事业的发展

在"十一五"规划期间,浙江省出台一系列地方政策法规,规范社会团体和基金会的组织和活动,使这些慈善力量成为政府社会救助的重要补充。这为民间慈善组织的发展创造了良好的社会环境,使其在扶贫、帮困、助医、助教等方面发挥了重要的作用。据不完全统计,到 2009 年,全省慈善机构援助困难群众超过 300 万人次。全省历年募集善款近 120 亿元,各类慈善公共机构注册资金总规模达 16 亿元。已建立社区志愿服务组织 1.2 万个,登记注册志愿者 91 万人。2009 年,有 200 万人次参加志愿服务活动。

(二)存在的问题和不足

当然,在这新旧体制交替的情况中,也存在着各种体系的矛盾、观念的冲突、认识的模糊化等方面的问题。

1. 在福利发展的方向上对许多问题的认识还不十分清晰,发展理念比较模糊

从 1986 年到 90 年代中期,中国社会福利事业的发展导向一直倡导"社会福利社会化"的理念。这一理念常常导致政府把其社会福利的职责转向民间社团或社会机构,或造成过度市场化的问题(林卡,2010)。在"十一五"规划中,"社会福利社会化"的理念已经与普惠制的理念并存。但由于"十一五"期间是一个新旧体系交替的时期,各种福利理念存在一定的冲突,影响了人们对福利发展方向的认识。

2. 新型福利体系设立了追求"适度普惠"的目标,但所做的具体政策实践的努力还十分有限

"适度普惠"的政策理念和"公共服务均等化"的政策措施的提出,昭示了福利体系发展的新的方向。但是,由于"十一五"期间仍然是一个新旧过渡的转型期,许多新的观念和发展导向的提出未能有效地落实到社会政策的制定和社会管理的实践过程中。"十一五"规划所关注的仍然是各种福利群体,特别是"三无"、"五保户"、残疾、儿童、老人这些群体(浙江省统计局、国家统计局浙江调查总队,2010),而"适度普惠"的目标仍停留在理念上,尚未切实落实到社会政策的实践中。

3. 注重于政策执行而忽视制度建设

在"十一五"规划期间,政府采取了一些提高民众福利水平的政策,但是这些政策创新活动的效应要稳定下来,就要逐渐形成新的制度,实现社会福利体制向新型体制的转化。近五年来,浙江省在推进机构福利(特别是机构养老)和社区福利等方面都取得了积极的进展,但由于对各种福利机制的相互关系的认识还不够深入,因而对新型福利体系的设计和制度构建方面缺乏明确的认识。在进行相应的制度设计和体系规划方面缺乏明确的思路,对于各种福利机构和组织相互关系的研究和探讨未能形成较为明确的结论。这种状况一方面反映了在体制转型中新旧制度并存的状况,另一方面也反映了在发展过程中各类福利机构和组织的功能和作用在不断地重新定位,它们所承担的责任和义务也在不断变化的现状。

4. 在增进社会政策和社会服务的联动方面仍有待于加强

由于旧体制对于福利事物的理解主要是与民政工作相关的"小福利"概念的理解(民政部政策研究中心,2003),因而其所涉及的工作领域十分有限。在"十一五"计划中,我们已经看到人们把"小福利"概念逐渐向"中福利"或"大福利"概念延伸,从而使其工作领域由传统的民政工作向诸如最低生活保障和医疗救助等生活领域扩展。通过社会保障各项政策的发展,我们已经日益认识到社会保障事务与福利服务事务的交叉性、重叠性和相互支持的功效,它们共同构成了社会福利体制的重要内容。以养老为例,目前农民在养老保障方面的收入很少,一些调查反映出社会保障收入占农民家庭总收入的比例还不到1%(葛小娥、王寒,2006),这就需要依靠社会服务的提供来弥补。

但是我们也看到,在许多情况下,由于社会保障和民政福利事务的部门

区隔,这两方面的工作融为一体还存在着种种障碍。人们对福利服务的理解还囿于"小福利"的概念,从而对新的福利需求的回应十分有限。在"十二五"规划的设计中,我们要拓宽视野,扩展工作领域,丰富政策手段,通过发展更广泛的福利体系,为普通百姓提供各种能够增进人们生活质量的服务。我们可以通过社会服务的手段,来弥补由于社会保障体系的不发达而造成的问题。同时,也要通过社会政策的手段来扩展福利体系,进一步扩大社会福利体系的覆盖面和涵盖性,使其与社会服务手段的使用相互支持、相互协调。

5. 在社区服务方面,目前的体系基本上是城乡分割的二元体系,缺乏改变这种格局的具有实质性意义的制度创新

在"十二五"期间,如何建立起一个覆盖城乡社区全体成员、服务主体多元、服务功能完善、服务质量和管理水平较高的社区福利服务网络体系,将是一项十分艰巨的任务。同时,尽管目前的社区发展工作在各方面铺开和推进,但在服务设施的配套和功能配置的完善方面还有许多工作要做。如何有效地调动社区中的各种社会组织积极地参与到社区管理体制中,强化共享机制,积极引导、动员社区单位参与发展社会福利事业,还有待增进。为此,我们要培育一个具有多方参与、责权明晰、配置合理、和谐有序、可持续发展的运行机制。

四、在新的发展条件下推进新型社会福利体系的发展

(一)焦点问题

在发展新型福利体系方面,我们面临着种种工作,有的涉及政策层面,也有的关乎理念、原则和模式的转化。在这众多的工作中,以下几项工作应受到特别的注重。

1. 以适度普惠的政策理念为导向,加大公共财政的投入,强化福利体系的覆盖面,建设以政府为主导,以公共财政为依托的新型社会福利体系

"适度普惠"这一理念包括两个基本元素,一个是普惠主义理念;一个是适度原则(代恒猛,2009)。普惠主义的理念要求社会福利的提供要面向全体公民,它反映了社会福利的内涵要体现人们基本的福利保障。它要求新型福利体系所服务的主要对象从福利需求专门群体扩展到全体公民,其内

容也要从传统的基本生存保障扩展到对人们生活过程的广泛服务,使人们的生活能够更为便利,更为丰富,具有尊严。为此,我们必须加大公共财政的投入,因为采取普惠主义的财政投入的原则是以公共福利的发展为基础的(王思斌,2009)。这就要求我们把社会福利事业看成不仅仅是一项社会事业、民间事业,更是一项公共事业。

2. 在采用普惠主义的原则的时候,无论在津贴标准、服务标准和适用人群的标准等方面,都要根据实际情况采取"适度"的原则来确定

政府一方面要强化各类社会服务功能,另一方面也不能大包大揽。特别是由于中国具有广大的农村人口,其生活水平相对较低,福利需求很大。要解决这些人群的福利需求问题,需要循序渐进。在规划中,我们要坚持稳步推进,逐步提高福利水平,注意其扩展的阶段性、可持续性及其效益。在社会福利的开支上也要做到维持性与发展性相结合。政府部门和社会公共机构与各种民间机构和福利团体要增进互动,以各类弱势群体为核心,适当辐射其他阶层。在"十二五"期间,我们要继续坚持福利供给的多元形式,整合和扶持社会资源,提高管理和服务水平,为服务群体提供多样性的服务。发展对于福利组织/机构和福利企业的财政补贴、免税,以及其他优惠政策。对取得非营利性组织资格的儿童康复特教服务机构取得的符合免税条件的收入,免征企业所得税。

3. 在发展新型福利体系的进程中,要注重公共服务均等化方面的工作

在旧的福利体制中,政府对于城市居民的社会福利提供承担了很大的责任,而对于广大农村居民的福利保障则视为民间事务和社会事业。在"十二五"期间,我们要增强城乡福利发展的统筹规划,提高农村居民的保障水平,促使城乡之间公共服务资源的均等化,使新型社会福利体系面对全体公民。这一发展可以培育一种公民权利的观念,是广大农民群众把福利供给看作是一种社会权利而不是政府恩赐。它有助于缩小城乡差别,缓解城乡居民的身份认同差异。为此,我们要注重在农村社区展开社会福利工作,譬如完成社区卫生服务机构设置规划和发展双向转诊、分级医疗和技术协作的新机制(杨建华,2010),使基本公共服务为全体民众所共享。

4. 强化社会政策的创新实践,扩展社会服务的涵盖领域

在"十二五"规划期间,我们要扩展社会福利体系的工作领域,由基于"小福利"概念的传统的社会服务工作向更为广泛的社会福利体系的转型。这一体系所涉及的事物内容十分宽泛,包括社会救助、抚恤和福利服务的提

供，也要涉及诸如公共卫生事件应急体系、疾病预防控制体系、卫生监督执法体系建设、医疗救治体系、妇幼卫生保健工作等方面，它与社会保障密切相关，例如在福利事务中，推进城镇廉租住房和经济适用房制度，扩大农村医疗保险覆盖面，完善最低生活保障制度。这些工作与民政管理工作并不完全一致，但这些工作是新型福利体系所具有的一些基本内容。在"十二五"规划中，我们要通过社会政策手段来增进社会服务，从而把社会政策创新活动与社会福利体系的发展结合起来，用社会政策的手段来推进社会服务事业的发展。例如，对孤残儿童，我们要建立养育标准的动态调整机制，并把孤残儿童的医疗保障纳入城镇居民基本医疗、新型农村合作医疗和医疗救助制度中。

5. 继续做好针对传统的"福利需求群体"的服务工作

在"十二五"规划中，我们对五保户、城市流浪汉、困难家庭的儿童、精神疾病群体和各种问题群体，要继续制定相应的社会政策，为他们提供广泛的社会服务。继续开展"抢救性儿童康复"计划和"残疾孤儿手术康复明天计划"。探索研究"困境儿童"、"问题儿童"的保障政策，健全完善孤残儿童等基本生活保障制度。我们要采取各种专业化的手段，特别是心理咨询和社会工作中的技术手段，对这些群体进行帮助。除此之外，我们也要充分发展各种志愿者服务，使其在帮助各种社会边缘群体的人群方面发挥积极作用。

(二)重点工作

1. 强化制度建设

目前，在社会福利的许多领域，我们已经通过各种社会实验展开了有价值的探索。但是，在对于这些实践经验的积累、提炼、规范化、制度化、法制化方面所做的工作还十分有限。在许多福利领域中（例如政府购买服务、税费优惠、新型服务网络平台的构建、机构评估、专业技能培训等方面），还处在政策缺失和制度建设刚刚起步的阶段。在"十二五"期间，我们应抓紧完善社会福利事业的有关法规、规章——例如制定《浙江省养老机构管理办法》、《居家养老服务规范》、《儿童家庭寄养办法》等——使社会福利事业的建设与管理有章可循、有法可依。

2. 加大对福利事务的公共投入

在明晰政府、社会、个人社会福利权利义务的基础上，我们要以公共财政为主导，加大对福利事业的投入。随着国民经济的发展和地方政府的公共财政能力的不断提高,政府在处理社会福利事务中的能力也在不断增强。以浙江为例,政府预算收入得到高速增长,从 1978 年的 27 亿元,上升到 2008 年的 3730 亿元(浙江省统计局,2010)。这为我们发展公共福利提供了强大的物质基础。在"十二五"期间,我们在发展社会福利事业的资金筹措上,要建立以财政投入为主渠道的资金保障机制,并按照公共财政的建设要求逐年递增。要加强社会福利开支预算的制度化和法律化,在各级财政设立发展福利事业专项资金纳入当地国民经济和社会发展规划,以公共投入的手段来强化福利体系的建设。要切实加强"十二五"专项规划,并纳入当地国民经济和社会发展总体规划,在年度工作与计划中依据规划作出具体安排。

3. 促进服务产业的发展

随着人们生活水平的提高和福利需求的多样化,人们对于政府、市场和民间组织所承担的福利责任的期待也有所变化。在新型社会福利体系中,政府一方面要通过普惠型的社会政策和公共服务为广大民众提供基本服务,另一方面也要满足人们多样化的福利需求。以养老为例,我们既需要有针对贫困老人的公共福利服务,也有必要针对一些富裕老人发展服务产业。针对残疾儿童,要鼓励那些具有为这些儿童提供更好的养护、医疗、康复、教育方面的能力的家庭去购买服务。事实上,人们生活水准的提高能够使许多人具有购买服务的能力,以便享有多样化的福利服务水准。但在目前,我们所拥有的服务产业由于受到各种政策的制约,发展并不充分。

4. 加强服务队伍的建设,对服务人员提供培训,提高服务质量

要促进民政工作者和社会行政管理者与社会工作者进行良性互动,发展专业化职业化的服务,提高服务质量。要强化社会工作人才队伍的建设,探索社会工作岗位设置方式。要探索社会工作岗位设置方式,在城乡社区、各类企事业单位和社会组织开发设置社工岗位,探索社会工作人才激励保障机制。针对社会工作发展的瓶颈问题展开调研,制定社会工作人才队伍建设专项规划,积极探索解决有关办事机构、人员编制和运行经费问题。

5. 提升福利服务的标准化、专业化,使服务能够上档次

在建立新型福利体系的努力中,我们既要发展新的制度因素,也要对于传统的福利制度和服务机构和组织进行"更新换代",提高其服务质量。对于这些机构,我们要对其服务质量设立相应的标准,进行专业化职业化的培训,使之能够适应发展新型福利体制的要求。建立家庭社会工作者支持制

度,对于照护出现困难的家庭,通过专业社会工作者给予指导。根据不同类型社会工作岗位设置与人才使用实际,建立相应的薪酬标准体系和社会保险办法。

6. 搭建信息化服务平台

在"十二五"期间,我们要用新的方式和手段来提升服务质量,满足人们对社会福利多样化的需求。增加社区服务信息化平台。实施"文化信息资源共享工程",实现县、乡、村三级基层文化服务网络全覆盖,提高农村公共文化服务水平;建立慈善公益信息统计平台,实行年度慈善数据发布制度,促进慈善公益事业的健康发展。加强救助工作信息化建设,引入 ISO9001质量管理体系认证,力争到 2015 年,90％以上的救助管理机构达到规范化建设要求。在帮助流浪未成年人回归家庭和社会的工作中也要加强救助工作信息化建设,促进管理规范化。

五、结 论

在我们人均 GDP 已经达到 6000 美元之上的"十二五"期间,我们的社会福利体制将进入新的发展阶段,面临新的任务。为此,我们有必要借鉴国际经验和回顾国内社会福利体系发展的现况,阐释我们发展的基本方向及其在发展进程中所面临的各种矛盾,回答用什么方式来回应这些挑战。在进行"十二五"规划中,我们要进行制度建设的努力,向着适度普惠的方向发展,实现福利体制的转型。而且,在浙江这一经济发达的地区,随着社会经济条件的发展,人们在服务的数量和质量方面对新型福利体制的运作提出新的要求。这一发展是与我们通过经济发展所导致的人们生活方式发生的转化和服务需求的多样化相适应的,也是与中国社会从过去追求温饱转向对于社会质量和生活品质的追求,从小康型的社会走向全面小康的社会相适应的。这种状况也能影响人们对福利发展方向的认识。

在"十二五"规划期间,我们要以适度普惠的理念作为发展方向,以公共财政的投入作为新的推动力,以公共服务均等化作为基本的手段和途径来推进这一体系的发展。我们必须坚持以人为本、以民生为导向的社会福利政策,缓解社会矛盾,促使社会福利事业的协调发展,建立起能够满足不同层次福利服务需求的制度体系,促进社会和谐。为此,我们要对社会福利体系的发展趋势有清醒的认识。这一认识是使我们可以在具体的政策制定和实务工作中把握福利体系转型的关键所在。在新型福利体系的建设中,我们不能把它仅仅看做是社会救助及其相关政策的累加,更要把它看做是在社会建设过程中的制度设计。这一问题涉及对社会福利体系功能和作用的重新定位和新的阐释,也涉及中国社会福利发展的导向和模式的选择方面的认识。

因此,在"十二五"期间,我们要从对具体福利事物的实务工作的关注和狭隘思维中摆脱出来,明确地和有意识地进行新型社会福利体制的建构工作,进行社会政策创新。同时,构建适度普惠的新型社会福利体系需要强有力的人、财、物及法律法规等支持。我们要为此建立相应的制度和保障机制,采取政策优惠、直接投入、购买服务等方式,加强公共福利体系的建设。通过项目运行、指标设计和机构监管等工作去引导公共服务机构和民间服务机构的发展,逐步形成政府主导、各部门协调和社会参与的机制。我们希望通过若干年的努力,我们所建设起的新型社会福利体系能够有效地达成其适度普惠的目标,并为保障人们的福利权利——不仅仅只为维持人们的基本生存,也为人的尊严和体面地生活——提供基本的制度基础和物质条件。

【参考文献】

[1] George, V. & P. Wilding. Welfare and Ideology. New York: Harvester Wheatsheaf, 1994.

[2] Hardy, Jean. Values in Social Policy—Nine Contradictions. London: Routledge & Kegan Paul, 1981.

[3] Jacobs, D. Social Welfare Systems in East Asia. London: Centre for Analysis of Social Exclusion, London School of Economics and Political Science, 1998.

[4] Kuhnle, S. Survival of the European Welfare State. London: Routledge, 2000.

[5] LinKa. China: The Art of State China: The Art of State and Social Policy Remodelling. Pete Alcock and Gary Craig eds., International Social Policy Welfare Regimes in the Developed World 2nd Edition, Palgrave: Macmillan.

[6] Pierson, P. Dismantling the Welfare State. Cambridge Press, 1994.

[7] Sainsbury, D. Gendering Welfare State. London: Sage, 1994.

[8] Sipila, J. Social Care Services: the Key to the Scandinavian Model. Aldershot: Avebury, 1997.

[9] Titmuss, R. M. Social Policy: An Introduction. London: George Allen & Unwin LTD, 1974.

[10] Walker, A., and W. Chack-Kie. East Asian Welfare Regimes in Transition. From Comfucianism to Glogalisation, Bristol: Policy, 2005.

[11] Wilensky, H. The Welfare State and Equality. Los Angeles: University of California, 1975.

[12] Wilensky,H. , and C. Lebeaux. Industrial Society and Social Welfare,2nd Edition,New York：Free Press,1965.

[13] 李迎生.社会转型与社会保障——工业化国家现代社会保障制度演变的启示.学海, 2004(2).

[14] 浙江省统计局(2008),数据来自浙江省统计局网站,转引自新浪网.http://finance. sina. cn/roll/20090123/03202645256. shtml

[15] 何忠洲.国民福利的六十年再造.南方周末网,http://www. infzm. com/content/33615, 2009-08-26

[16] 代恒猛.从"补缺型"到适度"普惠型"——社会转型与我国社会福利的目标定位.当代世界与社会主义,2009(2).

[17] 葛小娥,王寒,等.浙江农村居民社会保障问题调查报告.浙江统计,2006(2).

[18] 郭士征.社会保障——基本理论与国际比较.上海：上海财经大学出版社,1996.

[19] 国家统计局.中华人民共和国 2009 年国民经济和社会发展统计公报.国家统计局网站. http://www. stats. gov. cn,2010-02-25

[20] 国家统计局(2010),数据来自国家统计局网站,转引自中华网论坛.http://club. china. com/data/thread/1011/2708/15/44/6_1. html,2010-09-05

[21] 李欣欣.中国居民收入差距已经超过合理限度.《瞭望》新闻周刊,2008(1).

[22] 林卡."福利社会"：社会理念还是政策模式.学术月刊,2010(4).

[23] 林卡,陈梦雅.社会政策的理论和研究范式.北京：中国劳动社会保障出版社,2008.

[24] 刘德吉.公共服务均等化的理念、制度因素及实现路径：文献综述.上海经济研究,2008(4).

[25] 刘文海.我国社会保障投入究竟是个啥水平？中国价值网.http://www. chinavalue. net/Blog/BlogThread. aspx? EntryId＝278228,2010-01-27

[26] 民政部政策研究中心.中国社会福利与社会进步报告(2003).北京：社会科学文献出版社,2003.

[27] 尚晓援."社会福利"与"社会保障"再认识.中国社会科学,2001(3).

[28] 世界银行.2006 年世界发展报告：公平与发展.北京：清华大学出版社,2006.

[29] 世界银行.1997 年世界发展报告.北京：中国财政经济出版社,1997.

[30] 唐钧.社会政策的基本目标：从克服贫困到消除社会排斥.江苏社会科学,2002(3).

[31] 王思斌.我国适度普惠型社会福利制度的建构.北京大学学报,2009(3).

[32] 浙江省民政厅.浙江省社会福利发展规划课题研究报告.浙江省民政厅,2006.

[33] 浙江统计局.社会建设全面推进.浙江统计信息网.http://www. zj. stats. gov. cn/art/ 2010/ 2/20/art_281_39029. html,2010-02-20

[34] 杨建华.浙江"十二五"社会建设与管理若干问题研究(一).浙江省情民意 & 社会学网. http://shx. zjss. com. cn/infDetail. asp? id＝178&tn＝inf,2010-03-20

[35] 浙江省统计局.国家统计局浙江调查总队：2009 年浙江省国民经济和社会发展统计公报.浙江统计信息网. http://www. zj. stats. gov. cn/art/2010/3/5/art_164_161. html, 2010-03-05

附录:与社会福利体系发展相关的国际比较资料

附表 1　欧洲福利国家与中国人均 GDP 对比　　（单位:1990 Int. GK$）

年份	法国	德国	英国	西欧 12 国	中国
1	473	408	400	599	450
1000	425	410	400	425	466
1500	727	688	714	797	600
1600	841	791	974	906	600
1700	910	910	1250	1028	600
1820	1135	1077	1706	1234	600
1850	1597	1428	2330	1652	600
1900	2876	2985	4492	3067	545
1930	4532	3973	5441	4297	568
1950	5186	3881	6939	5005	448
1951	5461	4206	7123	5259	491
1952	5564	4553	7091	5412	538
1953	5684	4905	7346	5664	552
1954	5915	5247	7619	5940	557
1955	6199	5797	7868	6280	577
1956	6448	6177	7929	6512	616
1957	6762	6492	8017	6753	636
1958	6855	6737	7966	6864	690
1959	6979	7177	8240	7163	686
1960	7398	7705	8645	7585	662
1961	7718	7952	8857	7890	553
1962	8067	8222	8865	8166	550
1963	8363	8386	9149	8442	590
1964	8819	8822	9568	8857	645
1965	9165	9186	9752	9130	702
1966	9544	9388	9885	9379	746

续 表

年份	法国	德国	英国	西欧 12 国	中国
1967	9907	9397	10049	9629	707
1968	10267	9864	10410	10073	675
1969	10886	10440	10552	10556	713
1970	11410	10839	10767	10925	778
1971	11845	11077	10941	11187	795
1972	12264	11481	11294	11560	798
1973	12824	11966	12025	12124	838
1974	13113	12063	11859	12312	835
1975	12957	12041	11847	12191	871
1976	13466	12684	12115	12700	853
1977	13913	13072	12384	13023	894
1978	14240	13455	12828	13367	978
1979	14634	13993	13167	13845	1039
1980	14766	14114	12931	14001	1061
1981	14840	14149	12747	13987	1110
1982	15132	14040	12955	14072	1186
1983	15245	14329	13404	14320	1258
1984	15382	14783	13720	14662	1396
1985	15530	15140	14165	15008	1519
1986	15833	15469	14742	15395	1597
1987	16158	15701	15393	15764	1737
1988	16790	16160	16110	16316	1830
1989	17300	16558	16414	16751	1834
1990	17647	15929	16430	16797	1871
1991	17755	16650	16157	16995	1967
1992	17994	16891	16133	17121	2132
1993	17723	16645	16463	17008	2312
1994	18008	17028	17137	17428	2515

续　表

年份	法国	德国	英国	西欧 12 国	中国
1995	18349	17299	17561	17801	2863
1996	18467	17420	17997	18039	2892
1997	18825	17709	18527	18450	3013
1998	19213	18029	19023	18855	2993
1999	19754	18380	19516	19320	3162
2000	20422	18944	20353	19993	3421
2001	20684	19157	20590	20235	3759
2002	20778	19140	20946	20347	4197
2003	20891	19088	21461	20469	4803
2004	21262	19284	22096	20847	5169
2005	21536	19417	22518	21131	5575
2006	21920	20041	23107	21684	6048
2007	22287	20547	23642	22164	6303
2008	22223	20801	23742	22246	6725

资料来源:Angus Maddison:Historical Statistics of the World Economy:1－2008 AD,
http://www.ggdc.net/maddison/

转引自:陈友华:关于人口老龄化与老年社会保障的几点反思.载:两岸三地社会福利学术研讨会论文集.2010.

附表 2　1960 年部分国家社会保障总支出占 GDP 的比重

	英国	瑞典	芬兰	冬麦	美国	日本	法国	德国
人均 GDP(美元)	1363	1641	1110	1298	2783	458	1297	1345
社保总支出占 GDP 比重(%)	13.9	12.8	12.7	12.5	10.3	8.0	13.4	20.5

资料来源:刘文海,2010.

附表 3　OECD 国家福利支出占 GDP 的比值

	1960 年	1975 年	1980 年	1985 年
澳洲	9.5	17.6	17.3	18.4
奥地利	17.4	23.4	26	28.8
比利时		28.7	33.9	35.8
加拿大	11.2	20.1	19.5	22.6

续 表

	1960 年	1975 年	1980 年	1985 年
丹麦	9	27.1	35.1	33.9
芬兰	14.9	21.9	22.9	22.8
法国	14.4	26.3	30.9	34.2
德国	17.1	27.8	26.6	25.8
希腊		10	12.6	19.5
爱尔兰	11.3	22	23.8	25.6
意大利	13.7	20.6	23.7	26.7
日本	7.6	13.7	16.1	16.2
荷兰	12.8	29.3	31.8	30.7
新西兰	12.7	19	22.4	19.8
挪威	11	23.2	24.2	23.5
西班牙			15.6	15.2
瑞典	15.6	27.4	33.2	32
瑞士	8.2	19	19.1	20.5
英国	12.4	19.6	20	20.9
美国	9.9	18.7	18	18.2
OECD 平均	12.3	21.9	23.3	24.6

转引自:林万亿.福利国家——历史比较的分析.巨流图书有限公司,2006.

附表 4　一些国家财政社会保障支出占财政总支出的比重(中央政府)

	韩国	英国	法国	德国	日本	美国
1981—1990 年(%)	10.0	30.5	42.9	45.3	—	28.5
1991—1995 年(%)	6.9	30.0	43.0	48.0	37.5	29.9

转引自:刘文海,2010.

附表 5　1998 年部分国家社会保障总支出占 GDP 的比重

	英国	瑞典	美国	日本	法国	德国
占 GDP 比重(%)	22.83	32.14	16.81	13.7	29.72	29.07

转引自:刘文海,2010.

附表 6　欧洲各国的家庭政策和照顾津贴的基本情况

	儿童津贴	单亲父母津贴	儿童抚养费	照看孩子的假期	生育津贴	照看生病儿童的假期	其他照顾津贴
芬兰	是	是	是	有	是	是	是
挪威	是	是	是	有	是	是	是
瑞士	是	否	是	有	是	是	是
丹麦	是	是	是	有	是	否	是
法国	是	是	是	有	是	否	是
比利时	是	否	是	离职	是	是	否
德国	是	否	是	有	否	是	否
葡萄牙	是	否	否	没有	否	是	否
西班牙	否	否	否	有	是	是	是
奥地利	是	否	是	有	否	是	否
意大利	否	否	否	妇女可以转移部分产假	否	是	是
卢森堡	是	否	是	否	是	否	是
希腊	否	否	否	没有	是	是	否
爱尔兰	是	是	否	否	是	否	否
荷兰	是	否	否	只对公职人员有	否	否	否
英国	是	是	否	否	否	否	否

转引自 Jane Millar and Andrea Warman. 欧洲的家庭责任,英国布来斯托大学家庭政策研究中心,1996.

附表 7　住在机构中老年人和失能者占所有 65 岁以上老年人的比值

（单位：%）

年份	丹麦	芬兰	冰岛	挪威	瑞典
1960				6	4
1965	6			6	5
1970	7	7	7	6	5
1975	7	6	7	7	5
1978	7		8	7	5
1981	7	5	8	7	5

续 表

年份	丹麦	芬兰	冰岛	挪威	瑞典
1984	6	6	9	7	8
1987	5	6		7	
1990	6	6	10	7	5
1993	6	7	12	6	5

转引自 Social Care Services：JORMA ，The Key to the Scandinavian Welfare Modle, Avebury Aldershot. Brookfield USA. Hongkong . Singgapore . Sydney,p. 190.

附表 8　在家里受到家庭服务的老年人和失能者占所有 65 岁以上老年人的比值

（单位：%）

年份	丹麦	芬兰	冰岛	挪威	瑞典
1960					9
1965	7	3		3	17
1970		6	3	8	23
1975		15	3	13	27
1978	17	18		15	27
1981	18	18		17	25
1984	19	21		17	22
1987	20	22	12	18	22
1990	21	21	15	17	20
1993	23	22	19	16	13

转引自 Social Care Services：JORMA ，The Key to the Scandinavian Welfare Modle, Avebury Aldershot. Brookfield USA. Hongkong . Singgapore . Sydney,p. 192.

附表 9　英国与中国对应年份社会福利（除去医疗）支出占 GDP 的比重

（单位：%）

年份	英国	差值	中国	年代
1939	6.0	3.1	2.9	1999
1940	4.3	1.4	2.9	2000
1941	4.6	1.2	3.4	2001
1942	3.7	−0.1	3.8	2002
1943	5.0	1.1	3.9	2003

续　表

年代	英国	差值	中国	年代
1944	5.0	0.8	4.2	2004
1945	6.7	4.7	4.0	2005
1946	6.7	2.6	4.1	2006
平均	5.3	1.8	3.4	

英国数据：http://www.ukpublicspending.co.uk/uk_welfare_spending_40.html#ukgs302。中国数据：UN Social Security Expenditure Databasehttps://www.ilo.org/dyn/sesame/ifpses.Write SSDBVarResExp.

转引自：陈友华.关于人口老龄化与老年社会保障的几点反思.载：两岸二地社会福利学术研讨会论文集.2010.

附表 10　部分国家社会保障和福利支出占国内生产总值的比重

国家和地区	社会保障和福利支出占国内生产总值比重（%）		
	1970—1975 年	1980—1985 年	1994—2000 年
印度尼西亚			1.1
伊朗	1.5	11	3.9
以色列	11.5	11	12.5
马来西亚	0.7	1	1.4
蒙古			7.2
巴基斯坦	0.3	0.9	0.2
新加坡	0.3	0.4	0.7
泰国	0.7	0.6	1.1
土耳其	0.3	0.2	2.7
埃及	4.7	5.2	0.1
南非		1.7	1.1
加拿大	7.4	8.2	9.2
墨西哥	3.6	2.2	3.3
美国	7.5	6.8	5.4
阿根廷		5.8	8.2
巴西		5.9	12.7
委内瑞拉	1.3	1.2	3

续　表

国家和地区	社会保障和福利支出占国内生产总值比重（％）		
	1970—1975 年	1980—1985 年	1994—2000 年
白俄罗斯			11
捷克			13.9
法国	14.5	16.5	
德国	12.7	13.1	16.9
意大利	11.7	14.4	
波兰			17.4
罗马尼亚	6.1	6.9	10.6
俄罗斯联邦			7.5
西班牙	10.3	12.8	13
乌克兰			12.3
英国			
澳大利亚	4.7	7.2	8.4

转引自：吕学静.社会保障国际比较.北京：首都经济贸易大学出版社，　.

关于编制"十二五"社会福利规划的思考[*]

□ 黄元龙[**]

摘 要:"十二五"时期是我国经济社会发展的关键阶段。随着经济的发展,人民群众进一步转向对生活质量、社会质量的追求。实施不同以往狭义的社会福利,发展适度普惠的社会福利事业,开始成为社会各方共识。编制浙江省社会福利规划,可从机构福利服务、社区福利服务、慈善公益服务入手,突出发展老年人、残疾人、儿童福利制度,确保各项福利政策在机构、社区、家庭的落实。要推进社会工作方法的引用,切实提高福利服务质量。

关键词:"十二五";适度普惠;社会福利;规划

一、社会福利的涵义

社会福利是最复杂的概念之一。不同国家、不同学科、实际工作者都有不同的定义。在西方,社会福利起初是建立在自由主义、个人责任和私人善行基础上的行动,为少数人提供服务。在这意义上,它和慈善事业、济贫是同一含义。20世纪后,在国家干预下,社会福利成为一种社会化行动,成为各国国民分享社会发展成果的社会政策。

社会福利有广义和狭义之分。广义的社会福利,是指政府和社会为保障全体国民物质、精神和社会一定生活水准而提供的各项物质、服务的总和。在德国等一些国家,社会福利还被上升为国体。《联邦德国基本法》第20条明文:"德意志联邦共和国是民主的和社会福利的联邦制国家。"狭义的社会福利,是指对政府和社会为老年人、残疾人、儿童等特殊对象提供的生活保障和社会服务。

* 本文的一些观点源于浙江省社会福利规划课题组成员,在此特表感谢。
** 黄元龙:浙江省民政厅救灾救济处处长。

在我国,长期以来,社会福利制度处于碎片化状态。各种福利制度安排虽然都存在,但缺乏统一的概括和指称。计划体制下,建构其上的是单位(集体)制福利,由单位(集体)负责每一个社会成员的生、老、病、死等保障和服务,其实质是政府主导的全民性制度福利模式。只有没有单位(集体)的极少量人员,才由政府或集体建造福利院、敬老院予以收养。改革开放后,我国社会福利制度的改革从两个途径展开:一是建立独立于企事业单位的社会保障体系,使企业成为市场经济条件下的独立的主体;二是社会福利社会化,民政部门进行改革创新,促进社会福利投资主体多元化、服务对象公众化、服务方式多样化等。但这一方面,主要还是对农村五保和城镇"三无"对象、残疾人、孤残儿童的生活保障、康复和服务。大家统称为"民政福利"。

随着社会主义现代化建设的推进和改革开放的深入,社会福利日益成为社会各方讨论的重要话题。比较一致的看法,都认为原有社会福利制度安排已不能适应社会发展的需要,分歧在于选择哪一种社会福利模式,包括其内涵、外延选定等。民政部门对此进行了一些探索。2000年时,现在的副部长窦玉沛提出,社会福利制度包含社会保障体系、社会救助体系和社会福利服务体系,社会保障体系包括基本养老、失业、基本医疗、生育保险等,是社会福利中最基本的制度;社会救助体系包括救灾救济、最低生活保障、扶贫和反贫困、紧急救援,是社会福利中最基础的制度;社会福利服务体系包括老年人、残疾人、孤残儿童社会福利及优抚安置,是社会福利中极具发展的事业。2006年,吴桂英厅长领导的浙江省民政厅社会福利规划课题组认为,传统民政福利过于狭窄,平常意义的社会福利过于宽泛,要选择"中福利"的概念,将其内容概括为机构福利服务、公共福利服务、公益服务;浙江省据此制定了社会福利"十一五"规划,推进新型社会福利体系建设。这也是全国最早,也是唯一一个省级社会福利规划。2007年,民政部明确提出,要继续推进社会福利社会化,加快发展以扶老、助残、救孤、济困为重点的社会福利事业,完善以居家为基础、社区为依托、机构为补充的社会福利服务体系。根据当地经济社会发展水平和人民群众需求,统筹规划,抓住重点,积极稳妥地推动社会福利服务向适度普惠型发展。此后,建立和发展适度普惠的社会福利制度成为共识。

所谓适度普惠,从提供主体看,应该是政府主导,多元主体参与;从对象看,应该是立足重点对象,面向全体社会公民;从标准看,应该适应当前经济社会发展水平且较为适中;从项目看,应该由少到多,急需先行。适度普惠的社会福利制度,其最终的发展方向是制度型社会福利模式。

二、"十二五"社会福利规划的基本思路和主要内容

(一)基本思路

今后五年是我国经济社会发展非常重要的历史阶段。在经济转型过程中,社会和政府同时面临转型。这一阶段,我国人均 GDP 超过 3000 美元,在发达地区,如我们浙江省,将会达到 10000 美元,跨入基本现代化。人们的生活追求、生活方式将发生重大变化,从温饱型走向舒适型,发展型的消费成为主导性的内容,更加关注社会群体、社会结构的和谐,更加注重人的尊严等。这些都是社会福利包含的内容。因此,科学定位社会福利,创新其体制机制,对于全面建设小康社会和社会主义和谐社会建设意义重大。

从规划的角度看,我们认为,"十一五"对社会福利的设定方向是对的。民政厅课题组适当作了调整,万亚伟副厅长和我们讨论,把公共福利服务调整为社区福利服务,这样更便于把握。而且社区服务的便利程度,对于每个人的生活质量来说是至关重要的。"出入相友,守望相助",直接影响着每个人对社会质量的判断。机构福利服务是十分重要的内容,一般来说,人们对一个社会福利程度的认识,主要从机构中来,特别是它们的服务质量、规范化程度,是社会福利的外在表现。慈善公益服务关系到一个社会的和谐程度,能使人们感知社会的温暖。我们要使机构福利服务、社区福利服务、慈善公益服务有机结合起来,使之协调配合,共同推进社会福利事业。社会福利制度落实的平台是社区,载体是机构和家庭。因此,发展社区服务,提高机构福利服务的水平,创新家庭服务政策,是推进社会福利事业发展的重要内容。民政部门应立足本职,逐步拓展福利服务领域,增加服务内容,提出政策建议,以整体提高社会福利事业的发展水平。

(二)具体内容

从以上思路展开,规划的具体内容有以下方面:

第一,发展针对特殊福利需求群体的机构福利服务。一是养老机构发展和管理。要大力发展养老机构,以应对人口老龄化和高龄化趋势。机构床位占老年人的比例是 3% 还是 4%,要进一步研究。这其中,一个主要的内容是调整养老机构的结构,发展护理型、护养型养老院,解决越来越多的失能、半失能老人需求。对于失能老人的比例,目前没有准确的调查,2006

年国家有一个抽样,农村大约超过 6％,城镇在 4％左右。我们考虑,今后有 30％的床位用于失能、半失能老人的安养。二是儿童福利机构发展和管理。要把困境儿童纳入其中,不能局限于原有的孤残儿童,当然无论什么时候,孤残儿童的福利制度安排,都是不可或缺的。三是精神病(智障)人群福利机构发展问题。这方面,现在社会比较关注,这是件好事,有利于做好这部分非常特殊人群的福利服务。总的想法是要有福利机构,在他们得到医治后,能够在福利机构继续康复,通过社会工作等专业方法,使他们回归家庭,回归社会。

第二,强化非机构的福利服务制度建设。一是社区服务的发展和促进。通过建设和完善社区服务中心,乡镇(街道)一级的、村(社区)一级的,形成网络,特别是建设社区服务信息平台,承接公共福利,发展便民利民服务,重点照护老年人、残疾人、儿童等特殊对象,以及优抚对象、困难群体等。这里面,居家养老服务非常重要,要完善体系,引入现代科技手段,加强队伍建设,提高为老服务质量。二是家庭服务政策的研究和探索。自古以来,家庭都是非常重要的社会组织。这一初级群体,对于每个个体生活质量的提高意义非凡。老人、儿童、残疾人都是在家庭得到照料的。但是随着少子化、家庭结构小型化,以及紧张的生活节奏等,家庭成员从事家庭照护,为其他家庭成员提供发展机会、相互间的心理慰藉等,已力不从心,需要有新的政策支持和介入。同时,机构要给予技术培训,提高家庭成员从事照护工作的专业化技能等。三是慈善公益事业。通过培植慈善公益性民间组织,壮大慈善事业。主要是构建统一的慈善公益信息平台,定期发布接受捐赠数据、使用方向等,打造"阳光慈善",增强慈善捐赠的透明度和公信力。推进志愿服务队伍建设,促进规范化。同时,培植慈善公益文化。

第三,社会工作的管理和促进。一方面,要提高社会福利从业队伍素质,促进社会工作方法的使用。在新型社会福利体系中,社会工作方法是极为重要的,它和行政的、法律的、经济的方法一样,甚至在某种意义上更有效。所以,要加强培训,定期的、不定期的,轮训这支队伍。另一方面,要加强社会工作者的培养。社会工作者队伍是整个人才队伍建设的重要一支。这是党的文件明确的。要使社会工作者成为沟通各类福利机构、组织、资源和服务者与被服务者之间的桥梁,成为提供福利服务和进行社会行政工作的有效生力军。因此,在规划中,对社工师、助理社工师,要有量化的规定,给以必要的待遇,以调动社会各方参与的热情。

三、有关政策性建议

第一，要通过梳理社会福利的有关定义和各国的实践，明确社会福利的内涵和外延，建构具有中国特色的社会福利制度。社会福利制度是人类社会文明发展的成果。有人统计，世界上有 150 个国家有这一制度。凡现代型国家都有这一制度。我们要对原有的社会福利制度进行改革创新，提出适应时代特征又符合中国国情的社会福利。特别是，要充分认识社会福利具有的服务特征，提高福利服务的质量，以适度普惠的社会福利为起点，推进制度型社会福利建设。

第二，创新社会福利的体制机制，形成政府主导、社会参与、社区和家庭落实的福利服务格局。在现阶段，加强社会福利制度建设，关键在政府。政府要发挥主导作用，增加财政投入，确保各个福利项目的实施。政府的政策要落实好，离不开社区、机构和家庭，要使他们成为落实的主体，服务质量提高的主体。一般来说，政府制订的政策都是"一刀切"或"切一刀"的，而群众的需要又是多样的，要满足群众个性化、多样化的需要，必须靠社会各方的参与，特别是慈善公益性社会团体的参与。

第三，择定优先项目，加快老年人、残疾人、儿童等特殊群体的社会福利制度建设。这些制度，我们原来都是有的，但不全面。有的又分散在各个部门，没有整合，形成统一的整体。要通过研究、梳理，使这些特殊群体的福利制度成为一个相互衔接、相互促进的体系，成为适度普惠的社会福利制度的主干。这其中，重点是要推动农村社会福利体系建设、特殊困难群体和社会边缘群体的福利服务。

第四，加强福利服务的专业化、标准化建设。专业化、标准化体现社会福利的质量。这方面，过去我们关注得比较少。其原因固然与我们福利制度不完整有关，但主要还是我们不重视。要把标准化建设作为重要内容来抓，使各项福利服务可操作、可衡量、可评估，从而推进专业化建设。

第五，增加财政投入，确保社会福利事业科学发展。要建立社会福利资金专项，主要用于养老服务、儿童福利服务，以及社区建设等。通过政府购买、市场化等手段，积极引导民间组织参与，整体推动社会福利事业的发展。

浙江省残疾人康复服务体系建设研究

□ 姚引妹*

摘　要:残疾人是一个数量众多身体有障碍的特殊社会群体,是社会公共服务的重点人群。浙江有 312 多万残疾人,占全省总人口的 6.36%,涉及近 1000 万家庭。文章在分析了我省残疾人康复服务现状的基础上,对"十二五"康复服务体系建设提出了总体要求和发展目标,重点任务和政策举措,为省政府及相关部门决策提供参考。

关键词:残疾人;康复;服务

引　言

残疾人是一个数量众多的身体有障碍的特殊社会群体,是社会公共服务的重点人群。第二次残疾人抽样调查资料显示,我省有 312 万残疾人,占全省总人口的 6.36%,涉及近 1000 万家庭人口。改革开放以来,我省残疾人生活、医疗康复、就业、受教育等基本状况得到了明显改善,但依然存在着体系不完备、覆盖面较窄、城乡区域差别较大、投入不足、服务设施和专业人才队伍匮乏等问题,难以有效解决残疾人最关心、最直接、最现实的特殊困难和基本需求。

开展残疾人服务体系建设,有利于促进国家基本公共服务制度的建立和完善,对促进社会公平、缓解社会矛盾、维护社会稳定,对保障残疾人的权利、维护残疾人的尊严、发挥残疾人的潜能,激励和调动残疾人充分参与社会生活等,具有积极的作用。

---

* 姚引妹:浙江大学人口发展研究所副教授。

一、基本公共服务与残疾人服务之间的关系

基本公共服务是指由政府主导提供的,覆盖全体公民的,以保障公民的生存权、健康权和发展权等基本权利为目的的,与一国经济社会发展阶段和总体水平相适应的纯公共服务,其特点是基本权益性、公共负担性、政府负责性、公平性、公益性和普惠性,中国现阶段的基本公共服务应当界定为:义务教育、公共卫生和基本医疗、公共文化体育、社会救助和基本社会保障、公共就业服务①。

残疾人是特殊的社会弱势群体,既有一般人所具有的共性需求,同时,又因为身体有障碍,与一般人相比,需要一些专项的需求,如康复需求,特殊教育、无障碍等需求。要搞清"残疾人服务体系建设",必须首先搞清楚残疾人服务体系的基本内涵,以及它与基本公共服务的关系。残疾人服务体系是指以残疾人生活、生存与发展的直接需求为目的的服务。根据国办发〔2010〕19号文件有关残疾人服务体系建设的论述,我们认为残疾人服务体系应包括"残疾人康复、教育、就业、扶贫、托养、无障碍、文化体育、维权等八项专项服务"。与基本公共服务相比,除基本公共服务外,残疾人服务体系中增加了康复、无障碍等服务。因此,残疾人服务是社会基本公共服务的一个组成部分,领域广泛,内容丰富。为了使研究更具针对性,本文仅就残疾人康复服务体系建设谈一些想法。

二、浙江省残疾人康复服务的现状与问题

(一)残疾人康复服务体系建设的现状

1. 残疾人康复服务的保障政策初步建立

近年来,党中央、国务院对残疾人事业高度重视,特别是随着《中共中央国务院关于促进残疾人事业发展的意见》(中发〔2008〕7号,简称中央7号文件)和《国务院办公厅转发中国残联等部门和单位关于加快推进残疾人社会保障体系和服务体系建设指导意见的通知》(国办发〔2010〕19号,简称国办

---

① 孙长学、黄云鹏:《"十二五"统筹城乡社会发展和促进基本公共服务均等化的政策研究》,国家发改委经济体制与管理研究所,2009年。

19 号文件），《浙江省残疾人保障条例》和《中共浙江省委浙江省人民政府关于加快推进残疾人事业发展的实施意见》（浙委〔2009〕3 号，简称省委 3 号文件）、《浙江省人民政府关于加快推进残疾人社会保障体系和服务体系建设的通知》（浙政办发〔2010〕95 号）的出台，为开展残疾人康复服务体系建设提供了坚强的政策法规保障。

2008 年开始实施的全省残疾人共享小康工程不断完善，稳步推进；贫困残疾儿童抢救性康复项目政策措施出台，并在全省顺利实施，使广大残疾人得到医疗政策普惠的同时逐步享有专项康复政策特惠；积极推动残疾人参加新型农村合作医疗、城镇居民医疗保险，享受城乡医疗救助，使广大残疾人得到医疗政策普惠的同时逐步享有专项康复政策特惠。

2. 残疾人事业经费投入明显增加

浙江省委〔2009〕3 号文件规定，"残疾人事业经费要纳入各级财政预算，建立财政资金投入稳定增长的保障机制，残疾人事业经费每年增幅不低于地方财政经常性收入的增长比例"，"各地每年应安排一定额度的专项经费，落实中央和省重点扶助项目的相应配套资金，确保残疾人事业发展的需要"。

残疾人事业的投入逐年增长。2006—2009 年期间，全省财政投入396895.9 万元，其中省本级 42763.1 万元，年均分别增长 31.3％和 21.3％，分别高于同期财政经常性收入年产均增长率 12.2 个百分点和 2.9 个百分点。与"十五"时期相比，五年分别增长 238.1％和 82.8％[①]。

3. 残疾人康复机构建设渐成体系，康复服务覆盖面日益扩大

随着经济社会的发展，各地残疾人的康复服务体系已初步建立，残疾人基本康复服务已逐步实现"广覆盖"态势。"十一五"期间，尤其是 2008 年后，省、市、县三级政府加大康复机构建设，逐步搭建了以省级康复机构为龙头，市、县级康复机构为支撑，并与社区康复服务紧密衔接的康复服务网络，并依托服务网络开展康复重点工程和各类康复救助项目，不断提高服务质量。

到 2009 年底，全省共建县级以上残疾人康复中心 71 个，社区康复服务站 7340 个，使全省 106 万人残疾人得到不同程度的康复服务，完成全省"十一五"康复任务总量的 90％，有效改善了残疾人的身体功能和生活状况，增

---

① 浙江省残疾人联合会：浙江省实施残疾人事业"十一五"发展纲要基本情况和"十二五"发展规划基本思路，2010 年。

强了他们参与社会生活的能力,社会效益显著[①]。

4. 为残疾人康复服务的专业人才支撑体系正在建设中

各级党委、政府和有关部门积极推进残疾人康复服务机构的专业化和人员队伍的职业化,提高为残疾人服务的水平。到目前为止,康复管理和专业技术工作者达到 1625 人,社区康复协调员达到 7800 人[②]。

5. 残疾人信息化基础网络平台基本建立

"十一五"期间,建立了综合信息平台和小康工程数据库、二代证数据库。目前我省持二代证的残疾人为 78.9 万人,占抽样调查公布的 311.8 万残疾人总数的 25.3%,为残疾人康复服务提供了翔实的基础资料。

(二)残疾人康复服务体系建设存在的主要问题

我省残疾人康复工作处于起步发展阶段,滞后于浙江经济和社会发展的总体水平,实现残疾人"人人享有康复服务"任重而道远,特别是与广大残疾人的需求相比,与工作新任务、新目标相比,残疾人服务体系建设明显滞后。主要表现在以下几方面。

1. 残疾人康复缺乏配套的扶持政策,发展不平衡

对残疾人康复服务体系特别是什么是现代化残疾人康复服务体系还缺乏完整的认识。如残疾人康复和托养服务体系建设处于初始阶段,由于缺少统一专业性规范和行业指导,基本处于摸索状态,机构布局也缺少科学规划,功能发挥不够充分,机构数量还远远不能满足残疾人的服务需求;另一方面,残疾人康复服务机构建设经费、运转经费和人员编制缺乏可靠的保障,部分地方残疾人有迫切需求的康复服务项目缺失。

2. 残疾人康复服务的专业人才严重短缺

残疾人康复服务人才缺乏。在当前的康复医疗体制中,既懂治疗又懂康复的复合型人才比较缺乏,特别是康复医生的短缺。全省有 60% 以上的县(市、区)没有建立康复机构。在现有的康复机构的专业技术人员中,仅有高级职称 101 人、中级职称 692 人、初级职称 2540 人。

实地调研资料表明,在所调研的 6 个县市区中,在 28 个在编残疾人服务机构类型管理人员和专业技术人员中,康复服务机构的有 5 人,占总编制

---

① 浙江省残疾人联合会:康复工作"十二五"发展规划,2010 年。
② 浙江省残疾人联合会:"十二五"规划(康复),2010 年。

数的 17.9%;就业服务机构的有 22 人,占 78.6%;托养服务机构的有 1 人,占 3.6%。换言之,传统的残疾人就业服务机构仍占有绝对优势,而残疾人康复服务机构的在编管理人员和专业技术人员严重短缺。除长兴县属于合作医院人员的 15 人外,其余各县(市区)虽编制数有 5 人,实际康复人才为 0,而康复人才需求数达 46 人。全省康复专业的学历教育机制不足,对在职人员的培训机制、评审职称机制也不健全和完善,出现了康复人才匮乏的情况。

3. 残疾人接受康复服务率总体低于全国平均水平

2009 年度,浙江城镇残疾人除康复知识普及率和农村的辅助器具配备外,其余各项康复服务均低于全国平均水平(见表 1)。

表 1　2009 年浙江残疾人接受各项康复服务与全国平均水平比较　单位:%

康复项目	浙江		全国	
	城镇	农村	城镇	农村
治疗与康复训练	11.2	8.1	13	9.5
辅助器具配备	7.8	5.3	8.4	3.9
心理疏导	4.5	2.0	6.4	4.5
康复知识普及	18.6	4.0	11.9	4.7
日间照料与托养	—	—	7.8	6.1
残疾儿童家长培训	0	0	12.3	6.0

资料来源:2009 年浙江省残疾人状况和小康实现程度监测分析报告。

4. 残疾人康复服务的制度政策体系不完善

(1)残疾人基本医疗康复项目尚未纳入基本医疗保险

我省除 2010 年由省残联、省财政厅、省民政厅和省卫生厅联合制定出台了《浙江省贫困残疾儿童抢救性康复项目实施办法》,并建立了由一般财政预算和福利彩票公益金等相结合的资金保障机制外,还没有制定出台过残疾人医疗康复方面的其他政策,残疾人基本康复服务项目如残疾矫治手术、功能训练和基本辅助器具适配等基本康复项目尚未纳入基本公共卫生服务项目和城乡医保、职工医保报销范围。同时,残疾人参加职工基本养老保险和城乡居民养老保险的补助政策和补助标准有待提高,对残疾人补助的范围有待扩大。一些地方的低保残疾人虽然享受了医疗救助政策,但因设置门槛高,获得救助的比例较低,大部分残疾人仍然存在看病难的情况。

纳入城镇职工医疗保险、城镇居民医疗保险和农村新型合作医疗制度的康复需求远没有满足,更没有得到基本保障。

(2)社会资本兴办残疾人服务机构程序不清,扶持政策不明。残疾人公办服务机构少,只能为特定的社会群体服务,不适应残疾人的需求。民办残疾人服务机构,由于缺少有效的政策支持,机构建设经费、运转经费和人员编制缺乏可靠的保障,残疾人服务补贴政策偏少,发展极度缓慢,残疾人服务业发展明显滞后于经济社会发展。已有民办残疾人专业服务机构生存发展困难,可持续能力弱;新办残疾人服务机构,如民办残疾儿童康复教育机构存在审批、管理合法化的真空。

5. 残疾人服务体系经费投入不足的问题比较突出

调研表明,2009 年,从残疾人事业经费投入结构看,残疾人就业保障金占总投入的 69.5%,一般预算资金只占 30.3%。与 2008 年相比,一般预算资金和残疾人就业保障金所占的比重虽略有提高,两项合计由 2008 年的 97.7% 上升到 2009 年的 99.5%。但与残疾人的需求不相适应,影响到残疾人康复等基本需求的满足。

6. 城乡间、地区间服务能力和设施建设不平衡

由于经济发展的不平衡,残疾人服务机构数量偏少,机构规模小,分布不均匀,大部分集中在大中城市,致使农村残疾人普遍难以得到与城市残疾人相同的服务。特别是由于受经济社会发展总体水平的限制,农村社区建设水平低,医疗和专门的残疾人康复机构极度匮乏。

残疾人服务资源过于集中于城市,且布局分散,残疾人康复服务机构向基层辐射能力差;农村基层残疾人服务力量严重不足,基层残疾人服务人员数量少,服务能力弱,服务效率偏低。而且由于残疾人事业宣传在农村的缺失,基层工作者等本身也对残疾人服务知识认识不足,导致部分农村残疾人自我服务意识淡漠。

二、"十二五"残疾人服务体系建设的指导思想、总体要求和发展目标

(一)指导思想

"十二五"是我省实现残疾人"人人享有基本医疗卫生和康复服务"目标

的关键时期,残疾人服务工作要紧紧围绕这些目标,按照我省残疾人"两个体系"建设的要求,突出重点,突破瓶颈,统筹发展,积极创新具有浙江特色的康复服务新模式,使城市地区不断提高服务水平,农村地区不断提高服务覆盖面,以普遍满足残疾人基本公共服务需求。

(二)总体要求

以残疾人全面享受基本公共服务为目标,针对残疾人特殊性、多样性、类别化的服务需求,建立健全以公共服务机构为主体、其他社会服务机构为补充、社区服务为基础、家庭服务为依托,以生活照料、医疗康复为主要内容的残疾人康复服务体系。

(三)发展目标

根据国家"东部地区要率先实现残疾人社会保障和服务的制度化、专业化和标准化"的要求,紧紧围绕省委、省政府提出的"缩小差距、协调发展、共享小康、走在前列"的总体工作目标,加大力度,加快发展,率先构建具有浙江特色的残疾人康复服务体系的基本框架,不断完善、提高保障和服务水平,真正实现残疾人共享小康。到 2012 年实现"人人享有基本医疗卫生和康复服务"的目标。到 2015 年,使我省残疾人医疗康复政策更加完善,基层基础更加夯实,服务水平进一步提高,残疾人医疗康复服务的主要指标居全国前列。

1.进一步建立健全普惠加特惠的医疗康复政策法规体系,保障残疾人切实享有基本公共卫生服务和基本康复服务。

2.加强各级康复服务机构和康复专业人才队伍建设,加快构建以机构康复为骨干、社区康复为基础、家庭康复为依托及"机构辐射社区,社区带动家庭"的康复服务网络。

3.进一步实施残疾人康复工程、残疾儿童抢救性康复项目和基本辅助器具适配等重点康复工程,不断扩大残疾人康复服务覆盖面,提高康复服务水平。

4.进一步创新康复服务工作体制机制和工作方法,加快形成以政府为主导、社会充分参与的康复服务模式。

5.研究制定政策,积极探索并不断加强行业管理,提高康复服务的社会化、规范化水平。

6.加快推进省残疾人康复指导中心的扩建项目工程;加强省残疾人康

复指导中心、辅助器具资源中心和听力语言康复中心建设,积极发挥省级专业康复机构残疾人康复工作的示范窗口、技术资源中心和人才培养基地作用。

7.加快建立健全乡镇(街道)、村(社区)康复服务站(康复室),配置专业康复技术人员和康复训练器具。在每个基层卫生服务机构均应建立康复服务站(康复室),并配备1～2名专业康复技术人员。

8.加强基层残疾人康复服务专业人员的培训力度。在"十二五"期间,全省每年培训不少于100名的机构康复专业人员;每个县(市、区)每年培训社区康复指导员不低于20%。建立考核、发证和持证上岗等规范化培训、使用制度。

9.加大残疾人家长(家属)培训,加强康复政策宣传、康复知识普及和康复信息提供,进一步推进"康复服务进家庭"。在"十二五"期间,每个县(市、区)通过"机构带动社区,社区服务家庭",开展"康复服务进家庭"不少于当地持证残疾人的20%。

三、"十二五"期间残疾人康复服务的重点任务和举措

(一)残疾人康复服务专业人才建设工程

将残疾人康复人才专业培训纳入政府教育计划,将残疾人康复纳入全科医生培训的内容,加大对基层社区康复人员培训力度。

首先,加强大专及以上医学院校康复医学人才的培养。省内医学院校要积极开设康复人才培养专业,有条件的院校要建立残疾人康复人才培养基地,加大对康复人才培养、培训的力度。

其次,利用卫生系统的资源,加强县基层卫生服务站康复人才的培训。如由卫生厅发文,规定卫生技术人员到残疾人康复机构服务,纳入卫生技术人员职称晋升中继续教育,下基层服务,形成制度。这样既可弥补现行康复人才的稀缺,同时又能带动康复机构整体技术水平的提升,更好地为残疾人康复服务。规定医学院校学生必须在社会公益机构(如社区康复站或点、护理院、工疗站等)做义工,计学分并列入学年考核。

再次,实施医疗康复人才的定向培养制度。在"十二五"期间,全省每年培训不少于100名的机构康复专业人员;每个县(市、区)每年培训社区康复指导员不低于20%。

最后,发挥社会志愿者队伍的作用。各地要加强助残志愿者组织,完善助残志愿者服务网络,广泛动员社会力量,发展壮大助残志愿者队伍。要深入实施"百万青年志愿者助残行动",完善助残志愿者注册制度,建立完善志愿者助残激励机制,提高为残疾人提供志愿服务的积极性和能动性。

(二)实施0～6岁残疾孤儿和贫困残疾儿童抢救性康复项目

建立残疾儿童康复救助制度,免费或补助一定比例为残疾儿童提供抢救性康复治疗。按残疾孤儿、低保家庭、低收入家庭、一般家庭的顺序进行。其中残疾孤儿、低保家庭、低收入家庭所需费用列入地方财政预算,一般家庭按每人补助一定费用。由于地区经济社会发展的不平衡,省残联应充分利用二代证数据库的信息,在全省范围内进行资源合理调配,确保资源得到最合理的配置。

人工耳蜗手术:1～6周岁经二等甲级以上医疗机构检查,适合手术的听力重度残疾的聋儿,购置配发基本型人工耳蜗,并提供人工耳蜗手术后康复训练。

康复训练:0～6周岁聋儿、脑瘫儿童、智力残疾儿童(以1～4周岁)和孤独症儿童(以3～6周岁为重点,需二级以上精神专科医院确诊为孤独症),有康复指征并有康复意愿的家庭提供康复训练,每年每人补助1万元。

辅助器具配置:助视器、助听器和假肢适配,按现行全省"残疾人共享小康工程"补助规定和办法执行;矫形器、轮椅、坐姿器、站立架、助行器等普及型辅助器具配置,按每件均价500元标准进行补助。

(三)加强残疾人康复服务机构建设

各市、县(市、区)都要建立公益性专业康复服务机构与设施,完善功能,规范管理,切实提高康复服务水平;有计划地在医疗机构中设立康复医学科室;鼓励和扶持社会力量兴办残疾人康复机构;充分利用城乡社区内各种有效资源,积极开展社区康复服务,扎实推进康复进社区、服务到家庭;切实加强社会医疗机构、专业康复机构、城乡社区卫生服务机构间的密切联系,实现资源共享,努力提高康复质量和水平,逐步形成完善的康复服务网络体系。

四、政策建议

残疾是人类发展进程中不可避免要付出的一种社会代价,残疾问题不应只是残疾人个人和家庭应该面对的障碍,而应是社会共同面临的问题。残疾人事业是社会文明进步的重要标志,也是事关全面建设小康社会目标顺利实现不可或缺的重要部分。全省各级党委、政府要把残疾人事业发展摆到更加重要的位置,增强责任意识,针对残疾人的特殊情况,在政策措施上要采取"普惠"加"特惠",着力完善政策体系,着力健全长效机制,着力解决广大残疾人最关心、最直接、最现实的利益问题,努力缩小残疾人生活水平与社会平均水平的差距,使广大残疾人共享全面小康社会建设的成果。

(一)建立和完善残疾人康复服务的体制机制建设

以公共服务均等化为契机,建立健全残疾人康复服务体系,让广大残疾人享受到公共服务的阳光。重点完善残疾人公共服务政策和专项扶助政策。

1. 将残疾人康复体系纳入服务业发展总体规划

要将残疾人服务体系建设纳入全省各级社会经济发展的大局,在国家建立覆盖城乡居民社会保障体系和推进基本公共服务均等化的发展总体思路中,研究制定总体发展规划,完善法规政策体系及有关措施,积极探索更加公平、更有效率的制度安排,形成长效发展机制,使残疾人真正享受到均等、便利的公共服务。

2. 残疾人服务业特殊扶持和鼓励政策

省发改委、财政、卫生、建设等有关部门要制定出台残疾人服务业的扶持和鼓励政策,从市场准入、银行信贷、税收减免、财政补助(贴息、奖励)等方面给予特殊扶持和优惠;要加强行业管理,建立有效的管理、激励机制。

3. 将残疾人全面纳入基本医疗保险和合作医疗制度

将残疾人全面纳入城镇职工基本医疗保险、城镇居民基本医疗保险和新型农村合作医疗制度,做到"应保尽保"。对参保的重度残疾人和享受最低生活保障的残疾人个人缴费部分给予全额补贴;对低收入残疾人的各项医疗费用简化报销手续,提高报销标准。

按照普惠加特惠、重点保障和特别扶助、一般制度安排和专项制度安排相结合的原则,逐步将残疾人的残疾矫治手术、功能训练、基本辅助器具适配和精神病患者药物治疗等基本康复项目纳入基本公共卫生服务项目,纳入城镇职工基本医疗保险、城镇居民基本医疗保险和新型农村合作医疗报销范围。

(二)积极引进社会资本支持参与残疾人康复服务

残疾人发展要紧跟时代步伐,更需要加大投入,否则,真正的残疾人服务将成为空谈。因此,必须建立长期、稳定、多元的资金保障机制。

1. 进一步增加财政对残疾人事业经费的投入

根据浙委〔2009〕3号文件的要求,各级财政部门要建立"残疾人事业经费投入增长不低于财政经常性收入的增长比例",进一步增加财政对残疾人事业经费的投入。省级财政要进一步加大对欠发达地区残疾人事业投入的财政转移支持力度。

2. 积极探索浙江特色的社会资本参与残疾人服务体系建设

按照政府主导、社会参与的原则,研究制定政策,充分发挥浙江民营资本优势和社会各方面积极性,鼓励和吸引社会团体、基金会、民办非企业单位、志愿者等社会力量参与残疾人服务体系建设;建立一批"民办公助"或"公办民营"的残疾人服务机构,并加强行业管理和示范、达标创建。

3. 进一步建立完善残疾人社会助残捐赠政策,鼓励社会支持、参与残疾人福利和慈善事业

按照彩票公益金的使用宗旨,加大彩票公益金支持残疾人事业的力度,省、市、县三级要确保从本级福利彩票公益金中安排不低于10%的经费用于残疾人事业。

红十字会、慈善总会等慈善团体要积极为残疾人事业筹集善款,各市和有条件的县要成立残疾人福利基金会。

广泛动员社会各界踊跃为残疾人开展爱心捐助活动。积极培育扶持为残疾人服务的慈善公益组织,广泛募集残疾人事业发展资金。创新残疾人慈善募捐的方式和手段,促进为残疾人服务的民间慈善机构的发展。

(三)加强残疾人康复服务的专业人才队伍建设

1. 加快制定残疾人服务专业人才的培养规划

各级人力社保、卫生、财政和残联等部门要加快制定残疾人服务人才培

养规划,要将残疾人康复人才专业培训纳入政府教育计划,将残疾人康复纳入全科医生培训的内容,加大对基层社区康复人员的培训力度,不断提高残疾人康复服务的专业化水平。

2. 采取特殊鼓励政策,加大力度引进、聘用各类急需的优秀专业人才

加强人才引进和培养力度,积极争取省事业编制。引进、聘用各类急需的优秀专业人才,满足残疾人服务急需的专业人才,解决制约残疾人服务体系建设发展的瓶颈问题。

3. 完善人才分层培养、分层管理、分层激励的体系

拓展人才培养途径,实行行政干部内部轮岗培训制度,组织专业型、管理型人才参加各种形式的培训活动,提升现有人才管理水平。

加强现行残疾人服务机构人员的在职培训,提高水平。

加强与省内外知名大学的合作,开展多元化办学,联合培养残疾人所需专业技术人才,扩大学历教育和在职培训规模,不断提高技术水平。

(四)创新残疾人康复服务模式,提升服务水平

充分利用医疗卫生、民政、教育等资源,依托医院、学校、康复机构等,建立区级残疾人康复技术指导中心,依托社区卫生服务中心建立康复室,依托社区资源建立社区康复站,形成"以区级技术指导中心为龙头,社区卫生服务中心为重点,社区康复站、家庭为基础"的康复服务体系,为残疾人就近就便享有康复服务提供平台。

空巢老人健康相关生存质量及空巢
社会因素研究

□ 王　憶　陈　坤　周　标　王俊芳*

摘　要：本研究通过分析 60 岁及以上空巢老人的健康相关生存质量现状及空巢相关社会因素，以期为制定健康老龄化相关策略和措施提供依据。研究采用整群抽样的方法选取浙江省的城市和农村年龄在 60 周岁及以上的老人 4995 名。采用逐步 logistic 回归进行空巢社会因素的多因素分析。用多元线性回归模型在校正混杂因素后，比较空巢和非空巢老人的健康相关生存质量。逐步 logistic 回归分析显示，与非空巢老人相比较，空巢老人年龄多集中在 70—79 岁之间（$P=0.0417$），文化程度高（$P<0.0001$），以及居住于农村（$P<0.0001$）和低收入者（$P=0.0178，P=0.0049$）趋向于空巢的概率较大。但是，空巢老人较非空巢老人对生活的满意度较高（$P=0.0070，P=0.0035$），情绪状态较好（$P=0.0371$）。多元线性回归在校正了年龄、性别、婚姻状况、文化程度、居住地、个人年收入以及生活满意度评分和情绪评分等因素后，结果显示空巢老人在生理领域中的 $BP（P=0.0032$）维度，心理领域的 $RE（P=0.0033$）维度以及 $MCS（P=0.0342$）的得分较非空巢老人低。本文得出以下结论：空巢老人的健康相关生存质量低于非空巢老人，尤其体现在心理功能方面。空巢老人具有高文化程度、低收入以及居住于农村等特征，是实施健康老龄化需要重点关注的对象。

关键词：空巢；老人；社会因素；健康相关生存质量

人口老龄化是 21 世纪全球共同面临的重要的非传统安全之一。联合国人口司一项研究报告显示，到 2050 年全球 60 岁以上人口将从 2005 年的 6.72 亿增至 19 亿。同时期的中国 60 岁以上人口将从 1.44 亿增至 4.38 亿。而在浙江省，人口老龄化程度一直高于全国水平，且"空巢老人"增加迅

* 王憶、周标：浙江大学公共卫生学院流行病学与卫生统计学系博士研究生；王俊芳：浙江大学公共卫生学院流行病学与卫生统计学系博士后；陈坤：浙江大学公共卫生学院流行病学与卫生统计学系教授。

速。据统计,2008年浙江"空巢老人"户占65岁及以上老人家庭户的比例为59.8%,比2000年提高了22.3%,在农村,老年人口空巢化的速度更快,2008年这一比例已经达到了60.9%。人口老龄化引起了众多学者的关注,然而这些关于老龄化的研究更多的是以一般老年人群为研究对象,或以某一疾病的老年人群、特定性别人群为研究对象,或以评价某种治疗方法为目的,而以空巢老人作为研究对象开展健康相关生存质量研究和空巢的社会因素研究的却不多。本研究以SF-36量表作为主要评价工具,分析60岁及以上空巢老人的健康相关生存质量现状及空巢的相关社会因素,以便为制定健康老龄化策略和措施提供依据。

一、对象与方法

(一)研究对象

采用整群抽样的方法分别选取浙江省的城市,即杭州市拱墅区米市巷街道的2个社区(沈塘桥和大塘)和农村武义县的2个乡镇(白姆和王宅)的常住户口者,年龄在60周岁及以上的老人4995名,其中杭州和武义选取的研究对象分别为2554名和2441名。

(二)研究内容

研究内容包括个人一般情况和健康相关生存质量两部分。个人一般情况由自行编制的调查表获得,内容包括社会人口学特征(年龄、性别、民族、婚姻状况、文化程度、居住情况、个人年收入等),生活方式及行为习惯(吸烟史、饮酒史、体育锻炼、社会支持评分、情绪评分、生活满意度评分、医疗保险、年自付医疗费用等),患病情况(疾病负担等),家族史,妇女生理生育等五部分。

健康相关生存质量(Health-related quality of life,HRQOL)则由基于MOS(Medical Outcomes Study),评价HRQOL具有较高信度和效度的简明健康调查量表(SF-36)中文版进行评估。SF-36量表包含8个维度:躯体功能(physical function,PF)、躯体所致功能限制(role-physical,RP)、躯体疼痛(bodily pain,BP)、总体健康(general health,GH)、生命活力(vitality,VT)、社交功能(social function,SF)、情感所致功能限制(role-emotional,RE)、心理健康(mental health,MH)。其中PF、RP、BP和GH属于生理领域(physical component summary,PCS),而VT、SF、RE和MH属于心理领域

(mental component summary，MCS)。

(三)调查方法

采用面对面的问卷调查方式。调查时间为 2007 年 9 月至 2007 年 12 月。对所有的调查对象都取得了知情同意。为保证调查的真实性，成立了质量控制小组，实施全程质量监控。其中，调查员均是医学专业人员，由经统一培训考核合格后的社区责任医师、乡村医师和在校研究生组成。质控员由课题主要参与人员组成，负责检查核实调查表，如有缺项或漏项的即刻返还，完成补充调查。数据录入员采用 EpiData 3.1 软件进行双遍录入，比对无误后，生成数据库。

最后，在 4995 名研究对象中，剔除无应答、不合格问卷(如：重复、不符合研究对象纳入标准、居住方式等主要条目缺失)838 份后，纳入分析的有效问卷为 4157 份，有效应答率为 83.2%。

(四)统计学分析

研究对象的居住情况按照是否与子女同住分为空巢和非空巢两组。婚姻状况包括独身(包括：未婚、离异、分居和丧偶)和在婚两水平。社会支持可分为三个水平，即高(2 分)、中等(3~5 分)和低(6~8 分)。生活满意度分为三个水平，即满意(2 分)、一般(3~4 分)和不满意(5~6 分)。情绪评分也分为三个水平，即高兴(0 分)、一般(1 分)和压抑(2 分)。疾病负担则包括无慢性病、1~3 种慢性病和 4~10 种慢性病三个等级。其中，社会支持评分基于两个问题，即"目前当您生活中遇到需帮助的事(如钱、物、生活照料)时，获得帮助的困难程度如何"和"目前当您精神上需要别人给予安慰、关心时，获得帮助的困难程度如何"，其评分测算已在之前的研究中详细阐述。生活满意度评分基于"您对家庭现状满意吗"和"您觉得您现在的生活幸福吗"两个问题。情绪评分通过问题"平时心情：1＝很愉快；2＝一般；3＝不愉快，有时候闷闷不乐；4＝有压抑感"获得，选择 1 记 0 分，2 记 1 分，3 和 4 记 2 分。SF-36 量表的测算是根据评分标准将量表中的各条目转换为 0~100 的分值，分值越高，说明该条目功能状况越好，生存质量越高。

应用 SPSS 13.0 软件对数据进行统计分析，其中空巢社会因素的单因素分析采用 χ^2 检验，空巢社会因素的多因素分析采用逐步 logistic 回归。空巢与非空巢老人的健康相关生存质量的比较用 t 检验，多元线性回归分析进行混杂因素的校正分析。

二、结　果

(一)空巢与非空巢的特征比较

纳入分析的 4157 名研究对象,平均年龄 71.22±11.45 岁,其中空巢老人 3394 人,占 81.65%;非空巢老人 763 人,占 18.35%。与非空巢老人相比,空巢老人有如下社会人口学特征,即男性居多($P=0.0159$);集中在 70～79 岁的中间年龄段,而 80 岁以上的老人往往以非空巢方式居住($P=0.0284$);婚姻多为在婚状态($P<0.0001$);农村老人中空巢者比例较高($P<0.0001$)。在社会经济学方面,空巢老人往往处于低收入阶层($P<0.0001$)。此外,空巢老人往往有吸烟史($P=0.0044$)、饮酒史($P=0.0003$),并且缺乏体育锻炼($P<0.0001$)(见表 1)。

表 1　浙江省部分地区城乡空巢与非空巢老年人特征比较

变　量	空巢老年人 ($n=3394$) n(%)	非空巢老年人 ($n=763$) n(%)	OR (95% CI)	χ^2 值	P 值
年龄(岁)	71.19±12.06	71.39±8.24			
60～69	1421(41.87)	325(42.60)	1.00		
70～79	1574(46.38)	319(41.81)	1.13(0.95～1.34)	1.94	0.1842
≥80	399(11.76)	119(15.60)	0.77(0.60～0.97)	4.80	0.0284
性别					
男	1672(49.26)	339(44.43)	1.00		
女	1722(50.74)	424(55.57)	0.82(0.70～0.96)	5.82	0.0159
婚姻状况					
独身(未婚/离异/分居/丧偶)	686(20.38)	317(41.93)	1.00		
在婚	2680(79.62)	439(58.07)	2.82(2.39～3.33)	148.08	<0.0001
民族					
汉族	3319(99.02)	744(98.80)	1.00		
其他	33(0.98)	9(1.20)	0.82(0.39～1.72)	0.27	0.6041
文化程度					
小学及以下	2160(64.38)	458(60.66)	1.00		
中学	846(25.22)	227(30.07)	0.79(0.66～0.94)	6.73	0.0095
大专及以上	349(10.40)	70(16.71)	1.06(0.80～1.39)	0.16	0.6928
居住地					
城市	1602(47.20)	533(69.86)	1.00		
农村	1792(52.80)	230(30.14)	2.59(2.19～3.07)	122.50	<0.0001

续　表

变　量	空巢老年人 （$n=3394$） $n(\%)$	非空巢老年人 （$n=763$） $n(\%)$	OR （95% CI）	χ^2 值	P 值
个人年收入（元）					
<5000	1701(51.22)	233(31.32)	1.00		
≥5000 & <10000	246(7.41)	37(4.97)	0.91(0.63~1.32)	0.2431	0.6220
≥10000 & <20000	975(29.36)	352(47.31)	0.38(0.32~0.46)	107.38	<0.0001
≥20000	399(12.01)	122(16.40)	0.45(0.35~0.57)	41.38	<0.0001
年自付医疗费用（元）					
≤0 & <100	840(26.17)	205(28.51)	1.00		
≥100 & <1000	1268(39.50)	235(32.68)	1.32(1.07~1.62)	6.81	0.0090
≥1000 & <3000	704(21.93)	156(21.70)	1.10(0.87~1.39)	0.67	0.4129
≥3000	398(12.40)	123(17.11)	0.79(0.61~1.02)	3.34	0.0674
医疗保险					
无	73(2.16)	17(2.24)	1.00		
新型农村合作医疗制度	1711(50.70)	220(29.02)	1.81(1.05~3.13)	4.54	0.0331
城镇职工基本医疗保险	1536(45.51)	507(66.89)	0.71(0.41~1.21)	1.62	0.2032
其他	55(1.63)	14(1.85)	0.92(0.42~2.01)	0.05	0.8251
吸烟史					
有	1096(32.39)	206(27.07)	1.00		
无	2288(67.61)	555(72.93)	0.78(0.65~0.92)	8.12	0.0044
饮酒史					
有	1092(32.26)	195(25.59)	1.00		
无	2293(67.74)	567(74.41)	0.72(0.60~0.86)	12.85	0.0003
体育锻炼					
有	1123(33.72)	343(45.61)	1.00		
无	2207(66.28)	409(54.39)	1.65(1.40~1.94)	37.27	<0.0001
生活满意度评分					
2(满意)	2007(60.22)	438(59.67)	1.00		
3~4(一般)	1232(36.96)	266(36.24)	1.01(0.85~1.20)	0.02	0.0784
5~6(不满意)	94(2.82)	30(4.09)	0.68(0.45~1.04)	3.10	0.9005
社会支持评分					
2(高)	2316(68.89)	561(73.55)	1.00		
3~5(中等)	880(26.17)	153(22.77)	1.39(1.15~1.69)	11.11	0.0009
6~8(低)	166(4.94)	39(5.18)	1.03(0.72~1.48)	0.03	0.8682
情绪评分					
0(高兴)	1420(41.84)	309(40.50)	1.00		
1(一般)	1770(52.15)	405(53.08)	0.95(0.81~1.12)	0.36	0.5476
2(压抑)	204(6.01)	49(6.42)	0.91(0.65~1.27)	0.33	0.5636
疾病负担					
0	648(19.14)	117(15.35)	1.00		
1~3	1742(51.46)	378(49.61)	0.83(0.66~1.04)	0.10	0.1112
4~10	995(29.39)	267(35.04)	0.67(0.53~0.85)	5.08	0.0011

（二）空巢社会因素的多因素 logistic 回归分析

采用逐步法对空巢的社会因素进行 logistic 回归分析。为了消除变量间的共线性影响,在回归分析之前进行了变量间的相关分析,结果显示婚姻状况与居住情况之间,居住地与医疗保险之间存在显著相关,列联系数分别为 0.59 和 0.70。因此,未将婚姻状况和医疗保险纳入回归分析。则最后纳入分析的自变量为年龄、性别、文化程度、居住地、个人年收入、年自付医疗费用、吸烟史、饮酒史、体育锻炼、生活满意度评分、社会支持评分、情绪评分和疾病负担,因变量为居住情况。经逐步 logistic 回归分析,最后进入方程的变量包括年龄、文化程度、居住地、个人年收入、生活满意度评分和情绪评分。即与非空巢老人相比较,空巢老人年龄多集中在 $70\sim79$ 岁之间($OR=1.22,95\%CI:1.01\sim1.48$);文化程度越高($OR=1.71,95\%CI:1.35\sim2.16;OR=2.43,95\%CI:1.72\sim3.44$),以及居住于农村($OR=3.14,95\%CI:2.17\sim4.54$)和低收入者($OR=0.65,95\%CI:0.46\sim0.93;0.55,95\%CI:0.37\sim0.84$)趋向于空巢状态的概率较大。但是,空巢老人较非空巢老人对生活的满意度较高($OR=0.76,95\%CI:0.62\sim0.93;0.46,95\%CI:0.27\sim0.77$),情绪状态较好($OR=0.81,95\%CI:0.67\sim0.99$)(见表 2)。

表 2   空巢社会因素的多因素 logistic 回归分析

变 量	OR	$95\%\ CI$	χ^2 值	P 值
年龄(岁)				
$60\sim69$	1.00			
$70\sim79$	1.22	$1.01\sim1.48$	4.1481	0.0417
$\geqslant80$	0.75	$0.57\sim0.99$	4.1278	0.0422
文化程度				
小学及以下	1.00			
中学	1.71	$1.35\sim2.16$	19.8178	<0.0001
大专及以上	2.43	$1.72\sim3.44$	25.5370	<0.0001
居住地				
城市	1.00			
农村	3.14	$2.17\sim4.54$	37.1337	<0.0001
个人年收入(元)				
<5000	1.00			
$\geqslant5000\ \&\ <10000$	1.17	$0.74\sim1.84$	0.4385	0.5078
$\geqslant10000\ \&\ <20000$	0.65	$0.46\sim0.93$	5.6134	0.0178
$\geqslant20000$	0.55	$0.37\sim0.84$	7.9106	0.0049
生活满意度评分				
2(满意)	1.00			
$3\sim4$(一般)	0.76	$0.62\sim0.93$	7.2787	0.0070
$5\sim6$(不满意)	0.46	$0.27\sim0.77$	8.5373	0.0035

续 表

变 量	OR	95% CI	χ^2 值	P 值
情绪评分				
0(高兴)	1.00			
1(一般)	0.81	0.67~0.99	4.3457	0.0371
2(压抑)	1.02	0.66~1.58	0.0085	0.9264

(三)空巢与非空巢老人健康相关生存质量比较

在 SF-36 量表的八个维度以及生理和心理两个领域总体评价中,除生理领域的 PF 和 GH 外,其余维度和两个领域的总评价得分均是空巢老人低于非空巢老人。其中 RP、BP、PCS、VT、MH、RE 和 MCS 在空巢老人和非空巢老人中的差异具有统计学意义。为了排除研究对象社会人口学和社会经济学差异的影响,运用多元线性回归分析校正年龄、性别、婚姻状况、文化程度、居住地、个人年收入以及生活满意度评分和情绪评分后,对空巢和非空巢老人在 SF-36 量表的八个维度以及两个总领域评分差异进行了比较。结果显示空巢老人在生理领域中仅有 BP 维度的得分较低,且具有统计学意义($P=0.0032$);空巢老人和非空巢老人的得分差异主要体现在心理领域中,即空巢老人的 RE($P=0.0033$)和 MCS($P=0.0342$)得分都较非空巢老人低,而 VT 较非空巢老人高($P=0.0407$)(见表3)。

表 3　空巢与非空巢老年人健康相关生存质量比较

维度	空巢(n=3394)	非空巢(n=763)	t 检验	多元线性回归		
	Mean ± S_d(n)	Mean ± S_d(n)	P 值	B	Beta	P 值
PF	74.70±23.23 (3393)	73.41±25.21 (762)	−1.30 0.1945	0.482	0.008	0.5953
RP	62.04±46.52 (3382)	69.86±44.40 (757)	4.21 <0.0001	−3.070	−0.026	0.0962
BP	85.37±19.85 (3389)	88.17±19.45 (761)	3.54 0.0004	−2.396	−0.047	0.0032
GH	56.08±20.42 (3383)	54.75±21.11 (760)	1.62 0.1053	−0.036	−0.001	0.9658
PCS	69.60±21.7 (3366)	71.62±21.31 (752)	2.32 0.0206	−1.260	−0.022	0.1365
VT	73.61±16.88 (3382)	74.12±17.66 (757)	4.21 <0.0001	1.230	0.028	0.0407

维度	空巢($n=3394$)	非空巢($n=763$)	t 检验	多元线性回归		
	Mean ± S_d(n)	Mean ± S_d(n)	P 值	B	$Beta$	P 值
MH	72.16±13.41 (3390)	74.14±14.47 (763)	3.46 0.0006	−0.960	−0.027	0.0658
RE	66.06±45.26 (3389)	77.73±40.46 (762)	7.04 <0.0001	−5.102	−0.044	0.0033
SF	83.00±20.67 (3392)	84.50±21.18 (762)	1.79 0.0728	−1.095	−0.020	0.1879
MCS	73.72±19.26 (3383)	77.62±18.65 (761)	5.07 <0.0001	−1.476	−0.030	0.0342

注:括号内数据为人数。

三、讨 论

本研究显示空巢老人具有如下社会学特征:空巢老人多集中在70至79岁的中间老龄段;具有较高的文化程度;居住于农村以及经济收入较低。而一项在国内湖北省远安县山区农村开展的关于空巢老人健康相关生存质量的研究也显示空巢老人具有较低的经济收入,但空巢与非空巢老人相比在年龄、文化程度上是没有统计学差异的。但是,文化程度越高越具有独立性,这可能是本研究高文化程度中空巢老人比例较高的原因。而大于80岁的高龄老人生存质量明显下降,与子女同住的概率增大,因此80岁以上老人空巢的比例反而下降。农村老人空巢比例较高则与中国的特殊国情有关,即加速的城市化进程导致城乡经济发展不平衡,大量农村劳动力涌入城市,造成中国农村空巢高比例的现象突出。

在比较空巢老人和非空巢老人在生活满意度和情绪评分时发现,空巢老人的情绪状态较好,对生活的满意度较高,且满意度越高的老人空巢比例越高,这与国内外多数相关研究结果是不一致的。比如,XieLQ等人在2009年发表的论文中表明湖南永州农村地区的空巢老人的抑郁水平高于非空巢老人,差异具有统计学意义。Liu LJ等人开展的另一项研究也说明农村的空巢老人具有较高的孤独水平和较低的生活满意度。Zunzunegui MV等人的研究显示与孩子同住的西班牙城市老人自我感觉健康良好,且抑郁综合征的发病率水平较低。本研究与其他研究的这种差异的产生是多方面的。首先,生活满意度等是一种主观评价,主流的观点认为它是受包括收入、教育、社会支持、婚姻状况等社会、经济因素,以及疾病等生理、心理健康等众多因素影响的。在我们的研究中以生活满意度评分为因变量,以居住方式、年龄、性别、文化程度、居住地、个人年收入、疾病负担、社会支持、情绪评分、MCS 评分和 PCS 评分为自变量进行逐步多元线性回归筛选变量发现,与生活满意度相关的变量包括情绪评分、MCS 评分、社会支持、居住地、居住方式以及年龄,且均具有统计学差异,印证了上述观点。其中,有研究显示社会支持与生活满意度之间显著相关,然而我们的研究显示空巢老人与非空巢老人的社会支持并不存在统计学差异,这可能是空巢老人并不具有较低生活满意度的原因之一。第二,随着社会经济结构的改变,"空巢"越来越成为父母所向往的,而与子女同住者却往往存在因疾病、伤残而需要被照顾的情况。鉴于我们的研究为横断面的研究,未能对孰因孰果进行解释,实为本研究的缺点。第三,与子女同住在获得"情感支持"的同时,也会因为存在代间摩擦,导致父母与子女关系紧张,从而导致负性情绪,降低生活满意度。此外,民族差异等情况也会改变不同居住方式与抑郁等负性情绪之间的关系。其实,除了本研究外,也有其他的研究支持我们的观点,认为空巢与负性情绪之间并没有必然的联系,甚至它更有可能与正性情绪有显著相关性。需要强调的是本次研究纳入的研究对象是以农村和城市这两个社会经济状况完全不同的地区的社区人群为基础,且具有大样本量的特点,而不仅仅只是研究农村或城市人群,增强了统计学效能和结论的可信度。上述原因可能共同导致了本研究结果与主流研究不一致的结论。因此,空巢与生活满意度以及情绪间究竟是怎样的关系还有待更为完善的研究设计进一步加以论证。

在我们进一步研究关于空巢老人的生存质量时发现,在控制混杂因素的基础上,与非空巢老人相比,空巢老人在生理领域的 BP 维度、心理领域的 RE 维度以及衡量心理功能总体水平的 MCS 的得分较低,且差异具有统计学差异。这与其他相关研究结果基本一致,但是我们的研究与其他研究不同的是空巢老人的衡量生理功能总体水平的 PCS 得分虽然低于非空巢老人,差异却并不具有统计学意义,即空巢老人和非空巢老人生存质量的差异主要体现在心理领域而非生理领域。此外,多元线性回归显示空巢老人在心理领域的 VT 得分却高于非空巢老人,而 t 检验显示了相反的结果。对于这个现象,从统计学分析其原因可能是由于 $P = 0.0407$,接近 0.05 的检验水准,存在假阳性的概率较大。其实,空巢老人与非空巢老人相比最大的弱点在于缺少孩子的关爱,如果空巢老人能够增加与孩子的接触,就可以增加彼此爱的感觉,从而减少孤独感。此外,虽然我们这次的研究结果显示空巢老人和非空巢老人的社会支持没有显著差异,但是,我们依然建议应该改善空巢老人的社会环境,包括扩大社会结构(即社会网络)和提高社会功能(即满意度和社会支持),因为很多研究证实社会环境的改善能够提高老人的生理和心理功能,从而改善生存质量。

　　总而言之,空巢老人的健康相关生存质量低于非空巢老人,尤其体现在心理功能方面。空巢老人具有高文化程度、低收入以及居住于农村的社会学特征,是实施健康老龄化需要重点关注的对象。此外,虽然空巢老人具有较高的生活满意度和良好的情绪状态,改善其所处的社会环境仍是提高其生理心理功能、改善生存质量的有效手段。

【参考文献】

[1] World population to increase by 2.6 billion over next 45 years,with all growth occurring in less developed regions; Numbers to rise from present 6.5 billion,hitting 9.1 billion by 2050,according to official UN estimates. http://www.un.org/News/Press/docs/2005/pop918.doc.htm.

[2] Richard Jackson,Keisuke Nakashima,Neil Howe. China's long march to retirement reform. Center for Strategic and International Studies.

[3] Population aging and old-age security system in Zhejiang province. (in Chinese) 浙江省人口老龄化及城乡养老保障制度研究. http://www.zj.stats.gov.cn/art/2009/7/22/art_281_36546.html.

[4] Paskulin,L.,Vianna,L.,and Molzahn,A.E. Factors associated with quality of life of Brazilian older adults. Int Nurs Rev,2009,56(1):109-115.

[5] Paskulin,L.M.,Molzahn,A.. Quality of life of older adults in Canada and Brazil. West J Nurs Res,2007,29(1):10-26; discussion 27-35.

[6] Chachamovich,E.,Fleck,M.,Laidlaw,K.,et al. Impact of major depression and subsyndromal symptoms on quality of life and attitudes toward aging in an international sample of older adults. Gerontologist,2008,48(5):593-602.

[7] Schneider,H.P.,Maclennan,A.H.,Feeny,D. Assessment of health-related quality of life in menopause and aging. Climacteric,2008,11(2):93-107.

[8] Rajaratnam,R.,Sivesind,D.,Todman,M.,et al. The aging methadone maintenance patient: treatment adjustment,long-term success,and quality of life. J. Opioid Manag,2009,5(1):27-37.

[9] Li,L.,Wang,H.M.,Shen,Y. Development and psychometric tests of a Chinese version of the SF-36 Health Survey Scale. Chinese Journal of Preventive Medicine,2002,36(2):109-113.(in Chinese) 李鲁,王红妹,沈毅. SF-36 健康调查量表中文版的研制及其性能

测试. 中华预防医学杂志,2002,36(2):109-113.

[10] Wei,Y. Y. ,Yan,Y. ,Wang,D. L. ,et al. Chinese version of SF-36 in the quality of life assessment among community-dwelling elders. Journal of Central South University (Medical Sciences),2006,31(2):184-188. (in Chinese) 韦懿芸,颜艳,王多劳,等. 中文版 SF-36 在社区老年人生存质量评价中的应用. 中南大学学报(医学版),2006,31(2):184-188.

[11] Ware,J. E. ,Sherbourne,C. D. The MOS 36-item short-form health survey(SF-36). I. Conceptual framework and item selection. Med Care,1992,30(6):473-483.

[12] Osborne,R. H. ,Hawthorne,G. ,Lew,E. A. ,et al. Quality of life assessment in the community-dwelling elderly:validation of the Assessment of Quality of Life(AQOL) Instrument and comparison with the SF-36. J Clin Epidemiol,2003,56(2):138-147.

[13] Junfang,W. ,Biao,Z. ,Weijun,Z. ,et al. Perceived unmet need for hospitalization service among elderly Chinese people in Zhejiang province. J Public Health(Oxf),2009,doi:10.1093/pubmed/fdp007

[14] Li-juan Liu,Qiang Guo. Loneliness and health-related quality of life for the empty nest elderly in the rural area of a mountainous county in China. Qual Life Res,2007,16:1275-1280.

[15] Hillsdon,M. M. ,Brunner,E. J. ,Guralnik,J. M. ,et al. Prospective study of physical activity and physical function in early old age. Am J Prev Med,2005,28(3):245-250.

[16] García,E. L. ,Banegas,J. R. ,Pérez-Regadera,A. G. ,et al. Social network and health-related quality of life in older adults:a population-based study in Spain. Qual Life Res,2005,14(2):511-520.

[17] Du,P. ,Ding,Z. H. ,Li,Q. M. ,Gui,J. F. The effect of children's work in other places on the parents. Population Research,2004,28:44-52.

[18] Liu,L. J. ,Guo,Q. Life satisfaction in a sample of empty-nest elderly:a survey in the rural area of a mountainous county in China. Qual Life Res,2008,17(6):823-830.

[19] Xie,L. Q. ,Zhang,J. P. ,Peng,F. ,et al. Prevalence and related influencing factors of depressive symptoms for empty-nest elderly living in the rural area of YongZhou,China. Arch Gerontol Geriatr,2009,doi:10.1016/j. archger. 2009. 01. 003

[20] Zunzunegui,M. V. ,Béland,F. ,Otero,A. Support from children,living arrangements, self-rated health and depressive symptoms of older people in Spain. Int J Epidemiol, 2001,30(5):1090-1099.

[21] Lipovcan,L. K. ,Brkljacic,T. ,Sakic,V. Monthly income and subjective well-being of Croatian citizens. Croatian Medical Journal,2007,48(5):727-733.

[22] Swami, V. ,Chamorro-Premuzic, T. ,Sinniah, D. ,et al. General health mediates the relationship between loneliness,life satisfaction and depression. A study with Malaysian medical students. Social Psychiatry and Psychiatric Epidemiology, 2007, 42 (2):

161-166.

[23] Newsom, J. T. , Schulz, R. Social support as a mediator in the relation between functional status and quality of life in older adults. Psychology and Aging, 1996, 11(1): 34-44.

[24] Rook, K. S. The negative side of social interaction: Impact on psychological well-being. Journal of Personality and Social Psychology, 1984, 46(5): 1097-1108.

[25] Rook, K. S. , Pietromonaco, P. Close relationships: Ties that heal or ties that bind? Advances in Personal Relationships, 1987, 1: 1-35.

[26] Russell, D. , Taylor, J. Living alone and depressive symptoms: the influence of gender, physical disability, and social support among Hispanic and non-Hispanic older adults. J Gerontol B Psychol Sci Soc Sci, 2009, 64(1): 95-104.

[27] Dennerstein, L. , Lehert, P. , Dudley, E. , et al. Factors contributing to positive mood during the menopausal transition. J Nerv Ment Dis, 2001, 189: 84-89.

[28] Dennerstein, L. , Dudley, E. , Guthrie, J. Empty nest or revolving door? A prospective study of women's quality of life in midlife during the phase of children leaving and re-entering the home. Psychol Med, . 2002, 32: 545-550.

[29] Liu, L. J. , Sun, X. , Zhang, C. L. , et al. Health-care utilization among empty-nesters in the rural area of a mountainous county in China. Public Health Reports, 2007, 122(3): 407-413.

[30] Long, M. V. , Martin, P. Personality, relationship closeness, and loneliness of oldest old adults and their children. J Gerontol B Psychol Sci Soc Sci, 2000, 55(5): 311-319.

[31] Gallicchio, L. , Hoffman, S. C. , Helzlsouer, K. J. The relationship between gender, social support, and health-related quality of life in a community-based study in Washington County, Maryland. Qual Life Res, 2007, 16(5): 777-786.

[32] García, E. L. , Banegas, J. R. , Pérez-Regadera, A. G. , et al. Social network and health-related quality of life in older adults: a population-based study in Spain. Qual Life Res, 2005, 14(2): 511-520.

[33] Melchior, M. , Berkman, L. F. , Niedhammer, I. , et al. Social relations and self—reported health: a prospective analysis of the French Gazel cohort. Soc Sci Med, 2003, 56(8): 1817-1830.

[34] Gallegos-Carrillo, K. , Mudgal, J. , Sánchez-García, S. , et al. Social networks and health-related quality of life: a population based study among older adults. Salud Publica Mex, 2009, 51(1): 6-13.

杭州市社区老年人生存质量现状及其影响因素研究

□ 王　憶　周　标　张爽爽　吴茵茵　郑卫军

王俊芳　钱大昕　杨佳琦　陈　坤*

摘　要：本研究的目的是了解城市社区老年人的生存质量现状及其影响因素。研究采用整群抽样的方法选取杭州拱墅区沈塘桥社区和大塘社区60岁及以上老人2554名，用包含中文版简明健康量表（SF－36）在内的系统问卷对研究对象进行问卷调查。调查数据采用描述性分析、t检验、χ^2检验、方差分析和多重线性回归进行分析。调查结果显示，杭州沈塘桥社区和大塘社区老年人生存质量的PF、RP、BP、GH、VT、SF、RE、MH等8个维度的评分在71分以上的各占71.98％，76.36％，89.08％，23.27％，79.59％，86.79％，81.31％，79.37％。影响老年人生存质量的因素包括性别、婚姻、年龄、文化程度、吸烟史、饮酒史、年收入、体育锻炼，其中性别、年龄和体育锻炼是最主要的影响因素。本文得出以下结论：杭州城市老年人生存质量较好，性别、年龄、体育锻炼对老年人的生存质量产生广泛影响，因此，形成个性化的良好生活方式是改善老年人生存质量，最终实现健康老龄化的关键。

关键词：社区老年人；生存质量；影响因素

随着我国经济生活水平的提高及人群期望寿命的延长，我国人口年龄结构也发生了改变。了解老年人口的生存质量及其影响因素，可以为健康老龄化政策研究提供依据。

---

* 王憶、周标、张爽爽、吴茵茵、王俊芳：浙江大学公共卫生学院流行病学与卫生统计学系博士研究生；郑卫军：浙江大学公共卫生学院流行病学与卫生统计学系硕士研究生；钱大昕、杨佳琦：杭州市米市巷街道社区卫生服务中心；陈坤：浙江大学公共卫生学院流行病学与卫生统计学系教授。

一、对象与方法

(一)对象

采用整群抽样的方法选取杭州市 1 个城区(拱墅区)的 1 个街道(米市巷街道)的 2 个社区(沈塘桥社区和大塘社区)的 60 周岁及以上老年人 2554 名。

(二)调查方法和内容

采用面对面的问卷调查方法。调查内容包括个人基本资料和中文版简明健康调查量表(the MOS item short from health survey,SF-36)两部分,后者包含 8 个维度:躯体功能(PF)、躯体所致功能限制(RP)、躯体疼痛(BP)、总体健康(GH)、生命活力(VT)、社交功能(SF)、情感所致功能限制(RE)、心理健康(MH)。

(三)质量控制

调查人员均为医学专业人员,并经培训考核合格后录用。调查员包括社区责任医师和医学生。质控员为课题组主要成员,负责调查表内容的核实完善。所有数据经两遍录入,比对无误后生成数据库。

(四)统计学分析

根据 SF-36 量表评分标准将各条目转换为 0—100 的分值,然后计算各维度的得分,分值越高,说明该条目功能状况越好,生存质量越高。应用 EpiData 3.1 进行数据录入,SPSS 13.0 对数据进行统计分析。用 t 检验和方差分析比较不同社会人口学特征的人群的 SF-36 量表得分,用多重线性回归分析老年人生存质量的影响因素。

二、结　果

(一)基本情况

共完成调查问卷 2186 份,有效问卷 2157 份,有效应答率为 84.4%

(2157/2554)。研究对象中男性 998 名(46.3%),女性 1159 名(53.7%);平均年龄(70.64±6.84)岁((60～100)岁)。

(二)老年人 SF-36 量表各维度评分等级分布

除 GH 维度外,杭州老年人其余各维度最高频数分布均落在较好或好的等级上。PF、RP、BP、GH、VT、SF、RE、MH 各维度评分在 71 分以上的各占72.0%、76.3%、89.1%、23.3%、79.6%、86.7%、81.3%、79.3%(见表1)。

表 1 老年人 SF-36 量表各维度评分等级分布

维度	差 人数(人)	差 比例(%)	差 人数(人)	差 比例(%)	差 人数(人)	差 比例(%)	差 人数(人)	差 比例(%)
PF	169	7.8	435	20.2	1334	61.9a	218	10.1
RP	456	21.2	52	2.4	46	2.1	1595	74.2a
BP	83	3.8	152	7.1	456	21.2	1461	67.9a
GH	440	20.4	1212	56.3a	491	22.8	10	0.5
VT	65	3.0	375	17.4	1537	71.3a	179	8.3
SF	94	4.4	191	8.9	644	29.8	1228	56.9a
RE	318	14.7	85	3.9	0	0.0	1753	81.3a
MH	38	1.8	407	18.9	1556	72.1a	156	7.2

注:将各维度评分按满分 100 分为 4 个等级,即差(0～40 分),较差(41～70),较好(71～95),好(96～100);a 为各维度频数最多的评分等级

(三)社会人口学特征与 SF-36 量表评分

SF-36 量表评分因社会人口学特征不同而存在差异。结果显示,男性、低年龄、有配偶、高收入和低自付医疗费者 SF-36 量表评分较高,PF、RP、VT、SF、RE 维度的评分随年龄增长呈下降趋势,RP、GH 维度的评分则随自付医药费的增长而下降(见表2)。

表 2 不同社会人口学特征的老年人 SF-36 量表各维度评分比较

类别		PF	RP	BP	GH	VT	SF	RE	MH
性别	男	80.0±21.4 (998)	80.6±37.9 (994)	91.5±17.4 (997)	58.5±19.9 (998)	82.2±14.3 (998)	89.1±19.1 (998)	87.1±31.8 (998)	78.1±12.3 (998)
	女	75.6±22.3 (1159)	75.7±40.4 (1155)	87.6±19.6 (1158)	54.5±20.6 (1159)	80.1±15.5 (1159)	86.4±20.3 (1159)	82.6±35.6 (1159)	76.6±12.8 (1159)
	t 值	4.712	2.877	4.879	4.594	3.236	3.185	3.096	2.665
	P 值	<0.01	0.004	<0.01	<0.01	0.001	0.001	0.002	0.008

类　别		PF	RP	BP	GH	VT	SF	RE	MH
年龄（岁）	60～	84.2±16.7 (968)	82.1±36.1 (966)	90.6±17.4 (966)	58.1±19.7 (968)	83.3±14.0 (968)	90.6±17.0 (968)	86.2±32.2 (967)	77.6±12.2 (968)
	70～	75.2±22.3 (970)	77.6±39.4 (967)	88.8±19.1 (970)	55.6±20.6 (970)	80.4±15.0 (970)	87.1±19.9 (970)	84.7±34.0 (970)	77.1±12.7 (970)
	80～	61.0±28.1 (201)	62.5±47.1 (198)	85.8±22.3 (201)	51.3±21.4 (201)	74.4±16.6 (201)	77.9±25.8 (201)	79.8±39.2 (201)	76.4±13.8 (201)
	90～	44.0±23.2 (18)	47.2±49.9 (18)	91.0±17.0 (18)	57.2±19.9 (18)	71.1±21.2 (18)	63.9±29.7 (18)	59.2±49.2 (18)	81.6±13.2 (18)
	F 值	96.173	17.879	4.334	7.053	24.749	33.304	5.476	1.342
	P 值	<0.01	<0.01	0.005	<0.01	<0.01	<0.01	0.001	0.259
婚姻	无配偶	71.1±24.2 (376)	71.6±42.9 (374)	86.1±21.3 (375)	53.0±20.6 (376)	77.1±16.8 (376)	83.4±22.8 (376)	82.3±36.0 (375)	75.9±11.3 (376)
	有配偶	79.0±21.3 (1764)	79.3±38.4 (1758)	90.0±18.2 (1763)	57.0±20.1 (1764)	81.9±14.5 (1764)	88.5±19.0 (1764)	85.3±33.5 (1764)	77.6±12.2 (1764)
	t 值	5.663	3.183	3.104	3.492	5.142	4.090	1.459	2.243
	P 值	<0.01	0.002	0.002	<0.01	<0.01	<0.01	0.145	0.025
年收入（元）	≤5000	72.3±19.0 (185)	74.2±37.2 (185)	82.0±23.5 (185)	56.9±22.1 (185)	83.0±14.8 (185)	88.0±19.3 (185)	71.2±38.4 (185)	73.5±10.8 (185)
	>5000	78.2±22.1 (1944)	78.7±39.3 (1936)	90.2±18.0 (1942)	56.4±20.2 (1944)	81.0±14.9 (1944)	87.7±19.8 (1944)	86.3±32.9 (1943)	77.8±12.6 (1944)
	t 值	3.969	1.489	4.621	0.320	1.736	0.208	5.190	4.380
	P 值	<0.01	0.137	<0.01	0.749	0.083	0.835	<0.01	<0.01
自付医药费（元）	0～	81.6±18.3 (1457)	83.0±35.5 (1454)	91.6±16.0 (1456)	59.8±18.4 (1456)	83.3±12.6 (1457)	90.7±16.2 (1457)	87.8±30.8 (1457)	78.5±11.3 (1457)
	2000～	75.6±20.2 (333)	71.6±42.6 (331)	86.9±19.9 (333)	50.4±19.9 (332)	79.2±14.8 (332)	84.6±20.4 (333)	83.0±35.0 (333)	76.7±12.3 (332)
	5000～	64.0±27.0 (115)	52.8±48.8 (114)	82.3±24.7 (114)	40.9±21.1 (114)	72.0±18.6 (115)	77.3±27.5 (115)	69.0±45.6 (114)	73.4±15.3 (115)
	1 万～	51.6±33.4 (84)	45.8±49.7 (83)	76.0±22.9 (85)	36.4±22.8 (85)	65.1±23.9 (85)	66.0±34.0 (85)	70.6±45.2 (85)	70.5±18.7 (85)
	3 万～	51.8±29.3 (11)	45.4±52.2 (11)	81.8±27.0 (11)	30.4±17.5 (11)	72.7±14.4 (11)	81.8±24.0 (11)	81.8±40.4 (11)	77.1±9.8 (11)
	5 万～	58.8±39.7 (4)	37.5±47.9 (4)	56.2±38.9 (4)	30.0±21.2 (4)	67.5±30.1 (4)	65.6±44.9 (4)	33.3±47.1 (4)	71.0±20.5 (4)
	F 值	54.795	30.655	12.701	41.244	10.805	39.414	21.513	55.309
	P 值	<0.01	<0.01	<0.01	<0.01	<0.01	<0.01	<0.01	<0.01

注：括号内为人数。

（四）老年人生存质量影响因素的多元线性回归分析

以性别、婚姻、年龄、文化程度、吸烟史、饮酒史、年收入、体育锻炼等为自变量,8 个维度的评分为因变量进行多元线性回归分析。结果显示上述自变量进入回归方程具有较好的拟合优度。其中性别、年龄和体育锻炼与老年人生存质量的关系最密切,男性、低年龄、高文化程度、高收入、有饮酒史、无吸烟史、经常参加体育锻炼的老年人生存质量较高（见表3）。

表3 老年人生存质量多重线性回归分析结果

维度	β值							
	性别	年龄	婚姻	文化程度	经济收入	饮酒史	吸烟史	体育锻炼
PF	−5.346	−10.326	1.067	−0.003	4.717	−3.052	3.067	−9.751
t值	5.249	15.651	1.067	0.620	3.045	2.680	2.477	10.519
P值	<0.01	<0.01	0.286	0.536	0.002	0.007	0.013	<0.01
RP	−4.545	−7.595	1.881	0.019	3.021	−5.611	2.553	−13.111
t值	2.332	6.011	0.983	2.203	1.020	2.575	1.077	7.391
P值	0.020	<0.01	0.326	0.028	0.308	0.010	0.282	<0.01
BP	−3.660	−1.728	0.971	−0.007	7.277	−1.347	0.971	−4.867
t值	3.916	2.858	1.058	1.711	5.122	1.290	0.856	5.726
P值	<0.01	0.004	0.290	0.087	<0.01	0.197	0.392	<0.01
GH	−2.517	−2.119	1.693	0.001	−1.889	−4.274	−0.662	−7.847
t值	2.491	3.241	1.706	0.123	1.230	3.784	0.540	8.534
P值	0.013	0.001	0.088	0.902	0.219	<0.01	0.590	<0.01
VT	−1.903	−3.419	1.785	−0.001	−2.862	−1.586	0.257	−5.816
t值	2.608	7.240	2.490	0.244	2.578	1.944	0.290	8.754
P值	<0.01	<0.01	0.013	0.807	0.010	0.052	0.772	<0.01
SF	−2.472	−4.936	1.731	−0.003	−1.335	−1.843	0.827	−7.762
t值	2.548	7.862	1.817	0.775	0.904	1.699	0.702	8.791
P值	0.011	<0.01	0.069	0.438	0.366	0.089	0.483	<0.01
RE	−4.831	−3.034	0.281	0.014	14.618	−1.818	3.351	−4.674
t值	2.857	2.772	0.169	1.837	5.683	0.962	1.631	3.037
P值	0.004	0.006	0.866	0.066	<0.01	0.336	0.103	<0.01
MH	−1.402	−0.309	0.720	−0.002	4.073	−0.574	0.981	−1.418
t值	2.220	0.756	1.161	0.600	4.239	0.813	1.279	2.466
P值	0.027	0.450	0.246	0.548	<0.01	0.416	0.201	0.014

注：β值是分别对SF-36量表8个维度进行多重线性回归分析所得偏回归系数；各自变量赋值情况如下，性别：1：男性，2：女性；婚姻：0：无配偶，1：有配偶；年龄：1：60～69，2：70～79，3：80～89，4：90～；文化程度：1：文盲，2：小学，3：初中，4：高中或中专，5：大专及以上；吸烟史：1：有，2：无；饮酒史：1：有，2：无；年经济收入：0：≤5000，1：>5000；经常参加体育锻炼：1：有，2：无。

三、讨　论

近年来,随着全球老龄化现象的日趋严重,国内外学者对该领域给予了越来越多的关注。关于人群生存质量的评价,多项国内外研究显示基于 MOS(medical outcomes study)的 SF-36 量表具有较好的信度和效度,中文版 SF-36 量表在特殊人群中的应用也具有较好的信度和效度。本研究将杭州沈塘桥和大塘社区老年人的 SF-36 量表各维度评分的等级分布结果与深圳市梅林社区老年人相比,除 GH 和 SF 维度外均比后者高。我们知道,作为特区的深圳,经过数十年的发展已具有较高的城市卫生服务设施指数和文化服务设施指数。而杭州老年人能在多数维度上具有较高的评分,提示杭州经济和医疗卫生服务的迅速发展。

不同社会人口学特征的老年人 SF-36 量表各维度的评分比较结果显示杭州男性老年人评分高于女性。这可能与不同性别的老人具有不同的社会角色有关,男性老年人会承担更多的社会职能,而女性老年人承担更多的家庭职能,因此,男性老年人具有更多的躯体锻炼和社会情感交流。同时,这符合女性自我感受较男性敏感,行为更易受情绪的影响的理论。老年人随着年龄的增加各维度的评分表现出显著下降的趋势,这符合生理机能、社会活动能力和范围随着年龄增长而下降的规律。有配偶者无论在躯体健康领域还是精神健康领域方面都有较高的评分,提示配偶之间的关怀对于老年人的生理和精神健康具有重要的作用。另外,研究显示经济收入对老年人的生存质量也有明显的影响,即收入越高,能够获得的医疗卫生服务资源越多,老年人的生存质量越好。而自付医药费用则从侧面反映了医疗卫生资源的可得性和易得性,自付医药费用越低,说明老年人能够获得的医疗保健服务越多,生存质量越高。

老年人生存质量影响因素的多重线性回归分析显示性别、婚姻、年龄、文化程度、吸烟史、饮酒史、年收入、体育锻炼等会影响老年人的生存质量,这与国内外同类研究结论类似。本研究中性别、年龄和体育锻炼是影响老年人生存质量最主要的因素,尤其是体育锻炼的作用尤为突出,这不同于国内其他研究。而在国外,许多研究已经显示了体育锻炼对降低生理功能减退的保护作用。本研究是对这一假设的有力证明。另外,本研究还显示,具有饮酒史的老年人具有较高的生存质量评分,与国外研究的适量饮酒对人体具有保护作用的理论相一致。

综合本次研究结果,提示高龄低收入女性老年人是杭州城市医疗卫生服务的重点对象,在随着年龄的增加生理机能减退以及现有经济条件的客观限制下,养成戒烟、适量饮酒、积极参加体育锻炼、主动摄取文化知识以及争取伴侣或同伴间的交流等良好且个性化的生活方式将会改善老年人的生存质量,有助于实现健康老龄化的最终目标。

【参考文献】

［1］韦懿芸,颜艳,王多劳,等.中文版 SF-36 在社区老年人生存质量评价中的应用.中南大学学报(医学版),2006,31:184-188.

［2］陈仁友,廖东铭,李向红,等.SF-36 量表在农村老年人生命质量测定的信度和效度评价.广西医科大学学报,2005,22:237-239.

［3］李栋,徐涛,吴多文,等.SF-36 量表应用于老年一般人群的信度和效度研究.中国康复医学杂志,2004,19:515-517.

［4］李鲁,王红妹,沈毅.SF-36 健康调查量表中文版的研制及其性能测试.中华预防医学杂志,2002,36:109-113.

［5］周标,陈坤,王俊芳,等.中文版 SF-36 量表在浙江省老年人群中的信度和效度.中华流行病学杂志,2008,29:1193-1198.

［6］张文汉,辜鸣,胡素君,等.深圳市梅林社区老年人生存质量研究.中国初级卫生保健,2007,21:24-26.

［7］Ackerean IN, Graves SE, Bennell KL, et al. Evaluating quality of life in hip and knee replacement: Psychometric properties of the World Health Organization Quality of Life short version instrument. Arthritis Rheum,2006,55: 583-590.

［8］Hillsdon MM, Brunner EJ, Guralnik JM, et al. Prospective study of physical activity and physical function in early old age. Am J Prev Med,2005,28: 245-250.

［9］张文汉,胡素君,辜鸣,等.社区老年人健康相关生存质量危险因素病例对照分析.社区医学杂志,2007,5:4-6.

［10］林婷,黄俊山,姜小鹰.福州城市社区空巢老年人生存质量及社区护理需求.中国老年医学杂志,2006,26:580-583.

［11］Spirduso WW, Cronin LD. Exercise dose-response effects on quality of life and independent living in older adults. Med Sci Sports Exerc,2001,33(6 Suppl): S598-S608;discussion S609-S610.

［12］Seeman T, Chen X. Risk and protective factors for physical function in older adults with and without chronic conditions: MacArthur studies of successful ageing. J Gerontol B Psychol Sci Soc Sci. 2002,57: S135-S144.

［13］Bryant LL, Shetterly SM, Baxter J, et al. Modihable risks of incident functional dependence in Hispanic and non-Hispanic white elders: the San Luis Valley Health and

Ageing Study. Gerontologist,2002,42：690-697.

[14] Strandberg AY,Strandberg TE,Salomaa VV,et al. Alcohol consumption,29-y total mortality,and quality of life in men in old age. Am J Clin Nutr,2004,80：1366-1371.

基于居住权的住房保障体系构建

——以杭州市为例

□ 张　凌　郑文娟[*]

摘　要：居住权作为居民的一项基本权利受到保障，已成为欧美国家解决住房问题的基本制度，也开始逐渐走入我国法律制定的关注视野，并成为指导地方政府建设城市住房保障体系的有效思路。城市住房保障体系不仅要保障城市居民的居住权，也应保障农转非居民的居住权，还要逐渐保障外来流动人群的居住权。通过以杭州住房保障的"5＋1＋1"体系为案例，从居住权视角剖析了我国城市住房保障体系建设的三个阶段：以保障城市居民的居住权为主的阶段；以保障城市居民和农转非居民的居住权为主的阶段；开始同步考虑外来暂住人群居住权的保障阶段。指出我国城市住房保障体系最终应该并且可以建立涵盖各层次居民居住权的体系，并提出了相关政策建议。

关键词：居住权；市民权；住房保障；中国杭州

一、引　言

作为"居住权"的英文对应词"housing power"最早出现在罗马法中，是指居住他人房屋的权利，即非所有人因居住而使用他人房屋的权利，本质上属于使用权，但其权利大于一般的使用权。由于罗马法对后世民法的影响巨大，居住权作为解决住房问题的制度相继被欧陆各国民法典所承袭。法国、德国、意大利、瑞士等国的民法典均在继受罗马法规定的基础上有所发展，明确认可"居住权"这一权益。近几年，欧洲各国纷纷将"居住权"写进国

＊　张凌：浙江大学房地产研究中心讲师、博士；郑文娟：浙江大学房地产研究中心讲师。

家法律,并制定《居住权法》①。居住权作为一项已获得普遍承认的权利并不是大陆法系国家的特有权利,英国、美国等非大陆法系国家也存在类似的规定。例如,美国将居住权称为"right of habitation",是"user right"的下含权利,认为居住权是人与生俱来的权利,不可被剥夺、转移、出售、捐赠等②。我国在 2002 年 12 月公布的《中国物权法征求意见稿》的用益物权部分中也明确规定了"居住权"这一权利,认为:居住权人对他人的住房以及其他附着物享有占有、使用的权利③。2007 年 3 月正式通过的《物权法》虽然删去了居住权这一条款,但居住权这一制度已为我国民法学界学者所普遍关注。

通常,对"居住权"的概念解释在广义和狭义两个层面上展开,广义的居住权是关于居住的各种权利的总和;狭义的居住权可以主要地理解为法律上的权利,是自然人在自己和家庭需要的限度内使用他人住房的权利,是一种用益物权,包括土地的所有权和使用权、住房权利中的房产权、房屋的使用权,等等(陈映芳,2006)。在中国,有关"居住权"的讨论更多集中在法律层面,如将"居住权"融入现有的制度框架体系以及在物权法中设立居住权等(陈信勇、蓝邓骏,2003;曾大鹏,2006)。陈军(2008)等认为,居住权是公民的最低生活保障,是公民生存的基础,其作为一项重要人权,在性质上应属于公民的宪法基本权利,而居住权的宪法地位是权利发展的必然趋势。确立公民居住权宪法地位具有重要的现实意义,有助于保护公民的基本权利,为公民的居住权提供宪法保障,有助于弱势群体的利益保护与和谐社会的构建。"居者有其屋"既是一项自然人的基本人权,也是政府方面的一项政治义务和法律义务。

近年来,研究中国社会问题的学者倾向于把"市民权"(citizenship)这个概念用于解决城市各阶层居民的住房问题(Solinger,1999;朱悦蘅,2006)。其中,居住权往往被看作是"市民权"的一个组成部分,主要表现为给他们户籍,提供公益性住宅、廉价商品住房、住房补贴等权益(陈映芳,2006)。在近年来的有关"城市改造"、"住房保障"、"利益表达"、"集体行动"等的经验研究成果中,已经可以看到关于市民的"居住权"的大量相关情形描述和问题

---

① 2003 年,荷兰通过《无家可归者法案》,以法律形式确认了"居住权"。2007 年初,法国政府成立"无家可归人群和问题住房部",并将加快《居住权法》的制定,以回应无家可归人群和住房困难人群的诉求。继荷兰之后,法国将成为第二个将"居住权"写进国家法律的欧洲国家。"居住权"也将成为继"教育权"和"健康权"之后法国第三项以法律规定的权利。

② http://www.meocpa.com/usufruct.html,获取于 2008 年 10 月 21 日。

③ 参见《中国物权法征求意见稿》第 211 条的规定。

分析。其中包括城市中产阶层在房产物业纠纷的维权运动中表现出的相应的权利意识和行动力（陈映芳，2006）、社区业主委员会在参与公共生活中的作用（Read，2003），以及各种住房维权和动迁矛盾的争议（朱健刚，2002；Laurans，2005）。本文所关注的是社会各阶层人口的居住权，尤其是保护各阶层弱势群体居住权的住房保障体系构建。

二、居住权与住房保障

改革开放以来，随着城市化进程的加快和人民物质文化生活水平的提高，"住房难"成为受到社会普遍关注的问题。

在住房保障体系构建中，以往都只是考虑城市居民的居住权的保障。随着经济社会的发展，农转非居民这一新的城市居民群体的居住权也进入了保障范围。目前外来暂住人群却因体制问题，依然被排斥在住房保障范围体系之外。我们认为，这部分人群的居住权不应受到忽视，而应逐渐纳入住房保障体系之中。中国住房保障体系也正在往这个方向发展，逐渐形成涵盖三个层面居民的居住权的住房保障体系。

（一）城市居民的居住权

城市居民的"居民权"意识近年来有较大程度的加强。从"房奴"的呼声，到与开发商的维权，从"民间合作建房"到维护拆迁补偿利益的"钉子户"，尽管效果可能还不明显，但至少开始展现城市居民的"话语权"。对于城市居民中弱势群体的低收入家庭，其居住权问题已经引起中央和地方政府的高度关注。2007 年 8 月 7 日，国务院出台了《关于解决城市低收入家庭住房困难的若干意见》（国发〔2007〕24 号）。文件指出，以城市低收入家庭为对象，进一步建立健全城市廉租住房制度，改进和规范经济适用住房制度，力争到"十一五"期末，使低收入家庭住房条件得到明显改善。

（二）农转非居民的居住权（新的城市居民）

随着城市化的推进和城市规模的不断扩大，城中村改造成为中国特有的现象。将城中村纳入城市管理体系可以拓展城市发展空间，优化资源配置，提升整体城市环境。但城中村改造中对土地的征收征用对村集体和农民利益的影响是巨大的，对农转非居民的"居住权"保护是推动城乡一体化发展的前提和保证。

（三）外来暂住人群的居住权（包括农民工和创业人员，没有市民权的人群）

外来暂住人群的居住权一直受到忽略，但他们，尤其是大量"非人才"的"农民工"在城市贫困街区的生活、居住这些既定事实是客观存在的，也是当今城市改造过程中不容忽视的事实。这些外来务工人员因为"没有城市户口"、"没有房产权"等原因被排除在政府、开发商和城市居民三者建构起来的场域外，没有被放置在与"城市市民"同等的位置上来考虑，而是被看成场域中的局外人（赵烨琴，2008）。有关农民工的城市居住问题正逐渐进入政府的决策视野，国发〔2007〕24 号文件提出要逐步改善农民工等其他城市住房困难群体的居住条件。

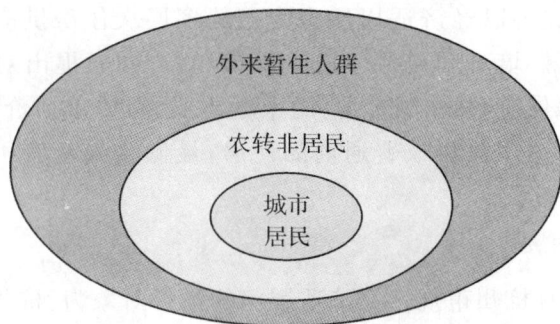

图 1　三个层面居民的居住权

杭州市的案例能够很好地体现中国城市住房保障体系的发展方向。本文以杭州市为案例，说明这一点。

三、杭州市住房保障政策演变

杭州市是浙江省省会，全国重点风景旅游城市和历史文化名城，同时还是长江三角洲南翼中心城市。经过改革开放 30 年来的持续高速发展，杭州市经济社会发展率先进入加速发展阶段，2007 年 GDP 总量排名全国省会城市第二位，人均 GDP 突破 8000 美元，2008 年底人均 GDP 更是达到 1 万美元，总体社会生产力水平已与全球中等收入国家平均水平持平。杭州经济的迅猛发展带动了社会各项事业的长足进步，城市综合实力在国内同类城市中名列前茅。不仅如此，杭州市拥有优良的自然景观及深厚的文化底蕴，历来是人居环境理想之地,"全国十佳宜居城市"、"最具幸福感城市"等桂冠接连花落杭州。近年来杭州市政府也一直在积极打造"住在杭州"这一金招牌,努力为市民营造更好的生活环境,共建共享"生活品质之城"。目前杭州市已采取多种措施积极缓解低收入家庭住房难问题,大力推进"居者有其屋"工程,逐渐形成廉租住房、经济适用房、拆迁安置房、危旧房改善、大学生人才公寓与外来务工人员住房公寓等共同组成的政府保障性住房体系。

杭州市住房保障体系的建设发展可以划分为以下三个阶段。

(一)第一阶段(1998—2001):以保障城市居民的居住权为主

1998 年 7 月,住房制度改革在全国全面推行。1999 年杭州市明确提出"进一步深化杭州市住房制度改革,停止住房实物分配,逐步实行住房分配货币化,建立和完善以经济适用住房为主的多层次住房供应体系和保障体系,发展住房金融,培育和规范住房交易市场"。同时提出对不同收入家庭实行不同的住房供应政策,"收入高的家庭购买、租赁市场价商品房;中低收入家庭购买经济适用住房或普通商品住房;最低收入家庭租赁由政府或单位提供的廉租住房"。

1. 经济适用房

1999 年 10 月杭州市规定经济适用房的销售对象为:杭州市市区范围内具有正式户口、现住房建筑面积未达到相应标准,属中低收入家庭的职工居民。2001 年 2 月,杭州市对之前的经济适用房销售管理办法进一步完善,规定"中低收入家庭标准由市房改领导小组依据本市职工家庭工资水平、住房面积标准和住房价格等因素计算确定,每年公布"。为了应对房地产市场发展的新阶段和住房保障的新形势,杭州市政府于 2003 年根据市区居民家庭经济收入和住房状况的调查,将市区居民划分为最低收入家庭、低收入家庭、中等收入家庭和高收入家庭等四类,同时将经济适用房分为经济解困房和经济居住房两大类,规定"市区居民最低收入家庭通过租用廉租房解决住房困难";"市区居民低收入家庭通过优先购买经济解困房解决住房困难";"市区居民中等收入家庭通过摇号购买经济居住房解决住房问题"。

2. 廉租住房

2001 年,杭州市从当时的经济社会状况和居民的住房情况实际出发,对廉租住房的保障资金来源、房源的筹集管理、申请条件及程序、配租方式、配租标准等方面作出了明确规定,为经济、住房"双困"家庭提供住房保障。从此,杭州市廉租住房保障体系建设的序幕正式拉开,廉租住房制度建设情况被纳入政府目标责任考核。

(二)第二阶段(2002—2006):逐渐保障农转非居民的居住权

1998 年起,杭州市率先开展大规模的撤村建居改革试点,初步理顺了城郊结合地区的管理体制,有效盘活了城市土地资源,拓展了城市发展空间,促进了集体经济的健康发展,加快了城市化进程。但由于城市核心区近郊还有相当部分乡村保留着原来的体制,农居混杂,卫生状况和环境面貌较差,社会治安问题较多。已实施撤村建居的地方仍有一些住宅建设沿袭着原来的农村标准,布局杂乱,给城市规划、建设和管理带来一定的难度。因此,进一步扩大撤村建居试点范围,并在撤村建居地区统一推行多层公寓建设,既是对改革试点工作的深化,也是创建经济强市、率先基本实现现代化的迫切要求。2001 年,杭州市按照"统一规划、突出重点、因地制宜、依法办事、确保稳定"的原则,在城市核心区近郊开展扩大撤村建居改革试点和推行多层公寓建设工作。2002 年,进一步规定凡实施撤村建居的地区,包括已经完成撤村建居的地区,必须推行多层公寓建设。2003 年 1 月,明确了关于撤村建居地区"农转非"居民人均购买 30～45 平方米建筑面积的问题。

随着杭州市社会经济的快速发展和城市化的快速推进,农转非居民的拆迁安置房建设已经成为城市建设发展的重要保障,也是保障民生、提升拆迁户生活品质和促进社会和谐的民心工程。

与此同时,保障城市中低收入家庭"居住权"的经济适用房政策进一步完善,取消了以职级、职称等作为经济适用房申购面积标准,经济适用房的建筑面积严格控制在中小套型。从 2004 年起经济适用房与拆迁安置房从统计口径上分开,公开销售的经济适用房数量逐年增加。经统计,2002 年至 2006 年杭州市公开销售的经济适用房面积共计 289.5 万平方米,为大约 3 万户家庭解决了住房问题。

(三)第三阶段(2007 年至今):同步保障外来暂住人群的居住权

2007 年以来,在国务院 24 号文件的指引下,城市居民的住房保障有了飞速发展。杭州市对经济适用住房管理办法在原有基础上进行了诸多修订,最明显的包括将保障对象从"中低收入家庭"改为"低收入家庭"、建立多级审核机制以及尝试经济适用房内循环模式等。准入条件严格限制在人均住房面积 16 平方米以下,家庭人均收入在市区人均可支配收入的 60%以下,经济适用房的套型面积严格限制在 60 平方米和少量 80 平方米。2007年底出台了《杭州市解决低收入家庭住房问题的发展规划》,计划 2008—2010 年安排廉租房 50 万平方米,经济适用房 200 万平方米。同时,通过做好拆迁安置工作和危旧房改造,改善广大城市中等收入家庭的居住条件。对那些符合申购条件但买不起经济适用房的家庭,以及不符合经济适用房申请条件却买不起商品房的家庭,开始积极探索经济租赁房政策。

杭州经济的迅速发展离不开千千万万外来务工人员的艰辛劳动,他们已经成为杭州经济社会发展的一个不可或缺的群体,为城市的发展作出了巨大贡献。2006 年,杭州市全市总人口数为 666.31 万人,其中暂住人口达到 274.91 万人,占比 41.27%,这表明外来务工人员已经成为杭州新兴的社会阶层。随着经济的发展,杭州对外来务工者的依存度越来越高。然而,在杭外来务工者中却有很大一部分人员居住环境依然恶劣,存在着居住条件简陋、卫生难以保障、配套设施不足、常住缺乏保障等问题,十分不利于和谐社会的构建和生活品质的共享,解决他们的居住问题是当务之急。

杭州市已经逐渐把改善外来务工人员的住房条件纳入保障范围,已经出台或正在制定一系列政策和措施。主要归纳如下:

1. 关于保障政策

早在 2006 年杭州市就已经提出了一些改善外来务工人员居住条件的措施:一是鼓励企业在符合城市规划的前提下,利用合法闲置厂房建设改造成外来务工人员集体宿舍,并尽可能与生产区分离。二是鼓励外来务工人员集中的城区、街道、社区,在符合城市规划的前提下,利用撤村建居 10% 留用地及其他可用土地,建设一批外来务工者廉租公寓;还有一些提高生活设施和交通配套的措施意见。

2. 关于新建政策

2007 年 3 月,杭州市政府正式出台《关于杭州市区外来务工人员公寓建设和租赁管理暂行规定的通知》,规范外来务工人员公寓的建设和租赁行为。明确外来务工人员公寓是解决外来务工人员来杭创业的政策性租赁用房,坚持市场导向、政府适度保障和"只租不售"的原则进行建设和管理,先行于中央政策并完全吻合中央政府倡导。该文件提出要多渠道筹建外来务工人员公寓,主要通过由政府主导新建和市场主导改扩建相结合的方式来解决。

3. 关于保障模式

杭州市在原经济租赁住房政策的基础上，于 2010 年 7 月出台了公共租赁住房政策，除了杭州市区生活的本地住房困难家庭可以申请之外，在杭州市区用人单位实际工作的外来人员也可以由用人单位提出租赁申请。另外还有专门的创业人才（大学毕业生）公寓和外来务工人员公寓。外来务工人员公寓户型设计以集体宿舍形式为主，配以少量建筑面积 50 平方米成套或非成套户型。大学毕业生公寓以小户型为主。

杭州的外来人员住房保障体系相较于其他城市而言比较成熟，并已初具体系，但是若与杭州市保障本地居民的住房保障体系相比却还存在很大差距。因此，根据杭州市外来务工人员住房现状以及需求，结合杭州市社会经济实力和实际情况来构建和完善外来务工人员住房保障体系，是十分必要的。

四、基于杭州市"5＋1＋1"住房保障体系的政策建议

杭州市对三个层面人群的全面住房保障体系可以归纳为"5＋1＋1"模式。其中的"5"为经济适用房、廉租房、危旧房改善、公共租赁房和城市拆迁安置房，主要面向城市居民；"1"为农转非居民拆迁安置房，主要面向城郊结合部农转非居民；"1"为公共租赁住房，主要面向外来务工人员和以大学毕业生为主的创业人才。在这样的"5＋1＋1"全面保障模式下，所有杭州人和"新杭州人"都可以实现其居住权。

表 1　"5＋1＋1"住房保障体系

	保障住房类型	保障人群
"5"	经济适用房、廉租房、危旧房改善、公共租赁房、城市拆迁安置房	城市居民
"1"	农转非居民拆迁安置房	农转非居民
"1"	公共租赁房	外来暂住人群

为更好地搭建"5＋1＋1"保障模式，基于杭州经验，还可以在以下方面进一步完善。

（一）对城市中等收入家庭的帮助扶持政策保持全面持久

城市中等收入家庭量大面广，在当前房价较高的情况下，相当部分中等

收入家庭靠自身无力解决住房问题。因此面向中等收入住房困难家庭的帮助扶持政策应该具有持久性,目前"救市"政策中的一些税收减免、贷款利率优惠和降低首付款等,应该在长期对中等收入家庭购买中小户型普通商品住房予以扶持。同时,积极探索多种渠道帮助中等收入家庭解决住房问题。在帮助购买政策中,像浙江省一些城市这样由于先前经济适用房申购条件限定在收入较低的人群导致购买力不足,出现经济适用房空置情况的,可以考虑放宽经济适用房政策覆盖面,比如将收入上限由全市人均可支配收入的60%调整为人均可支配收入的80%;对于商品住房市场中小户型住房供应量较大或者经济适用房供应量不足的城市,可以考虑发放住房券,允许符合条件的中等收入家庭在购买普通商品房时,以住房券等额抵付部分房款,开发商收集的住房券定期与政府部门结算。在住房价格和租金都较高的城市,在倡导租房消费的同时,可以制定帮助租房的政策,政府主导提供经济租赁房是个好的思路,除集中新建外,还可以通过收购房改房、鼓励有条件的企业单位自建等多种方式提供房源。

对老旧房改房的庭院整治和危旧房改造,可以以较低的社会成本提高中低收入家庭的生活品质,改善城市居住环境。由于危旧房住户大多为中低收入家庭,靠其自身能力无力改善居住状况,庭院整治和危旧房改造几乎是他们提高居住质量的唯一希望,因此改造和整治工作不仅要治"表"还要治"里"。早两年的整治工作主要重视楼房外立面的装饰和临街阳台、窗户的统一,其实对这些居民来说更重要的还是内在的生活质量,比如楼道的亮灯工程、老小区的物业管理、健身设施的完善、非成套住房的厨卫改造等,杭州等走在前列的城市已经开始注重这些问题,一些经验值得其他城市借鉴和推广。

城市拆迁安置要确保居民的生活质量不下降,缩短过渡时间、尽早安置很重要,因此提早规划、同步安置对于拆迁工作的顺利进展起到积极作用。另外杭州市目前推行的"拆迁安置房项目代建制"值得推广,在货币化安置渐成主流的情况下,关键就是要保证对被拆迁住房价格评估的准确性。

(二)对城市低收入家庭的保障政策体现细致关怀

国务院24号文件出台后,大多数城市都已制定了低收入家庭的住房保障规划,对廉租房和经济适用房在保障数量上予以计划安排。这些计划在实施过程中,除了应保证相应的数量水平外,更重要的是关注低收入家庭的生活质量。在廉租房的集中建设与分散配建、经济适用房的建设选址方面,应该细致考量,切实解决他们的居住问题。

(三)对农转非居民的拆迁安置政策实现双赢

对农转非居民的拆迁安置工作采取"就近安置和安置先行",杭州市农转非居民按人均 50 平方米的标准进行安置,补缴土地出让金和相关税费后,可以参照存量房上市,拆迁户住得安心、舒心,自然满意度提高。大项目带动是拆迁安置房建设顺利推动的保障,借力于大项目的成片迁移、异地重建,整体推进区域的城市更新,形成多个建设主体共同出资参与大项目和拆迁安置房的局面,拓宽项目融资渠道。通过撤村建居 10% 留用地安置,发展壮大了原村级集体经济组织,保障和解决了失地农民的生产、生活问题。在政府统一主导下,采取政府实施、项目代建和村级实施等三种途径进行城中村改造。

(四)对外来务工人员的保障政策强调务实

杭州已经提出在城中村改造中同步配建外来人员公寓,使其与农转居公寓互为补充,继续发挥城中村原有城市功能,满足不同层次租赁需求,继而从根源上遏制新城中村问题或城中村外移等问题。在保障模式方面,在外来务工人员数量相对集中的经济开发区,可以建设集中成片的外来务工人员公寓,扶持企业建设员工宿舍;在城郊结合部,引导和支持与城中村改造配套建设外来务工人员公寓;到一定时机,还可以将廉租房保障范围扩大到涵盖外来务工人员。

(五)对创业人才公寓的保障政策实现良性循环

创业人才(大学毕业生)处于事业起步期,其住房问题是暂时的但也是现实的,帮助他们安居乐业有利于城市的长足发展。对他们的保障模式也是以租赁模式为主,提供稳定的租约和相对较好的居住环境。具体方式可采取政府主导集中建设大学生公寓,并对有条件建设大学生公寓的企业给予优惠和支持政策。租金水平可以略低于市场租金。

五、结　语

从居住权的角度,根据杭州市的案例分析,我们发现经济发展水平相对较好的城市应该并且也可能建立包括城市居民、农转非居民和外来人员在内的"5+1+1"住房保障体系。各层次的住房弱势群体居住权受到有效保障的城市必将更好地改善环境,促进经济增长,实现和谐发展。

公共租赁房建设管理模式研究

——以杭州市为例

□ 张　凌　贾生华*

摘　要:公共租赁房旨在保障中低收入家庭的基本居住权,实现住房保障的全覆盖。为保证政策的持续性,公共租赁房政策需要分层次确定住房质量和租金水平,根据各级别土地上公共租赁房的成本租金,以及不同收入层次住户的租金支付能力确定相应的租金补贴额度。算上土地的机会成本以后,政府集中建设的公共租赁房不适合布局在Ⅲ级以内土地上,因为政府的总投入会非常大。吸纳私人住房按公共租赁房运营的总投入远远小于集中建设的总投入。Ⅴ级土地以外住房市场租金低于中等和中低收入的租金支付能力,甚至低于公共租赁房成本租金。在这些区域布点公共租赁房应选址在交通方便处,与市场租赁房形成一定的竞争和示范作用,引导城中村和农居点出租房提高质量,提供更好的服务。

关键词:公共租赁房;中低收入;建设管理模式

公共租赁房的基本定位是政府引导、市场参与,解决中等偏低收入阶层住房困难的保障性住房,旨在保障中低收入家庭的基本居住权,住房只租不售。作为保障性住房体系中的一部分,公共租赁房较好地填充了现有保障体系中的夹心层,实现了住房保障的全覆盖。随着房地产市场的发展和城市化进程,中等偏低收入阶层的住房问题将长期大量存在,因此要保证公共租赁房政策的持续性,政府必须在保本的前提下平衡公共租赁房的供应方式,充分考虑保障与市场的协调性,积极利用存量住房,鼓励社会力量参与投资建设。在政策初期,政府作为供应主体大力建设一批公共租赁房,以后逐渐向引导、主导地位转变,通过更加多元化的方式筹集和运营公共租赁住房。

---

*　张凌:浙江大学房地产研究中心讲师、博士;贾生华:浙江大学房地产研究中心教授、博导。

一、公共租赁房投资建设和运营管理模式设计

根据国外解决中低收入住房问题的公共住房建设管理经验,以及国内一些城市在住房保障方面的探索,公共租赁房可能的建设—运营—管理模式主要有以下几种。

(一)政府集中建设并直接运营、管理

由政府相关部门直接负责公共租赁房的建设和运营管理,在城市的一个或几个区域集中建设。这种模式有利于政府直接掌控公共租赁房的供应数量和品质,也是世界各国在解决住房保障问题初期常用的方法。但它最大的问题是政府所需要的投入大,难以长期持续,此外,大量低收入家庭的集中居住也可能产生贫民窟等社会问题。

政府直接建设公共租赁房,首先需要选址拿地,虽然可以采取行政划拨的方式获取土地,但仍然要支出一些基本的土地费用。并且由于失去了将这些土地拍卖的机会,实际的土地投入应该按机会成本考虑。目前经营性项目建设用地通过招拍挂方式出让,实际成交价格由竞拍结果产生,在不同时期受房地产市场行情影响,与拍卖或挂牌起价会有程度不同的差价。本文以基准地价考虑土地的支出费用,以相应地块的市场价格考虑土地的机会成本。公共租赁房投入使用后,有关政府管理机构需要承担房屋维修费,以及日常的运营管理费用。

(二)在经济适用房、拆迁安置房小区配建

相对于集中建设,在经济适用房和拆迁安置房小区配建公共租赁房在加强社区融和方面有明显优势,避免了集中建设所带来的居民层次单一、社区公益岗位少等问题。其他国家在这方面也有先例,法国政府在2000年专门颁布法律,规定任何一个开发商在住宅建造规划中,至少要拿出20%的面积,卖给社会福利房屋管理公司,由其出租或出售给低收入者,并提供房屋的日常维护和管理,其余80%按照市场价格销售。在我国当前情况下,因为经济适用房和公共租赁房用地同属于划拨性质,因此相对于商品房小区的配建,在经济适用房小区配建,然后政府出资收购的方式更具可行性。在经济适用房和拆迁安置房小区配建公共租赁房,政府不直接投入建设,但需要出资收购开发企业建设的符合标准的住房。由于经济适用房本身也是划拨

用地,经济适用房项目的开发是保本微利,所以政府按经济适用房的销售价格,或者按更低一点的成本价购买,所需费用和政府直接建设的花费基本相当。配建的公共租赁房投入使用后,有关政府管理机构需要承担房屋维修费,以及日常的运营管理费用。

(三)在普通商品房小区配建

大规模建设公共租赁房耗资巨大,单靠政府的力量无以为继,吸引社会资金投资应是有效的途径。但社会资金投资是以寻求盈利为目的,必须有吸引其进入的优惠政策,以保证其在保本的前提下有微利。以美国为代表的发达国家也采用过类似的模式,1968年美国的住房法案规定:为建造公寓发展商提供低于正常市场水平的贷款利率,使其为中低收入者提供低于正常市场租金水平的住房。1974年的住房和社区发展法案包括了低收入者租金帮助计划,承担新建和修复工作的私营发展商和非营利发展商,可获得FHA(联邦住房行政管理局)担保的金融支持,HUD(美国住房和城市发展局)与发展商签订20~30年的长期合同,在这个过程中HUD补贴发展商市场正常租金与房客支付的实际租金之间的差额,同时规定房客支付的实际租金应占其收入的25%(1981年之后提高到30%)。由于新建计划代价过于昂贵,1983年美国政府终止了住房新建补贴计划。

采用这种模式政府可能给予的优惠包括土地费用优惠、税收减免和贷款利率优惠,从操作层面上讲,前两种属于政府的权限,也更容易操作,但地方政府可以调节的房地产税收十分有限,因此,土地费用优惠或者土地款缴纳方式的优惠可以是主要措施。在当前阶段,在商品住房土地出让合同中明确规定公共租赁房配建的比例,以及政府回购的价格比较有操作性,后期可以试点以优惠政策鼓励社会投资建设、经营公共租赁房。

商品房小区配建的公共租赁房,政府直接投入的是收购费用,隐性支出的是土地收益损失。收购的费用按土地的基准地价加建安费用,总支出不超过政府自建所需费用。开发商在这部分建筑面积的损失可以通过商品房部分平衡,或者降低土地报价,因此政府实际上还是承担了土地收益损失。

(四)吸收私人住房纳入公共租赁房运营、管理

杭州市目前的存量住房保守估计超过100万套,户籍人口约95万户家庭,市场住房总量并不短缺。租客感觉供不应求主要是因为租赁市场并不规范,一些房主不愿费时费力与租客谈判并进行房屋维护管理,干脆选择空

置。如果由政府出面,公共租赁房管理部门统一承租这些住房,房主可以轻松地收取稳定的租金,即使略低于市场租金水平也有一定的吸引力。这些公共租赁房分散在一般的住宅小区,有成熟的配套,也有利于低收入人群的分散居住。事实上,这也是以美国为代表的发达国家目前解决中低收入家庭住房问题的主流方式。美国 1974 年制定了存量住房计划,与以往住房政策的最大改进是该计划是一个面向需求方的补贴计划,符合资格的房客可从地方住房管理机构获得租金证明,到市场上去求租满足 HUD(美国住房和城市发展局)规定质量等级和租金限额以内的住房。地方住房管理机构限定房客所选的区位,协助房客与房主间的租金谈判,并按市场租金额度直接支付总租金给房主。该计划沿用至今,被证明是一种效率较高的保障模式。

吸收私人住房纳入公共租赁房管理体系,对于政府以及整个社会都可以最大限度地减少资源浪费。政府不需要投入建设费用,仅需要投入房屋维修费、运营管理费和租金补贴。

(五)企事业单位建设面向本单位职工的公共租赁房

劳动密集型的企事业单位为解决青年职工的住房问题,减轻其生活压力,可以在自有土地上建设公共租赁房,分配给本单位职工。这种模式可以借鉴高校或大型企业为员工提供集体宿舍的经验。企事业单位在经济上可以回收的是租金收入,对于政府着力支持的工业或现代服务型企业,可以让住户支付低于市场水平的租金,政府给予一定的租金补贴和税收等政策优惠。一般的企业,租金定价在略低于市场租金水平时,企业可以获得除经济因素之外的其他效益,如员工对企业的归属感、忠诚度,企业在业内更好的声誉等。

政府不直接投入建设和运营费用,主要付出对相关单位的监管费用,以及制定一定的优惠政策,可能有税收等方面的损失。

二、公共租赁房的供应标准

公共租赁房是帮助中低收入家庭、大学毕业生,以及外地来杭工作人员解决暂时性住房困难的保障住房,他们对住房的需求是居住舒适、租金便宜和租约稳定。从政府供应的可持续性角度,"居住舒适"只能是相对的、满足基本需要的,包括有必要的人均面积、有厨卫设施的成套住房、周边有较完善的公共设施配套、较低的交通成本等。

目前杭州市廉租房建设标准为 50 平方米,经济适用房建设标准为 60 平方米(三人)或 80 平方米(四人),住建部等七部门文件规定公共租赁房建筑面积不超过 60 平方米。考虑到住户在居住选择时,面积和区位之间有一定的替代效应,本课题将杭州市公共租赁房建设标准分 40 平方米、50 平方米和 60 平方米三个不同标准。虽然大学毕业生和外地来杭工作人员可能是以单身身份申请公共租赁房,但考虑到房源的重复利用性,政府集中建设的公共租赁房统一按成套住房建设,单身人士可以两人或三人分租一套。

三、公共租赁房的成本租金

如前文分析,在经济适用房和拆迁安置房小区以及商品房小区配建公共租赁房,政府的直接投入与政府集中建设公共租赁房的投入费用相当。公共租赁房根据其所在位置和住房质量可以测算其成本租金,这个所谓成本租金对于政府直接投资的项目是非盈利的保本租金,对于社会投资机构投资的项目是保本微利的租金,应低于相邻地段相似质量住房的市场租金。

政府集中建设公共租赁房的建设投入主要包括土地费用和建安费用两部分。其中土地费用支出按基准地价计算,建安费用参考现行廉租房和经济适用房建安工程造价。在各级土地上建造公共租赁房的建设费用如表 1 所示。

表 1　各级土地上公共租赁房的建设费用

土地级别	I 级	II 级	III 级	IV 级	V 级	VI 级	VII 级
基准楼面地价(元/平方米)	2772	2428	2003	1432	1021	613	391
单方建设费用(元/平方米)	3612	3228	2843	2272	1861	1453	1231
40 平方米建设费用(万元/套)	14.45	12.91	11.37	9.09	7.44	5.81	4.92
50 平方米建设费用(万元/套)	18.06	16.14	14.215	11.36	9.305	7.265	6.155
60 平方米建设费用(万元/套)	21.672	19.368	17.058	13.632	11.166	8.718	7.386

注:基准地价为容积率 2.5 时的楼面地价。

假定建设费用在建设期分两年均匀投入,整个计算期按 30 年考虑,房屋维修费按房屋总价的 2% 计算,运营管理费用按一个月的租金计算。V 级土地上建设一套 50 平方米公共租赁房含建设期利息的总建设费用为 9.795 万元,房屋维修费用按 30 年分摊每年 65.3 元,当前 1~3 年的银行贷款利率为 5.4%,以此利率水平作为项目投资保本的内部收益率,测算成本租金为 647 元/套。

同样方法,其他各级土地上不同面积标准的公共租赁房成本租金如表 2 所示。

表 2　不同级别土地不同面积标准公共租赁房的成本租金　　单位:元/套·月

土地级别	Ⅰ级	Ⅱ级	Ⅲ级	Ⅳ级	Ⅴ级	Ⅵ级	Ⅶ级
套均 40 平方米	1000	895	790	632	519	407	345
套均 50 平方米	1250	1120	985	790	647	506	430
套均 60 平方米	1500	1340	1182	945	775	606	515

四、公共租赁房供应对象租金支付能力

公共租赁房主要面向中低收入户籍人口,以及大学毕业生和外地来杭工作的常住人口,有一定租金支付能力的住房困难人群。其中,中低收入户籍人口是城市稳定居民,其住房困难问题理应得到地方政府的帮助和支持;大学毕业生和外地来杭工作人员等常住人口作为城市的新进人口,在城市作阶段性居留或永久定居,城市的发展和竞争力的提升需要这些新生力量,帮助他们解决住房问题也是城市政府吸引人才的一个重要举措。

外地来杭工作人员中的一部分由于没有学历或技能,收入相对较低、增长较慢,在较长时期只能支付较低租金。大学毕业生等高学历青年人群在入职初期收入不高,新建家庭生活花费大,但一般情况下收入增长较快,公共租赁房作为过渡性支持可以减轻职业生涯早期的生活压力。因此,不同人群可以承受的公共租赁房租金水平并不相同,公共租赁房政策需要分层次确定住房质量和租金水平。

一般认为,每月的住房支出不应超过家庭收入的 25%~30%,否则会面临较重的生活负担,根据对杭州市的调研发现,杭州市居民的住房租金占收入比例一般在 20%~25%之间。因此,本文按家庭收入的 25%测算住房支付能力。

目前杭州市廉租房申请标准为家庭人均收入在低保标准 2.5 倍以下,杭州市目前的低保标准是 440 元/月,2.5 倍也就是 1100 元/月,相当于杭州市人均可支配收入的 49.1%(2009 年杭州市区人均可支配收入为 26864 元)。也就是说,家庭人均月收入在 1100 元以下,或者在杭州市人均可支配收入49％以下的无房家庭原则上是可以申请廉租房解决住房困难问题的，申请公共租赁房的户籍人口家庭人均收入应在杭州市区人均可支配收入的49.1％以上，至于非户籍常住人口至少也应该达到这样的收入水平才可以申请公共租赁房。杭州市当前经济适用房申请标准为家庭人均收入为市人均可支配收入的80％以下，住房面积没有达到相应标准的住房困难家庭，而符合该申请条件的家庭有些并不具备购买经济适用房的能力。因此，本文将收入在人均可支配收入80％以下的家庭作为公共租赁房申请者的低收入群体。按低收入的中间数（49％和80％的平均值），即杭州市人均可支配收入的65％计算收入水平，并按其月收入的25％计算租金支付能力，则低收入住房困难家庭的住房支付能力为每月364元（单身）和728元（两口之家）。

对于中等收入家庭的界定标准有不同的方法，采用较多的是将杭州市人均可支配收入的120％作为中等收入的分界线，本文将人均可支配收入80％～120％的范围划分为中低收入家庭，对其中有住房困难的家庭给予享受公共租赁房政策。以该群体的收入中间数，即杭州市人均可支配收入的100％计算收入水平，按其月收入的25％计算租金支付能力，则中低收入住房困难家庭的住房支付能力为每月560元（单身）和1120元（两口之家）。

考虑到大学毕业生等新入职人群虽然收入不是很低，但处于职业生涯初期，其他方面的生活开支较大，在一定阶段需要帮助解决住房问题。因此将杭州市人均可支配收入120％～150％水平的无房户，定为中等收入住房困难家庭。

以该群体的收入中间数，即杭州市人均可支配收入的135％计算收入水平，按其月收入的25％计算租金支付能力，则中等收入住房困难家庭的住房支付能力为每月756元（单身）和1512元（两口之家）。

五、住户租金支付能力与成本租金的匹配关系

公共租赁房住户实际支付的租金应结合成本租金和住户支付能力综合考虑。低收入住房困难家庭按其支付能力确定交纳的租金水平，其支付租金与成本租金之间的差价由政府财政补贴，为保持此项事业的可持续性，应尽可能控制成本，满足最基本的居住需要；中低收入住房困难家庭租金支付能力稍高，应尽可能将其支付租金与成本租金接近，最大限度减少政府对差价的补贴；中等收入住房困难家庭租金支付能力相对更高，他们甚至能够承担市场租金，强调的是居住质量和稳定的租约，可以为这部分人提供市场化程度

更高的公共租赁房,租金水平在成本租金基础上参考市场租金略低确定。

以 60 平方米的公共租赁房为例,其成本租金和不同收入水平的租金支付能力曲线如图 1 所示。

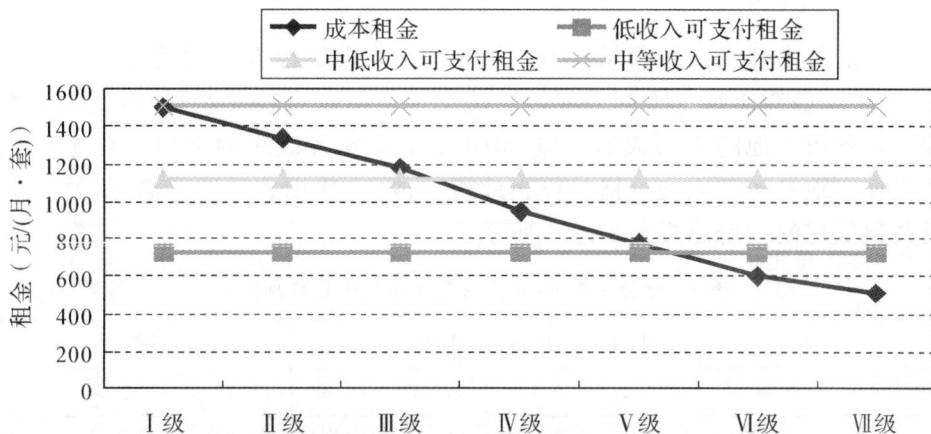

图1 不同收入水平的租金支付能力与 60 平方米公租房成本租金

由图 1 可见,只有中等收入阶层的租金支付能力超过了各级土地上的成本租金;中低收入阶层的租金支付能力可以负担Ⅳ级及其以外土地上的公共租赁房成本租金;而低收入阶层的租金支付能力只能负担Ⅳ级及其以外的公共租赁房成本租金。因此,假设各级土地上都有 60 平方米的公共租赁房供应,并按成本租金定价,则政府对不同收入等级的家庭补贴额度应如表 3 所示。类似地,可以测算 50 平方米和 40 平方米公共租赁房住户的补贴额度。

表3 各级土地上 60 平方米公共租赁房住户的租金补贴额度 单位:元/(月·套)

	Ⅰ级	Ⅱ级	Ⅲ级	Ⅳ级	Ⅴ级	Ⅵ级	Ⅶ级
低收入	772	612	454	217	47	0	0
中低收入	380	220	62	0	0	0	0
中等收入	0	0	0	0	0	0	0

六、政府总投入测算与公共租赁房布局

实际上,无论是政府集中建设的公共租赁房,还是在经济适用房小区和拆迁安置房小区配建的公共租赁房,由于占用了划拨用地,政府失去了将这

些土地作为商业地块出让的收益。这部分土地的机会成本其实是政府总投入中很大的一部分。

(一)政府集中建设并运营管理模式总投入

政府集中建设公共租赁房模式,在建设阶段隐性投入的是土地的出让收益,由于各级土地上不同区块的宗地出让价格也有较大差别,因此很难准确计算各级土地的机会成本。以 2010 年上半年各级土地上出让住宅用地代表性宗地的实际成交价格计算土地机会成本,建设和运营一套 60 平方米公共租赁房的政府总投入如表 4 所示。

表 4　建设一套 60 平方米公共租赁房政府总投入　　　单位:万元

	Ⅰ 级	Ⅱ 级	Ⅲ 级	Ⅳ 级	Ⅴ 级	Ⅵ 级	Ⅶ 级
建设费用	/.	19.37	17.06	13.63	11.17	8.72	/
土地机会成本	/	147.73	109.24	77.16	54.86	38.50	/
运营管理费用	/	4.02	3.55	2.84	2.33	1.82	/
房屋维修费	/	0.39	0.34	0.27	0.22	0.17	/
合　计		171.51	130.19	93.90	68.57	49.21	
租金补贴成本(对低收入)	/	22.03	16.34	7.81	1.69	0	/
租金补贴成本(对中低收入)	/	7.92	2.23	0	0	0	/

(二)吸收私人住房纳入公共租赁房运营管理

将存量私人住房纳入公共租赁房管理体系,政府需要投入房屋维修费、运营管理费,以及市场租金与租户支付租金之间的差价。政府成立的公共租赁房经营管理公司对加盟的私人住房进行统筹管理,配租给需要的住户。假设一套私人住房加盟公共租赁房的周期为一个租赁期 5 年,房屋维修费用和运营管理费每户按 1 万元计算,计算期 30 年总共需要 6 万元。

政府在与房主签约期间,每年初向房主支付当年的租金,价格相当于市场上同类住房的长期租约价格,以略低于市场价格统一向公共租赁房申请者出租,并对不同收入阶层给予相应的补贴。政府实际支出的就是市场租金与租户支付能力之间的差价。

由于单套住房在具体区位、面积和装修程度上的差别,各级土地上不同住房租金相差很大。选择各级别土地上租金相对较低、房龄较长的简单装修或中等装修住房,以代表住宅租金作为各级土地上的市场租金,可以算出在 30 年计算期内,政府始终拥有一套私人提供的公共租赁房的总投入如表 5 所示。

表 5　各级土地上私人存量房源的公共租赁房政府总投入　　单位:万元

	Ⅰ级	Ⅱ级	Ⅲ级	Ⅳ级	Ⅴ级	Ⅵ级	Ⅶ级
房屋维修运营管理	6	6	6	6	6	6	6
低收入租金补贴	38.59	42.19	42.19	38.59	9.79	27.79	9.43
中低收入租金补贴	24.48	28.08	28.08	24.48	/	13.68	/
中等收入租金补贴	10.37	13.97	13.97	10.37	10.37	13.97	/

(三)关于公共租赁房布局的讨论

从上文分析可以看到,在一些地段比如Ⅴ级及其以外地块,中等收入和中低收入阶层的租金支付能力都超过了市场租金,只有低收入阶层租市场住房有一定困难,但事实上在这些地块上由于有大量城中村、农民房提供群租,市场租金比通过中介公司正规出租住房要低,可以满足部分低收入阶层的需要。因此,对于是否要在Ⅴ级以外地块大规模建设公共租赁房需要慎重考虑。如果在这些区域城中村和农居点住房数量已经相对过剩,则政府需要做的是逐渐规范这些出租房的管理,通过这些地点布置少量公共租赁房,形成一定的竞争关系和示范作用,引导城中村和农居点出租房提高质量,提供更好的服务。

另一方面,在Ⅳ级及其以内的靠近市中心区域,市场租金普遍远高于中等收入的可支付租金,说明中等及其以下收入水平的家庭在这些区域租房存在一定困难,需要政府的帮助。同时,这些区域的成本租金低于市场租金,也就是说从政府实际支出资金看来,在这些区域可以保本地提供低于市场租金的公共租赁房。但是,如果算上土地机会成本,政府的总投入就会大很多,在Ⅱ级和Ⅲ级土地上建造一套 60 平方米的公共租赁房政府总投入分别为 171.5 万元和 130.2 万元,而如果在这些区域吸纳私人住房用于公共租赁房管理,更多情况下(给低收入者补贴)的总投入分别是 48.2 万元,如果租给中等收入阶层只需总投入 19.97 万元。

因此,从减少政府投入、合理利用社会资源的角度,在Ⅲ级及其以内的

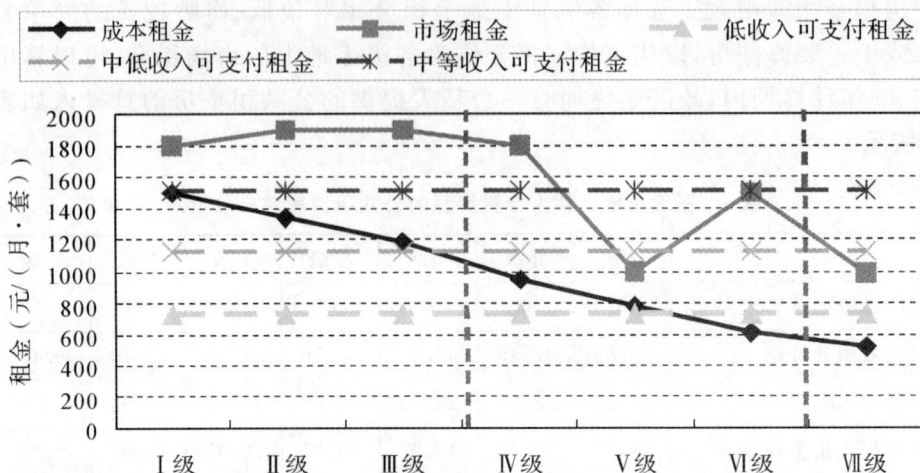

图2　各级土地上公共租赁房的成本租金、市场租金和租金支付能力

地块不适合新建公共租赁房,应该通过吸纳私人住房加入公共租赁房管理的模式,为中低收入阶层提供舒适、便利的居住。在财政资金许可的前提下尽量在Ⅳ级土地上选址建设公共租赁房,在Ⅳ级以外土地上建设公共租赁房应选址在交通和生活设施配套完善的区域,尽可能降低居住的交通成本。

七、政 策 建 议

公共租赁房作为政府主导的解决中等偏低收入家庭住房困难的保障性住房,在政策推进初期,尤其是市场上租赁住房处于相对短缺的阶段,政府应承担供应主体的责任,由城市政府负责建设,或者在市级政府的指导和监管下,由区级政府负责配建。随着问题的初步缓解和租赁市场的逐渐规范,可以进一步考虑吸收私人住房纳入公共租赁房管理体系,吸引社会力量投资等多种建设和筹集方式。政府逐渐从主体供应的地位,向主导、引导市场供应转换。

(一)当前应以政府建设为主,推进公共租赁房政策

政府集中建设公共租赁房,可以直接掌控公共租赁房的供应数量和品质,是解决住房保障问题初期最快速有效的方法。目前住建部等七部门联合出台《关于加快发展公共租赁住房的指导意见》,明确了发展公共租赁住房实行省级人民政府负总责、市县人民政府抓落实的责任制。因此,市级政

府有责任积极建设公共租赁住房,将中等偏低收入住房困难家庭的住房保障工作尽快落实,让更多的城市居民看到信心和希望。根据杭州市目前的住房总量和现有保障性住房的供应情况看,考虑政府建设300万方公共租赁房,其中市级政府建设100万方,区级政府配建200万方。

1. 市级政府集中建设

市级政府集中建设公共租赁房,通过划拨方式获得土地,按基准地价考虑土地的机会成本,Ⅴ级地块的楼面地价为1021元/平方米,建安费用按840元/平方米计算,每平方米建设费用为1861元。总共100万方的建设量,总建设费用为18.61亿元。假设建设费用分两年投入,总资金的70%来自银行贷款的话,按当前的一年期贷款利率5.31%计算,建设期利息为7009万元,因此包含建设期利率的总建设费用为19.31亿元。

市级政府集中建设的公共租赁房应选址在交通方便、公共设施配套齐全的区域,为减少租户的通勤成本和城市的交通压力,应尽可能选择在城市的各个区域青年人较为集中的地方,比如城西、滨江、下沙等地分散布局。

2. 区级政府落实配建

区级政府落实配建,有利于房源的落实和对租户的管理。通过在各行政区青年人工作集中的地方选址建设公共租赁房,可以更好地满足住户需要。在商品房小区、经济适用房小区和拆迁安置房小区配建公共租赁房,可以实现不同收入人群的居住融合,让公共租赁房住户分享更优质的公共资源,避免单独集中建设可能带来的各种社会问题。

在商品房小区配建的公共租赁房,如果产权归属开发商,由其出租给经政府批准的住户并进行经营管理,投资回报率低并且风险极大,开发商没有积极性参与。通过对一些从事商品房和经济适用房小区开发的企业访谈了解到,开发企业更倾向于将小区中按规定划为公共租赁房的部分建成后交给政府,由政府去运营管理,开发企业相当于在开发小区过程中代建一部分公共租赁房。

政府可以通过出资购买的方式获得按规定配建的公共租赁房,也可以直接在土地出让条件中约定,开发商无偿按一定比例为政府提供部分公共租赁房。后一种方式政府虽不用直接出资购买,但开发商出于投资盈利的要求,必然会拉低挂牌或拍卖的地价,政府由此减少的土地收入并不一定比第一种方式付出的资金少。因此宜选择第一种方式,由政府出资购买下公共租赁房部分的产权,这样既便于操作也显得公平,这部分的土地费用按划拨土地的价格计算。经济适用房小区和拆迁安置房小区的配建可以按同样的方法操作。

如果政府按照当前经济适用房的价格 3000 元/平方米出资购买这些配建的公共租赁房,总共 200 万方的建设量需要政府出资 60 亿元。

3. 企事业单位或产业园区自建

有条件的企事业单位或产业园区可以在自有土地上建设公共租赁房。在建设期间,企事业单位或园区投入土地机会成本和建设费用,运营期投入运营管理费。政府不需要投入直接的建设和管理费用,需要付出对相关单位的监管费用,制定一定优惠政策可能产生税收等方面的损失,对于企业多余的房源支付一定的资金补助。

(二)近期考虑吸收私人住房纳入公共租赁房管理体系

杭州市目前的存量住房保守估计已经超过 100 万套,户籍人口约 95 万户家庭,市场住房总量并不短缺。为防止未来几年出现住房总量过剩现象,在进行启动阶段成规模建设公共租赁房的同时,应积极探索如何充分利用现有房源,吸收私人住房纳入公共租赁房管理体系。

吸收私人住房纳入公共租赁房运营管理,政府可以省去建设的费用,只需要投入房屋维修费用、运营管理费用和租金补贴。对于一套加盟公共租赁房管理的私人住房,政府公共租赁房管理机构在初期要对房源进行简单的维护和装修,运营期间承担房屋维修费用,配租过程中需要花费运营管理费,租金补贴是指政府支付给私人房主的市场租金和租户支付租金之间的差价。

(三)中长期应积极鼓励社会力量投资

仅靠政府的力量建设公共租赁房资金有限,因此要想长期持续地解决中低收入家庭的住房问题,必须引入社会力量投资。但由于公共租赁房的公益性质,社会力量只有在一定的政策优惠、资金补助的前提下,才可能参与投资。

根据测算,由社会机构投资建设和持有公共租赁房并运营管理,当租金增加到 1800 元/平方米,土地费用优惠到 5000 元/平方米以下,项目的投资回报率才勉强达到保本的水平,社会投资机构还要承担租金不能按时收受的风险,必然没有积极性参与。因此,比较可行的方案是采用公私合作的方式合作建设并管理公共租赁房,政府可以通过直接注入部分资本金,或者以土地费用作价入股的方式,与社会投资者成立合作机构,由合作机构负责公共租赁房项目的建设和运营管理。政府可以通过贷款贴息、负责收取租金等方式大大减少社会投资者的风险,使项目更具可行性。

公私合作机构还可以通过收购市民私人住房或者腾退公房的方式筹集房源,将其纳入公共租赁房管理体系。政府通过投资补助、租金补助和贷款贴息等方式,合理地分担风险,提高社会投资者的积极性。

三方协调机制及其局限

□ 冯　钢　杨子飞[*]

摘　要：在法团主义视角下，中国式的三方协调机制是国家为了控制社会集团的有序竞争而创制的功能性协调机制，是实现政治参与的制度化的工具，它的终极目的是为了把社会利益冲突控制在有利于整合的限度内。在这种制度安排下，工人与企业之间的利益协调不再是通过主体间横向的平等博弈来实现的，而是通过与国家的配合与协调而实现的，因此是一种纵向的利益协调。国家因此而成为工人与企业权力与利益的最终来源。

关键词：法团主义；三方协调机制；社会团体；国家

一、引言——一种范式的转换

在工业社会里，劳动关系是最本质和最根本的社会经济关系，在今天的中国更是维护社会和谐与稳定的基础所在。而从西方"引进"的三方协商制度则被认为对于调整市场经济条件下的劳动关系、维护利益多元化时代的社会稳定具有日益重要的作用，对于三方协商制度的研究一时也成为学界的热门话题。

笔者注意到，以往对于三方协商机制的研究绝大多数都是基于这样的思路：30年的改革开放使国家不断从社会私人领域中退出，而市场经济的发展则使社会结构日益多元化，以社团为代表的社会力量也在这种形势下茁

---

* 冯钢：浙江大学社会学研究所所长，教授；杨子飞：浙江大学哲学系博士研究生。

壮成长①,这样就形成了国家、市场与社会三足鼎立的格局。由于传统的计划经济时代调整利益关系的方式在市场经济条件下已经不再奏效,因应这种新的社会格局而产生的就是三方协商制度:由劳动行政部门代表国家、雇主组织代表企业、工会代表工人,三方就劳动关系中的重大问题进行协商,实现三方的共赢②。

笔者认为这是一种典型的多元主义(pluralist)的思维路径,是在借鉴西方发达工业化国家的"先进制度"的同时也照搬了别人的理论模式。多元主义的核心是认为政治权力分散在众多自主的、独立的社会集团之中,国家没有自我独立的意识,而只是各种社会集团表达利益展开竞争的政治舞台,最后竞争能自动达到利益均衡的状态③。在多元主义视角下,三方协商机制就会被顺理成章地看成是各种社会团体的竞争博弈机制。笔者并不打算完全否认多元主义者所描述的中国 30 年来社会结构的巨大变迁,但是笔者坚持认为这一思路并没有认清中国三方协调机制发生和发展的"中国特色",它对于国家的角色和作用没有引起足够的重视,对这一制度所可能带来的结果也没有清醒的认识。

与多元主义不同,法团主义则从完全不同的视角来分析国家与社会的关系。法团主义常被用来指国家与社会之间的"协调关系"或"合作关系",它尤其强调政治稳定与社会整合的问题。这也就更加适应了党和国家对社会稳定的追求。法团主义,作为一个利益代表系统,是一个特指的观念、模式或制度安排类型。它的作用,是将公民社会中的组织化利益整合到国家的决策结构中。在法团主义的政治体系中,"各种利益集团被组织成为一些

---

① 关于市场经济的发展是否就一定能带来市民社会的兴起,在中国出现的民间组织是否就是市民社会的代表,这显然是一个十分重大的问题。比如俞可平就认为,改革开放以来,中国的市民社会开始出现并不断壮大,表现在民间组织的数量增多,种类越来越多,独立性增强,合法性日益增大。参见俞可平:《全球化冲击下的治理变迁与中国政治发展》,载李惠斌主编:《全球化:中国道路》,社会科学文献出版社2003 年版,第 52 页。

② 比如张大起在《三方协调从联合开始——关于中国三方协调机制的调查》一文中的论述:"市场经济条件下,三方由于有不同的利益追求,为了调节和平衡不同利益主体之间的关系,就要建立一种机制,通过协商缓和矛盾,促进经济发展和社会的全面进步。"

③ 比如贝克在《中国工会的转型》一文中考察中国工会的组织能力、工会人员的自主性、工会对管理者和工人双方的影响能力,认为工会只有通过彻底转变结构和性质才可能摆脱困境。Seung Wook Baek, The Changing trade Union, in China Journal of Contemporary Asia, 2000, Vol. 30. Issue 1. p. 47;姜凯文在《工会与党——国家的冲突:八十年代以来的中国工会改革》一文中认为,当工会受到工人压力和社会角色意识及其自身利益取向的内在驱动,试图充当工人利益的代表者和保护者时,便努力追求和实现其独立自主性,从而与现存的政治体制发生矛盾和碰撞。姜凯文:《工会与党——国家的冲突:八十年代以来的中国工会改革》,载《香港社会科学学报》1996 年第 8 期,第 124 页。

数目有限的、单独的、非竞争性的、有层级秩序的、功能分化的社会组织,这些组织得到国家认可,并被授予本领域内的绝对代表地位。同时,他们在需求表达、领袖选择和组织支持方面,则受到国家的相对控制"①。它力图描绘的是一幅国家控制下的社会团体有序竞争的画面。

在法团主义的观照下,笔者认为中国式的三方"协商"制度是国家为了因应社会结构的变化而采取的新的治理手段,是一种来自国家权力体系内部的政府机构与准政府机构之间的功能性协调机制,是引导各种社团经由国家的中介而实现利益协调的机制。

二、三方协商机制在国外——横向的利益博弈

所谓劳动关系三方协商(tripartite consultation)机制(又称社会对话机制)是指国家、职工和企业三方,就劳动关系为主的社会经济政策、法律的制定和实施等进行的相互协商的组织体制、法律制度以及运作程序。这一机制是从西方发达工业化国家引进的,所以我们有必要先考察一下国外三方协商机制的相关情况。

最早提出和切实践行三方协商原则的是国际劳工组织(ILO),国际劳工大会、国际劳工局理事会等机构的活动均由会员国政府、雇主和工人三方代表参加,三方代表享有独立平等的发言权和表决权。三方主义被认为是一种促进各种社会主体利益和谐和争取公正合理的工作条件的有效手段,它的理论假设显然是各方的利益是分化和对立的,解决利益冲突的最公正和最有效的方式是让各方代表各自的利益进行平等的协商谈判。

而实际上涉及三方主义的制度安排早在第一次世界大战的时候就已经初具雏形了。为缓和国内矛盾,英、法等政府都设立了劳工部,请工会工作者和社会民主党头面人物担任部长,英国还在各产业部门设立了由政府代表主持并有雇主及工人代表参加的委员会,共同解决劳工问题。第一次世界大战后,在巴黎和会上由 15 个国家组织成立了劳工立法委员会,这是国际劳工组织的前身,它要求每个国家都要派三方代表(即政府、雇主、工人)参与。但是为了保证政府决策的有效推行,政府、工人、雇主代表的表决权

---

① Philippe C. Schmitter, Still a Century of Corporation, Philippe C. Schmitter and Gerhard Lehbruch, eds, Trends toward Corporatist Intermediation(Beverly Hills: Sage, 1979), pp. 9, 13. 法团主义又被译为合作主义、组合主义,这是因为与多元主义强调社会团体通过利益冲突和博弈实现均衡的方式不同,合作主义主张社会团体之间一种有序的、合作的以及稳定的合作关系。

是 2：1：1。会议还提出了关于劳工问题的九项原则宣言,强调劳动不应该被认为是一项商品,工人应具有结社的权利,同时工人应享有能维持合理生活水平的适当的工资等。

由此可见,三方协商机制的出现是国家为了协调劳资矛盾,保护劳工权益而采取的制度化举措。它不同于原先激烈的甚至流血的阶级斗争、政治革命的方式,它是由国家介入到劳动关系领域中,通过相对温和的对话、协商的方式解决利益冲突的问题。可以说,它是在社会自行调节矛盾(这其实是多元主义的思路)失灵之后,国家与社会合作共同调节社会矛盾的方法,可以看成是资本主义发展到垄断阶段之后的一种自我修正①。

一般来说,三方协商机制具有以下几个特点。

(一)三方协商机制是非政府性质的

国外三方协商机制也有的是由政府主动发起的,并且政府在三方机制运行过程中也起着至为重要的作用,但是三方协商机制绝对是非政府性质的。比如在英国三方协商机制(ACAS)主要以劳资双方纠纷处理为主要模式,它是由政府出资但不受政府政策影响的独立社会服务机构,ACAS 的管理机构是三方委员会,由 4 名雇主代表、4 名雇员代表、3 名独立的代表组成。成员由英国贸工部任命,委员会设主席一人,所有成员均为兼职。可以说,三方协商机制是市民社会的一部分。

(二)协商三方主体的独立性

主体资格的独立是进行三方平等有效协商的前提条件,这就要求工会和雇主组织有高度的组织能力和自治能力。这也是多元主义理论的思路,社会团体是自由人的联合体,它代表了特定群体的特定利益。只有主体的独立才能保证相互之间利益边界的清晰,从而才能保证利益协商过程中的理性,最终达成意见上的共识和利益上的均衡。这种主体的独立性甚至表现在同一群体中不同的社会团体之间的相互竞争上。

---

① 经典马克思主义认为资本主义制度的矛盾将最终以无产阶级与资产阶级的对立呈现出来,而这两大阶级之间是你死我活的关系,只有通过政治革命,无产阶级夺取政权才能最终解决这一矛盾。这一思路假设了统治阶级与国家的统一性,而忽略了国家存在的独立性,这是马克思把国家看成阶级斗争产物的必然逻辑结果。而事实上,资本主义国家却似乎具有超越于阶级斗争之上的独立性,它可以根据阶级斗争不同状况做出相应的调整,并为缓和阶级矛盾、寻找解决之道创制制度平台。三方协商制度就可以看成是资本主义国家缓解阶级矛盾的诸多方法之一,这也可以解释为什么马克思关于资本主义命运的预言至今并没有实现。

(三)在三方协商机制中,政府只是作为中立方不直接干预劳动关系

政府实际上不是以利益主体的身份进入三方机制,而只是尽量发挥劳资双方自主协调的能力,并积极为它们提供协商的信息、平台。比如荷兰的三方协商机制中,劳动行政部门把自己看作是独立于劳动关系双方之外但在劳动关系协调中起主导作用的第三方[1]。中央级三方协商在每年春秋两季举行,政府是三方协商的召集者和组织者。协商的过程是:首先由内阁和劳工基金会确定协商的议题,然后三方选派各自的代表组织,政府一方的人选根据议题确定。中央级三方协商达成的备忘录或建议书能为行业和企业的集体谈判提供指导性意见。

(四)定期协商的制度化

比如意大利的三方协商机制实际上是一种社会伙伴对话机制,是"一种被广泛接受的代替法律和制度的社会惯例"。中央级对话主要是对宏观经济形势和运行目标达成共识。全国同行业劳资谈判 4 年一次,下属的工资谈判 2 年一次。企业级谈判的目的主要是讨论企业生产能力、生产所得问题,每 4 年举行一次[2]。定期协商实际上就是定期划定利益的边界。

综上所述,国外三方协商机制在本质上既非政府行政机构,也非社团或非政府民间组织,而是国家与社会互动过程中产生的"中间事物"。其实质是政府与劳动关系双方的代表组织结成的一种以社会伙伴关系为纽带、以共同利益为基础、以劳动关系调整遵循公平、公正原则为目标的社会对话机制[3]。它是市民社会的力量发展到一定程度以后,社会力量之间进行定期博弈的机制,可以说它是对原先通过斗争、对抗、罢工等形式进行调节劳动关系模式的制度化、常态化。由于国家的中立性和雇主组织与工会的独立性,使得国家、企业和工人处于同一平面之上进行"制度化协商(institutionalized bargaining)"[4]。而我们后面的分析将试图说明,中国式的三方协调机制是纵向上的协调制度。

---

① 当然,三方协商机制也要讨论劳动关系的立法和政府关于调整劳动关系的决策,这其实就可以看成是工会与雇主组织在与国家协商利益的边界问题,因此这样看来国家也成为利益主体。但是笔者此处想强调的是,工会与雇主组织作为社会力量的代表与国家进行利益谈判最主要的形式是代议制,政治民主的方式首先就是要保证国家的公共性。

② 段晶晶:《完善我国劳动关系三方协商机制的探究》,北京交通大学硕士学位论文,2007 年。

③ 李德齐:《三方协商机制的建立任重道远》,《工会理论与实践》2003 年第 5 期。

④ 王向民:《工人成熟与社会法团主义:中国工会的转型研究》,《经济社会体制比较》2008 年第 4 期,第 152 页。

三、三方协调机制在中国——国家主导的制度建设

国外三方协商机制 20 世纪 90 年代进入中国以后便失去了协商的特性,更多地转变成了三方协调机制。具体情况是这样的:

一般来说,三方协商机制都分成国家级三方协商机制、产业和地区级三方协商机制、基层三方协商机制等几个层次。

首先在国家立法的层面,三方协商机制进入后中国首先表现为政府主导下的一次大规模立法过程。1990 年 9 月 7 日我国全国人大常委会批准了国际劳工组织 1976 年第 144 号《三方协商促进国际劳工标准公约》,对三方性原则作出了承诺。1996 年 5 月,国家劳动部、中华全国总工会、国家经贸委、中国企业家协会在《关于逐步实行集体协商和集体合同制度的通知》中明确提出:"有条件的地区应当逐步建立由劳动行政部门、工会组织、经贸部门和企业家协会共同组成三方协调机制,定期就劳动关系中存在的重大问题进行协商。"2001 年 10 月 27 日,我国修正后的《中华人民共和国工会法》第 34 条第 2 款规定:"各级人民政府劳动行政部门应当会同同级工会和企业方面代表,建立劳动关系三方协商机制,共同研究解决劳动关系方面的重大问题。"这是我国首次以国家法律的形式对建立劳动关系三方协商机制作出明确规定。2006 年 3 月 14 日十届全国人大四次会议审议批准了《国民经济和社会发展第十一个五年规划纲要》,再次明确提出要健全协调劳动关系三方机制,首次将三方协商机制工作纳入国家经济和社会发展总体布局中作出安排。2007 年《劳动合同法》将三方机制更名为"协调劳动关系三方机制",也就是将协商改为协调(harmonize)。这一看似微小的变动说明了立法者认识到我国目前的三方机制尚达不到协商的性质和效用①。因为协商的主体之间是平等的、独立的,而协调的主体之间则存在等级、依附的关系。协商是在利益冲突情况下的边界划分过程,而协调则是在利益最终和谐情况下的合作过程,因此协商可以是对抗性的,而协调则是以合作为主调。

其次是在各省、自治区、直辖市建立三方协调机制的情况。根据全国总工会集体合同部对全国建立劳动关系三方协调机制状况的专题调查,我国多层次的劳动关系三方协调机制已初步建成。从 20 世纪 90 年代中期开

---

① 乔建:《中国特色的三方协调机制:走向三方协商与社会对话的第一步》,载《广东社会科学》2010年第 2 期,第 32 页。

始,一些省、自治区、直辖市陆续建立了三方协调机制。1996年,海南省率先建立了劳动关系三方协调机制。1997年,山西省也建立了这一机制。由此可见,省一级的三方协调机制先于国家级的三方协调机制的建立,这可以看成是在国家许可的范围内的地区实验。到2001年8月,国家劳动和社会保障部、中华全国总工会、中国企业联合会/中国企业家协会三方在北京建立了国家一级协调劳动关系三方会议制度。2001年11月,在全国贯彻实施《劳动法》《工会法》推进集体合同和劳动合同工作经验交流会议(简称南京会议)之前,全国有北京、天津、河北、山西、辽宁、江苏、浙江、河南、广西、海南、重庆、四川等12个省、自治区、直辖市建立了劳动关系三方协调机制。在南京会议精神的推动下,截至2002年底,全国有30个省、自治区、直辖市建立了三方协调机制。

再次是在县、乡镇一级建立三方协调机制的情况。各省、自治区、直辖市建立三方协调机制后,积极向地(市)、县(市、区)、乡镇、街道延伸,形成多层次的三方协调机制。到2002年底,上海市、河北省、江苏省、河南省、海南省所属地级市全部建立了三方协调机制。江苏、福建和海南省100%的县(市、区)、广西壮族自治区95%的县(市、区)、山西省90%的县(市、区)、河北省92%的县(市、区)建立了三方协调机制。重庆市的40个县(市、区)中已有39个建立此机制。上海市75%的乡镇、街道建立了此机制。

截至2008年9月,全国共建立各级劳动关系三方协调机制(包括地方和产业)1.2万个。其中,所有31个省、直辖市、自治区均已建立省级协调劳动关系三方机制;地市级309个,占地市级地方工会的92.5%;县级2412个,占县级行政单位的84.2%。由此可见,三方协调机制在中国已经非常普遍。

ILO认为三方协商机制建立的方式,可以由劳资双方自愿建立,或是通过国家立法的方式。从三方协调机制在我国建立和发展的过程可以看出,我们走的显然是国家立法的方式,而不是社会力量斗争的结果。先是在国家层面的立法许可,接着是在省市一级建立,最后推展到县、乡镇、街道一级。这是一个典型的国家自上而下推动的制度建设过程,国家权力的触角伸到哪里,三方机制就建设到哪里。在这个过程中,社会始终是处于被动的或者是配合的地位,它要从国家那里获取分配到的权力与资源,并按照国家的意志来行使权力和运用资源。而我们知道,任何制度建设都是为了实现一种有目的的整合,这也是国家面对新的社会结构而采取的新的社会整合方式。

四、新的社会整合方式——旧制度的"升级换代"

那么国家为什么要在 20 世纪 90 年代初开始积极推行建立三方协调机制呢？

在改革开放之前，工人隶属于企业，企业则是隶属于国家的单位组织。中国的社会结构是"国家—单位—个人"的三级结构关系，单位处于国家与个人的连接点上。职工和企业的利益差别是以单位部门为划分边界的，因此职工和企业利益的维护也是通过行政体制的渠道来实现的。工人通过与领导、企业通过与上级部门建立纵向的关系而表达利益诉求，经过上级领导和上级部门的分配来实现各自利益的满足[①]。可以说，在单位化的社会里国家居于绝对统治的地位，甚至可以说是国家吞没了社会，因而也把社会中的个体吞没了。工人、企业和国家的利益在本质上就被看成是一致的了。

张静认为，"中国在革命后社会现代化的进程中就是依靠这种伞状结构中的等级体制实现了资源的有效配置和政策自上而下的贯通"。因为"单位实际上是把政治参与化整为零，使其成为局部空间的小规模行动，由此分散了社会政治行动的诱因、规模、内容、形式和空间，客观上阻止了利益冲突的集结与扩大，减低了有可能指向国家的社会压力"[②]。当然这里所说的单位与法团主义所说的法团尽管有着许多相同之处，即它们都在一定程度上依附于国家权威，同时也都承担着连接个人与国家的社会整合功能；但是它们之间又有着本质的区别，那就是单位是行政体制的延伸，单位体制内的个人实际上存在着的是行政隶属关系，比如最典型的就是厂长与职工的关系，不同工种的职工之间的工资差别也是参照行政级别来划分的。而法团本质上是社团，法团之间虽然也存在着层级秩序，但它本身并非行政体系的一部分，法团内部成员之间更不存在这种行政等级关系。

30 年的改革开放，使社会以及社会中的个人开始从国家权力的控制中逐渐独立出来，单位人摇身一变成了社会人，个人利益开始以阶层利益的形式呈现出来，单位实际上已经丧失了它原先的整合功能。国有企业的改革和私营企业的迅猛发展孕育了一大批"体制外"的人员，原有的单位制度不复存在，而新的制度又未建立，因此这部分人实际上处于"无社会"状态。这

---

① 齐凌云：《政党、工会与阶级基础》，复旦大学博士论文，2005 年。
② 张静：《利益组织化单位——企业职代会案例研究》，中国社会科学出版社 2001 年版，第 204 页。

样就导致诸如劳动争议、纠纷、职工群体性事件等成为社会冲突而大面积爆发。

在建立三方机制的 2001 年，全国共发生争议案件 15.5 万件，比上年增长 14.4%，涉及劳动者 55.6 万人。其中，尤以私营个体经济和改制企业劳动争议增长迅猛。这恰恰是因为私营企业和改制企业最极端地表现了体制空白所引发的社会问题。到金融危机爆发的 2008 年，全国各级劳动争议仲裁机构共受理劳动争议案件 69.3 万件，当期案外调解 23.7 万件。当期立案的劳动争议案件比上年飙升 98.0%，涉及劳动者 121.4 万人。其中，集体劳动争议案件 2.2 万件，涉及劳动者 50.3 万人。新时期爆发的社会冲突主要有以下几个表现：用人单位和劳动者之间冲突加剧，矛盾显性化；劳动报酬、保险、福利等利益矛盾成为劳动关系主要矛盾；劳动者在劳动关系中的弱势地位凸显；劳动关系矛盾日益复杂化，处理难度增大；矛盾突发性越来越强，集体争议案件数量大幅增加，快速的社会转型极有可能导致社会失控的危险①。

而究其根本原因，正如萧功秦所说，是"在当今强势政府控制的社会建制中，并没有有效地形成一套整合 30 年改革开放衍生出来的利益多元个体的制度机制"②。旧者已废，新者未立的转型时期，利益协调机制的空白只会使得社会成员盲目寻求符合各自自身利益的解决办法。

在这种形势下，如何创制新的利益协调机制，巩固经济发展成果，维护社会稳定成为执政党执政的重中之重。在原有制度残余的基础之上进行"升级换代"显然就是成本最低、风险最小的最佳选择。这就是在原有的工会、企业联合会基础上引入三方协调机制，实现国家对社会力量的重新整合。

工会、企业联合会、中国工商联等计划经济体制产物并没有随着计划经济体制的解体而瓦解，尽管它们已经不再可能像计划经济时代那样发挥整合作用，但是它们依然是执政党可以依靠的最好的制度资源。当然面对新的社会结构，执政党必须减少工会、企业联合会的计划经济体制的色彩，更多地赋予它们独立性和自主性，让它们切实承担起代表职工和企业家的利

---

① 这不得不让人们联想起托克维尔在《旧制度与大革命》中的论述。托克维尔指出，法国大革命并非发生在法国社会凋敝、经济衰退的时期，而是发生在法国社会一片欣欣向荣的时期。而恰恰是在这样一个瞬息万变的转型时代里，出现了旧制度的瓦解和新制度的空白，从而导致大革命的爆发。因此对于转型的速度、规模、方式的探讨研究成为学界的重中之重。

② 萧功秦：《选择法团主义，发展中国公民社会》，《绿叶》2009 年第 7 期。

益,借助它们来保持政权与基层民众的联系,尤其是共产党与其阶级基础工人阶级的联系。但同时为了巩固已有的权力,并控制可能出现的竞争冲突局面不至于危及社会稳定,执政党又必须以更大的规模深入工会、企业联合会之中。这种渗透一方面是通过党的基层组织的扩建实现的,另一方面也是借助三方协调机制来实现的。政府借助三方协调机制就实现了两重功能:一是基层利益的聚合、表达和上传;二是国家意志和政府决策的贯彻和推行。三方协调机制因而就是国家控制社团的有效工具,可控的、有序的转型,其枢机就在于此。

综上所述,改革开放虽然使社会的力量相对崛起,但"强国家、弱社会"宏观格局并没有改变。三方协调机制正是在这种背景下国家实现对社会力量的重新整合的方式。这一方式一方面承认社会利益分化乃至对立的事实,另一方面又寻找理性地调整利益关系的方法。一方面通过社会组织将分散的利益聚合起来,另一方面又借助社会组织控制多元的利益诉求。换句话说,对于国家来说,利益调整始终是工具,而社会稳定才是最终的目的。在这种背景之下,三方协商机制的现实运行必然带有强烈的国家意志色彩。正如安戈和陈佩华指出的,中国政府对社会进行控制的方式从毛泽东时代的直接控制转变成为通过给予各类"组合式组织"在自己的活动范围内一定的自主权来进行的间接控制。"经济越是分散化,作为新的控制手段的组合式协会便越是增加"[1]。三方协调机制是国家控制之下的社会团体之间的有序互动,国家的控制就是将社会冲突降低到保持整合的限度,同时促成社会团体之间同意或共识的形成。

五、三方协调机制的代表性问题——谁代表谁?

显而易见,国家之所以能够顺利推行大规模的制度建设,三方协商制度进入中国之后之所以变成了三方协调机制,都与中国的社会现实结构息息相关,这就是"强国家、弱社会"的宏观局势。这一局势在三方协调机制的代表性问题上得到了集中的反映。

在现代大型、超大型社会中,利益的冲突与平衡问题都必须借助于代表制的方式来实现。而代表性的问题是三方协调机制中的重大问题。三方机制的运行前提是主体的"适格"。只有明确了三方协调机制中的三方代表,

---

[1]　安戈、陈佩华:《中国、组合主义及东亚模式》,*The China Journal* 第 35 期。

公平、公正的三方协调机制才能真正展开。代表性问题的核心其实就是谁代表谁的问题。

在三方协调机制中，国家一方以政府劳动行政部门为代表，即人力资源和社会保障部及其在地方的分支机构。其中国家级三方会议领导成员由劳动和社会保障部副部长担任主席，劳动和社会保障部的代表成员则由劳动工资司、办公厅等相关部门人员组成。这一方的典型特点是组织化程度、官僚化程度最高，其掌握的权力和资源也最大。国家一方的代表性问题是最不成问题的①。

论及至此，有必要探讨一下国家为何要介入劳动关系的协调当中来。因为一般而言，劳动关系指的是劳方与资方的关系，因此只需要劳资双方共同协商或者彼此博弈就可以解决这个问题了。按照多元主义的理论，国家并不具有独立的意志和利益，它只是各种社会集团表达利益、相互博弈的舞台，那么国家就应该尽量鼓励劳资双方自行展开竞争，或者最多就为这种竞争提供服务，比如提供市场信息、制定相关指导意见等。而法团主义显然怀疑多元主义关于社团自由竞争最终可以导致利益均衡的理论预设，它力主要通过国家权威的干预来保证社团之间竞争的良序化、制度化、可控化，从而将社会冲突降低到保持整合的限度。正因为此，国家在劳动关系的调整中是积极的、主动的，并且是起主导作用的。

再回到三方的代表性问题上。职工一方则以工会组织为代表，在国家层面由全国总工会代表，全总的成员由办公厅、集体协商部、法律工作部、保障工作部、政策研究室等相关部门人员组成。在地方层面则由地方总工会代表。工会本来就是垄断性的社会组织，是对自由市场的一个反动，而在中国，由于政府权力的介入则使得工会更加具有垄断性，不存在多元化的相互竞争的工会组织。而从组织程度上来说，工会在专职人员配备、机构设置、组织整合等方面具有相对优势。但这也主要是从国有大中型企业来看。在私营中小型企业中，工会的组建率很低，这也就意味着有很大一部分工人尤其是广大农民工群体并没有自己的组织依靠②。而从代表性上看，工会是职工利益的代表，这一点看似顺理成章，但在中国的现实中却显然要大打折扣。这是因为工会是"中国共产党领导的职工自愿结合的工人阶级群众组

---

① 尽管由于官僚体制的缺陷，可能会出现政府部门的利益化现象，使得政府部门也不能完全代表国家的利益，但是相比较工会和企业联合会来说，国家的代表性是最高的。

② 郎晓波：《社会治理视野下的工会转型与政府角色研究——以浙江省 YW 市工会维权模式为个案》，《北京行政学院学报》2008 年第 6 期。

织,是党联系职工群众的桥梁和纽带,是国家政权的重要社会支柱,是会员和职工权益的代表"。① 按照这种定位,《工会法》第 6 条明确规定:"维护职工合法权益时工会的基本职责。工会在维护全国人民总体利益的同时,代表和维护职工的合法权益。"这也就是说中国的工会具有"双重角色"——代表其集团利益,又负有超团体之外的公共责任。工会在国家中起到了在国家与职工中传递基层信息的通道,行使协调国家和公民关系的职能②。工会作为执政党所特许的社会团体可以获得联系政府并参与决策咨询的地位,它们在社会中的代表性范围也将得到承认和保护。在法团主义看来,工会的角色不应当是利益对抗式的,而应当是利益协调式的。工会需要代表其成员利益,并有责任将它们的利益诉求传达到决策体制中去,工会同时还要履行公共责任,管理并约束其成员的活动,使之提高理性化和组织化的水平。由此可见,工会借助党和国家的力量其组织化程度也相当高,但是其独立性和自主性则明显不足。

雇主一方则以企业组织为代表,一般是指中国企业联合会或企业家协会。国家级三方中中国企业联合会、中国企业家协会的代表成员由雇主工作部、雇主工作委员会、维护企业和企业家合法权益委员会、研究部等相关部门人员组成。改革开放以来,经营者组织伴随不同所有制企业的竞相发展而出现多元化的特点,那其代表性问题就更加突出。劳动部门代表政府方和工会代表职工方上下是统一的,但企业方代表则有所不同。有 16 个省由企业联合会/企业家协会或由企业联合会、企业家协会单独作为企业方代表,有 11 个省由经贸委、企业家协会作为企业方代表,宁夏、新疆由经贸委作为企业方代表,海南省由总商会作为企业方代表。山西省还吸收了私营企业协会、乡镇企业协会、外商投资企业协会作为企业方代表,陕西省和福建省吸收了企业管理协会为企业方代表,甘肃省吸收了乡镇企业协会、私营企业协会为企业方代表。

之所以会找不到合适的雇主代表组织,是因为我国尚未形成真正代表

---

① 关于工会和无产阶级政党的关系问题,马克思、恩格斯和列宁都有较类似的论述。摘录如下,以资比较。马克思、恩格斯在《共产党宣言》中指出,"共产党人不是同其他工人政党相对立的特殊政党","他们没有任何同整个无产阶级的利益不同的利益",工人阶级政党"应该使自己的每一个支部变成工人联合会的中心和核心"。工会是政党与阶级基础之间的"传动装置"。"工会实际上是一种非党的组织,而实际上绝大多数工会的领导机关,首先是全俄总工会的中央领导机构即全俄工会中央理事会,都由共产党员组成,执行党的一切指示。总之,这是一个形式上非共产党的、灵活的、比较广泛的、极为强大的无产阶级机构,党就是通过这个机构同本阶级和群众取得密切联系的。"

② 张静:《"法团主义"模式下的工会角色》,《工会理论与实践》2001 年第 2 期,第 5 页。

企业方的雇主组织。中国企业联合会、中国企业家协会作为企业方的代表，它的这一主体地位是由国家经贸委授权的，而它事实上并不具备在劳动关系中与劳动者相对应的雇主或企业家的身份，各省市协会的会员绝大多数是国有大型、特大型企业的领导人，非国有企业的会员极少。协会领导人有不少是政府官员或非企业界人士，会员企业数量少，占本地企业总数的比率低。服务功能也不健全，多数协会的主要功能在举办各种会议、评奖评优、培训教育、咨询和商贸服务等方面。而且我国现有的企业家协会章程表明，即使作为企业方代表，它也主要代表公有制企业，而对于非公有制经济成分的企业其代表性则明显不够[①]。

而且随着三方协商机制向基层延伸，雇主方代表性弱的问题更加突出，由中国企业联合会、中国企业家协会作为企业方的代表在不少市县也都还没有到位。面对这种情况，有一些基层因为企业多元化，没有办法找到很明确的代表关系，所以干脆用经济发展局代表资方，形成了区劳动和社会保障局、区经济发展局和区总工会为代表的"小三方协商机制"[②]。如大连市旅顺口区的三方协调机制中，由经济发展局作为企业代表组织；安徽省芜湖市和四川省大邑县由工商联作为企业方代表；还有少数地方采取由企业直接选举代表参加三方协商。很显然这几乎就是一个政府内部的协调会议。

综上所述，三方机制中组织化程度最高、权力最大的是政府一方，因此其代表性也最高。工会一方组织化程度也比较高，但是其独立性则严重不足，因此其代表性次之。而雇主方组织化程度很低，其独立性也严重不足，因此其代表性最低。这是中国"强国家、弱社会"宏观格局在三方机制中的反映。

不管是工会还是企业联合会，它们都在合法性、资源等方面都对国家有着高度的依赖，它们本身可以被看成是国家权力延伸进入社会领域的工具。而进入决策过程的社会团体数量是由国家控制和规定的，并且不存在工会之间、企业家协会之间的竞争关系，它们在各自的领域内都享有垄断性的代表地位。而且更加重要的是，工会和企业家协会本身是以层级秩序排列的，尤其是工会系统，上级工会对下级工会具有领导的权力。工会和企业家协会各自将其成员的利益汇聚整合在一起，并通过三方协调机制输送到国家和各级政府的决策中去。同时，国家和各级政府也通过三方协调机制进而

---

① 丁春华：《对建立健全劳动关系三方协商机制的思考》，《天津市工会管理干部学院学报》2003 年第 4 期。

② 穆永盛：《关于健全三方协商机制的实践探索》，《工会理论与实践》2004 年第 2 期。

是通过工会和企业家协会将政府的决策贯彻落实到基层。因此与多元主义所描述的社团性质不同,中国的社团组织在中国的社会组织体系重构中都扮演了"上挂下联"的"中间层"的作用[①],它们都具有所谓的"双重代理"的特征。双重代理的组织转型为新的权力衍生方式的发育和旧的权力衍生方式的淡化提供了减少成本的组织基础。市场、社会和国家这三个要素在双重代理结构的载体上进行有效沟通协调[②]。

六、三方协调机制的运行情况——准行政化的利益协调

那么国家是如何利用三方协调机制实现对社会团体的有效控制的呢?这就必须考察三方协调机制在现实中的运作情况。

三方协商的内容包括法律法规的制定和调整有可能影响劳资双方固有利益的内容;有关就业、职业培训、劳动保护、职业安全卫生、保险、福利等劳动标准的全国性机构的建立或功能;经济与社会发展计划的规划与执行等方面。归纳起来,在国际劳工组织模式里,三方协商被设想扮演着劳动关系调整中的三个角色,即劳动法规政策的制定与执行、集体谈判和劳动争议处理,其核心是集体谈判[③]。各种社会集团围绕各自的利益进行平等谈判磋商,以达到利益均衡的目的,正是多元主义的理想路径。

但是在中国,三方协调机制在运行中发挥的核心职能显然不是集体谈判。首先看立法层面。按照 2001 年 8 月《关于建立国家协调劳动关系三方会议制度的意见》,三方会议的职责任务被界定为:就制定劳动关系政策提出意见建议;研究分析劳动关系状况及趋势;对制定调整劳动关系的法律政策提出建议;指导、协调地方劳动关系协调工作;对重大集体劳动争议或群体性事件进行调研,提出解决意见。2002 年 8 月发布的《关于建立健全劳动关系三方协调机制的指导意见》中,对省级以下三方机制的职责要求,在上述内容的基础上增加了"开展劳动法律、法规和规章的宣传工作"的内容。2009 年 2 月,又对三方机制的职责任务进行了调整完善。其中,明确提出了"劳动关系工作体系"的概念,强调建立劳动关系重大问题的信息沟通和协

---

① 王颖:《中国的社会中间层:社团发展与组织体系重构》,《中国社会科学季刊》1994 年第 2 期。

② 韩福国:《市场、组织与国家:中华全国工商联及民间商会 ACFIC 在制度博弈中的双重代理分析》,中国科学院上海冶金研究所博士论文,2000 年。

③ 乔健:《中国特色的三方协商机制:走向三方协商与社会对话的第一步》,《广东社会科学》2010 年第 2 期,第 32 页。

调处置机制,并要求加强与国际劳动者组织、各国三方机构的联系、交流与合作。

而在现实运作中,我国三方协调机制也主要是在以下几个方面发挥作用:一是联合调查研究,参与制定劳动法规和政策。比如劳动和社会保障部在制定《集体协商规则》过程中,就将此规则提交国家协调劳动关系三方会议进行论证和修改。江苏、山西、河北等省的地方性集体劳动合同法规也是经由三方共同调研、起草、论证的。由此可见,三方协调机制的研究、咨询的色彩浓厚,有点类似于政协在我国政治生活中的作用。在法团主义的框架下,进入决策过程的社会团体,对相关的公共事务有建议、咨询的责任。二是联合下发文件,指导和规范劳动关系的协调发展。比如国家协调劳动关系三方会议联合下发了《关于进一步推行平等协商和集体合同制度的通知》等。河北省三方协调机制为了推进和规范工资集体协商,联合下发了《关于共同推进工资集体协商工作的通知》等。三是联合监督检查,推动劳动法规政策的落实。2002 年国家协调劳动关系三方会议为了推动南京会议精神的贯彻落实,由三方主席亲自带队,组成三个小组,分赴十几个省进行调研、检查和指导。大连市三方从 2001 年第四季度开始,联合开展清理拖欠职工工资的专项行动。这种突击式的、运动式的监督检查是官僚体制的常见行为,与国外定期的"制度化协商"的制度安排截然有别。四是联合现场办公,及时处理劳动争议。河北省迁安市三方先后深入 28 家企业现场办公,召开协调会 43 次,共同处理解决企业改制过程中出现的国有资产流失、拖欠职工工资等问题 80 多个。可见三方协调机制是弥补式、救济式的制度。五是联合组织业务培训和理论研究,提高三方协调机制协调劳动关系的水平①。这与我们的工会和企业联合会所发挥的作用异曲同工。由此可见,中国三方协调机制发挥的主要功能是宣传、调研、建议、指导和协调的作用,而不是独立的利益主体之间的平等协商。我们的三方协调机制是自上而下的,而三方协商机制则是自下而上的。

在协商的形式上,三方协商无论采取委员会制度还是会议制度的形式,其机构设置都大致为两种类型:一种类型是针对劳动关系领域的不同事项,分别设立若干相对独立的专业性的三方协商机制,另一种类型是设立能够全方位覆盖和应对劳动关系领域所有重大事项的综合性的三方协商机构。

----

① 三方协调机制在国内具体的运行情况介绍请参见张大起:《三方协调从联合开始——关于中国三方协调机制的调查》,《企业管理》2004 年第 4 期。

专业性的三方协商机制是基于相对独立的社会团体之上的,社团的多元化、专业化要求相应的三方协商机制的多元化和专业化,其协商的内容也更加有针对性。而综合性的三方协商机制是基于相对统一的社团之上的,社团的一元化和垄断性要求相应的三方协商机制也是综合性的,其所协商的内容也就更加笼统。我国三方协商机制的运作就属于后一种类型①。综合性三方协商机制以会议的形式最为多见。到 2002 年底,有 19 个省采取三方会议的形式,有 4 个省采取联席会议的形式,有 5 个省采取委员会的形式,有 2 个省采取协调会议的形式。

这种机制最容易出现的就是官僚化的现象:国家级三方会议设立了法律政策研究委员会、企业工资分配研究委员会和集体协商委员会等三个专业委员会。国家三方会议办公室设于 2005 年 6 月 19 日设立常设办事机构,由三方各派专职工作人员组成(国外三方人员大多是兼职,这与我们的工会干部的官僚化也紧密相连),办公地点设在劳动和社会保障部。国内的三方机制多数采用会议制度的方式,协商达成后即联合发文集中下达。这种行政化的办事方式明显带有计划经济时代的特点。各级三方机制的工作都是通过联合下发文件或联合调研、指导的方式进行的,都是一种自上而下的行为。

综上所述,三方协商机制是在"强国家、弱社会"的历史背景下由国家主导而产生的,那么它的运作也自然就带着很强的国家意志色彩,而社会的意志却往往是处于被动和配合的地位的。在这种情况下,社会对话的机制在中国就变成了国家行政主导下的各功能性社会团体相互协调的机制,这种协调是以准行政化的方式进行的。因此,三方协调机制也不再是各种社会团体之间利益竞争博弈的平台,而是各种社会团体向国家输送自己的利益主张,并要求从国家获得利益分配的机制,因而就是一种纵向的准行政化的利益协调。

七、结语——谁伤害了谁?

如果说工会、企业家协会是对分散的工人与企业及企业家的组织与整合,那么三方协调机制则可以看成是国家对工会与企业家协会的再组织与再整合。它应该被看成是国家吸纳和控制社会力量的新渠道。这样,三方协调机制表面上看来是市民社会内部的竞争博弈机制,而实际上却是国家

---

① 李德齐:《三方协商机制的建立任重道远》,《工会理论与实践》2003 年第 5 期。

介入到市民社会内部进行协调整合的机制。究其根本原因，在于无论是工会还是雇主组织，其组织化程度和独立性程度都十分欠缺，无法代表各自的集团利益相互博弈，更无法代表社会的力量与国家抗衡。而国家则在这一过程中始终居于强势地位，包括三方协调这一制度本身都是由国家主导而创生的，而并非市民社会努力斗争的产物。因而，在三方协调机制的运行过程中，国家是借助其完整而强大的官僚机器实现对社会力量的准行政化管理。

因此可以说，在现阶段的中国，三方协调机制是一种来自国家权力体系内部的政府机构与准政府机构之间的功能性协调机制，而非利益斗争和利益博弈的平台，它们的终极目标是通过劳动关系的协调来维持政治稳定和社会稳定，防止独立的、替代性的社会利益组织的发育[①]。它与"稳定压倒一切"的政治思维是高度吻合的，在这种"维稳"思维的指引下，工人、企业家和国家之间在根本上是利益一致的，稳定就是被假设的它们之间的共同利益，其实质就是国家利益。因此，三方协调的目的根本上就不是在寻求不同利益之间的平衡，而是在协调不同利益与共同利益（即国家利益）之间的平衡。也就是说作为三方之一的国家的利益是不在协商范围之内的，而代表国家的劳动行政主管部门则天然地就代表了国家的利益。这样工人和企业家在参与三方协调机制中，它们各自的利益天然地就处于被动的、需要受到修正的地位。

这让我们想起列宁的工会"双重保护"理论。他认为工会在无产阶级专政条件下也要保护工人阶级的利益，这是因为"我们的国家是带有官僚主义弊病的国家"。在这样的国家，工人既要防止来自资本家的侵犯，同时更要防止来自国家的侵犯。因此"全体组织起来的无产阶级应当保护自己，而我们则应当利用这些工人组织来保护工人免受自己国家的侵犯，同时也利用它们来保护我们的国家。实现这两种保护，都必须通过一种特殊的办法，即把我们的国家措施和我们同我们的工会的协商、'结合'这两方面配合起来"[②]。在现阶段，我国宪法依然规定我国是人民民主专政的社会主义国家，同时，官僚主义的弊病有增无减，我们的工会也显然具有代表和维护工人阶级利益，同时又是党和国家的阶级基础的双重角色，三方协调机制在某种程度上可以看成是列宁所谓的"把我们的国家措施和我们同我们的工会的协

---

① 乔健：《中国特色的三方协商机制：走向三方协商与社会对话的第一步》，《广东社会科学》2010年第2期，第31页。

② 列宁：《列宁选集》第4卷，人民出版社1972年版，第468页。

商、结合这两方面配合起来"的制度安排。

因此在现阶段,无论是工人还是企业家实现自己利益的方式都不是通过对等的谈判协商来达到的,而是通过与国家的配合与协调实现的。国家是工人与企业权力与利益的终极来源,三方协调机制仅仅是对这一局势的一种适应。那么,当国家同时侵犯到工人与企业利益的时候,三方协调机制就无能为力了。

强制性无固定期限劳动合同的弊端及其改进

□ 郭继强*

摘　要:在纷繁复杂的用工环境和劳动关系中,按照劳动者和企业希望签订的劳动合同期限种类,可形成四种不同的组合。对这四种组合的分析可以得出:在现今中国之环境下,与由劳资双方自主选择、共同协定的非强制性无固定期限劳动合同相比,强制性无固定期限劳动合同在增加企业成本的同时却很难有效改善劳动者的境况,并且还会造成劳动力资源的不同配置效率和宏观经济效应。另一方面,欲使企业自愿自主地采取无固定期限劳动合同,需要一系列的内外部条件。因而,在法律强制实行无固定期限劳动合同的情况下,应多朝着劳资双方均选择无固定期限劳动合同的条件交集去努力,积极为扩展交集创造良好的外部环境。实际上,要改善劳动者的境况,采取"管住底线,合作共赢,三管齐下"的基本思路或许更加有效。就我国现行劳动合同法中强制性无固定期限劳动合同条款而言,如何在随后的实践中恰当地厘定实际解约成本,以保持劳动合同的相对稳定性与灵活性的对立统一,是摆在理论界和实际工作部门面前一道亟待破解的难题。

关键词:无固定期限劳动合同;劳动合同法

一、问题的展开

我国 2008 年施行的《劳动合同法》在有力推动劳动关系契约化进程的同时,也引起了理论界和实际工作部门的广泛讨论和争议。其中的一个热点就是"强制性无固定期限劳动合同是否会导致劳动力市场僵化以及由此将产生何种影响"。客观地说,劳动合同法中无固定期限劳动合同条款的本

---

* 郭继强:浙江大学公共管理学院教授、博导。

意,是针对我国劳动用工中劳动合同签约率低和劳动合同短期化的突出现象,拟通过引导乃至强制用人单位与劳动者签订较长期限的劳动合同,构建稳定而和谐的劳动关系。但是,倘若以法律形式强制用人单位与劳动者签订无固定期限的劳动合同,则将不可避免地产生其弊端。这些弊端很大程度上蕴涵在以下两个相互关联的问题之中:

一是强制性无固定期限劳动合同,与劳动力市场上由用人单位和劳动者双方经由自主选择共同确定的非强制性无固定期限劳动合同相比,会产生何种不同的影响?

二是无固定期限劳动合同有效发挥作用的条件有哪些? 或者说,怎样才能使无固定期限劳动合同成为劳动者和用人单位(以下简称为企业)共同的自愿选择? 由此还可进一步引申出如何更好地改善劳动者的境况等问题。

对于上述问题,以往的研究和争论中已间或有所涉及,不过仍缺乏明确区分和系统梳理。笔者以为,重视这些问题的分析,不仅有助于对无固定期限劳动合同作出一般机理上的解释,而且还可以提醒人大在制定法律和政府在制定政策时注意无固定期限劳动合同的适用条件和范围,以更有效地配置和利用劳动力资源,更和谐地构建劳动关系,更切实地维护劳动者的利益。

二、强制性无固定期限劳动合同对劳动契约形成的影响

众所周知,我国将劳动力资源从计划(行政)配置方式改变为市场配置方式,是为了提升劳动力资源的配置效率和使用效率。在劳动力市场中,劳动者可以根据自己的偏好和诉求选择企业,企业也可以根据自身的规模、工艺特点以及市场状况,自由选择劳动力、用工方式和用工期限,而劳动者与企业双方通过自由和自主地协商所达成的劳动合同期限,则是当事人双方共同选择的优化结果。

在纷繁复杂、千差万别的用工环境和劳动关系中,就劳动者和企业选择的劳动合同期限而言,大体上可以划分为两大类:一类是无固定期限劳动合同,记为 A;另一类则是其他期限类型的劳动合同(包括固定期限劳动合同和以完成一定工作任务为期限的劳动合同),记为 B。按照劳动者(L)和企业(E)希望签订的劳动合同期限种类,可形成以下四种组合(见表 1)。

表 1 劳动者和企业对劳动合同意愿期限的组合

		企 业	
		A_E	B_E
劳动者	A_L	(A_L, A_E)	(A_L, B_E)
	B_L	(B_L, A_E)	(B_L, B_E)

无固定期限劳动合同存在着两种形成机制:一种是法律规定在某些条件下劳资双方必须签订无固定期限劳动合同,具有契约形成的强制性;另一种则是由劳资双方自主选择、共同协商达成的无固定期限劳动合同,具有契约形成的非强制性。在表 1 的四种组合的情况下,如果法律强制企业与劳动者订立无固定期限劳动合同,那么,就会出现以下四种情形:

情形 I:在(A_L,A_E)组合,即劳动者和企业均意愿选择签订无固定期限劳动合同的状态下,推行强制性无固定期限劳动合同的制度安排无疑有助于降低签约和履约的交易成本,有利于更快获得签订无固定期限劳动合同的结果。

但是,在另外三种情况下,强制订立无固定期限劳动合同的制度安排却会妨碍劳动者与企业自由协商订立劳动合同期限的自主性和合意性,在损害企业利益的同时,劳动者的利益并不能同步增长甚至可能是受到损害的。

情形 II:在(B_L,B_E)组合状态下,劳动者和企业均意愿选择签订其他期限类型的劳动合同而不是无固定期限劳动合同。此时,如果强制推行无固定期限劳动合同,那么,这样的劳动合同既不是劳动者也不是企业自主和合意的选择结果。企业和劳动者想要获得自己希望的劳动合同期限,就必须额外付出解约和违约的成本,无端增加了经济运行的成本,造成社会资源的虚耗。

情形 III:在(A_L,B_E)组合状态下,劳动者意愿选择无固定期限劳动合同而企业却意属其他期限类型的劳动合同。若让劳资双方自由自主地协商,则很可能形成"短边效应"的结果,即达成其他类型的劳动合同尤其是短期的固定期限劳动合同。如果劳动力市场供大于求,那将进一步强化"短边效应"的结果。此时,倘若强制推行无固定期限劳动合同,势必就会造成一系列影响:

首先是增加企业的交易成本和生产成本,拖累企业绩效。一般说来,随着外部环境的变化和企业的发展,企业不一定能够保证所雇用的员工总是最合适的,假如"重新雇用员工所增加的收益>解约成本+招聘成本+培训成本"，则企业就会在一定程度和范围内"吐故纳新"，而且，净收益，即"两者的差距＝重新雇用员工所增加的收益－（解约成本＋招聘成本＋培训成本）"越大，企业越能通过吐故纳新来提升生产经营效率；反之，假如"重新雇用员工所增加的收益＜解约成本＋招聘成本＋培训成本"，企业就只得留用原来的员工。显然，强制性无固定期限劳动合同不仅会影响劳动力市场的灵活性，增加企业的解约成本等交易成本，而且在当下的中国还会增加企业的生产成本，进而加大企业吐故纳新的难度，妨碍甚至损害企业效率提升和企业发展。这一结论与科斯第二定律的意蕴也是一致的[①]。

其次，企业增加的支出部分却不一定能为劳动者所得。例如，企业在增加交易成本方面的支出有相当大一部分耗散在经济运行之中，并没有为员工所得。又如，在中国现行的制度环境下，签订无固定期限劳动合同通常与企业社会保障的缴纳正相关，而企业为员工缴纳的社会保障支出部分在员工流动到异地时却无法随之转移，企业增加的支出并不能真正起到保障员工的作用。

再次，企业可以将增加的成本对劳动者进行一定程度的转嫁[②]。作为劳动力价格的工资，是由劳动力市场的供求关系决定的。当由外部强制造成企业成本上升时，通过市场交易的经济运行过程，上升的成本会依照劳动力的供求价格弹性而由企业和劳动者分担：当劳动力需求相对于供给而言弹性充足时，增加的成本将主要向后转嫁给劳动者；反之，当需求相对于供给而言弹性不足时，增加的成本将主要由企业自身承担。

最后，通过劳资双方的自由选择和平等协商来达成劳动合同包括劳动合同期限，是优化劳动力资本配置的基本途径。诚然，相对于企业（雇主），劳动者在与企业建立劳动关系、订立契约时确实处于不利地位，但从根本上说，这种地位是取决于资本要素与劳动要素的相对稀缺性以及劳动者自身

---

① 科斯第二定律是指在交易费用大于零的情况下，初始产权安排会对资源配置效率产生影响。科斯指出："一旦考虑到进行市场交易的成本，那么显然只有这种调整后的产值增长多于它所带来的成本时，权利的调整才能进行。反之，禁令的颁布和支付损害赔偿金的责任可能导致发生在无成本市场交易条件下的活动终止（或阻止其开始）。在这种情况（指交易费用大于零的情况——引者注）下，合法权利的初始界定会对经济制度运行的效率产生影响。"参见[美]罗纳德·哈里·科斯：《社会成本问题》，载《论生产的制度结构》，盛洪、陈郁译，上海三联书店1994年版，第158页。

② 据深圳市的"打工者职业安全健康中心"对新劳动合同法施行后劳工权益的调查，近期企业的外部经营成本上升较多，企业就用各种手段转嫁经营成本，主要表现在：降低薪资待遇（占23.8%），增加伙食、住宿费（占22.2%），增多罚款项目（占22.3%），借故炒人（占15.7%），裁员（占6.3%），等等。转引自（南方周末记者）姚忆江、（实习生）吴冰清：《绑在劳动合同法上的劳资博弈》，《南方周末》2008年7月31日。

的人力资本存量。以农民工为例,他们在城市次级劳动力市场上的境遇差是人所共知的事实,然而,在农民工既有的文化知识不足、劳动技能缺乏、人力资本存量不高且又有大量的农村剩余劳动力需要转移的现实约束下,农民工进城找工作仍是改善自身及其家庭生活状况的一种重要而可行的方式[①],是一种实实在在的帕累托改进。如果强制企业与这些民工签订无固定期限劳动合同,在其他条件不变的状况下,社会保障支付等准固定劳动成本的上涨和解雇难度的上升将逼迫企业降低雇用意愿,使得企业在雇用量与工时的权衡中偏重于延长工作时间而不是增加雇用量,从而在相当程度上削减劳动者的就业,造成实际结果与给劳动者利益的愿望相背离。

情形Ⅳ:(B_L, A_E)组合,即劳动者意愿选择其他类型期限的劳动合同而企业则希望签订无固定期限劳动合同的状态,多出现在该劳动者为企业长期需要,或者劳动力市场供不应求包括行业性劳动力供不应求之时。在我国劳动力供求变动的基本趋势上,随着我国人口结构和社会经济的发展,劳动力逐渐从"无限供给"向有限供给、结构性短缺乃至未来十多年间可能供不应求的局面转变,不难预计,这种组合状态的情况将出现得越来越多。而在这样的组合状态下,企业为想方设法留住员工,势必将开出更优厚的条件。可是,假如法律强制企业与劳动者订立无固定期限劳动合同,则不利于增强劳动者的谈判力和获得更多的实际利益,企业反而可以较少的代价获得所需的结果。

总之,希冀通过强制性无固定期限劳动合同的方式来改善劳动者的境况,很可能是南辕北辙。到头来,既限制了劳动力市场的灵活性,增加了企业的成本,下滑了企业绩效,又无法有效改善劳动者的境况,同时,还会降低经济制度的运行效率,对劳动力资源的配置、经济发展和就业造成负面影响。

三、无固定期限劳动合同与劳资双方激励相容的条件

无固定期限劳动合同的两种形成机制的最大差别在于是否存在着强制性,如果强制性的无固定期限劳动合同能够像非强制性无固定期限劳动合

---

① 中国由于农村人口众多、土地资源匮乏和农地平均分配,导致人多地少和小规模经营,相对较高的农资价格和很低的农产品价格,使得许多地区的农民种田无利可图甚至亏本。因而,目前中国农村劳动力向工业和城市流动,是对"由于劳动力大量剩余而造成的普遍贫困化"这种状况的反应。参见孙立平:《断裂——20世纪90年代以来的中国社会》,社会科学文献出版社2003年版,第99页。

同那样为劳资双方所选择和接受,那么,无疑可以增进强制性无固定期限劳动合同的正面作用。因而,我们有必要进一步考察劳资双方怎样才会在非强制性状态下自主协商达成无固定期限劳动合同。

在非强制性的无固定期限劳动合同中,无固定期限劳动合同可以看作是一种带有隐性契约特性的显性契约。隐性契约的特性表现为企业与劳动者是在相互信任的基础上达成一种长期雇用的默契。较之于短期雇用,长期雇用存在以下一些优势:(1)降低企业的替换成本,主要是从劳动力市场招聘、筛选、雇佣和培训新员工的成本,解雇员工所支付的成本以及由于老新员工之间沟通与合作方面的成本。(2)企业与员工之间形成长期稳定的预期,有利于稳定企业员工,增强员工的归属感和忠诚度,激励员工的长期行为,提高人力资本尤其是专用性人力资本投资的回报率;同时,也有利于企业保护自己的技术和市场,加强人力资本投资和创新。(3)降低信息不对称性,使企业更好地筛选员工尤其是高级岗位的员工,优化企业的人力资源配置。至于何以采取隐性契约的形式,主要是因为信息不完全和不对称以及对未来的不确定性造成劳动契约做不到"事前完全讲清楚"或者"讲清楚的成本太高"。如果完全采取显性契约,要么挂一漏万,要么契约缺乏弹性,无法根据当时当地的实际情况加以适当地调整,简而言之,调整的成本过高。而采用隐性契约,在劳资双方心照不宣的默契下,是有可能降低调整成本的。总之,欲使无固定期限劳动合同成为劳动者和企业自愿自主的共同选择,劳动者应认为在此企业至少是在该行业长期干下去"有奔头"[①];对企业来说,则是"长期雇用的净收益>短期雇用的净收益"。

日本的终身雇佣制可以说是非强制性无固定期限劳动合同的一个经典案例,对它的剖析可以为我们提供许多有益的启示。第一,因时因行业因企业制宜追求企业用工稳定性与灵活性之间的均衡。日本终身雇佣制通常只存在于大企业中,技术性不强的行业长期雇佣的比例较低,并且,即使在鼎盛时期,日本也大约只有1/3的劳动者是被终身雇佣的。日本企业实行终身雇佣制的主要目的之一是为了留住员工特别是骨干员工,以保证企业稳定

---

① 在我国当前经济环境下,有相当一部分员工实际上并不愿意签劳动合同包括无固定期限劳动合同。究其原因,一方面是由于认识上的误区,员工担心劳动合同会束缚其工作流动;另一方面则与员工的职业生涯发展、社会保障的实际惠及程度等因素密切相关。例如,尽管现在有许多餐饮企业愿意与员工签订劳动合同,以稳定员工队伍,并对员工进行培训和再提高,但据调查,餐饮行业中员工不愿意签订劳动合同的现象比较普遍。原因就是一些员工把从事餐饮业当作另觅高就的过渡或跳板,而且对社会保障跨区域接转的现实障碍及其解决的信心不足。

发展。从企业规模来看,终身雇佣制只存在于大企业之中,而对众多中、小企业的受雇者来说,终身在同一企业保有稳定的工作通常只能是一个美好的愿望。从企业的产业划分来看,制造、通讯、金融、保险等技术性较强的行业,长期雇佣的比例较高,而商业、服务业等行业则极低。在大企业中,以终身雇佣的"正规社员"(亦称"本工")为内核,从本工到计时工(包括长期时间工、短期时间工和季节工)、零工、嘱托劳动者形成了一个多形式、多层次、多元化并具有相当弹性的用工体系;本工占员工的比例因企业规模和产业性质的不同而有较大的差别,制造业一般占到一半左右,而饮食业有的甚至不到1/10(沈士仓,1998)。此外,尽管日本劳动力市场供求在总体上是长期基本平衡,但在经济增长时期却仍处于"人手不足"的状态,在某种程度上可以说,劳动力供不应求压力对终身雇佣制的兴盛起到了催化作用。

第二,让员工"有奔头"的薪酬设计和晋升制度。在日本大企业中,与终身雇佣制相配套的是年功序列工资和内部晋升。年功序列工资是按照员工在同一企业的工作时间和工作岗位划定工资等级,形成报酬后置的薪酬制度。这种薪酬制度加大了员工途中退出的成本,鼓励员工特别是企业所需的核心员工长期在企业工作下去,关心企业的长期生存和发展,并进行企业专用性人力资本投资。内部晋升则是在企业内部形成工作阶梯,向员工提供长期激励,使员工更好地认同和融合于企业,同时也是充分利用信息优势,将有能力的和业绩突出的忠诚员工提升到重要岗位。

第三,"声誉"(或"信誉")在终身雇佣制中举足轻重。在契约不完全的情况下,如果交易重复进行,那么,"声誉"可以有力地抑制劳资双方的机会主义行为,降低交易成本(Holmstrom,1981;Kreps and Wilson,1982)。在法律禁止企业签订不允许员工在长期内流动或辞职的雇佣合同,并且长期的不确定性很大,劳动契约不可能把有关方面规定得那么准确、详细,企业和员工需要足够的灵活性来适应未来变化的情况下,企业不可能也不宜用正式契约来保证对员工的长期或终身雇佣,但可以在企业与员工之间达成的一种默契,形成一种惯例或企业文化,而非以明文规定的契约形式将长期雇佣确定下来(赵增耀,2002)。至于企业信誉的高低,则可以看作是经济增长速度、社会文化传统及制度、企业经营绩效、市场发育程度(市场规模)、企业进入(退出)市场的难易程度、企业数量、竞争程度、兼并收购与破产程度等因素的函数。其中,经济增长速度与社会文化传统及制度可归属于外生变量;信誉是企业经营绩效、企业规模、市场发育程度的递增函数;信誉与企业进入(或退出)市场的难易程度之间缺乏单调递增或递减关系(李向阳,

1999）。一国经济增长速度是保证企业信誉得以建立和维持的一个必要条件（Stiglitz,1984）。一国的社会文化传统则直接影响着该国国民的决策惯例和共同预期。

第四，即使用长期雇佣的方式在当时取得了企业用工稳定性与灵活性之间的某种平衡，如何使企业能够在长期因应经济环境变化尤其是产业结构的调整和升级，仍是一个有待解决的事关企业竞争力的大问题。日本终身雇佣制的一个根本弊端是企业难以适应自身对劳动力需求的变化，导致用工机制的僵化。由于员工工资随资历逐年递增，终身雇佣制容易造成人工成本和福利成本居高不下。在整个社会必须对产业结构进行调整时，企业缺乏灵活应变的机制，很难在必要的情况下迅速降低劳动成本，致使竞争力下降。终身雇佣制还使企业内部劳动力结构日趋老化，技术更新困难，老年员工掌握的熟练技术失去用武之地（沈士仓,1998）。日本终身雇佣制的衰微启迪我们，即便是非强制性的无固定期限劳动合同，其长期实施也必须十分小心地避免给企业自己造成用工僵化的不利结局。

联系中国现实来看，市场包括劳动力市场正在不断地发育，企业信誉和个人信誉都在养成之中，诚信社会的建设依然任重而道远。企业与劳动者要在相互信任的基础上达成一种长期雇用的默契，不可能一蹴而就，只能是一个逐步增进和深化的过程。反之，如果我们把这种隐含契约变成正式条款，并由法律法规作出统一规定，企业缺乏必要的自主性、灵活性和应付未来不确定性的必要余地，员工则会缺乏力求上进的动力和压力，很可能现出欲速则不达、好心办坏事的尴尬局面。再者，以往企业普遍对劳动者特别是对农民工采取劳动合同短期化，是当时经济环境下的利益最大化选择。因为当农民工蜂拥而至，技能差、可替代性强又迫切需要工作（在农村只能填饱肚子受穷）时，企业可以随时招到所需工人并且招聘成本非常低，企业当然倾向于掠夺性地使用。可是，2004年以来，许多地方相继出现的"民工荒"和"技工荒"，已经在不断地"教育"企业改变以往的用工方式以留住员工。企业除了实质性的加工资行为以外，还想方设法推出各种改进措施，例如，改善用工条件；出资包车送员工回家过年，过完年后再把员工接回来；企业主与员工同吃年夜饭……事实上，企业会通过市场机制因地因势地调整自己的行为。政府要切实改变的是就业环境；至于劳动合同，则不宜强制性地推行无固定期限劳动合同，而应把重点放在如何解决现有劳动合同执行难的问题上。

退一步讲，假如我们暂时无法取消强制性无固定期限劳动合同的有关条款,那就应多朝着劳资双方均选择无固定期限劳动合同的条件交集去努力,积极为扩展交集创造良好的外部环境。

四、结 语

我国《劳动合同法》希望矫正现行突出的劳动合同短期化倾向和改善劳动者境况的心情是完全可以理解的,但用强制订立无固定期限劳动合同的方式,却很可能并不是对症下药之举。强制订立无固定期限劳动合同的确能够帮助一些已就业的技能较低、年龄较大、替代性较高的劳动者保住饭碗,但社会却要为此付出大得多的沉重代价,包括扭曲市场机制、增加企业负担和对宏观经济的负面影响(诸如加大其他未就业劳动者的就业难度)等等。当然,是否真的得不偿失,还有待于实践来回答。

在笔者看来,改善劳动者境况可以采取"管住底线,合作共赢,三管齐下"的基本思路。"管住底线,合作共赢"是指在保证"劳动者的基本生存权和人格权、最低劳动标准(包括最低工资标准、最长劳动时间标准和劳动安全生产条件等)以及基本社会保障"的基础上,让劳动者与企业双方充分自由和自主地合作博弈,使保护劳动者权益、充分利用市场机制和优化劳动力资源配置达到有机统一。其中,给劳动者群体中那些技能较低、年龄较大、替代性较高、流动性较强、竞争力较弱的"弱势群体"提供最基本的社会保障也是管住底线的题中应有之义,更是政府的主要责任之一,政府不应试图将这些社会责任和包袱甩给企业。上述底线既是劳动力市场的制度安排,也应成为劳动力产权初始界定和保护的基本环节。依据科斯第二定律不难推断,对劳动力产权初始界定和保护的不足或者过度,都会影响劳动力资源的配置效率。这里还要特别强调的是,法律强制企业与劳动者订立无固定期限劳动合同就属于保护过度,而且这种过度的保护并不能真正起到保护劳动者权利的作用,尤其是在现今中国之环境下。此外,要使产权界定和保护真正落到实处,政府的实际执行力至关重要。1995年以来我国《劳动法》实施的结果已经表明,劳动者的实际权利并不等于名义权利,不能指望仅靠颁布有关劳动法规就能自动获得。

"三管齐下"则是"产权、机会和能力"三管齐下,亦即要求在界定和保护劳动力产权的同时,尽力增加劳动者获得工作的机会,大力加强人力资本投资,提升劳动者的机会和能力,增强人力资本与物质资本所有者抗衡的力量,以演化出真正改善劳动者境况的内在机制。在很大程度上可以说,人力资本投资比之劳动者权益保护制度更具根本性,更有长远意义(姚先国,2006)。

本文尽管着重提出并论证了强制性无固定期限劳动合同并非改善劳动者境况、建立合作博弈的劳资关系的好举措,但联系中国实际看,目前要取消《劳动合同法》第 14 条(即关于强制订立无固定期限劳动合同的条款)是不现实的。因此,当下我们只能退而求其次,尽可能地降低其负面影响。令人稍感欣慰的是,劳动合同法只是在某些情形下强制要求用工单位(企业)与劳动者签订无固定期限的劳动合同,并且还设置了一些可以解除劳动合同的情形;国务院法制办 2008 年 9 月 18 日公布的《劳动合同法实施条例》更是将有关情形罗列在一起,形成了 14 条用工单位可以解除无固定期限劳动合同的情形。这实际上已经在降低企业调整无固定劳动期限的交易成本包括解约成本。至于如何在随后的实践中进一步恰当地降低和厘定实际调整成本,则仍是摆在理论界和实际工作部门面前的一道亟待破解的难题。

【参考文献】

[1] 李向阳.企业信誉、企业行为与市场机制——日本企业制度模式研究.北京:经济科学出版社,1990.

[2] 沈士仓.日本终身雇佣制与中国固定工制度的异同及其改革.南开学报,1998(5).

[3] 姚先国.人力资本与劳动者地位.学术月刊,2006(2).

[4] 赵增耀.内部劳动市场的经济理性及其在我国的适用性.经济研究,2002(3).

[5] Holmstrom,B. Contractual Models of the Labor Market. American Economic Review,1981,71: 308-313.

[6] Kreps,D. M. ,and R. Wilson. Reputation and Imperfect Information. Journal of Economic Theory,1982,27: 253-279.

[7] Stiglitz,J. Price Rigidities and Market Structure. American Economic Review,1984,74(2): 350-356.

实施人力资源强省战略，促进浙江转型发展

□ 姚先国[*]

摘　要：浙江省经济长期以来外贸依存度高，加之过去依靠生产要素高强度投入推动经济增长的传统思维和依靠低成本、低价格取胜的竞争战略，受金融危机冲击很大。我省战略支柱产业与相应的人才结构之间也存在着严重错位。目前正是实施人力资源强省战略的最佳时期，经济低迷也是结构调整的良好契机。遵循"以人为本"的指导思想，转向以人力资本驱动的新增长模式，实施人才集聚战略，是经济转型升级、化"危"为"机"的突破口。

关键词：金融危机；转型升级；人才集聚战略

目前，全球经济仍处于深度衰退之中，2009 年一季度美国的 GDP 增长率与 2008 年四季度相比下滑 2.6％，欧盟下滑 2.5％，而我国 2009 年一季度的 GDP 增长率也仅为 6.1％。由于我省经济长期以来外贸依存度高的特点，加之经济的结构性和素质性矛盾未得到根本解决，受金融危机的冲击更大，2009 年一季度 GDP 增长率只有 3.4％，不仅低于全国平均水平，而且远低于广东省的 5.8％和江苏省的 10.2％的水平，创下了 20 年来的新低。目前，如何化"危"为"机"，抓住转型升级这一主线从根本上解决经济长期积累的结构性和素质性矛盾，实现经济又好又快地发展是我省面临的重大问题之一。

一、实施人才集聚战略是经济转型升级的突破口

转型是发展模式的转换，是资源配置机制、经济发展战略、利益分配格

＊　姚先国：浙江大学公共管理学院院长、教授、博导。

局的全面调整和完善。转型是经济增长方式、社会结构、管理体制的系统创新。经济转型的重点是产业转型。产业转型的关键在于调整产业结构、提升产业层次,提高产品的科技含量和附加值,提升企业竞争力。

需求约束与资源约束同时强化,是我省经济低速、增长无力的根本原因。依靠政府投资基础设施、提高出口退税率只能救急于一时,解决不了根本问题。要走出困境,必须摆脱过去依靠生产要素高强度投入推动经济增长的传统思维和依靠低成本、低价格取胜的竞争战略。遵循"以人为本"的指导思想,转向以人力资本驱动的新增长模式,构建经济、社会、资源、环境协调发展的新格局。

随着市场在人才资源配置中基础性作用的不断增强,国内区域间的人才竞争将不断加剧。据国家有关部门统计,目前,人才流向上海的比例是37%,流向广东的比例是22%~23%,流向浙江的比例是6%~7%。这说明我省对人才的吸引力还不够强。当前发达国家经济衰退导致的人才外流,以及我国经济减速带来的大学生就业问题凸显,为我省吸引更多的创新型人才提供了机遇。

出口不振、工业下滑、消费不旺、企业困难、三产滞后、大学生就业难等看似孤立的现象,实际上是相互联系的,以实施人才集聚战略为突破口,加快转型升级,有望寻找到一揽子解决问题的方式,实现经济良性循环。

二、我省人才结构存在的问题与人才需求趋势

我省产业结构调整的趋势,是加快发展现代农业,大力推进块状经济向国际性产业集群转型,积极培育高新技术产业,合理发展临港重化工业,联动发展现代服务业,形成开放协同、动态优化、高效低耗的新型产业结构。而我省战略支柱产业与相应的人才结构之间存在严重的错位问题,具体表现在以下几个方面:

第一,缺乏高层次领军人才。我省高层次人才缺乏,不仅表现在技术创新领域,同时也在表现各专业技术领域。作为制造业大省,我省的产品标准和质量管理的全国著名专家明显缺乏。作为走在全国改革开放和经济建设前列的省份,不仅全国著名经济学家和文化艺术大师明显偏少,就是能参与政府经济决策咨询的专家,也屈指可数。

第二,缺乏技术研发人才。我省每万名从业人员中从事研究开发的人员为9.6人,低于上海(28.3)、辽宁(26.8)、广东(18.4)、福建(13.5)和山东

(10.3)等沿海省市,更低于美国(81.8)、日本(92.2)、韩国(48)等发达国家。我省从事研究开发新产品、新技术、新工艺的人员偏少,这成为制约企业技术创新能力提升的重要因素。

第三,缺乏高级技能人才。近年来,我省技术改造投资力度较大,引进了大量先进装备,但缺乏熟练的操作工,全省162.7万人才资源中,技术工人为111.5万,其中高级工仅为5.7%,与发达国家高级工占40%的水平相去甚远。目前,高级技工的短缺已严重困扰我省企业的进一步发展,并已影响到我省打造先进制造业基地的战略目标。

第四,缺乏国际化人才。我省块状经济特征明显,大量生产和出口低价小商品,面临的国际贸易反倾销和知识产权诉讼的形势非常严峻。但我省的人力资源中,既懂外语又通专业和法律,又能够应对这类国际贸易纠纷的专门人才却很少。近年来,我省遇到的几宗国际贸易纠纷,就尚无本省律师参与。

第五,缺乏现代服务业人才。我省已进入工业化中后期,第三产业尤其是技术评估、信息咨询、专利代理、城市规划、风险投资、法律服务、电子商务、物流等知识密集型服务业呈快速发展态势,但相应的评估师、设计师、金融家、投资家、律师、经纪人等却非常缺乏。

为适应我省经济转型升级的需要,今后一段时期内,我省人才结构的需求趋势是:现代农业人才需求旺盛,但增长动力不足;高科技产业人才需求增长潜力巨大;先进制造业人才需求稳步上升;现代服务业人才需求缓慢回落,但总体需求仍十分旺盛。因此,我省的人才集聚战略要以这四个方面为核心,使人才结构能够适应我省经济转型升级的内在要求。

三、人才集聚战略的政策措施

目前人才市场过剩,是实施人力资源强省战略的最佳时期,经济低迷也是结构调整的良好契机。我省应抓住机遇,采取得力措施,加快人才集聚战略的制定与实施。

第一,以块状经济改造、制造业调整为切入点,大力发展总部经济,实现主辅分离。大型企业应普遍建立研发机构,加大技术改造,加强营销管理,沿价值链进行产业升级,抢占价值链高端,把块状经济建设成分工深化、协作体系完整、良性互动、共同发展的产业集群,提升产业竞争力,使产业集群成为人才集聚的平台,同时带动现代服务业特别是生产性服务业的发展。

第二，以实施海外人才引进计划为抓手，大力引进高端人才和领军人才，优化浙江人才结构。尤其加强高新技术、专业人才队伍和国际化人才队伍建设，提升科技创新和现代化经营管理能力。

第三，以培养创新型企业家、第二代民营企业家、科技型企业家为重点，加强企业家队伍建设，强化浙江的企业家人力资本优势。

第四，以《劳动合同法》实施为动力，强化劳动力成本约束，形成转型升级的倒逼机制。浙江企业应以"效率工资理论"为指导，借鉴福特汽车公司经验，以高于劳动力市场平均水平的工资待遇吸引高素质劳动者。以高劳动生产率抵消劳动力成本上升的不利影响，降低相对劳动成本，形成新的企业竞争力。通过职业结构调整，优化浙江劳动力结构，自然化解外来农民工本地化的不利影响。

第五，以构建城乡一体化的劳动力市场为目标，改革劳动力双轨价格体系，完善人力资本定价机制，消除户籍、性别、身份等各种形式的劳动力市场歧视，破除不利于人才施展的各种体制性障碍，使浙江成为中国最有吸引力的人才高地。

第六，以实施人才集聚战略为契机，调整收入分配关系，优化国民收入分配格局。工资报酬对企业是成本，对劳动者是收入。浙江居民收入水平确实大大高于全国，但居民收入差距大，财富过于向企业家阶层倾斜，也是事实。浙江应响亮地提出"让工薪阶层富起来"的口号，通过实施人才集聚战略，在提高人力资源质量、改善劳动力结构的同时，大大提高劳动力价格，由此将促进国民收入分配格局的改善，提高劳动者报酬和居民收入在国民收入中的比重，缩小不同收入群体之间的差距，提高居民的消费能力，使经济发展的动力由投资驱动转为消费拉动为主。

法定退休年龄延迟对劳动力市场的
挤占效应研究

□ 杨贞贞　米　红*

摘　要：目前全球范围内刮起了一阵退休年龄的改革风暴。在我国特有的国情下,退休年龄的延迟是否会对劳动力市场产生挤占效应便成为当前争论的焦点。本文通过对我国劳动力市场就业现状以及特殊人口结构演变进行定量分析发现,我国已然具备延迟法定退休年龄的现实基础及潜在需求。基于此,本文在引入劳动参与率模型并对其完善的基础上,通过进一步的实证分析发现,退休年龄的延迟与一国的劳动力市场就业现状密切相关。按照目前劳动力市场现状,退休政策的严格执行不仅不会对劳动力市场产生挤占效应,反而有助于缓解较为严峻的就业压力。结合我国劳动力市场现状及未来劳动力供给趋势的变化,本文提出如下改革方案:在 2010—2015 年间,国家首先应该严格执行退休政策,将男性、女性退休年龄分别统一延迟到 60 周岁、55 周岁,这将有利于缓解就业压力;在 2016—2030 年分阶段、分步骤将城镇男性法定退休年龄统一延长到 63 周岁,城镇女性法定退休年龄统一延长到 58 周岁,即城镇男性、城镇女性的法定退休年龄每 5 年提高 1 岁,为未来劳动力资源供给短缺提前做好准备。

关键词：法定退休年龄;经济活动人口;劳动参与率;挤占效应

一、引　言

为了应对较为严重的老龄化危机、劳动力供给短缺现状,世界范围内掀起了退休年龄改革热潮。英国最新公布的退休金制度白皮书宣布,自 2024 年起,退休年龄将逐步向上调高,到 2044 年民众必须一直工作到 68 岁才能

---

* 杨贞贞:浙江大学公共管理硕士研究生;米红:浙江大学公共管理学院教授、博导。

退休;比利时、奥地利、丹麦则决定提高可申请提前退休年龄;向来以高寿著称的日本从 20 世纪 90 年代初开始就进行了社会保险制度的改革,决定逐渐把退休年龄提高到男性 65 岁、女性 60 岁;美国从 2003 开始采用"小步渐进"的方式将退休年龄逐步延迟到 67 岁①。

在我国,退休年龄的延迟也多次成为社会关注的焦点,但是否可以延迟至今尚无定论。一部分学者认为由于特定历史及社会现实等原因,我国养老保险基金已经遇到基金收支失衡的矛盾;退休年龄作为养老保险制度的核心,是影响社会养老保险基金收支的重要因素;为了有效应对这一人口老龄化危机,应考虑适时推迟法定退休年龄(郭士征,2000;左学金,2001;史柏年,2001;柳瑞清,2004;张世伟,2005)。李珍(1997)、林义(2002)等认为,随着人均平均预期寿命的延长,45 年前规定的退休年龄明显偏低,已经不能适应我国经济社会发展的客观需要;邓大松(2008)提出在世界范围内我国的退休标准是比较低的。李红岚(2000)、林宝(2001)、姜向群(2004)、邓大松(2008)等则认为退休年龄改革问题本身是一项复杂的系统工程,它不仅涉及社会公平、社会保障等问题,还涉及就业问题;当前我国劳动力资源丰富且面临着沉重的就业压力,因此退休年龄的延迟不得不充分考虑这一现实。李珍(1998)、王清(2000)、罗元文(2001)则一致认为,在劳动力市场上不存在老年人就业与年轻人就业之间的绝对替代关系。

无论是从经济社会发展的客观需要角度出发,还是从缓解养老保险基金支付压力的角度出发,退休年龄的延迟都无疑将产生积极效果。但是,退休年龄的延迟将会对劳动力市场带来怎样的影响?不同于世界上许多退休年龄改革的国家,我国即将迎来劳动年龄人口高峰,劳动力资源比较丰富,尤其是在当前国际金融危机的大背景下,我国是否可以效仿国外延迟退休年龄,退休年龄的延迟是否会对劳动力市场产生挤占效应,这成为当前争论的焦点与难点,也成为制约退休年龄改革的瓶颈。

基于此,本文立足于基本国情,通过对我国劳动力市场就业现状及未来的特殊人口结构演变进行分析,发现我国已然具备了退休年龄延迟的现实基础及潜在需求。通过进一步的定量分析,本文发现法定退休年龄的适当延迟不但不会对劳动就业产生"挤占"效应,反而在一定程度上还有助于减轻就业压力。

---

① 《世界各国退休年龄一览》(http://news.hunantv.com/x/g/20090509/220004_2.html,2009)。

二、"退而不休"现象的客观普遍存在：
退休年龄延迟的现实基础

退休制度的实施不仅仅是出于统治阶级维护政权的需要，它还由人们生命和劳动过程的自然规律决定，体现着国家社会主义人文关怀。劳动者因年老或因工、因病致残或者完全丧失劳动能力都不得不退出工作岗位休息养老。按照我国有关退休政策，城镇男工人与男职员年满60周岁，女工人年满50周岁、女干部年满55周岁就应该退出劳动力市场。但是我国现实的劳动力市场就业现状又如何呢？不管是城镇男性就业人员，还是城镇女性就业人员，"退而不休"现象不仅客观存在且逐渐凸显，这部分人群正占据着越来越多的就业岗位，法定退休年龄的延迟也仅仅是为他们赋予了法律意义上的权利，并没有带来实质上工作岗位的减少，这为退休年龄的延迟提供了现实基础。

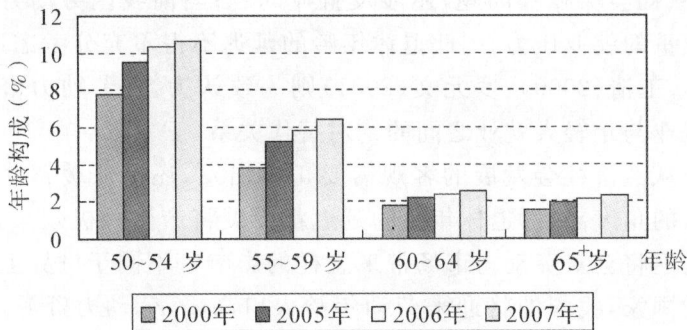

图 1　我国城镇男性就业人员年龄构成

注：本图根据《2000年人口普查数据》、《2005年全国1％人口抽样调查数据》及2006—2008年《中国劳动统计年鉴》绘制。

2000年，我国城镇男性就业人员中超过法定退休年龄后仍留在工作岗位上的（即60周岁及以上的就业人员）占城镇男性就业人员的比例为3.3％；其中60～64岁群体的比例为1.8％，65岁及以上的比例为1.5％。随着时间的推移，这一比例逐渐上升。到2007年城镇男性就业人员中超过法定退休年龄后仍留在工作岗位上的占城镇男性就业人员的比例上升到了4.9％，上升幅度达48.5％；其中60～64岁群体的比例上升到了2.6％，上升幅度达30.7％（见图1）。

我国城镇女性就业人员中,"退而不休"现象较之男性更为凸显(见图 2)。2000 年,我国城镇女性超过 55 周岁法定退休年龄仍然"坚守"在工作岗位的就业人口占城镇女性就业人员的比例为 3.8%;其中,城镇女性 55~59 岁就业人群占城镇女性就业人员的比例为 1.9%。随着时间的推移,这一比例将大幅度提升。2007 年,城镇女性 55 岁及以上就业人口占城镇女性总就业人口的比例上升到 7.8%,上升幅度达 105.3%;其中城镇女性 55~59 岁人群占城镇女性就业人员的比例上升到 4.2%,上升幅度远远超过 55 岁及以上人群,达 121.1%。

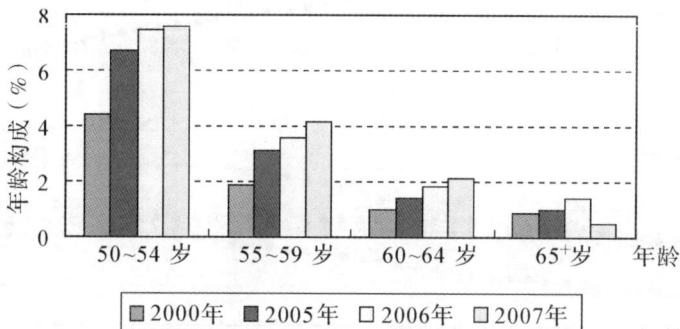

图 2　我国城镇女性就业人员年龄构成

注:本图根据《2000 年人口普查数据》、《2005 年全国 1% 人口抽样调查数据》及 2006—2008 年《中国劳动统计年鉴》绘制。

需要注意的是,城镇女工人和女干部实行不同的退休年龄标准。假若以 50 岁为界限区分女性是否达到法定退休年龄,那么城镇女性"退而不休"现象将更为严重。统计数据表明,城镇女性"退而不休"群体所占比例在 2000 年为 8.2%;到 2007 年,这一比例上升到 15.4%,上升了 7.2%。

另外,据 2005 年全国 1% 人口抽样调查数据,目前我国城镇正在寻找工作人员中,55 岁及以上人群占整个寻找工作人群的比例已经达到 16.71%。这充分证明,这部分"退而不休"人群有着较强的就业意愿,尤其是城镇男性 60~64 岁、女性 50~59 岁这部分群体。

三、特殊的人口结构演变:退休年龄延迟的潜在需求

由于我国的特殊国情及特殊政策,形成了现阶段特殊的人口结构及未来演变趋势,使退休年龄的延迟具备了潜在需求。主要表现在以下两方面:

（一）未来劳动力资源供给短缺

在一国总人口中往往是劳动年龄人口创造全社会的物质财富和精神财富,并决定着该国经济、社会和科学技术的发展。劳动年龄人口反映了一国或地区现有劳动力资源状况。按照相关退休政策,我国把男性 16～59 岁、女性 16～54 岁定义为劳动年龄人口。

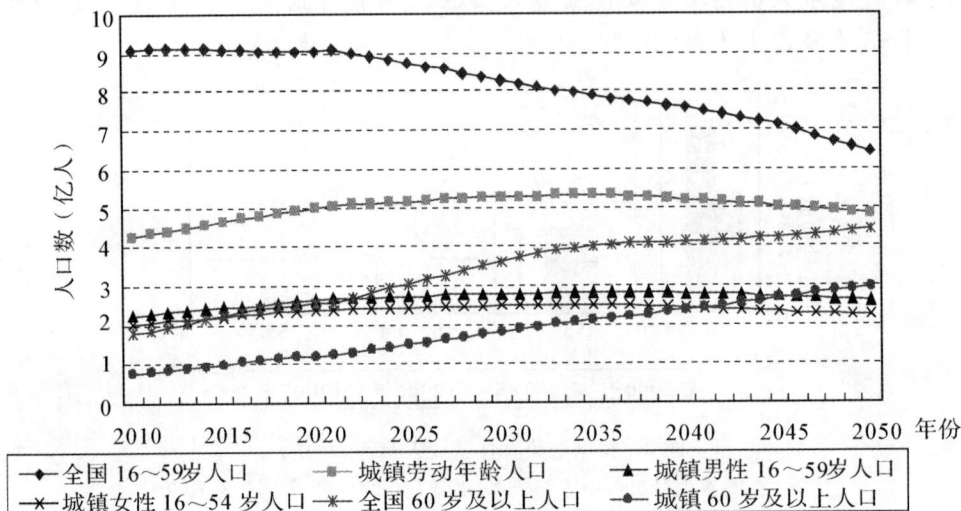

图 3　2010—2050 年我国劳动年龄人口变化情况

注:本图根据人口宏观管理与信息决策系统(PADIS)软件平台上的分要素模型数据绘制而成。

从总量上看,目前我国 16～59 岁劳动年龄人口持续增长,劳动力资源较为丰富,但是其增长幅度逐渐减小,并将在 2015 年左右达到最高峰,其后将呈加速减少态势;到 2025 年左右,其减少幅度逐渐趋于平缓,在 1‰上下浮动。在城镇,城镇男性劳动年龄人口(15～59 岁)与城镇女性劳动年龄人口(15～54 岁)均在继续增加,但是很明显,其增长速度也逐渐趋于平缓;到 2020 年左右,城镇总劳动年龄人口增长速度将低于 1‰,且在 2035 年左右达到最高峰;其后便呈加速减少趋势;到 2045 年其减少速度将超过 1‰,且这种加速减少的趋势将持续下去。需要注意的是,较之城镇男性劳动年龄人口,城镇女性劳动年龄人口的同比绝对增长速度稍低,且将比城镇男性提早达到最高峰。从相对量来看,不管是全国还是城镇,15～59 岁年龄人口占总人口的比重均呈下降趋势,且城镇的下降速度与全国相比稍快。劳动年龄人口的相对减少和绝对减少的相继发生,意味着劳动力短缺终会成为现实。

需要特别说明的是,本文在考虑到我国城镇化进程的情况下,预测了城镇未来年份最大限度的劳动年龄人口。而在农村,劳动年龄人口已经呈负增长态势,且减少速度不断加快。这意味着城镇劳动年龄人口将成为未来主要劳动力供给资源,未来劳动力供给短缺形势将会比较严峻。

(二)老年抚养负担较重

据统计,截至 2008 年底,我国 60 岁及以上人口达 15989 万,其中 65 岁及以上人口为 10956 万;60 岁及以上人口占总人口的比重分别高达 12%、8.3% 以上;老年抚养系数①已经超过 17%。本文预测,在 2050 年前,我国 60 岁及以上人口总量将持续增长(见图 4),其增长速度远高于总人口的增长速度,且在 2030 年前,其增长速度均在 3% 以上。我国 60 岁及以上人口占总人口的比重也将持续上升,到 2020 年,超过 20%;到 2050 年将高达 35%。

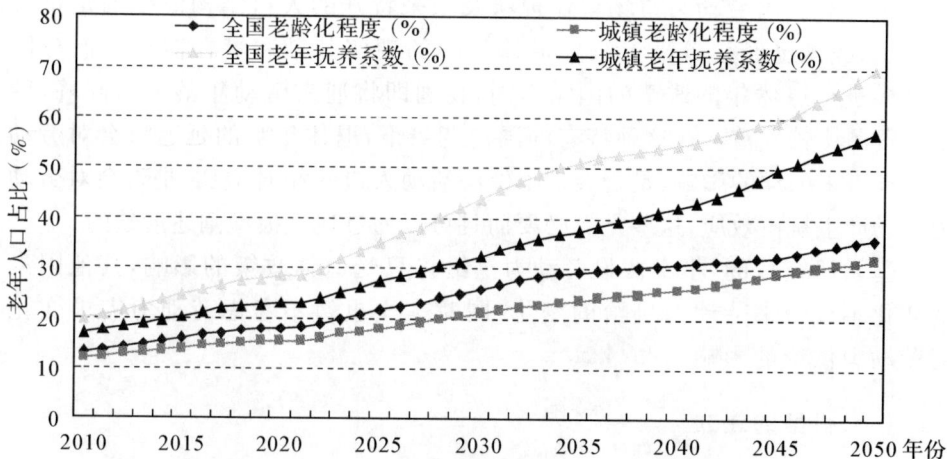

图 4　2010—2050 年我国老年人口变化情况

注:本图根据人口宏观管理与信息决策系统(PADIS)软件平台上的分要素模型数据绘制而成。

在城镇,60 岁及以上老年人口总量也将持续增长,其增长速度与全国相比较高;在 2017 年前,其增长速度保持在 5% 以上;随着时间的推移,其增长

---

① 本文中计算的老年抚养系数标准为:60 岁及以上人口/(16~59 岁人口) * 100%。

速度稍微减慢,但在 2030 年之前,基本上保持在 3％ 以上;到 2050 年前,基本上保持在 2％ 以上的增长速度,增长势头强劲。与全国相比,在 2030 年前,虽然城镇老龄化程度①稍低;但是到 2030 年,其老龄化程度将超过 20％,其后,其老龄化速度将逐渐超过全国,老龄化形势较为严峻(见图 4)。与此同时,劳动年龄人口的减少与老年人口的迅速增加,将带来老年抚养系数的迅速提高;到 2023 年左右,我国老年抚养系数将超过 30％;到 2035 年左右达 50％,老年抚养负担较重。

老年人口基数的继续膨胀、老龄化程度的不断加深以及老年抚养比的迅速提高,无疑加重了老年抚养负担,对我国养老保险基金的可持续发展提出了挑战;同时,这也意味着社会资源更多地向老年人口倾斜,由此会造成资源分配的不均,从而影响生产人口的劳动积极性,最终有可能阻碍经济的发展。因此,这成为退休年龄延迟的助推器。

四、实证分析

通过对我国劳动力市场就业现状及未来特殊的人口结构演变的定量分析得出,我国已经具备延迟法定退休年龄的现实基础和潜在需求。但与国外许多进行退休年龄改革的国家不同,我国即将迎来劳动年龄人口高峰,劳动力资源比较丰富。在这种特有的国情背景下,退休年龄的延迟将会对劳动力市场带来怎样的影响,是否会带来经济活动人口的相对增加,是否会对劳动力市场产生挤占效应,这些是有必要而且可以通过建立模型阐述清楚的。

基于研究目的,本文假设劳动力供给将只受退休政策的影响,其他因素的变化不会带来劳动力供给的变化;同时本文也暂不考虑劳动力需求变化对劳动力供给的影响。

(一)模型的建立

1. 劳动参与率模型的引入

经济活动人口实际上就是指劳动力人口,是反映劳动力资源供给情况的重要指标。经济活动人口的数量主要受两个因素的影响:一是劳动年龄人口;二是劳动参与率。劳动年龄人口与一国家或地区的人口总量及年龄结构密切相关。

---

① 本文中计算的老龄化程度标准为:60 岁及以上人口/总人口 * 100％。

　　需要说明的是,一般情况下,劳动力资源是指 16 周岁及以上,具有劳动能力,在正常情况下可能或者实际参加社会劳动的人口。相应地,经济活动人口等指标的统计也以 16 周岁为年龄下限,年龄上限一般设为 100 周岁。但事实上,按照相关退休政策,在较为规范的劳动力市场上,对劳动力资源、劳动年龄人口或者经济活动人口等指标的统计应该以法定退休年龄为年龄上限。

　　劳动参与率反映的是潜在劳动者个人对于工作收入与闲暇的选择偏好。在一个国家或地区政策比较稳定的情况下,它主要受到个人保留工资、家庭收入规模以及性别、年龄等人口学特征的影响。虽然不同性别、不同年龄劳动者的劳动参与率存在差异,但是由于个体生命周期的相似性,同一性别、同一年龄劳动者的劳动参与率基本上是比较稳定的。因此,可以利用同性别、同年龄劳动者的劳动参与率的相对稳定性来预测未来年份经济活动人口,从而反映出劳动力资源供给情况。

　　若假定:

(1)$A_x(t)$——表示 t 年 x 岁的劳动年龄人口数;

(2)$C_x(t)$——表示退休政策调整前 t 年 x 岁的经济活动人口数;

　　$C'_x(t)$——表示退休政策调整后 t 年 x 岁的经济活动人口数;

(3)$B_x(t)$——表示退休政策调整前 t 年 x 岁劳动者的劳动参与率;

　　$B'_x(t)$——表示退休政策调整后 t 年 x 岁劳动者的劳动参与率,

则　　$B_x(t) = C_x(t)/A_x(t) = [m_x(t) + n_x(t)]/A_x(t)$　　　　　　(1)

其中 $m_x(t)$、$n_x(t)$ 分别表示 t 年 x 岁的就业人口、失业人口。

　　利用 2005 年全国 1% 人口抽样调查中的相关数据可计算得到 $B_x(2005)$。由于同一性别、同一年龄劳动参与率的相对稳定性,这里假设 $B_x(t) = B_x(2005) = B_x$。

　　(4)$D(t)$——表示 t 年总经济活动人口,则

$$D(t) = \sum_x [B_x(t) \times A_x(t)] = \sum_x [B_x \times A_x(t)]　　　　(2)$$

　　由此可得到,按照我国目前劳动力市场就业现状,未来年份我国城镇经济活动人口情况,用公式表示为:

$$D(t) = \sum_{x=16}^{100} [B_x \times A_x(t)]$$
$$= B_{16} \times A_{16}(t) + B_{17} \times A_{17}(t) + \cdots$$
$$+ B_{60} \times A_{60}(t) + \cdots + B_{100} \times A_{100}(t)　　　(3)$$

　　假定现在进行退休制度改革,n_0 表示目前的法定退休年龄,n_1 表示退休

政策调整后的法定退休年龄。对于在当前制度下已经具有合法劳动权利保障的劳动年龄段人群(即 $x < n_1$),其劳动参与率是比较稳定的,理论上退休年龄的延迟也不会对其劳动参与率造成影响,即 $B'_x = B'_x(t) = B_x$。对于达到或超过法定退休年龄(即 $x \geqslant n_1$)的人群,他们将退出劳动力市场,不再参与市场经济活动。那么,对于这部分人群其劳动参与率将为0,即 $B_x = 0$,当 $x \geqslant n_1$ 时。

然而,在当前退休制度框架下,"提前退休"现象客观存在。制度改革深化的前提条件是要确保制度的权威性,这也是保证政策能够得到有效贯彻执行的必要条件。退休政策改革同样如此。退休政策的进一步深化改革必须以相关人群的严格遵循为前提,即除特殊情况外要确保劳动力市场中既不存在提前退休现象,也不存在"退而不休"现象。因此,"提前退休"是政策所不能允许的,"提前退休"现象较为突出的年龄段人群的劳动参与率不能有效代表退休政策调整后的实际情况,有必要对其进行调整。

根据实践,我国城镇男性 50～59 岁年龄段人群、城镇女性 45～54 岁年龄段人群,"提前退休"现象较为明显。事实上,由于退休政策的严格贯彻执行,除丧失劳动力或者死亡等特殊原因,一般情况下经济活动人口将不会退出劳动力市场,而且根据公式(1),死亡的存在将不会改变劳动参与率。以城镇男性为例,$B'_{50}(2006) = C_{49}(2005) \times SR_{49}(2005) / A_{49}(2005) \times SR_{49}(2005) = C_{49}(2005) / A_{49}(2005) = B_{49}(2005)$,依次类推可得到 $B'_x = B'_{54}(2006) = B'_{53}(2006) = B_{49}(2005)$。同理,对于城镇女性可得到:$B'_x = B'_{54}(2006) = B'_{53}(2006) = \cdots = B'_{45}(2006) = B_{44}(2005)$。考虑到年龄的增长所带来的人体生理机能的变化等客观因素,假定这部分劳动年龄段人群,其年龄每增长 1 岁,劳动参与率将相应降低 0.5 个百分点。

2. 模型的完善

法定退休年龄的延迟势必会改变本来因达到退休年龄需退出劳动力市场而由于退休政策改变必须继续留在工作岗位上人群(即 $n_0 \leqslant x < n_1$)的就业行为,从而对我国劳动力资源供给产生影响。对于这部分人群,当进行退休政策改革时,由于变革期制度尚不具备稳定性,其劳动参与率也将不具备稳定性,所以对其所属年龄段的经济活动人口预测时,劳动参与率模型将不再适用。

本文对"退休年龄改革对劳动力市场挤占效应"的研究是以退休政策的严格执行为前提条件的。那么,对于这部分由于法定退休年龄的延迟而使其具有法律依据从而继续从事经济活动的人群,除死亡、身体状况等特殊原因需退出劳动力市场外,将全部继续从事经济生产。同时,本文将假定由于制度改革而被新纳入合法劳动年龄段人群,将不再有其他渠道的新增经济活动人口。那么,这部分人群所属年龄段的经济活动人口则可根据生命表技术进行预测。

若假定:

(5)$q_x(t)$——表示 t 年 x 岁人口的死亡概率;

　　$SR_x(t)$——表示 t 年 x 岁人口的生存概率;

(6)$l_x(t)$——表示 t 年 x 岁人口的尚存人数;

同时假设未来年份城镇分年龄、分性别人口死亡率与 2005 年城镇国民生命表确定的死亡率一致,即 $q_x(t)=q_x(2005)$。则

$$SR_x(t)=1-q_x(t)=1-q_x(2005) \tag{4}$$

$$l_x(t+1)=l_x(t)\times SR_x(t)=l_x(t)\times[1-q_x(2005)] \tag{5}$$

那么,当 $n_0 \leqslant x < n_1$ 时,这部分年龄段所对应的经济活动人口可表示为:

$$C'_x(t+1)=C'_x(t)\times SR_x(t),$$

根据上述分析,调整退休政策进行后,我国城镇未来经济活动人口可表示为:

$$D(t+1)=\sum_{x=16}^{n_0-1}C'_x(t+1)+\sum_{x=n_0}^{n_1-1}C'_x(t+1)$$

$$=\sum_{x=16}^{n_0-1}[B'_x\times A_x(t+1)]+\sum_{x=n_0}^{n_1-1}[C'_x(t)\times SR_x(t)] \tag{6}$$

(二) 模型的运用

1. 基础数据

通过上述模型的建立,即可对不同退休年龄改革方案下的经济活动人口进行预测,其所需基础数据来源如下:

(1)人口预测数据。本文使用的关于人口的预测数据,是基于 2000 年及 2005 年人口普查数据,由人口宏观管理与信息决策系统(PADIS)软件平台上的分要素模型得到的(关于模型中具体参数的设置见附录)。

(2)劳动参与率数据。本文涉及的分性别、分年龄的劳动参与率根据 2005 年全国 1‰人口抽样调查中的相关数据计算得到。

(3)死亡率、生存率数据。本文中使用的分年龄、分性别的死亡率和生存率来自于利用 2005 年全国 1‰人口抽样调查中城镇分性别、分年龄生存人数和死亡人数计算得到的国民生命表。

2. 结果分析

按照目前我国城镇劳动力市场现状进行预测发现,我国城镇男性经济活动人口总体呈逐渐增长趋势,但其增长幅度逐渐趋于平缓;到 2021 年,其增长速度已经低于 1%,在 0.91% 左右;到 2030 年,其增长速度降至 0.5% 以下;到 2035 年左右其增长速度趋于零,经济活动人口将达到最高峰;其后我国城镇男性经济活动人口呈加速减少态势。较之城镇男性经济活动人口,2010—2030 年间,城镇女性经济活动人口增长速度同比稍低;到 2021 年,城镇女性经济活动人口增长速度也已经低于 1%,在 0.78% 左右;到 2025 年,其增长速度将降至 0.5% 左右;到 2030 年,其增长速度几乎趋于零。城镇女性经济活动人口较之城镇男性将提前 5 年左右进入加速减少状态,且其减少速度同比稍高。这表明:从总体上讲,按照目前形势发展下去,我国城镇经济活动人口的减少将不可避免。另外,从分性别角度讲,城镇女性经济活动人口从总量上少于城镇男性;从增量上讲,女性每年增加的经济活动人口也将少于城镇男性。

下面从分性别角度具体分析不同退休年龄调整方案对劳动力市场的影响。

(1)城镇男性退休年龄延长方案的分析

首先分析城镇男性不同法定退休年龄调整方案将对我国劳动力市场造成的影响。对于城镇男性($n_0 = 60$),假定方案一:严格执行退休制度,即不仅要杜绝提前退休现象,还要明确禁止"退而不休"现象,同时将男性退休年龄统一到 60 周岁。在此种退休年龄改革方案下,将 $n_0 = n_1 = 60$ 代入公式(6)即可得到未来年份我国城镇男性经济活动人口情况。同理,当我们严格执行退休制度并将退休年龄分别调整到 61 周岁、62 周岁、63 周岁、64 周岁、65 周岁时,分别将 $n_1 = 61$、$n_1 = 62$、$n_1 = 63$、$n_1 = 64$、$n_1 = 65$ 代入公式(6),即可得到不同法定退休年龄改革方案条件下,我国城镇未来经济活动人口状况(见图 5)。

若在 2010 年即执行改革方案一,我国城镇男性未来经济活动人口较之实际情况不仅没有增加,反而在一定程度上有所减少,减少比例为 1.03% 左右,且随着时间的推移,这一减少幅度将不断增大,到 2010 年减少幅度达 1.69% 左右,到 2030 年将达到 3.5%。显然,这与我国城镇男性"退而不休"现象的客观普遍存在密不可分。退休政策的严格执行将迫使这部分"退而不休"人群退出劳动力市场。不仅如此,退休政策的严格执行还会对即将达到法定退休年龄的人群形成"示范效应",使其遵守退休政策。

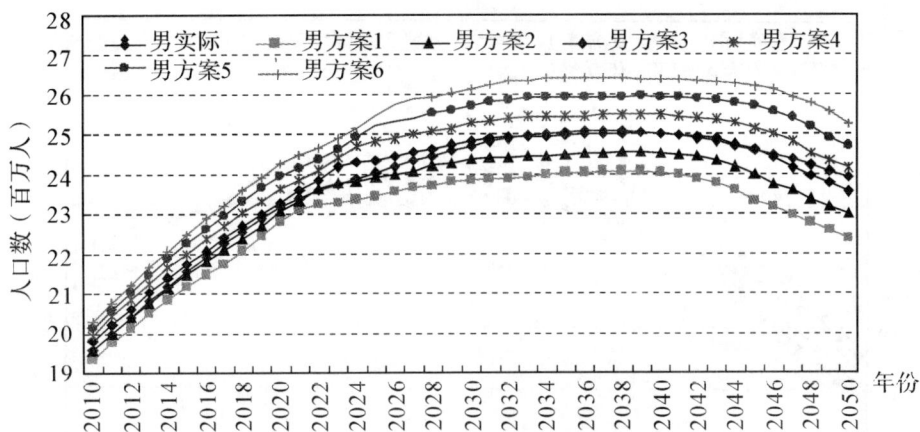

图5　我国城镇男性经济活动人口预测

注:男实际是指未进行退休年龄改革时城镇男性未来经济活动人口状况,而男
方案1、男方案2、男方案3、男方案4、男方案5、男方案6则分别指将退休年龄
延迟到60、61、62、63、64、65周岁时我国城镇男性未来经济活动人口状况。

在改革方案二的情况下,在2010—2015年间,城镇男性未来经济活动人口较之实际情况变化不明显,其变化幅度由2010年的0.05%逐渐减少到−0.41%左右;其后这一减少趋势继续持续并逐渐增大,到2026年,这一减少幅度将增加到1.0%,到2030年将超过1.5%。

在改革方案三的情况下,城镇男性未来经济活动人口较之实际情况有所增加,2010—2015年间,增加幅度在1%~1.2%范围内;到2016—2030年间,其增加幅度逐渐减小,且在1%以下;2030年之后,这一影响作用逐渐趋于零;2035年之后,城镇男性未来经济活动人口较之实际情况有所减少。

在改革方案四的情况下,城镇男性未来经济活动人口较之实际情况有所增加,在2010—2020年间,其增加幅度在2%左右;2030年之后,其增加幅度降至2%以下。而在改革方案五、改革方案六的情况下,城镇男性未来经济活动人口较之实际情况将有所增加,其增加幅度在2010—2030年间分别为3%~4%、4%~6%范围内浮动。

(2)城镇女性退休年龄延长方案的分析

对于城镇女性($n_0 = 55$),同样在严格执行退休制度的前提下进行退休年龄改革,分别将其调整到55周岁、56周岁、57周岁、58周岁、59周岁、60周岁,这时分别将$n_1 = 55$、$n_1 = 56$、$n_1 = 57$、$n_1 = 58$、$n_1 = 59$、$n_1 = 60$代入公式(6)即可得到不同退休年龄改革方案下,我国城镇女性未来经济活动人口状况(见图6)。

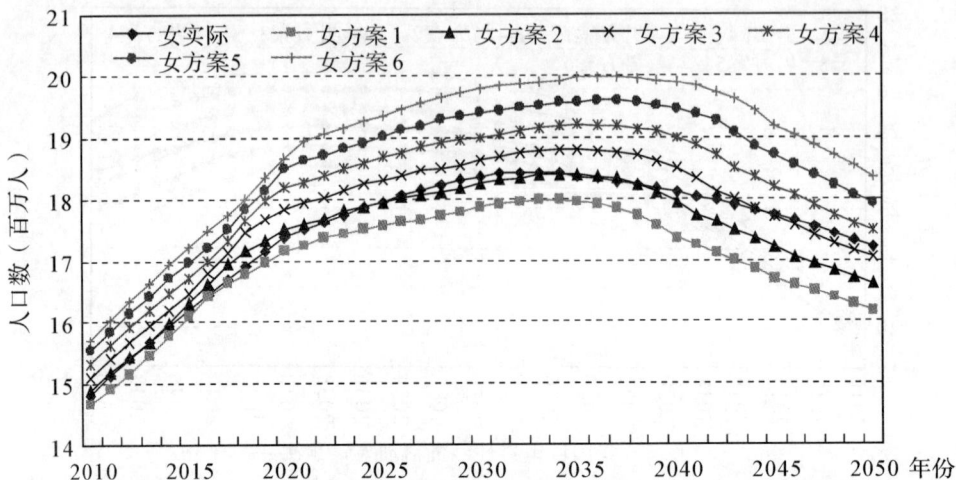

图 6　我国城镇女性经济活动人口预测

注:女实际是指未进行退休年龄改革时城镇女性未来经济活动人口状况,而女
方案 1、女方案 2、女方案 3、女方案 4、女方案 5、女方案 6 则分别指将退休年龄延
迟到 55、56、57、58、59、60 周岁时我国城镇女性未来经济活动人口状况。

如若将我国城镇女性不同法定退休年龄改革方案下得到的未来经济活动
人口与实际情况下得到的经济活动人口进行比较,可发现:在改革方案一的情
况下,我国城镇女性未来经济活动人口较之实际情况有所减少,在 2010—2020
年间,减少幅度在 1%～1.5% 范围内;2021 年以后,减少幅度逐渐增大。

在改革方案二的情况下,较之实际情况,在 2010—2015 年间,城镇女性
未来经济活动人口稍微增加,但增加幅度在 0.5% 以内,虽然 2016—2020 年
间,这一增加幅度有所增加,但仍控制在 1% 左右;在 2021—2025 年间这一
增加幅度又降低至 0.5% 以下;2026—2030 年间,城镇女性经济活动人口较
之实际情况有所减少,减少幅度为 1%;2030 年之后,这一趋势将继续持续
下去;到 2040 年,这一减少幅度超过 1.5%。

在改革方案三的情况下,城镇女性未来经济活动人口较之实际情况有
所增加,在 2010—2030 年间,其增加幅度在 1.5%～3%,但其增加幅度总体
呈降低趋势。

在改革方案四、改革方案五、改革方案六的情况下,城镇女性经济活动
人口较之实际情况有所增加,2010—2030 年间,增加幅度范围分别为 3%～
4%、4%～6%、6%～8%。

五、结论与建议

(一)结论

通过以上分析看到,法定退休年龄的延迟与一国的劳动力市场现状密切相关。一般情况下,退休年龄的延迟将会相应减少退休人数并增加劳动力供给,比如基于退休人数骤增、劳动力供给不足的现实背景下,欧盟一些国家采取延迟法定退休年龄措施,以达到相对增加劳动力供给、缓解老龄化压力的目的。而在我国,由于目前较为严重的"退而不休"现象的客观普遍存在,法定退休年龄的适当延迟不仅不会对我国劳动力市场产生"挤占"效应,相反还将在一定程度上有利于缓解我国目前较为严峻的就业压力。因此,在当前较为严峻的就业形势下,有必要规范劳动力市场,杜绝"提前退休"和"退而不休"现象,规范劳动力市场秩序。

然而,在比较规范的劳动力市场条件下,退休年龄的延迟可以有效增加劳动力供给,以应对劳动力资源供给不足的风险。本文预测,我国劳动年龄人口在2015年左右达到最高峰后逐渐减少,2030年后城镇经济活动人口增长出现停滞,未来劳动力资源供给短缺将不可避免。因此,在劳动力市场规范的条件下,适时、适当地提高退休年龄,可以及时、有效地防范劳动力资源供给不足情况的发生。因此,我们完全可以而且有必要结合劳动力市场现状调整退休政策。

(二) 政策建议

考虑到我国特有的现实国情,退休年龄的改革首先必须立足于本国国情,必须结合我国劳动力市场就业现状,必须考虑到我国未来劳动力供给趋势的变化;同时退休年龄的改革必须以坚决抑制"提前退休"或"退而不休"现象为前提,这也是改革取得成功的基础,否则一切都是空谈。另外,人们总是比较倾向于现状的心理特性(Henry J. Aaron,2008)决定了退休年龄的改革应以微调或者弹性调节为主,调整幅度不宜过大。基于此,本文将分别提出适合城镇男性、城镇女性的法定退休年龄延迟方案。

1. 关于城镇男性法定退休年龄延迟的政策建议

结合目前我国劳动力市场就业现状及未来劳动力供给趋势,对于城镇男性,本文建议采取如下改革方案:

　　首先,在 2010—2015 年间,严格执行退休政策,并将城镇男性法定退休年龄统一到 60 周岁。就业是民生之本,在目前较为严峻的就业形势下,千方百计地扩大就业、提高就业率才是当务之急。在此方案下,我国城镇男性未来经济活动人口较之实际情况不仅没有增加,反而在一定程度上有所减少,减少比例为 1.03% 左右。因此,这一政策的实施将在一定程度上缓解就业压力。

　　其次,在 2016—2020 年间,采取弹性调整机制,将男性法定退休年龄统一延长到 61 周岁。劳动创造财富,并推动着社会经济的进步与发展。如果继续严格执行退休政策,那么随着时间的推移,经济活动人口将继续减少,且减少幅度不断增大,到 2030 年达到 3.5%。而按照目前我国劳动力市场就业现状,我国城镇男性经济活动人口虽然总体呈逐渐增长趋势,但其增长幅度却逐渐趋于平缓;2020 年之后,其增长速度已经低于 1%,且在 2035 年左右进入负增长态势,劳动力资源供给很可能陷入短缺,需要提前做好准备。因此,有必要在 2016—2020 年间考虑将城镇男性法定退休年龄延长 1 岁。

　　再次,在 2021—2025 年、2026—2030 年间,采用弹性调整机制,分别将男性法定退休年龄统一延长到 62 周岁、63 周岁。2021—2025 年间将男性法定退休年龄延长到 62 岁,此种改革方案较之实际情况会稍微增加劳动供给,但其增加幅度不仅低于 1% 且在逐渐降低,在 2030 年逐渐趋于零,到 2035 年出现逆增加趋势。而 2035 年,男性经济活动总人口增长出现停滞,劳动供给减少不可避免。因此,建议在 2026—2030 年间,将男性法定退休年龄延长到 63 周岁。另外,为了更好地应对劳动力短缺的风险,可以考虑 2030 年以后,逐步将男性法定退休年龄延迟到 65 周岁。

　　2. 关于城镇女性法定退休年龄延迟的政策建议

　　结合目前我国劳动力市场现状及未来劳动力供给趋势,对于城镇女性,本文建议采取如下改革方案:

　　首先,在 2010—2015 年间,严格执行法定退休政策,并将城镇女性法定退休年龄统一延长到 55 周岁。在此方案下,城镇女性未来经济活动人口较之实际情况有所减少,在 2010—2020 年间,减少幅度在 1%～1.5% 范围内,2021 年以后,其减少幅度逐渐增大。而且我国实行的女工人和女职员不同龄退休政策,这在女性群体内部本身就是一种不平等的体现,因此,此方案的实施将会初步实现女性群体就业权的平等。

　　其次,采用弹性调整机制,在 2016—2020、2021—2025、2026—2030 年

间,分别将城镇女性法定退休年龄统一调整到 56 周岁、57 周岁、58 周岁。如果仍严格执行女性 55 岁的退休政策,2021 年以后,城镇女性未来经济活动人口较之实际情况减少幅度将超过 1.5%,且随着时间的推移,其减少幅度逐渐增大。目前的劳动就业压力是必须考虑且放在首位的,但从劳动市场总体就业形势看,2025 年城镇女性经济活动人口增长速度已经低于 0.5%,2030 年其增长速度趋于零,之后呈减少趋势且减少幅度将大于城镇男性。不得不注意的是,2010 年城镇男性经济活动人口总量是城镇女性经济活动人口的 1.32 倍,随着时间的推移,这一倍数还在不断增加,不管是从总量上还是从增量上看,城镇女性经济活动人口都低于城镇男性;加之平等就业权及男女同龄退休的呼声,有必要考虑采取政策提前适度增加城镇女性经济活动人口。因此,建议在 2016—2020 年间,将城镇女性法定退休年龄延迟到 56 周岁,在基本上不会对劳动就业造成影响的情况下,为进一步提高退休年龄做好准备。而在 2021—2025、2026—2030 年间,分别将女性法定退休年龄延长到 57 周岁、58 周岁,以应对更为严峻的女性劳动供给短缺。在改革方案二的条件下,城镇女性未来经济活动人口终将减少,而若在 2021—2025 年考虑将城镇女性法定退休年龄提高 1 岁,城镇女性经济活动人口较之实际情况虽然有所增加,但增加幅度较低,且增加速度逐渐降低。因此,在微调原则的指导下,可以考虑在 2026—2030 年将城镇女性法定退休年龄延迟至 58 周岁。

【参考文献】

[1] Henry J. Aaron. 退休经济学——应用与实证. 汪英,耿树艳等译. 北京:中国劳动社会保障出版社,2008.

[2] 邓大松,王曾文. 我国人口死亡率与最优退休年龄的动态变化关系. 统计观察,2008(2):78-81.

[3] 蔡昉. 人口红利终将成往事. 中国社会保障,2006(3):22-23.

[4] 张世伟,李学. 退休制度改革方案的微观模拟. 学习与探索,2005(4):217-220.

[5] 柳清瑞,苗红军. 人口老龄化背景下推迟退休年龄策略研究. 人口学刊,2004(146):3-7.

[6] 田雪原,周丽萍. 面对五大人口高峰合理选择发展战略. 中国党政干部论坛,2004(9):19-21.

[7] 田雪原. 劳动年龄人口增长趋势与就业战略选择. 中国经贸导刊,2003(13):5-6.

[8] 姜向群. 对我国当前推迟退休年龄之说的质疑. 人口研究,2004,28(5):69-75.

[9] 林义. 我国退休制度改革的政策思路. 财经科学,2002(5):66-71.

[10] 史柏年. 退休年龄与养老金支付. 人口与经济,2001(125):71-77.

[11] 林宝. 中国退休年龄改革的时机和方案选择. 中国人口科学,2001(1):25-31.

［12］左学金.面临人口老龄化的中国养老保障:挑战与政策选择.中国人口科学,2001(3):1-8.

［13］罗元文.养老保险制度中关于退休年龄的探讨.市场与人口分析,2001,7(6):46-48.

［14］郭士征,丁颖颖.关于减少中国养老保险基金支出的若干构想.社会学研究,2000(6):117-121.

［15］李红岚.延长法定退休年龄可行性分析.世纪抉择——中国社会保障体系构架,2000.

［16］李珍.中国退休年龄的实证分析.中国社会保险,1998(4):21-23.

［17］李珍.关于退休年龄的经济学思考.经济评论,1997(1):86-91.

附录：人口宏观管理与信息决策系统（PADIS）软件分要素模型

1. 预测原理

简单分要素人口预测方法属于传统人口学领域，它不考虑家庭结构，基于2000年和2005年人口普查数据，通过对死亡水平和模式、生育水平和模式、城乡转移水平和模式等参数的设置，预测分城乡分性别分年龄的人口变动趋势。

2. 模型参数的设置

（1）对死亡水平和模式的设置。根据《21世纪中国人口发展战略研究》（田雪原等，社会科学文献出版社2007年版），我们设定2000年人口的平均预期寿命农村男性68.80岁，女性73.48岁；城市男性73.96岁，女性78.33岁。2050年人口的平均预期寿命农村男性74.44岁，女性78.43岁；城市男性78.85岁，女性82.33岁。

（2）对生育水平和模式的设置。我们用TFR（总和生育率）来预测生育水平和出生人口。本预测假定在稳定低生育水平和未来社会经济发展的条件下，生育率不会出现大的波动。根据《关于四二一家庭的微观仿真研究》（郭震威，中国人口出版社2007年版），预测方案假设在2000—2050年，农村的总和生育率为2.07，城市的总和生育率为1.19。生育模式是由2000年普查数据得出，农村15～19岁，生育模式取值为[0,0.015]，到22岁，上升到0.108，22～26岁在[0.108,0.094]之间波动，之后开始下降，30岁0.025；城市15～20岁，生育模式取值区间为[0,0.013]，20～25岁逐渐上升到0.161，到30岁生育模式下降到0.028。对于性别比参数，设农村2000年性别比118，此后为下降趋势，从2030—2050年保持107；城市2000年性别比113，此后也呈下降的趋势，从2030—2050年保持106。

3. 对于城乡转移模型

城乡转移模块主要设置城乡的迁移水平、迁移模式这两个参数。根据《21世纪中国人口发展战略研究》（田雪原等，社会科学文献出版社2007年版），2000年城乡迁移水平为36%，到2050年增长到75%，随后一直到2010年城乡迁移水平都保持在75%。迁移模式设置为0岁时男性0.002，女性0.002；14岁时，男性0.009，女性0.008；18岁时，男性0.043，女性0.048；30岁时，男性0.03，女性0.028；40岁时，男性0.011，女性0.008；70岁时，男性0.002，女性0.001。（资料来源：《中国未来百年人口发展趋势预测研究》，全国老龄办，2006）

自由、合作、政府引导三类职业教育与培训模式的国际比较及其启示

□ 韩　娟　米　红*

摘　要：自由主义、合作主义和政府引导型是职业教育与培训（简称 VET）的一类重要模式划分，西方学者予以大量研究。此类模式划分主要从 VET 与教育体系的关系、VET 与劳动力市场和政府与社会力量的参与等角度出发进行模式间的国际比较。本文选取美国、德国和瑞典、韩国作为三类模式的典型代表进行国际比较，以期为我国 VET 模式的建立与发展提供某些有价值的启示与借鉴。

关键词：职业教育与培训；模式；国际比较

欧洲职业发展训练中心（Cedefop,2004）提出，现存的职业教育与培训（以下简称 VET）比较研究大都聚焦于某个国家 VET 的发展，匮乏将 VET 研究置于更大的经济社会架构之中。按照福利四角理论，VET 的行动主体由国家、市场、市民社会和个人共同组成，具体而言在不同国家里，自由还是保守的劳动力市场理念、薪酬体系、劳动流动、政府和工会等社会组织的参与均与 VET 有着不同的关联性。西方发达国家经过长期的社会发展均已形成稳定而成熟的 VET 模式，关于 VET 模式的研究也颇为丰富；而我国 VET 发展缓慢，学术界关于 VET 模式的研究较少，尤其从劳动力市场、政府和社会参与角度出发的研究几乎空白。VET 发展滞后成为制约中国经济社会发展的重要因素。依赖劳动密集型和能源消耗来获取经济增长的方式已成为中国发展的瓶颈。我国低碳经济发展短缺大量的技能人才，同时人口红利逐渐消失，需要从依赖人口数量的优势转移到人力资本的开发[①]。

---

* 韩娟：浙江大学公共管理学院博士研究生；米红：浙江大学公共管理学院教授、博导。

① 欧盟通过 VET 更新劳动人口的职业技能来延长人口的劳动寿命（Leney,2005），通过加大与转变职业培训方式来应对绿色就业的需求。

但目前不仅大规模的从业劳动力缺乏职业培训,而且大量的青年人口没有接受任何职业技能训练就直接进入低层次的劳动力市场。在此背景下,本文将以 VET 与教育体系、劳动力市场、政府与社会参与的关联性作为比较维度,选取美国、德国和瑞典、韩国作为不同模式的代表,对自由、合作、政府引导三类典型 VET 模式进行国际比较,以期为我国 VET 模式构建提供有益探索。

一、自由、合作、政府引导型的 VET 模式

20 世纪 90 年代后,趋同性研究在西方福利国家的比较和比较社会政策的研究中没落,类型学研究兴起[①]。类型学着重于比较各国特性,反映整个体系特征。关于 VET 的类型学研究同样是在 20 世纪 90 年代后得以发展。按照不同的标准有不同的分类。比较典型的 VET 模式分类有 Lynch(1994)按照组织机构划分的原则,将 VET 体制划分为学徒制体系(system)、公司培训、政府引导型培训、培训税收和以正规学校为基础的培训。Crouch(1999)按照成本主要承担机构的不同,将 VET 区分为国家提供模式、利益团体提供模式、地方行业网络提供模式和某些种类的公司提供模式。Korpi(2003)以学校教育在劳动者技能培训中所占份额将 VET 划分三类:美日以私人和公司为主,普通教育很少涉及职业教育;法国、挪威、瑞典以学校教育为主,普通教育加入了相当量的职业教育,公司培训只占很小的一段;德国、丹麦、荷兰等讲德语的国家介于以上两种模式之间,以双元制为主。

除以上分类之外,比较重要的一类模式划分是 Iversen(2008)、Estevez-Abe(2001)、Hall(2001)提出根据二元法可将西方资本主义国家制度划分成自由竞争市场和合作市场,从而 VET 体制划亦可分为自由主义模式和合作主义模式。Bosch(2008)在 Ashton(1996)和 Thelen(2004)研究的基础上,提炼出 VET 的三种典型模式:德国和丹麦属于合作主义 VET 模式,以双元制为特征;美国和加拿大是自由主义 VET 模式;韩国是政府引导型 VET 模式。国内,陈明昆(2008)从社会文化的视角,对英国的自由市场模式、法国的政府主导模式和德国的双元合作模式进行了探讨,并指出"比较分析不同职业培训模式存在的必然性是一种新的尝试"。借鉴安德森运用"非商品

---

① 类型学研究的兴起以艾斯平-安德森 1990 年出版的《福利资本主义的三个世界》为标志。

化"工具对福利国家的模式划分以及 Bosch(2008)对 VET 模式的划分,本文选取美国代表自由主义 VET 模式、德国与瑞典分别代表合作主义 VET 模式下双元制与学校教育为主的两类国家、韩国代表政府引导型 VET 模式,进行 VET 模式的比较分析。笔者将主要从 VET 与普通教育(general education,以下简称 GE)、劳动力市场、国家管制和社会参与、VET 制度稳健性与平等性等维度出发,对三类模式进行国际比较(见表 1)。

表 1　自由、合作、政府引导三类 VET 模式的国际比较

比较维度		自由主义模式（美国）	合作主义模式		政府引导型模式（韩国）
			德国	瑞典	
维度一：VET 与 GE 的关系	VET 与 GE 制度性连接	连接不足	制度性连接较好	制度性连接较好	连接不足
	VET 的地位	补充地位	相对重要地位	相对重要地位	次要地位
维度二：VET 与劳动力市场	VET 回报率	远低于 GE 回报率	与 GE 回报率差异较小	与 GE 回报率差异较小	远低于 GE 回报率
	企业职业培训所占比例	小	大	大	固定工作者受到较好的在职培训,但劳动流动受到限制;无固定工作者缺乏在职培训,劳动流动频繁。
	劳动流转率	高	低	低	
维度三：VET 与国家管制和社会参与	政府管制 VET 的方式	职业资格认证、社会救助、培训计划等	职业资格认证、双元制等	职业资格认证、学校教育等	职业资格认证、培训税制、培训项目等
	政府干预强度	大	小	小	大
	工会、雇主等社会组织参与程度	低	高	高	低
维度四：财政来源	政府制度化投入	制度化财政投入不足	制度化财政投入充足	制度化财政投入充足	VET 经费源自企业培训税收
	政府投入水平	低	高	高	
	雇主投入水平	低	高	低	
维度五：VET 制度稳健性与平等性	VET 制度稳健性	弱	强	强	弱
	VET 的平等性	低	高	高	低

二、比较维度一：三类 VET 模式与教育体系的关系

职业教育与 GE 不同，职业教育与劳动力市场的联系程度高，VET 需要包括政府、非政府、企业、私人等多方面协作的广泛供给机制，因此 VET 大都由教育、劳动就业与社保部门共同承担责任。整体而言，无论在哪种模式下，VET 地位都低于普通教育和学术性高等教育。当然研究也表明，职业教育的学生与那些仅接受过低层次普通教育水平的学生相比，有着更稳定的工作和更有序的职场升迁（Shavit，2000）。

比较而言，合作主义模式下的 VET 地位要高于自由和政府引导型 VET 模式。欧陆合作主义市场模式将 VET 视为经济发展的动力，自由和政府引导型 VET 模式主要将政府所提供的 VET（其他类型的 VET 除外）作为对弱势群体进入劳动力市场的便利性引导（Bosch，2008）。VET 地位的差别导致了劳动者选择教育类型的差异，以美、德为例，美国大学毕业生比例高于德国，但德国工人受到了更多的正规职业培训。德国仅 16％ 的劳动力没有职业技能，且这部分人群大多是国外移民（Rainer，1997），美国则需要吸引外来技术移民来缓解本国的技工短缺。

VET 模式与 GE 的不同连接程度也导致了 VET 地位的差异。在合作主义模式下，VET 与 GE 有着一定的制度性连接，即接受过学徒或职业性教育的人可以继续接受更高级的教育，包括学术性教育。瑞典在经历 20 世纪 70 年代和 90 年代的两次改革后，职业培训被结合进高中教育，学生在 16～17 岁就要受到学校提供的职业培训。瑞典在高中阶段的职业培训主要以一般性培训为主，为了能够吸引学生继续接受 VET，也加入相当部分的特殊性职业培训（Korpi，2003）。德国、丹麦等国为了提升 VET 的地位，建立新的学徒制（双元制）。较之瑞典以学校教育为主的模式，特殊性培训在德国的双元制中占的成分较大。虽然德国不像瑞典一样将职业教育与 GE 直接并入教育体系，但接受过双元制教育的学生同样有机会接受更高级的职业教育或转入学术性教育体系。

在自由和政府引导型模式下，VET 与普通教育制度化的连接不足。学生一旦进入职业教育体系，基本意味着学术教育的终结。美国和韩国的薪酬体系、劳动流动等因素决定着接受职业教育的学生很难获取同学术性学生一样的收入和职场地位，职业教育处于补充、弱势地位。在这些国家里，市场对学生职业技能的需求主要由大学通过改变课程设置对公司的需求作

出反应,从业或失业人员的培训关系主要由市场机制决定,政府仅提供有限的公共职业培训。

三、比较维度二:三类 VET 模式与
劳动力市场关联的差异性

(一)VET 体系的建立与完善同劳动力市场理念高度相关

瑞典、丹麦(双元制)等斯堪的纳维亚国家"人民福利"理念和社会民主主义思想深入人心,职业培训作为公民的生存与发展权具有强制性与高度福利性。德国等欧陆合作主义福利国家同样将培训权利认作是公民权的赋予与保证(Thomas,1996)。英美等国推崇自由主义市场理念,职业培训建立在了个体、市场与自愿的基础上。虽然在第三条道路思潮的影响下,英美自由主义模式把教育培训配作为社会投资的形式之一予以重视,但总体上以法律形式来保证 VET 的供给被认为是公民权的限制。

(二)薪酬体系在不同 VET 模式下差异较大,并在某种意义上决定了 VET 的地位

德国扁平化的工资结构使得相对低的薪水差异减少了高等教育的回报率,不同教育组间收入差异相对稳定。即使技术的差异略有上升时,德国的工资差异在不同的教育组间稳中有降,在整体上有利于不平等性的下降(Abraham,1994)。另外,德国大量中层管理的位置也通常被完成了更高级培训课程的工人所获取,这些因素都有利于保证双元制对学生及家长的吸引力。

美国薪酬体系较高的不平等性主要源于教育组间的不平等。大学工资价位在大学教育组中的分配具有较小差异,但是组间差异加大,即拥有学徒式学习经历的劳动者不可能参与到大学学历的工资分配中。高度管制的劳动力市场机制反映在了高度的分层和匮乏的工资变动上(Lerman,1994)。美国职业教育学历对工资增长的回报率是 7%,大学学历对工资增长的回报率是 18%。德国职业性大专教育对工资的回报率在 7%~14%之间(Hollenbeck,1993)。学徒制对德国工人的回报率在 4.4%~11%之间,学徒制之外的其他培训形式倾向于没有任何回报(Lynch,1994)。美国劳动者在前一份工作中所接受的正式在职培训,对当前工作的收入提高几乎没有

影响。不同于学徒制,美国这种完全由公司所提供的培训具有特殊性,不仅难以在不同职业间技能迁移,而且也缺乏能够提供职业技能信息的资格认证。

瑞典、丹麦等北欧国家在社会民主主义理念影响下,社会平等程度比德国还高,工资结构更加扁平化,高等教育与 VET 的回报率差异更小。韩国劳动力市场的二元分化导致了薪酬体系与职业培训二元化。具有职业教育学历的劳动者与大学毕业的劳动者相比,通常都只有较低的薪资水平,职业与社会地位也偏低。

(三)VET 模式与劳动流转率的关系在西方备受重视,因为它涉及 VET 模式的取向

学术界对于 VET 模式与劳动流转率的关系存在一定分歧,这些分歧首先来自对流动本身的争议上。从宏观角度出发的一派观点认为劳动力流动是提升人力资本的形式之一。另一派从微观角度出发的观点认为劳动流动是有限的受雇就业能力的信号,过度的劳动流转率不利于企业提供职业培训。其次关于 VET 对劳动流动的影响,研究表明在职培训能够减少劳动流动,非在职培训增加劳动流转率(Lynch,1991),但也有研究发现企业培训能够减少劳动流动的证据并不充分(Rainer,1997)。

贝克尔认为职业培训分为主要由学校提供的一般性培训和主要由企业提供的特殊性培训,一般性培训的转移性强,特殊性培训转移性差。欧陆国家学徒制虽然也想培养可在职业间转移的技能,但在职培训的必要因素往往是特殊的。学徒制增加企业成本,因此企业努力建立与员工的长期雇佣关系。在学徒制与学校教育并存的欧洲,职业教育是否应当在普通教育体系中提供一直是 VET 研究的重点。

实证研究表明(Korpi,2003),德国和瑞典的职业培训与劳动流动之间有着一定的差异。德国的学徒制与瑞典以学校教育为主的 VET 模式相比,并不能减少劳动力在公司和行业(industrial)间的劳动流转率,但可以减少职业(vocational)间的劳动流转率。美国劳动流转率远高于德国和瑞典。差异的根本机制在于美国劳动力市场鼓励流动性和工作的匹配性,而欧陆的劳动力市场偏好人力资本投资和相对较少的流动性(Rainer,1996)。德国双元制所指定的工作场所与技能形成过程密切联系,形成具有工作场所特征的技能,并因此限制了雇佣者流动(Thomas,1996)。韩国劳动力市场高度二元分化,固定工作者在拥有良好培训保障的同时,职业流动也受到严格限

制;无固定工作的劳动力市场则是竞争性市场,可以自由流动,但缺乏职业培训保障。

四、比较维度三:国家与社会力量在三类 VET 模式中的角色差异

早在中世纪,英德等国的职业培训伴随行会的兴起而形成(Thomas,1996)。在二战之前,美国、加拿大、澳大利亚、英国等也都有过高度发展的学徒制。战后,旧学徒制受到了高等教育规模扩大的冲击,由于旧学徒制与 GE 连接不足,不能提供进一步升学机会而吸引力下降。同时旧学徒制落后于经济结构性变化,局限于传统产业,没有立足不断扩大的服务部门,旧学徒制的发展受到了严峻的挑战。社会组织的力量在旧学徒制的制度变迁中起到了至关重要的作用。英、美、澳、加等国虽然拥有较长的工艺制度历史传统,但工会权力被视为堡垒,引起雇主和保守党的敌意,因此工会力量由于"工会自由区"越来越广泛和集体协议覆盖面下降而被削弱,学徒制也逐渐衰落。德国、丹麦等国工会组织发达和合作传统强大,因此新学徒制得到发展,并逐渐演化为国家对 VET 质量控制的工具。

雇主协会、工会等社会合作者(socicial partners)力量的强弱制约着政府干预 VET 的强度。由于雇主协会大都不愿意出资职业培训,在雇主话语权强势、社会团结度低的国家里,工会只能将劳动者的培训权让渡给政府,依赖中央集权的发展战略。不同国家的政府干预 VET 的强度存在较大差异:政府引导型市场模式下的政府干预强度最大,其次是自由主义市场模式下的政府干预,合作主义市场模式下的政府干预强度最小(Bosch,2008)。这主要源于在合作主义市场模式下,无论是德国保守主义的传统还是瑞典等北欧国家社会民主主义的福利形态都有着社会合作者的广泛参与,并将 VET 的潜力作为提高社会团结的工具(Leney,2005)。企业雇主组织和社会合作者的广泛参与是德国双元制成功的关键要素之一。瑞典工会等社会组织对 VET 的参与主要通过对培训项目、证书和课程等领域制定与设置的影响。瑞典高中阶段的职业培训主要以 25 项全国承认的项目为中心,被细化为大约 60 项证书。政府有权力去变更、增减项目和修改课程,但政府权力建立了在广泛听取雇主协会、工会组织的要求与建议的基础之上(Korpi,2003)。

美国社会协作的传统与力量相对比较弱势,韩国的雇主协会、工会等社

会组织发展则更加不足。在这两种 VET 模式下,政府只能在所掌控的范围之内,采取依赖中学和大专教育来发展 VET 的策略。政府大多采用中长短期培训计划、社会救助等多种形式对 VET 进行干预。比如美国政府从 20 世纪 60 年代到 90 年代实施了三大主要的职业培训计划[①]。韩国采用政府规划,并不断进行培训制度改革。韩国一方面通过对职业与普通教育资源的强制性分配来保证职业技术人才的供给,另一方面通过职业培训税收制度来刺激企业培训,并保证学校后职业培训的资金来源。对开展职业培训难度较大的行业或企业,采取调整税率的办法予以扶持。此外,韩国政府又将失业保险项目与培训计划相融合,由政府决定,而不是社会合作者来决定企业培训税收的资源分配。为克服二元劳动力市场的弊端,培训体系力图将无固定工作者或小企业的雇员纳入进来,把职业资格标准制定与认定的权力由政府下放给社会组织,从而培育市民社会的力量。

职业资格认定是政府管制 VET 的统一而主要的方式,但在不同模式中发展程度不同。在 VET 高度发展的合作主义模式下,政府把 VET 本身作为了国家实现对职业资格控制的重要工具。例如德国 1969 年颁布了《德国职业教育培训法案》[②],对 VET 各环节进行了详尽的规制,以期通过调动整个社会对职业资格形成过程的共同关注来防止市场力量的无节制,从而实现 VET 质量控制的功用。在其他两种模式下,很多企业所提供的培训都没有予以资格认证。

政府财政投入与政府直接干预 VET 强度相反,合作主义模式的政府财政投入大于自由和政府引导 VET 模式。无论是双元制还是以学校教育为主的合作主义 VET 模式,都将财政投入制度化,政府和雇主对职业培训起到了很大的资助作用。德国现有的大部分职业培训计划都获得了某种类型的政府拨款,只要他们不纯粹以公司为基础。美韩政府及雇主对职业培训的资助有限,学徒制收效甚微。美国政府对 VET 的财政投入以救助式的培训计划为主,缺乏稳健的制度运行。韩国政府对 VET 的财政投入主要依赖企业的培训税收,政府投入较少。

不同 VET 模式的制度稳健性及平等性具有差异。合作主义 VET 模式下的双元制和以学校为主的培训模式均具有良好的制度稳健性,在培训资源享有的平等性上,瑞典(包括双元制的丹麦、荷兰)等北欧国家要比德国

[①] 1962—1973 的"Manpower Development and Training Act";1973—1982 的"Comprehensive Employment and Training Act";1982—90 年代的"Job Training Partnership Act"。

[②] 该法案最大的历史贡献在于将 VET 的功能转变为质量控制的工具(Tomas,1996)。

（包括以学校培训为主的法国）更加平等。自由和政府引导 VET 模式的制度稳健性和平等性比合作主义模式低。美国职业培训具有政府资助性特征，容易受到时局、政党或领导人意识的左右。比如肯尼迪政府高度支持 VET，但是尼克松政府反对公共职业培训计划。保守党不倾向联邦干预 VET，但民主党支持强化联邦政府在 VET 中的力量，1973 年出台的 CETA 计划正是政党博弈后的折中结果（Barnow，1993）。在韩国，VET 是政府引导工业化的一项深思熟虑的政策。VET 随着工业化得到大力发展之后，随着民众对高等教育需求以及知识密集型产业化转型需要的增长，政府逐渐撤销对高等教育的管制，VET 因此受到剧烈冲击。就平等性而言，韩国的培训税收资源在劳动力市场二元分化的条件下，被严重非均衡性分配。

五、启　示

发达国家的经验表明，VET 在教育体系中的地位制约着 VET 的发展程度。我国职业教育地位较低，同美、韩一样基本由学习弱势者就读。同时，在与普通教育的连接上，中等职教学生虽然可以继续高等教育，但要通过国家普通高考，由技能性教育转为一般性大学教育，丧失原有的职业技能优势。如何提高职业教育的地位，更好地为职业教育学生提供更高级的教育成为我国 VET 模式建立难以回避的问题。

充分发育的劳动力市场、扁平化的薪酬体系、稳定的劳动流动等都是 VET 良性发展的重要条件。我国的劳动力市场比韩国更加二元分化；薪酬体系差异甚大，同工不同酬；低层次劳动（尤其农民工）群体频繁、候鸟式的劳动流动等都是 VET 有序发展的制约因素。面对劳动力市场二元分化，韩国采取培训税制、失业保险与职业培训结合等举措来规避劳动力市场的不良影响。如何选择适应我国劳动力市场的模式是我国发展 VET 的挑战。

VET 需要国家与社会力量的广泛参与。欧陆合作主义 VET 模式成功的关键要素之一即是工会等社会力量的广泛参与。自由和政府引导 VET 模式由于社会合作度低，政府对 VET 予以强力干预，但主要以培训救助、培训计划为主，制度相对不稳定。我国的 VET 体系中虽然也有一定的职业学校、培训救助与计划[①]，但发展程度远远落后于美韩等国，同时也更加缺乏制度性的持续保证。如何在发挥政府主导力量的同时，积极调动社会力量的

---

① 当前开展的农民工的职业培训和大学生的培训消费券都属于培训项目或短期失业救助。

参与是我国 VET 模式选择所应必然考虑的重要方面。

【参考文献】

[1] Abraham, K. G. , and S. N. Houseman. Earnings Inequality in Germany. In: Freeman RB, Katz LF(eds) Differences and Changes in Wage Structures. Chicago, University of Chicago Press for NBER, 1994.

[2] Ashton, D. and F. Green. Education, Training and the Global Economy. Cheltenham, Edward Elgar, 1996.

[3] Barnow, Burt S. Thirty Years of Changing Federal, State, and Local Relationships in Employment and Training Programs. Publius, 1993, 23(3): 75-94.

[4] Bosch, G. , and Jean Charest. Vocational Training and the Labour Market in Liberal and Coordinated Economies. Industrial Relations Journal, 2008, 39(5): 428-447.

[5] Crouch, C. , D. Finegold, and M. Sako. Are Skills the Answer? The Political Economy of Skill Creation in Advanced Industrial Countries. New York, Oxford University Press, 1999.

[6] Estevez-Abe, M. , T. Iversen, and D. Soskice. Social Protection and the Formation of Skills: A Reinterpretation of the Welfare State. in P. A. Hall and D. Soskice(eds), Varieties of Capitalism. The Institutional Foundations of Comparative Advantage. New York: Oxford University Press, 2001: 145-183.

[7] Hall, P. and D. Soskice(eds). Varieties of Capitalism. The Institutional Foundations of Comparative Advantage. New York: Oxford University Press, 2001.

[8] Hollenbeck, K. Postsecondary Education as Triage: Returns to Academic and Technical Programs. Economics of Education Review, 1993, 12(3): 213-232.

[9] Iversen, T. , and J. D. Stephens. Partisan Politics, the Welfare State, and Three Worlds of Human Capital Formation. Comparative Political Studies, 41, 4-5, 600-637. http://online. sagepub. com(accessed 21 June 2008).

[10] Korpi, T. , and Antje Mertens. Training Systems and Labor Mobility: A Comparison between Germany and Sweden. The Scandinavian Journal of Economics, 2003, 105(4): 597-617.

[11] Leney, T. , and A. Green. Achieving the Lisbon Goal: The Contribution of Vocational Education and Training. European Journal of Education, 2005, 40(3): 261-262.

[12] Lynch, L. M. Introduction. in L. M. Lynch(ed.). Training and the Private Sector. International Comparisons, Chicago, University of Chicago Press, 1994: 1-24.

[13] Lerman, R. I. , and J. I. Lane. Training Differences and Earnings Inequality: A Comparative Study of German and United States Youth. In: Burkhauser RV, Wagner GG(eds) Proceed? ings of the 1993 International Conference of German Socio-Economic Panel Study Users. Vierteljahreshefte zur Wirtschaftsforschung, 1994, 19: 26.

［14］Lynch，L. M. Payoffs to Alternative Training Strategies at Work. In：Freeman RB(ed) Working under Different Rules. Russel Sage Foundation for NBER，1994.

［15］Lynch，L. M. The Role of Off-the-Job vs. On-the-job Training for the Mobility of Women Workers. American Economic Review，1991，81(2)：151-156.

［16］Proceedings of the First International Conference. Towards a History of Vocational Education and Training(VET) in Europe in a Comparative Perspective. Luxembourg：Office for Official Publications of the European Communities，2004.

［17］Rainer，Winkelmann. How Young Workers Get Their Training：A Survey of Germany versus the United States. Journal of Population Economics. 1997，10(21)：159-170.

［18］Shavit，Y. ，and W. Müller. Vocational Secondary Education——Where Diversion and Where Safety Net? European Societies，2000，2(1)：29-50.

［19］Thelen，K. How Institutions Evolve. The Political Economy of Skills in Germany，Britain，the United States，and Japan. Cambridge，Cambridge University Press，2004.

［20］Tomas，Deissinger. Germany's Vocational Training Act：Its Function as an Instrument of Quality Control within a Tradition-Based Vocational Training System. Oxford Review of Education，1996，22(3)：317-336 .

［21］陈明昆. 英、法、德三国职业培训模式生成的社会文化背景分析. 外国教育研究，2008(1)：84.

后　记

　　2010 年 9 月 28 日,浙江大学社会科学研究院和浙江省社会保障发展研究中心联合举办了"发展·共享——'十二五'社会保障与社会发展论坛"。这次论坛是在省委省府、各相关部门、浙江大学和各相关院校、研究机构共同关心支持下召开的。与会代表围绕"发展、共享"这个主题,就社会保障与社会发展问题进行了深入探讨,对"十二五"规划提出了具体的建议,受到有关部门和领导的高度重视。

　　出席会议的各位领导、学者和专家都直接或间接地参与了地方政府、部门和社团早就启动的"十二五"规划的研究起草工作。会议提交的论文多是源于规划,研究的内容又高于规划,是规划原则、精神的提炼和升华,针对性强,对实际规划具有指导意义。为了便于更多的部门、单位和朋友能够资源共享,成果交流,我们把其中筛选的 26 篇论文和领导同志的演讲稿编印出版。

　　编辑过程中,何文炯、赖金良、陈信勇教授,姚引妹、魏海鹰、张翔、施红、杨一心老师和洪蕾同学等承担了大量的组织工作;本书责任编辑田华老师花费了大量时间和精力,在此一并致谢。书中若有疏漏和偏颇之处,欢迎各位同仁专家批评指正。

郑造桓

2010 年 10 月

图书在版编目(CIP)数据

发展与共享 / 郑造桓主编. —杭州：浙江大学出
版社,2011.3
ISBN 978-7-308-08393-5

Ⅰ.①发… Ⅱ.①郑… Ⅲ.①社会保障－浙江省－文
集 Ⅳ.①D632.1-53

中国版本图书馆 CIP 数据核字(2011)第 013588 号

发展与共享

郑造桓 主编

责任编辑	田 华	
封面设计	刘依群	
出版发行	浙江大学出版社	
	（杭州市天目山路 148 号 邮政编码 310007）	
	（网址:http://www.zjupress.com)	
排 版	浙江时代出版服务有限公司	
印 刷	杭州杭新印务有限公司	
开 本	710mm×1000mm 1/16	
印 张	23.25	
字 数	430 千字	
版 印 次	2011 年 3 月第 1 版 2011 年 3 月第 1 次印刷	
书 号	ISBN 978-7-308-08393-5	
定 价	50.00 元	